U0578855

权威·前沿·原创

皮书系列为
"十二五""十三五"国家重点图书出版规划项目

社长致辞

蓦然回首，皮书的专业化历程已经走过了二十年。20年来从一个出版社的学术产品名称到媒体热词再到智库成果研创及传播平台，皮书以专业化为主线，进行了系列化、市场化、品牌化、数字化、国际化、平台化的运作，实现了跨越式的发展。特别是在党的十八大以后，以习近平总书记为核心的党中央高度重视新型智库建设，皮书也迎来了长足的发展，总品种达到600余种，经过专业评审机制、淘汰机制遴选，目前，每年稳定出版近400个品种。"皮书"已经成为中国新型智库建设的抓手，成为国际国内社会各界快速、便捷地了解真实中国的最佳窗口。

20年孜孜以求，"皮书"始终将自己的研究视野与经济社会发展中的前沿热点问题紧密相连。600个研究领域，3万多位分布于800余个研究机构的专家学者参与了研创写作。皮书数据库中共收录了15万篇专业报告，50余万张数据图表，合计30亿字，每年报告下载量近80万次。皮书为中国学术与社会发展实践的结合提供了一个激荡智力、传播思想的入口，皮书作者们用学术的话语、客观翔实的数据谱写出了中国故事壮丽的篇章。

20年跬步千里，"皮书"始终将自己的发展与时代赋予的使命与责任紧紧相连。每年百余场新闻发布会，10万余次中外媒体报道，中、英、俄、日、韩等12个语种共同出版。皮书所具有的凝聚力正在形成一种无形的力量，吸引着社会各界关注中国的发展，参与中国的发展，它是我们向世界传递中国声音、总结中国经验、争取中国国际话语权最主要的平台。

皮书这一系列成就的取得，得益于中国改革开放的伟大时代，离不开来自中国社会科学院、新闻出版广电总局、全国哲学社会科学规划办公室等主管部门的大力支持和帮助，也离不开皮书研创者和出版者的共同努力。他们与皮书的故事创造了皮书的历史，他们对皮书的拳拳之心将继续谱写皮书的未来！

现在，"皮书"品牌已经进入了快速成长的青壮年时期。全方位进行规范化管理，树立中国的学术出版标准；不断提升皮书的内容质量和影响力，搭建起中国智库产品和智库建设的交流服务平台和国际传播平台；发布各类皮书指数，并使之成为中国指数，让中国智库的声音响彻世界舞台，为人类的发展做出中国的贡献——这是皮书未来发展的图景。作为"皮书"这个概念的提出者，"皮书"从一般图书到系列图书和品牌图书，最终成为智库研究和社会科学应用对策研究的知识服务和成果推广平台这整个过程的操盘者，我相信，这也是每一位皮书人执着追求的目标。

"当代中国正经历着我国历史上最为广泛而深刻的社会变革，也正在进行着人类历史上最为宏大而独特的实践创新。这种前无古人的伟大实践，必将给理论创造、学术繁荣提供强大动力和广阔空间。"

在这个需要思想而且一定能够产生思想的时代，皮书的研创出版一定能创造出新的更大的辉煌！

社会科学文献出版社社长
中国社会学会秘书长

2017年11月

1

社会科学文献出版社简介

社会科学文献出版社（以下简称"社科文献出版社"）成立于1985年，是直属于中国社会科学院的人文社会科学学术出版机构。成立至今，社科文献出版社始终依托中国社会科学院和国内外人文社会科学界丰厚的学术出版和专家学者资源，坚持"创社科经典，出传世文献"的出版理念、"权威、前沿、原创"的产品定位以及学术成果和智库成果出版的专业化、数字化、国际化、市场化的经营道路。

社科文献出版社是中国新闻出版业转型与文化体制改革的先行者。积极探索文化体制改革的先进方向和现代企业经营决策机制，社科文献出版社先后荣获"全国文化体制改革工作先进单位"、中国出版政府奖·先进出版单位奖，中国社会科学院先进集体、全国科普工作先进集体等荣誉称号。多人次荣获"第十届韬奋出版奖""全国新闻出版行业领军人才""数字出版先进人物""北京市新闻出版广电行业领军人才"等称号。

社科文献出版社是中国人文社会科学学术出版的大社名社，也是以皮书为代表的智库成果出版的专业强社。年出版图书2000余种，其中皮书400余种，出版新书字数5.5亿字，承印与发行中国社科院院属期刊72种，先后创立了皮书系列、列国志、中国史话、社科文献学术译库、社科文献学术文库、甲骨文书系等一大批既有学术影响又有市场价值的品牌，确立了在社会学、近代史、苏东问题研究等专业学科及领域出版的领先地位。图书多次荣获中国出版政府奖、"三个一百"原创图书出版工程、"五个'一'工程奖"、"大众喜爱的50种图书"等奖项，在中央国家机关"强素质·做表率"读书活动中，入选图书品种数位居各大出版社之首。

社科文献出版社是中国学术出版规范与标准的倡议者与制定者，代表全国50多家出版社发起实施学术著作出版规范的倡议，承担学术著作规范国家标准的起草工作，率先编撰完成《皮书手册》对皮书品牌进行规范化管理，并在此基础上推出中国版芝加哥手册——《社科文献出版社学术出版手册》。

社科文献出版社是中国数字出版的引领者，拥有皮书数据库、列国志数据库、"一带一路"数据库、减贫数据库、集刊数据库等4大产品线11个数据库产品，机构用户达1300余家，海外用户百余家，荣获"数字出版转型示范单位""新闻出版标准化先进单位""专业数字内容资源知识服务模式试点企业标准化示范单位"等称号。

社科文献出版社是中国学术出版走出去的践行者。社科文献出版社海外图书出版与学术合作业务遍及全球40余个国家和地区，并于2016年成立俄罗斯分社，累计输出图书500余种，涉及近20个语种，累计获得国家社科基金中华学术外译项目资助76种、"丝路书香工程"项目资助60种、中国图书对外推广计划项目资助71种以及经典中国国际出版工程资助28种，被五部委联合认定为"2015-2016年度国家文化出口重点企业"。

如今，社科文献出版社完全靠自身积累拥有固定资产3.6亿元，年收入3亿元，设置了七大出版分社、六大专业部门，成立了皮书研究院和博士后科研工作站，培养了一支近400人的高素质与高效率的编辑、出版、营销和国际推广队伍，为未来成为学术出版的大社、名社、强社，成为文化体制改革与文化企业转型发展的排头兵奠定了坚实的基础。

宏 观 经 济 类

经济蓝皮书

2018年中国经济形势分析与预测

李平 / 主编　2017年12月出版　定价：89.00元

◆　本书为总理基金项目，由著名经济学家李扬领衔，联合中国社会科学院等数十家科研机构、国家部委和高等院校的专家共同撰写，系统分析了2017年的中国经济形势并预测2018年中国经济运行情况。

城市蓝皮书

中国城市发展报告 No.11

潘家华　单菁菁 / 主编　2018年9月出版　估价：99.00元

◆　本书是由中国社会科学院城市发展与环境研究中心编著的，多角度、全方位地立体展示了中国城市的发展状况，并对中国城市的未来发展提出了许多建议。该书有强烈的时代感，对中国城市发展实践有重要的参考价值。

人口与劳动绿皮书

中国人口与劳动问题报告 No.19

张车伟 / 主编　2018年10月出版　估价：99.00元

◆　本书为中国社会科学院人口与劳动经济研究所主编的年度报告，对当前中国人口与劳动形势做了比较全面和系统的深入讨论，为研究中国人口与劳动问题提供了一个专业性的视角。

中国省域竞争力蓝皮书

中国省域经济综合竞争力发展报告（2017～2018）

李建平 李闽榕 高燕京 / 主编　2018年5月出版　估价：198.00元

◆ 　本书融多学科的理论为一体，深入追踪研究了省域经济发展与中国国家竞争力的内在关系，为提升中国省域经济综合竞争力提供有价值的决策依据。

金融蓝皮书

中国金融发展报告（2018）

王国刚 / 主编　2018年2月出版　估价：99.00元

◆ 　本书由中国社会科学院金融研究所组织编写，概括和分析了2017年中国金融发展和运行中的各方面情况，研讨和评论了2017年发生的主要金融事件，有利于读者了解掌握2017年中国的金融状况，把握2018年中国金融的走势。

区 域 经 济 类

京津冀蓝皮书

京津冀发展报告（2018）

祝合良 叶堂林 张贵祥 / 等著　2018年6月出版　估价：99.00元

◆ 　本书遵循问题导向与目标导向相结合、统计数据分析与大数据分析相结合、纵向分析和长期监测与结构分析和综合监测相结合等原则，对京津冀协同发展新形势与新进展进行测度与评价。

社 会 政 法 类

社会蓝皮书

2018 年中国社会形势分析与预测

李培林　陈光金　张翼 / 主编　2017 年 12 月出版　定价：89.00 元

◆　本书由中国社会科学院社会学研究所组织研究机构专家、高校学者和政府研究人员撰写，聚焦当下社会热点，对 2017 年中国社会发展的各个方面内容进行了权威解读，同时对 2018 年社会形势发展趋势进行了预测。

法治蓝皮书

中国法治发展报告 No.16（2018）

李林　田禾 / 主编　2018 年 3 月出版　估价：118.00 元

◆　本年度法治蓝皮书回顾总结了 2017 年度中国法治发展取得的成就和存在的不足，对中国政府、司法、检务透明度进行了跟踪调研，并对 2018 年中国法治发展形势进行了预测和展望。

教育蓝皮书

中国教育发展报告（2018）

杨东平 / 主编　2018 年 4 月出版　估价：99.00 元

◆　本书重点关注了 2017 年教育领域的热点，资料翔实，分析有据，既有专题研究，又有实践案例，从多角度对 2017 年教育改革和实践进行了分析和研究。

社会体制蓝皮书

中国社会体制改革报告 No.6（2018）

龚维斌 / 主编　2018 年 3 月出版　估价：99.00 元

◆　本书由国家行政学院社会治理研究中心和北京师范大学中国社会管理研究院共同组织编写，主要对 2017 年社会体制改革情况进行回顾和总结，对 2018 年的改革走向进行分析，提出相关政策建议。

社会心态蓝皮书

中国社会心态研究报告（2018）

王俊秀　杨宜音 / 主编　2018 年 12 月出版　估价：99.00 元

◆　本书是中国社会科学院社会学研究所社会心理研究中心"社会心态蓝皮书课题组"的年度研究成果，运用社会心理学、社会学、经济学、传播学等多种学科的方法进行了调查和研究，对于目前中国社会心态状况有较广泛和深入的揭示。

华侨华人蓝皮书

华侨华人研究报告（2018）

贾益民 / 主编　2018 年 1 月出版　估价：139.00 元

◆　本书关注华侨华人生产与生活的方方面面。华侨华人是中国建设 21 世纪海上丝绸之路的重要中介者、推动者和参与者。本书旨在全面调研华侨华人，提供最新涉侨动态、理论研究成果和政策建议。

民族发展蓝皮书

中国民族发展报告（2018）

王延中 / 主编　2018 年 10 月出版　估价：188.00 元

◆　本书从民族学人类学视角，研究近年来少数民族和民族地区的发展情况，展示民族地区经济、政治、文化、社会和生态文明"五位一体"建设取得的辉煌成就和面临的困难挑战，为深刻理解中央民族工作会议精神、加快民族地区全面建成小康社会进程提供了实证材料。

产业经济类

房地产蓝皮书

中国房地产发展报告 No.15（2018）

李春华　王业强／主编　2018 年 5 月出版　估价：99.00 元

◆　2018 年《房地产蓝皮书》持续追踪中国房地产市场最新动态，深度剖析市场热点，展望 2018 年发展趋势，积极谋划应对策略。对 2017 年房地产市场的发展态势进行全面、综合的分析。

新能源汽车蓝皮书

中国新能源汽车产业发展报告（2018）

中国汽车技术研究中心　　日产（中国）投资有限公司

东风汽车有限公司／编著　　2018 年 8 月出版　　估价：99.00 元

◆　本书对中国 2017 年新能源汽车产业发展进行了全面系统的分析，并介绍了国外的发展经验。有助于相关机构、行业和社会公众等了解中国新能源汽车产业发展的最新动态，为政府部门出台新能源汽车产业相关政策法规、企业制定相关战略规划，提供必要的借鉴和参考。

行业及其他类

旅游绿皮书

2017～2018 年中国旅游发展分析与预测

中国社会科学院旅游研究中心／编　2018 年 2 月出版　估价：99.00 元

◆　本书从政策、产业、市场、社会等多个角度勾画出 2017 年中国旅游发展全貌，剖析了其中的热点和核心问题，并就未来发展作出预测。

民营医院蓝皮书

中国民营医院发展报告（2018）

薛晓林/主编　2018年1月出版　估价：99.00元

◆　本书在梳理国家对社会办医的各种利好政策的前提下，对我国民营医疗发展现状、我国民营医院竞争力进行了分析，并结合我国医疗体制改革对民营医院的发展趋势、发展策略、战略规划等方面进行了预估。

会展蓝皮书

中外会展业动态评估研究报告（2018）

张敏/主编　　2018年12月出版　估价：99.00元

◆　本书回顾了2017年的会展业发展动态，结合"供给侧改革"、"互联网+"、"绿色经济"的新形势分析了我国展会的行业现状，并介绍了国外的发展经验，有助于行业和社会了解最新的展会业动态。

中国上市公司蓝皮书

中国上市公司发展报告（2018）

张平　王宏淼/主编　　2018年9月出版　　估价：99.00元

◆　本书由中国社会科学院上市公司研究中心组织编写的，着力于全面、真实、客观反映当前中国上市公司财务状况和价值评估的综合性年度报告。本书详尽分析了2017年中国上市公司情况，特别是现实中暴露出的制度性、基础性问题，并对资本市场改革进行了探讨。

工业和信息化蓝皮书

人工智能发展报告（2017～2018）

尹丽波/主编　　2018年6月出版　　估价：99.00元

◆　本书国家工业信息安全发展研究中心在对2017年全球人工智能技术和产业进行全面跟踪研究基础上形成的研究报告。该报告内容翔实、视角独特，具有较强的产业发展前瞻性和预测性，可为相关主管部门、行业协会、企业等全面了解人工智能发展形势以及进行科学决策提供参考。

国际问题与全球治理类

世界经济黄皮书

2018 年世界经济形势分析与预测

张宇燕 / 主编　2018 年 1 月出版　估价：99.00 元

◆　本书由中国社会科学院世界经济与政治研究所的研究团队撰写，分总论、国别与地区、专题、热点、世界经济统计与预测等五个部分，对 2018 年世界经济形势进行了分析。

国际城市蓝皮书

国际城市发展报告（2018）

屠启宇 / 主编　2018 年 2 月出版　估价：99.00 元

◆　本书作者以上海社会科学院从事国际城市研究的学者团队为核心，汇集同济大学、华东师范大学、复旦大学、上海交通大学、南京大学、浙江大学相关城市研究专业学者。立足动态跟踪介绍国际城市发展时间中，最新出现的重大战略、重大理念、重大项目、重大报告和最佳案例。

非洲黄皮书

非洲发展报告 No.20（2017～2018）

张宏明 / 主编　2018 年 7 月出版　估价：99.00 元

◆　本书是由中国社会科学院西亚非洲研究所组织编撰的非洲形势年度报告，比较全面、系统地分析了 2017 年非洲政治形势和热点问题，探讨了非洲经济形势和市场走向，剖析了大国对非洲关系的新动向；此外，还介绍了国内非洲研究的新成果。

国别类

美国蓝皮书

美国研究报告（2018）

郑秉文　黄平／主编　2018年5月出版　估价：99.00元

◆　本书是由中国社会科学院美国研究所主持完成的研究成果，它回顾了美国2017年的经济、政治形势与外交战略，对美国内政外交发生的重大事件及重要政策进行了较为全面的回顾和梳理。

德国蓝皮书

德国发展报告（2018）

郑春荣／主编　2018年6月出版　估价：99.00元

◆　本报告由同济大学德国研究所组织编撰，由该领域的专家学者对德国的政治、经济、社会文化、外交等方面的形势发展情况，进行全面的阐述与分析。

俄罗斯黄皮书

俄罗斯发展报告（2018）

李永全／编著　2018年6月出版　估价：99.00元

◆　本书系统介绍了2017年俄罗斯经济政治情况，并对2016年该地区发生的焦点、热点问题进行了分析与回顾；在此基础上，对该地区2018年的发展前景进行了预测。

文 化 传 媒 类

新媒体蓝皮书

中国新媒体发展报告 No.9（2018）

唐绪军 / 主编　2018 年 6 月出版　估价：99.00 元

◆　本书是由中国社会科学院新闻与传播研究所组织编写的关于新媒体发展的最新年度报告，旨在全面分析中国新媒体的发展现状，解读新媒体的发展趋势，探析新媒体的深刻影响。

移动互联网蓝皮书

中国移动互联网发展报告（2018）

余清楚 / 主编　　2018 年 6 月出版　估价：99.00 元

◆　本书着眼于对 2017 年度中国移动互联网的发展情况做深入解析，对未来发展趋势进行预测，力求从不同视角、不同层面全面剖析中国移动互联网发展的现状、年度突破及热点趋势等。

文化蓝皮书

中国文化消费需求景气评价报告（2018）

王亚南 / 主编　2018 年 2 月出版　估价：99.00 元

◆　本书首创全国文化发展量化检测评价体系，也是至今全国唯一的文化民生量化检测评价体系，对于检验全国及各地 " 以人民为中心 " 的文化发展具有首创意义。

地方发展类

北京蓝皮书

北京经济发展报告（2017～2018）

杨松／主编　2018年6月出版　估价：99.00元

◆　本书对2017年北京市经济发展的整体形势进行了系统性的分析与回顾，并对2018年经济形势走势进行了预测与研判，聚焦北京市经济社会发展中的全局性、战略性和关键领域的重点问题，运用定量和定性分析相结合的方法，对北京市经济社会发展的现状、问题、成因进行了深入分析，提出了可操作性的对策建议。

温州蓝皮书

2018年温州经济社会形势分析与预测

蒋儒标　王春光　金浩／主编　2018年4月出版　估价：99.00元

◆　本书是中共温州市委党校和中国社会科学院社会学研究所合作推出的第十一本温州蓝皮书，由来自党校、政府部门、科研机构、高校的专家、学者共同撰写的2017年温州区域发展形势的最新研究成果。

黑龙江蓝皮书

黑龙江社会发展报告（2018）

王爱丽／主编　2018年6月出版　估价：99.00元

◆　本书以千份随机抽样问卷调查和专题研究为依据，运用社会学理论框架和分析方法，从专家和学者的独特视角，对2017年黑龙江省关系民生的问题进行广泛的调研与分析，并对2017年黑龙江省诸多社会热点和焦点问题进行了有益的探索。这些研究不仅可以为政府部门更加全面深入了解省情、科学制定决策提供智力支持，同时也可以为广大读者认识、了解、关注黑龙江社会发展提供理性思考。

宏观经济类

城市蓝皮书
中国城市发展报告（No.11）
著(编)者：潘家华 单菁菁
2018年9月出版 / 估价：99.00元
PSN B-2007-091-1/1

城乡一体化蓝皮书
中国城乡一体化发展报告（2018）
著(编)者：付崇兰
2018年9月出版 / 估价：99.00元
PSN B-2011-226-1/2

城镇化蓝皮书
中国新型城镇化健康发展报告（2018）
著(编)者：张占斌
2018年8月出版 / 估价：99.00元
PSN B-2014-396-1/1

创新蓝皮书
创新型国家建设报告（2018~2019）
著(编)者：詹正茂
2018年12月出版 / 估价：99.00元
PSN B-2009-140-1/1

低碳发展蓝皮书
中国低碳发展报告（2018）
著(编)者：张希良 齐晔
2018年6月出版 / 估价：99.00元
PSN B-2011-223-1/1

低碳经济蓝皮书
中国低碳经济发展报告（2018）
著(编)者：薛进军 赵忠秀
2018年11月出版 / 估价：99.00元
PSN B-2011-194-1/1

发展和改革蓝皮书
中国经济发展和体制改革报告No.9
著(编)者：邹东涛 王再文
2018年1月出版 / 估价：99.00元
PSN B-2008-122-1/1

国家创新蓝皮书
中国创新发展报告（2017）
著(编)者：陈劲　2018年3月出版 / 估价：99.00元
PSN B-2014-370-1/1

金融蓝皮书
中国金融发展报告（2018）
著(编)者：王国刚
2018年2月出版 / 估价：99.00元
PSN B-2004-031-1/7

经济蓝皮书
2018年中国经济形势分析与预测
著(编)者：李平　2017年12月出版 / 定价：89.00元
PSN B-1996-001-1/1

经济蓝皮书春季号
2018年中国经济前景分析
著(编)者：李扬　2018年5月出版 / 估价：99.00元
PSN B-1999-008-1/1

经济蓝皮书夏季号
中国经济增长报告（2017~2018）
著(编)者：李扬　2018年9月出版 / 估价：99.00元
PSN B-2010-176-1/1

经济信息绿皮书
中国与世界经济发展报告（2018）
著(编)者：杜平
2017年12月出版 / 估价：99.00元
PSN G-2003-023-1/1

农村绿皮书
中国农村经济形势分析与预测（2017~2018）
著(编)者：魏后凯 黄秉信
2018年4月出版 / 估价：99.00元
PSN G-1998-003-1/1

人口与劳动绿皮书
中国人口与劳动问题报告No.19
著(编)者：张车伟　2018年11月出版 / 估价：99.00元
PSN G-2000-012-1/1

新型城镇化蓝皮书
新型城镇化发展报告（2017）
著(编)者：李伟 宋敏 沈体雁
2018年3月出版 / 估价：99.00元
PSN B-2005-038-1/1

中国省域竞争力蓝皮书
中国省域经济综合竞争力发展报告（2016~2017）
著(编)者：李建平 李闽榕 高燕京
2018年2月出版 / 估价：198.00元
PSN B-2007-088-1/1

中小城市绿皮书
中国中小城市发展报告（2018）
著(编)者：中国城市经济学会中小城市经济发展委员会
　　　　　中国城镇化促进会中小城市发展委员会
　　　　　《中国中小城市发展报告》编纂委员会
　　　　　中小城市发展战略研究院
2018年11月出版 / 估价：128.00元
PSN G-2010-161-1/1

区域经济类

东北蓝皮书
中国东北地区发展报告（2018）
著(编)者：姜晓秋　2018年11月出版 / 估价：99.00元
PSN B-2006-067-1/1

金融蓝皮书
中国金融中心发展报告（2017~2018）
著(编)者：王力 黄育华　2018年11月出版 / 估价：99.00元
PSN B-2011-186-6/7

京津冀蓝皮书
京津冀发展报告（2018）
著(编)者：祝合良 叶堂林 张贵祥
2018年6月出版 / 估价：99.00元
PSN B-2012-262-1/1

西北蓝皮书
中国西北发展报告（2018）
著(编)者：任宗哲 白宽犁 王建康
2018年4月出版 / 估价：99.00元
PSN B-2012-261-1/1

西部蓝皮书
中国西部发展报告（2018）
著(编)者：璋勇 任保平　2018年8月出版 / 估价：99.00元
PSN B-2005-039-1/1

长江经济带产业蓝皮书
长江经济带产业发展报告（2018）
著(编)者：吴传清　2018年11月出版 / 估价：128.00元
PSN B-2017-666-1/1

长江经济带蓝皮书
长江经济带发展报告（2017~2018）
著(编)者：王振　2018年11月出版 / 估价：99.00元
PSN B-2016-575-1/1

长江中游城市群蓝皮书
长江中游城市群新型城镇化与产业协同发展报告（2018）
著(编)者：杨刚强　2018年11月出版 / 估价：99.00元
PSN B-2016-578-1/1

长三角蓝皮书
2017年创新融合发展的长三角
著(编)者：刘飞跃　2018年3月出版 / 估价：99.00元
PSN B-2005-038-1/1

长株潭城市群蓝皮书
长株潭城市群发展报告（2017）
著(编)者：张萍 朱有志　2018年1月出版 / 估价：99.00元
PSN B-2008-109-1/1

中部竞争力蓝皮书
中国中部经济社会竞争力报告（2018）
著(编)者：教育部人文社会科学重点研究基地南昌大学中国
中部经济社会发展研究中心
2018年12月出版 / 估价：99.00元
PSN B-2012-276-1/1

中部蓝皮书
中国中部地区发展报告（2018）
著(编)者：宋亚平　2018年12月出版 / 估价：99.00元
PSN B-2007-089-1/1

区域蓝皮书
中国区域经济发展报告（2017~2018）
著(编)者：赵弘　2018年5月出版 / 估价：99.00元
PSN B-2004-034-1/1

中三角蓝皮书
长江中游城市群发展报告（2018）
著(编)者：秦尊文　2018年9月出版 / 估价：99.00元
PSN B-2014-417-1/1

中原蓝皮书
中原经济区发展报告（2018）
著(编)者：李英杰　2018年6月出版 / 估价：99.00元
PSN B-2011-192-1/1

珠三角流通蓝皮书
珠三角商圈发展研究报告（2018）
著(编)者：王先庆 林至颖　2018年7月出版 / 估价：99.00元
PSN B-2012-292-1/1

社会政法类

北京蓝皮书
中国社区发展报告（2017~2018）
著(编)者：于燕燕　2018年9月出版 / 估价：99.00元
PSN B-2007-083-5/8

殡葬绿皮书
中国殡葬事业发展报告（2017~2018）
著(编)者：李伯森　2018年4月出版 / 估价：158.00元
PSN G-2010-180-1/1

城市管理蓝皮书
中国城市管理报告（2017-2018）
著(编)者：刘林 刘承水　2018年5月出版 / 估价：158.00元
PSN B-2013-336-1/1

城市生活质量蓝皮书
中国城市生活质量报告（2017）
著(编)者：张连城 张平 杨春学 郎丽华
2018年2月出版 / 估价：99.00元
PSN B-2013-326-1/1

城市政府能力蓝皮书
中国城市政府公共服务能力评估报告（2018）
著(编)者：何艳玲　2018年4月出版 / 估价：99.00元
PSN B-2013-338-1/1

创业蓝皮书
中国创业发展研究报告（2017~2018）
著(编)者：黄群慧 赵卫星 钟宏武
2018年11月出版 / 估价：99.00元
PSN B-2016-577-1/1

慈善蓝皮书
中国慈善发展报告（2018）
著(编)者：杨团　2018年6月出版 / 估价：99.00元
PSN B-2009-142-1/1

党建蓝皮书
党的建设研究报告No.2（2018）
著(编)者：崔建民 陈东平　2018年1月出版 / 估价：99.00元
PSN B-2016-523-1/1

地方法治蓝皮书
中国地方法治发展报告No.3（2018）
著(编)者：李林 田禾　2018年3月出版 / 估价：118.00元
PSN B-2015-442-1/1

电子政务蓝皮书
中国电子政务发展报告（2018）
著(编)者：李季　2018年8月出版 / 估价：99.00元
PSN B-2003-022-1/1

法治蓝皮书
中国法治发展报告No.16（2018）
著(编)者：吕艳滨　2018年3月出版 / 估价：118.00元
PSN B-2004-027-1/3

法治蓝皮书
中国法院信息化发展报告 No.2（2018）
著(编)者：李林 田禾　2018年2月出版 / 估价：108.00元
PSN B-2017-604-3/3

法治政府蓝皮书
中国法治政府发展报告（2018）
著(编)者：中国政法大学法治政府研究院
2018年4月出版 / 估价：99.00元
PSN B-2015-502-1/2

法治政府蓝皮书
中国法治政府评估报告（2018）
著(编)者：中国政法大学法治政府研究院
2018年9月出版 / 估价：168.00元
PSN B-2016-576-2/2

反腐倡廉蓝皮书
中国反腐倡廉建设报告 No.8
著(编)者：张英伟　2018年12月出版 / 估价：99.00元
PSN B-2012-259-1/1

扶贫蓝皮书
中国扶贫开发报告（2018）
著(编)者：李培林 魏后凯　2018年12月出版 / 估价：128.00元
PSN B-2016-599-1/1

妇女发展蓝皮书
中国妇女发展报告 No.6
著(编)者：王金玲　2018年9月出版 / 估价：158.00元
PSN B-2006-069-1/1

妇女教育蓝皮书
中国妇女教育发展报告 No.3
著(编)者：张李玺　2018年10月出版 / 估价：99.00元
PSN B-2008-121-1/1

妇女绿皮书
2018年：中国性别平等与妇女发展报告
著(编)者：谭琳　2018年12月出版 / 估价：99.00元
PSN G-2003-073-1/1

公共安全蓝皮书
中国城市公共安全发展报告（2017~2018）
著(编)者：黄育华 杨文明 赵建辉
2018年6月出版 / 估价：99.00元
PSN B-2017-628-1/1

公共服务蓝皮书
中国城市基本公共服务力评价（2018）
著(编)者：钟君 刘志昌 吴正杲
2018年12月出版 / 估价：99.00元
PSN B-2011-214-1/1

公民科学素质蓝皮书
中国公民科学素质报告（2017~2018）
著(编)者：李群 陈雄 马宗文
2018年1月出版 / 估价：99.00元
PSN B-2014-379-1/1

公益蓝皮书
中国公益慈善发展报告（2016）
著(编)者：朱健刚 胡小军　2018年2月出版 / 估价：99.00元
PSN B-2012-283-1/1

国际人才蓝皮书
中国国际移民报告（2018）
著(编)者：王辉耀　2018年2月出版 / 估价：99.00元
PSN B-2012-304-3/4

国际人才蓝皮书
中国留学发展报告（2018）No.7
著(编)者：王辉耀 苗绿　2018年12月出版 / 估价：99.00元
PSN B-2012-244-2/4

海洋社会蓝皮书
中国海洋社会发展报告（2017）
著(编)者：崔凤 宋宁而　2018年3月出版 / 估价：99.00元
PSN B-2015-478-1/1

行政改革蓝皮书
中国行政体制改革报告No.7（2018）
著(编)者：魏礼群　2018年6月出版 / 估价：99.00元
PSN B-2011-231-1/1

华侨华人蓝皮书
华侨华人研究报告（2017）
著(编)者：贾益民　2018年1月出版 / 估价：139.00元
PSN B-2011-204-1/1

环境竞争力绿皮书
中国省域环境竞争力发展报告（2018）
著(编)者：李建平 李闽榕 王金南
2018年11月出版 / 估价：198.00元
PSN G-2010-165-1/1

环境绿皮书
中国环境发展报告（2017~2018）
著(编)者：李波　2018年4月出版 / 估价：99.00元
PSN G-2006-048-1/1

家庭蓝皮书
中国"创建幸福家庭活动"评估报告（2018）
著(编)者：国务院发展研究中心"创建幸福家庭活动评估"课题组
2018年12月出版 / 估价：99.00元
PSN B-2015-508-1/1

健康城市蓝皮书
中国健康城市建设研究报告（2018）
著(编)者：王鸿春 盛继洪　2018年12月出版 / 估价：99.00元
PSN B-2016-564-2/2

健康中国蓝皮书
社区首诊与健康中国分析报告（2018）
著(编)者：高和荣 杨叔禹 姜杰
2018年4月出版 / 估价：99.00元
PSN B-2017-611-1/1

教师蓝皮书
中国中小学教师发展报告（2017）
著(编)者：曾晓东 鱼霞　2018年6月出版 / 估价：99.00元
PSN B-2012-289-1/1

教育扶贫蓝皮书
中国教育扶贫报告（2018）
著(编)者：司树杰 王文静 李兴洲
2018年12月出版 / 估价：99.00元
PSN B-2016-590-1/1

教育蓝皮书
中国教育发展报告（2018）
著(编)者：杨东平　2018年4月出版 / 估价：99.00元
PSN B-2006-047-1/1

金融法治建设蓝皮书
中国金融法治建设年度报告（2015~2016）
著(编)者：朱小黄　2018年6月出版 / 估价：99.00元
PSN B-2017-633-1/1

京津冀教育蓝皮书
京津冀教育发展研究报告（2017~2018）
著(编)者：方中雄　2018年4月出版 / 估价：99.00元
PSN B-2017-608-1/1

就业蓝皮书
2018年中国本科生就业报告
著(编)者：麦可思研究院　2018年6月出版 / 估价：99.00元
PSN B-2009-146-1/2

就业蓝皮书
2018年中国高职高专生就业报告
著(编)者：麦可思研究院　2018年6月出版 / 估价：99.00元
PSN B-2015-472-2/2

科学教育蓝皮书
中国科学教育发展报告（2018）
著(编)者：王康友　2018年10月出版 / 估价：99.00元
PSN B-2015-487-1/1

劳动保障蓝皮书
中国劳动保障发展报告（2018）
著(编)者：刘燕斌　2018年9月出版 / 估价：158.00元
PSN B-2014-415-1/1

老龄蓝皮书
中国老年宜居环境发展报告（2017）
著(编)者：党俊武 周燕珉　2018年1月出版 / 估价：99.00元
PSN B-2013-320-1/1

连片特困区蓝皮书
中国连片特困区发展报告（2017~2018）
著(编)者：游俊 冷志明 丁建军
2018年4月出版 / 估价：99.00元
PSN B-2013-321-1/1

流动儿童蓝皮书
中国流动儿童教育发展报告（2017）
著(编)者：杨东平　2018年1月出版 / 估价：99.00元
PSN B-2017-600-1/1

民调蓝皮书
中国民生调查报告（2018）
著(编)者：谢耘耕　2018年12月出版 / 估价：99.00元
PSN B-2014-398-1/1

民族发展蓝皮书
中国民族发展报告（2018）
著(编)者：王延中　2018年10月出版 / 估价：188.00元
PSN B-2006-070-1/1

女性生活蓝皮书
中国女性生活状况报告No.12（2018）
著(编)者：韩湘景　2018年7月出版 / 估价：99.00元
PSN B-2006-071-1/1

汽车社会蓝皮书
中国汽车社会发展报告（2017~2018）
著(编)者：王俊秀　2018年1月出版 / 估价：99.00元
PSN B-2011-224-1/1

青年蓝皮书
中国青年发展报告（2018）No.3
著(编)者：廉思　2018年4月出版 / 估价：99.00元
PSN B-2013-333-1/1

青少年蓝皮书
中国未成年人互联网运用报告（2017~2018）
著(编)者：李为民 李文革 沈杰
2018年11月出版 / 估价：99.00元
PSN B-2010-156-1/1

人权蓝皮弓
中国人权事业发展报告No.8（2018）
著(编)者: 李君如　　2018年9月出版 / 估价: 99.00元
PSN B-201 1-215-1/1

社会保障绿皮书
中国社会保障发展报告No.9（2018）
著(编)者: 王延中　　2018年1月出版 / 估价: 99.00元
PSN G-2001-014-1/1

社会风险评估蓝皮书
风险评估与危机预警报告（2017～2018）
著(编)者: 唐钧　　2018年8月出版 / 估价: 99.00元
PSN B-2012-293-1/1

社会工作蓝皮书
中国社会工作发展报告（2016~2017）
著(编)者: 民政部社会工作研究中心
2018年8月出版 / 估价: 99.00元
PSN B-2009-141-1/1

社会管理蓝皮书
中国社会管理创新报告No.6
著(编)者: 连玉明　　2018年11月出版 / 估价: 99.00元
PSN B-2012-300-1/1

社会蓝皮书
2018年中国社会形势分析与预测
著(编)者: 李培林 陈光金 张翼
2017年12月出版 / 定价: 89.00元
PSN B-1998-002-1/1

社会体制蓝皮书
中国社会体制改革报告No.6（2018）
著(编)者: 龚维斌　　2018年3月出版 / 估价: 99.00元
PSN B-2013-330-1/1

社会心态蓝皮书
中国社会心态研究报告（2018）
著(编)者: 王俊秀　　2018年12月出版 / 估价: 99.00元
PSN B-2011-199-1/1

社会组织蓝皮书
中国社会组织报告（2017-2018）
著(编)者: 黄晓勇　　2018年1月出版 / 估价: 99.00元
PSN B-2008-118-1/2

社会组织蓝皮书
中国社会组织评估发展报告（2018）
著(编)者: 徐家良　　2018年12月出版 / 估价: 99.00元
PSN B-2C13-366-2/2

生态城市绿皮书
中国生态城市建设发展报告（2018）
著(编)者: 刘举科 孙伟平 胡文臻
2018年9月出版 / 估价: 158.00元
PSN G-2C12-269-1/1

生态文明绿皮书
中国省域生态文明建设评价报告（ECI 2018）
著(编)者: 严耕　　2018年12月出版 / 估价: 99.00元
PSN G-2C10-170-1/1

退休生活蓝皮书
中国城市居民退休生活质量指数报告（2017）
著(编)者: 杨一帆　　2018年5月出版 / 估价: 99.00元
PSN B-2017-618-1/1

危机管理蓝皮书
中国危机管理报告（2018）
著(编)者: 文学国 范正青
2018年8月出版 / 估价: 99.00元
PSN B-2010-171-1/1

学会蓝皮书
2018年中国学会发展报告
著(编)者: 麦可思研究院
2018年12月出版 / 估价: 99.00元
PSN B-2016-597-1/1

医改蓝皮弓
中国医药卫生体制改革报告（2017～2018）
著(编)者: 文学国 房志武
2018年11月出版 / 估价: 99.00元
PSN B-20 14-432-1/1

应急管理蓝皮书
中国应急管理报告（2018）
著(编)者: 宋英华　　2018年9月出版 / 估价: 99.00元
PSN B-2016-562-1/1

政府绩效评估蓝皮书
中国地方政府绩效评估报告 No.2
著(编)者: 贠杰　　2018年12月出版 / 估价: 99.00元
PSN B-2017-672-1/1

政治参与蓝皮书
中国政治参与报告（2018）
著(编)者: 房宁　　2018年8月出版 / 估价: 128.00元
PSN B-2011-200-1/1

政治文化蓝皮书
中国政治文化报告（2018）
著(编)者: 邢云敏 魏大鹏 龚克
2018年8月出版 / 估价: 128.00元
PSN B-2017-615-1/1

中国传统村落蓝皮书
中国传统村落保护现状报告（2018）
著(编)者: 胡彬彬 李向军 王晓波
2018年12月出版 / 估价: 99.00元
PSN B-2017-663-1/1

中国农村妇女发展蓝皮书
农村流动女性城市生活发展报告（2018）
著(编)者: 谢丽华　　2018年12月出版 / 估价: 99.00元
PSN B-2014-434-1/1

宗教蓝皮书
中国宗教报告（2017）
著(编)者: 邱永辉　　2018年8月出版 / 估价: 99.00元
PSN B-2008-117-1/1

产业经济类

保健蓝皮书
中国保健服务产业发展报告 No.2
著(编)者：中国保健协会　中共中央党校
2018年7月出版 / 估价：198.00元
PSN B-2012-272-3/3

保健蓝皮书
中国保健食品产业发展报告 No.2
著(编)者：中国保健协会
中国社会科学院食品药品产业发展与监管研究中心
2018年8月出版 / 估价：198.00元
PSN B-2012-271-2/3

保健蓝皮书
中国保健用品产业发展报告 No.2
著(编)者：中国保健协会
国务院国有资产监督管理委员会研究中心
2018年3月出版 / 估价：198.00元
PSN B-2012-270-1/3

保险蓝皮书
中国保险业竞争力报告（2018）
著(编)者：保监会　2018年12月出版 / 估价：99.00元
PSN B-2013-311-1/1

冰雪蓝皮书
中国冰上运动产业发展报告（2018）
著(编)者：孙承华 杨占武 刘戈 张鸿俊
2018年9月出版 / 估价：99.00元
PSN B-2017-648-3/3

冰雪蓝皮书
中国滑雪产业发展报告（2018）
著(编)者：孙承华 伍斌 魏庆华 张鸿俊
2018年9月出版 / 估价：99.00元
PSN B-2016-559-1/3

餐饮产业蓝皮书
中国餐饮产业发展报告（2018）
著(编)者：邢颖
2018年6月出版 / 估价：99.00元
PSN B-2009-151-1/1

茶业蓝皮书
中国茶产业发展报告（2018）
著(编)者：杨江帆 李闽榕
2018年10月出版 / 估价：99.00元
PSN B-2010-164-1/1

产业安全蓝皮书
中国文化产业安全报告（2018）
著(编)者：北京印刷学院文化产业安全研究院
2018年12月出版 / 估价：99.00元
PSN B-2014-378-12/14

产业安全蓝皮书
中国新媒体产业安全报告（2016~2017）
著(编)者：肖丽　2018年6月出版 / 估价：99.00元
PSN B-2015-500-14/14

产业安全蓝皮书
中国出版传媒产业安全报告（2017~2018）
著(编)者：北京印刷学院文化产业安全研究院
2018年3月出版 / 估价：99.00元
PSN B-2014-384-13/14

产业蓝皮书
中国产业竞争力报告（2018）No.8
著(编)者：张其仔　2018年12月出版 / 估价：168.00元
PSN B-2010-175-1/1

动力电池蓝皮书
中国新能源汽车动力电池产业发展报告（2018）
著(编)者：中国汽车技术研究中心
2018年8月出版 / 估价：99.00元
PSN B-2017-639-1/1

杜仲产业绿皮书
中国杜仲橡胶资源与产业发展报告（2017~2018）
著(编)者：杜红岩 胡文臻 俞锐
2018年1月出版 / 估价：99.00元
PSN G-2013-350-1/1

房地产蓝皮书
中国房地产发展报告No.15（2018）
著(编)者：李春华 王业强
2018年5月出版 / 估价：99.00元
PSN B-2004-028-1/1

服务外包蓝皮书
中国服务外包产业发展报告（2017~2018）
著(编)者：王晓红 刘德军
2018年6月出版 / 估价：99.00元
PSN B-2013-331-2/2

服务外包蓝皮书
中国服务外包竞争力报告（2017~2018）
著(编)者：刘春生 王力 黄育华
2018年12月出版 / 估价：99.00元
PSN B-2011-216-1/2

工业和信息化蓝皮书
世界信息技术产业发展报告（2017~2018）
著(编)者：尹丽波　2018年6月出版 / 估价：99.00元
PSN B-2015-449-2/6

工业和信息化蓝皮书
战略性新兴产业发展报告（2017~2018）
著(编)者：尹丽波　2018年6月出版 / 估价：99.00元
PSN B-2015-450-3/6

客车蓝皮书
中国客车产业发展报告（2017～2018）
著(编)者：姚蔚　2018年10月出版 / 估价：99.00元
PSN B-2013-361-1/1

流通蓝皮书
中国商业发展报告（2018～2019）
著(编)者：王雪峰 林诗慧
2018年7月出版 / 估价：99.00元
PSN B-2009-152-1/2

能源蓝皮书
中国能源发展报告（2018）
著(编)者：崔民选 王军生 陈义和
2018年12月出版 / 估价：99.00元
PSN B-2006-049-1/1

农产品流通蓝皮书
中国农产品流通产业发展报告（2017）
著(编)者：贾敬敦 张东科 张玉玺 张鹏毅 周伟
2018年1月出版 / 估价：99.00元
PSN B-2012-288-1/1

汽车工业蓝皮书
中国汽车工业发展年度报告（2018）
著(编)者：中国汽车工业协会
　　　　　中国汽车技术研究中心
　　　　　丰田汽车公司
2018年5月出版 / 估价：168.00元
PSN B-2015-463-1/2

汽车工业蓝皮书
中国汽车零部件产业发展报告（2017～2018）
著(编)者：中国汽车工业协会
　　　　　中国汽车工程研究院深圳市沃特玛电池有限公司
2018年9月出版 / 估价：99.00元
PSN B-2016-515-2/2

汽车蓝皮书
中国汽车产业发展报告（2018）
著(编)者：中国汽车工程学会
　　　　　大众汽车集团（中国）
2018年11月出版 / 估价：99.00元
PSN B-2008-124-1/1

世界茶业蓝皮书
世界茶业发展报告（2018）
著(编)者：李闽榕 冯廷佺
2018年5月出版 / 估价：168.00元
PSN B-2017-619-1/1

世界能源蓝皮书
世界能源发展报告（2018）
著(编)者：黄晓勇　2018年6月出版 / 估价：168.00元
PSN B-2013-349-1/1

体育蓝皮书
国家体育产业基地发展报告（2016～2017）
著(编)者：李颖川　2018年4月出版 / 估价：168.00元
PSN B-2017-609-5/5

体育蓝皮书
中国体育产业发展报告（2018）
著(编)者：阮伟 钟秉枢
2018年12月出版 / 估价：99.00元
PSN B-2010-179-1/5

文化金融蓝皮书
中国文化金融发展报告（2018）
著(编)者：杨涛 金巍
2018年5月出版 / 估价：99.00元
PSN B-2017-610-1/1

新能源汽车蓝皮书
中国新能源汽车产业发展报告（2018）
著(编)者：中国汽车技术研究中心
　　　　　日产（中国）投资有限公司
　　　　　东风汽车有限公司
2018年8月出版 / 估价：99.00元
PSN B-2013-347-1/1

薏仁米产业蓝皮书
中国薏仁米产业发展报告No.2（2018）
著(编)者：李发耀 石明　秦礼康
2018年8月出版 / 估价：99.00元
PSN B-2017-645-1/1

邮轮绿皮书
中国邮轮产业发展报告（2018）
著(编)者：汪泓　2018年10月出版 / 估价：99.00元
PSN G-2014-419-1/1

智能养老蓝皮书
中国智能养老产业发展报告（2018）
著(编)者：朱勇　2018年10月出版 / 估价：99.00元
PSN B-2015-488-1/1

中国节能汽车蓝皮书
中国节能汽车发展报告（2017～2018）
著(编)者：中国汽车工程研究院股份有限公司
2018年9月出版 / 估价：99.00元
PSN B-2016-565-1/1

中国陶瓷产业蓝皮书
中国陶瓷产业发展报告（2018）
著(编)者：左和平 黄速建
2018年10月出版 / 估价：99.00元
PSN B-2016-573-1/1

装备制造业蓝皮书
中国装备制造业发展报告（2018）
著(编)者：徐东华　2018年12月出版 / 估价：118.00元
PSN B-2015-505-1/1

行业及其他类

"三农"互联网金融蓝皮书
中国"三农"互联网金融发展报告（2018）
著(编)者：李勇坚 王弢
2018年8月出版 / 估价：99.00元
PSN B-2016-560-1/1

SUV蓝皮书
中国SUV市场发展报告（2017~2018）
著(编)者：靳军 2018年9月出版 / 估价：99.00元
PSN B-2016-571-1/1

冰雪蓝皮书
中国冬季奥运会发展报告（2018）
著(编)者：孙承华 伍斌 魏庆华 张鸿俊
2018年9月出版 / 估价：99.00元
PSN B-2017-647-2/3

彩票蓝皮书
中国彩票发展报告（2018）
著(编)者：益彩基金 2018年4月出版 / 估价：99.00元
PSN B-2015-462-1/1

测绘地理信息蓝皮书
测绘地理信息供给侧结构性改革研究报告（2018）
著(编)者：库热西·买合苏提
2018年12月出版 / 估价：168.00元
PSN B-2009-145-1/1

产权市场蓝皮书
中国产权市场发展报告（2017）
著(编)者：曹和平 2018年5月出版 / 估价：99.00元
PSN B-2009-147-1/1

城投蓝皮书
中国城投行业发展报告（2018）
著(编)者：华景斌
2018年11月出版 / 估价：300.00元
PSN B-2016-514-1/1

大数据蓝皮书
中国大数据发展报告（No.2）
著(编)者：连玉明 2018年5月出版 / 估价：99.00元
PSN B-2016-620-1/1

大数据应用蓝皮书
中国大数据应用发展报告No.2（2018）
著(编)者：陈军君 2018年8月出版 / 估价：99.00元
PSN B-2017-644-1/1

对外投资与风险蓝皮书
中国对外直接投资与国家风险报告（2018）
著(编)者：中债资信评估有限责任公司
中国社会科学院世界经济与政治研究所
2018年4月出版 / 估价：189.00元
PSN B-2017-606-1/1

工业和信息化蓝皮书
人工智能发展报告（2017~2018）
著(编)者：尹丽波 2018年6月出版 / 估价：99.00元
PSN B-2015-448-1/6

工业和信息化蓝皮书
世界智慧城市发展报告（2017~2018）
著(编)者：尹丽波 2018年6月出版 / 估价：99.00元
PSN B-2017-624-6/6

工业和信息化蓝皮书
世界网络安全发展报告（2017~2018）
著(编)者：尹丽波 2018年6月出版 / 估价：99.00元
PSN B-2015-452-5/6

工业和信息化蓝皮书
世界信息化发展报告（2017~2018）
著(编)者：尹丽波 2018年6月出版 / 估价：99.00元
PSN B-2015-451-4/6

工业设计蓝皮书
中国工业设计发展报告（2018）
著(编)者：王晓红 于炜 张立群 2018年9月出版 / 估价：168.00元
PSN B-2014-420-1/1

公共关系蓝皮书
中国公共关系发展报告（2018）
著(编)者：柳斌杰 2018年11月出版 / 估价：99.00元
PSN B-2016-579-1/1

管理蓝皮书
中国管理发展报告（2018）
著(编)者：张晓东 2018年10月出版 / 估价：99.00元
PSN B-2014-416-1/1

海关发展蓝皮书
中国海关发展前沿报告（2018）
著(编)者：干春晖 2018年6月出版 / 估价：99.00元
PSN B-2017-616-1/1

互联网医疗蓝皮书
中国互联网健康医疗发展报告（2018）
著(编)者：芮晓武 2018年6月出版 / 估价：99.00元
PSN B-2016-567-1/1

黄金市场蓝皮书
中国商业银行黄金业务发展报告（2017~2018）
著(编)者：平安银行 2018年3月出版 / 估价：99.00元
PSN B-2016-524-1/1

会展蓝皮书
中外会展业动态评估研究报告（2018）
著(编)者：张敏 任中峰 聂鑫焱 牛盼强
2018年12月出版 / 估价：99.00元
PSN B-2013-327-1/1

基金会蓝皮书
中国基金会发展报告（2017~2018）
著(编)者：中国基金会发展报告课题组
2018年4月出版 / 估价：99.00元
PSN B-2013-368-1/1

基金会绿皮书
中国基金会发展独立研究报告（2018）
著(编)者：基金会中心网 中央民族大学基金会研究中心
2018年6月出版 / 估价：99.00元
PSN G-2011-213-1/1

基金会透明度蓝皮书
中国基金会透明度发展研究报告（2018）
著(编)者：基金会中心网
　　　　　清华大学廉政与治理研究中心
2018年9月出版 / 估价：99.00元
PSN B-2013-339-1/1

建筑装饰蓝皮书
中国建筑装饰行业发展报告（2018）
著(编)者：葛道顺 刘晓一
2018年10月出版 / 估价：198.00元
PSN B-2016-553-1/1

金融监管蓝皮书
中国金融监管报告（2018）
著(编)者：胡滨　2018年5月出版 / 估价：99.00元
PSN B-2012-281-1/1

金融蓝皮书
中国互联网金融行业分析与评估（2018~2019）
著(编)者：黄国平 伍旭川　2018年12月出版 / 估价：99.00元
PSN B-2016-585-7/7

金融科技蓝皮书
中国金融科技发展报告（2018）
著(编)者：李扬 孙国峰　2018年10月出版 / 估价：99.00元
PSN B-2014-374-1/1

金融信息服务蓝皮书
中国金融信息服务发展报告（2018）
著(编)者：李平　2018年5月出版 / 估价：99.00元
PSN B-2017-621-1/1

京津冀金融蓝皮书
京津冀金融发展报告（2018）
著(编)者：王爱俭 王璟怡　2018年10月出版 / 估价：99.00元
PSN B-2016-527-1/1

科普蓝皮书
国家科普能力发展报告（2018）
著(编)者：王康友　2018年5月出版 / 估价：138.00元
PSN B-2017-632-4/4

科普蓝皮书
中国基层科普发展报告（2017~2018）
著(编)者：赵立新 陈玲　2018年9月出版 / 估价：99.00元
PSN B-2016-568-3/4

科普蓝皮书
中国科普基础设施发展报告（2017~2018）
著(编)者：任福君　2018年6月出版 / 估价：99.00元
PSN B-2010-174-1/3

科普蓝皮书
中国科普人才发展报告（2017~2018）
著(编)者：郑念 任嵘嵘　2018年7月出版 / 估价：99.00元
PSN B-2016-512-2/4

科普能力蓝皮书
中国科普能力评价报告（2018~2019）
著(编)者：李富强 李群　2018年8月出版 / 估价：99.00元
PSN B-2016-555-1/1

临空经济蓝皮书
中国临空经济发展报告（2018）
2018年9月出版 / 估价：99.00元
PSN B-2014-421-1/1

旅游安全蓝皮书
中国旅游安全报告（2018）
著(编)者：郑向敏 谢朝武　2018年5月出版 / 估价：158.00元
PSN B-2012-280-1/1

旅游绿皮书
2017~2018年中国旅游发展分析与预测
著(编)者：宋瑞　2018年2月出版 / 估价：99.00元
PSN G-2002-018-1/1

煤炭蓝皮书
中国煤炭工业发展报告（2018）
著(编)者：岳福斌　2018年12月出版 / 估价：99.00元
PSN B-2008-123-1/1

民营企业社会责任蓝皮书
中国民营企业社会责任报告（2018）
著(编)者：中华全国工商业联合会
2018年12月出版 / 估价：99.00元
PSN B-2015-510-1/1

民营医院蓝皮书
中国民营医院发展报告（2017）
著(编)者：薛晓林　2018年1月出版 / 估价：99.00元
PSN B-2012-299-1/1

闽商蓝皮书
闽商发展报告（2018）
著(编)者：李闽榕 王日根 林琛
2018年12月出版 / 估价：99.00元
PSN B-2012-298-1/1

农业应对气候变化蓝皮书
中国农业气象灾害及其灾损评估报告（No.3）
著(编)者：矫梅燕　2018年1月出版 / 估价：118.00元
PSN B-2014-413-1/1

品牌蓝皮书
中国品牌战略发展报告（2018）
著(编)者：汪同三　2018年10月出版 / 估价：99.00元
PSN B-2016-580-1/1

企业扶贫蓝皮书
中国企业扶贫研究报告（2018）
著(编)者：钟宏武　2018年12月出版 / 估价：99.00元
PSN B-2016-593-1/1

企业公益蓝皮书
中国企业公益研究报告（2018）
著(编)者：钟宏武 汪杰 黄晓娟
2018年12月出版 / 估价：99.00元
PSN B-2015-501-1/1

企业国际化蓝皮书
中国企业全球化报告（2018）
著(编)者：王辉耀 苗绿　2018年11月出版 / 估价：99.00元
PSN B-2014-427-1/1

企业蓝皮书
中国企业绿色发展报告No.2（2018）
著(编)者：李红玉 朱光辉
2018年8月出版 / 估价：99.00元
PSN B-2015-481-2/2

企业社会责任蓝皮书
中资企业海外社会责任研究报告（2017～2018）
著(编)者：钟宏武 叶柳红 张蕙
2018年1月出版 / 估价：99.00元
PSN B-2017-603-2/2

企业社会责任蓝皮书
中国企业社会责任研究报告（2018）
著(编)者：黄群慧 钟宏武 张蕙 汪杰
2018年11月出版 / 估价：99.00元
PSN B-2009-149-1/2

汽车安全蓝皮书
中国汽车安全发展报告（2018）
著(编)者：中国汽车技术研究中心
2018年8月出版 / 估价：99.00元
PSN B-2014-385-1/1

汽车电子商务蓝皮书
中国汽车电子商务发展报告（2018）
著(编)者：中华全国工商业联合会汽车经销商商会
　　　　　北方工业大学
　　　　　北京易观智库网络科技有限公司
2018年10月出版 / 估价：158.00元
PSN B-2015-485-1/1

汽车知识产权蓝皮书
中国汽车产业知识产权发展报告（2018）
著(编)者：中国汽车工程研究院股份有限公司
　　　　　中国汽车工程学会
　　　　　重庆长安汽车股份有限公司
2018年12月出版 / 估价：99.00元
PSN B-2016-594-1/1

青少年体育蓝皮书
中国青少年体育发展报告（2017）
著(编)者：刘扶民 杨桦　　2018年1月出版 / 估价：99.00元
PSN B-2015-482-1/1

区块链蓝皮书
中国区块链发展报告（2018）
著(编)者：李伟　　2018年9月出版 / 估价：99.00元
PSN B-2017-649-1/1

群众体育蓝皮书
中国群众体育发展报告（2017）
著(编)者：刘国永 戴健　　2018年5月出版 / 估价：99.00元
PSN B-2014-411-1/3

群众体育蓝皮书
中国社会体育指导员发展报告（2018）
著(编)者：刘国永 王欢　　2018年4月出版 / 估价：99.00元
PSN B-2016-520-3/3

人力资源蓝皮书
中国人力资源发展报告（2018）
著(编)者：余兴安　　2018年11月出版 / 估价：99.00元
PSN B-2012-287-1/1

融资租赁蓝皮书
中国融资租赁业发展报告（2017～2018）
著(编)者：李光荣 王力　　2018年8月出版 / 估价：99.00元
PSN B-2015-443-1/1

商会蓝皮书
中国商会发展报告No.5（2017）
著(编)者：王钦敏　　2018年7月出版 / 估价：99.00元
PSN B-2008-125-1/1

商务中心区蓝皮书
中国商务中心区发展报告No.4（2017～2018）
著(编)者：李国红 单菁菁　　2018年9月出版 / 估价：99.00元
PSN B-2015-444-1/1

设计产业蓝皮书
中国创新设计发展报告（2018）
著(编)者：王晓红 张立群 于炜
2018年11月出版 / 估价：99.00元
PSN B-2016-581-2/2

社会责任管理蓝皮书
中国上市公司社会责任能力成熟度报告No.4（2018
著(编)者：肖红军 王晓光 李伟阳
2018年12月出版 / 估价：99.00元
PSN B-2015-507-2/2

社会责任管理蓝皮书
中国企业公众透明度报告No.4（2017～2018）
著(编)者：黄速建 熊梦 王晓光 肖红军
2018年4月出版 / 估价：99.00元
PSN B-2015-440-1/2

食品药品蓝皮书
食品药品安全与监管政策研究报告（2016～2017）
著(编)者：唐民皓　　2018年6月出版 / 估价：99.00元
PSN B-2009-129-1/1

输血服务蓝皮书
中国输血行业发展报告（2018）
著(编)者：孙俊　　2018年12月出版 / 估价：99.00元
PSN B-2016-582-1/1

水利风景区蓝皮书
中国水利风景区发展报告（2018）
著(编)者：董建文 兰思仁
2018年10月出版 / 估价：99.00元
PSN B-2015-480-1/1

私募市场蓝皮书
中国私募股权市场发展报告（2017～2018）
著(编)者：曹和平　　2018年12月出版 / 估价：99.00元
PSN B-2010-162-1/1

碳排放权交易蓝皮书
中国碳排放权交易报告（2018）
著(编)者：孙永平　　2018年11月出版 / 估价：99.00元
PSN B-2017-652-1/1

碳市场蓝皮书
中国碳市场报告（2018）
著(编)者：定金彪　　2018年11月出版 / 估价：99.00元
PSN B-2014-430-1/1

体育蓝皮书
中国公共体育服务发展报告（2018）
著(编)者：戴健　2018年12月出版 / 估价：99.00元
PSN B-2013-367-2/5

土地市场蓝皮书
中国农村土地市场发展报告（2017~2018）
著(编)者：李光荣　2018年3月出版 / 估价：99.00元
PSN B-2016-526-1/1

土地整治蓝皮书
中国土地整治发展研究报告（No.5）
著(编)者：国土资源部土地整治中心
2018年7月出版 / 估价：99.00元
PSN B-2014-401-1/1

土地政策蓝皮书
中国土地政策研究报告（2018）
著(编)者：高延利 李宪文　2017年12月出版 / 估价：99.00元
PSN B-2015-506-1/1

网络空间安全蓝皮书
中国网络空间安全发展报告（2018）
著(编)者：惠志斌 覃庆玲
2018年11月出版 / 估价：99.00元
PSN B-2015-466-1/1

文化志愿服务蓝皮书
中国文化志愿服务发展报告（2018）
著(编)者：张永新 良警宇　2018年11月出版 / 估价：128.00元
PSN B-2016-596-1/1

西部金融蓝皮书
中国西部金融发展报告（2017~2018）
著(编)者：李忠民　2018年8月出版 / 估价：99.00元
PSN B-2010-160-1/1

协会商会蓝皮书
中国行业协会商会发展报告（2017）
著(编)者：景朝阳 李勇　2018年4月出版 / 估价：99.00元
PSN B-2015-461-1/1

新三板蓝皮书
中国新三板市场发展报告（2018）
著(编)者：王力　2018年8月出版 / 估价：99.00元
PSN B-2016-533-1/1

信托市场蓝皮书
中国信托业市场报告（2017~2018）
著(编)者：用益金融信托研究院
2018年1月出版 / 估价：198.00元
PSN B-2014-371-1/1

信息化蓝皮书
中国信息化形势分析与预测（2017~2018）
著(编)者：周宏仁　2018年8月出版 / 估价：99.00元
PSN B-2010-168-1/1

信用蓝皮书
中国信用发展报告（2017~2018）
著(编)者：章政 田侃　2018年4月出版 / 估价：99.00元
PSN B-2013-328-1/1

休闲绿皮书
2017~2018年中国休闲发展报告
著(编)者：宋瑞　2018年7月出版 / 估价：99.00元
PSN G-2010-158-1/1

休闲体育蓝皮书
中国休闲体育发展报告（2017~2018）
著(编)者：李相如 钟秉枢
2018年10月出版 / 估价：99.00元
PSN B-2016-516-1/1

养老金融蓝皮书
中国养老金融发展报告（2018）
著(编)者：董克用 姚余栋
2018年9月出版 / 估价：99.00元
PSN B-2016-583-1/1

遥感监测绿皮书
中国可持续发展遥感监测报告（2017）
著(编)者：顾行发 汪克强 潘教峰 李闽榕 徐东华 王琦安
2018年6月出版 / 估价：298.00元
PSN B-2017-629-1/1

药品流通蓝皮书
中国药品流通行业发展报告（2018）
著(编)者：佘鲁林 温再兴
2018年7月出版 / 估价：198.00元
PSN B-2014-429-1/1

医疗器械蓝皮书
中国医疗器械行业发展报告（2018）
著(编)者：王宝亭 耿鸿武
2018年10月出版 / 估价：99.00元
PSN B-2017-661-1/1

医院蓝皮书
中国医院竞争力报告（2018）
著(编)者：庄一强 曾益新　2018年3月出版 / 估价：118.00元
PSN B-2016-528-1/1

瑜伽蓝皮书
中国瑜伽业发展报告（2017~2018）
著(编)者：张永建 徐华锋 朱泰余
2018年6月出版 / 估价：198.00元
PSN B-2017-625-1/1

债券市场蓝皮书
中国债券市场发展报告（2017~2018）
著(编)者：杨农　2018年10月出版 / 估价：99.00元
PSN B-2016-572-1/1

志愿服务蓝皮书
中国志愿服务发展报告（2018）
著(编)者：中国志愿服务联合会
2018年11月出版 / 估价：99.00元
PSN B-2017-664-1/1

中国上市公司蓝皮书
中国上市公司发展报告（2018）
著(编)者：张鹏 张平 黄胤英
2018年9月出版 / 估价：99.00元
PSN B-2014-414-1/1

中国新三板蓝皮书
中国新三板创新与发展报告（2018）
著(编)者：刘平安 闻召林
2018年8月出版 / 估价：158.00元
PSN B-2017-638-1/1

中医文化蓝皮书
北京中医药文化传播发展报告（2018）
著(编)者：毛嘉陵 2018年5月出版 / 估价：99.00元
PSN B-2015-468-1/2

中医文化蓝皮书
中国中医药文化传播发展报告（2018）
著(编)者：毛嘉陵 2018年7月出版 / 估价：99.00元
PSN B-2016-584-2/2

中医药蓝皮书
北京中医药知识产权发展报告No.2
著(编)者：汪洪 屠志涛 2018年4月出版 / 估价：168.00元
PSN B-2017-602-1/1

资本市场蓝皮书
中国场外交易市场发展报告（2016~2017）
著(编)者：高峦 2018年3月出版 / 估价：99.00元
PSN B-2009-153-1/1

资产管理蓝皮书
中国资产管理行业发展报告（2018）
著(编)者：郑智 2018年7月出版 / 估价：99.00元
PSN B-2014-407-2/2

资产证券化蓝皮书
中国资产证券化发展报告（2018）
著(编)者：纪志宏 2018年11月出版 / 估价：99.00元
PSN B-2017-660-1/1

自贸区蓝皮书
中国自贸区发展报告（2018）
著(编)者：王力 黄育华 2018年6月出版 / 估价：99.00元
PSN B-2016-558-1/1

国际问题与全球治理类

"一带一路"跨境通道蓝皮书
"一带一路"跨境通道建设研究报告（2018）
著(编)者：郭业洲 2018年8月出版 / 估价：99.00元
PSN B-2016-557-1/1

"一带一路"蓝皮书
"一带一路"建设发展报告（2018）
著(编)者：王晓泉 2018年6月出版 / 估价：99.00元
PSN B-2016-552-1/1

"一带一路"投资安全蓝皮书
中国"一带一路"投资与安全研究报告（2017~2018）
著(编)者：邹统钎 梁昊光 2018年4月出版 / 估价：99.00元
PSN B-2017-612-1/1

"一带一路"文化交流蓝皮书
中阿文化交流发展报告（2017）
著(编)者：王辉 2018年9月出版 / 估价：99.00元
PSN B-2017-655-1/1

G20国家创新竞争力黄皮书
二十国集团（G20）国家创新竞争力发展报告（2017~2018）
著(编)者：李建平 李闽榕 赵新力 周天勇
2018年7月出版 / 估价：168.00元
PSN Y-2011-229-1/1

阿拉伯黄皮书
阿拉伯发展报告（2016~2017）
著(编)者：罗林 2018年3月出版 / 估价：99.00元
PSN Y-2014-381-1/1

北部湾蓝皮书
泛北部湾合作发展报告（2017~2018）
著(编)者：吕余生 2018年12月出版 / 估价：99.00元
PSN B-2008-114-1/1

北极蓝皮书
北极地区发展报告（2017）
著(编)者：刘惠荣 2018年7月出版 / 估价：99.00元
PSN B-2017-634-1/1

大洋洲蓝皮书
大洋洲发展报告（2017~2018）
著(编)者：喻常森 2018年10月出版 / 估价：99.00元
PSN B-2013-341-1/1

东北亚区域合作蓝皮书
2017年"一带一路"倡议与东北亚区域合作
著(编)者：刘亚政 金美花
2018年5月出版 / 估价：99.00元
PSN B-2017-631-1/1

东盟黄皮书
东盟发展报告（2017）
著(编)者：杨晓强 庄国土
2018年3月出版 / 估价：99.00元
PSN Y-2012-303-1/1

东南亚蓝皮书
东南亚地区发展报告（2017~2018）
著(编)者：王勤 2018年12月出版 / 估价：99.00元
PSN B-2012-240-1/1

非洲黄皮书
非洲发展报告No.20（2017~2018）
著(编)者：张宏明 2018年7月出版 / 估价：99.00元
PSN Y-2012-239-1/1

非传统安全蓝皮书
中国非传统安全研究报告（2017~2018）
著(编)者：潇枫 罗中枢 2018年8月出版 / 估价：99.00元
PSN B-2012-273-1/1

国际安全蓝皮书
中国国际安全研究报告（2018）
著(编)者：刘慧　2018年7月出版 / 估价：99.00元
PSN B-2016-521-1/1

国际城市蓝皮书
国际城市发展报告（2018）
著(编)者：屠启宇　2018年2月出版 / 估价：99.00元
PSN B-2012-260-1/1

国际形势黄皮书
全球政治与安全报告（2018）
著(编)者：张宇燕　2018年1月出版 / 估价：99.00元
PSN Y-2001-016-1/1

公共外交蓝皮书
中国公共外交发展报告（2018）
著(编)者：赵启正 雷蔚真　2018年4月出版 / 估价：99.00元
PSN B-2015-457-1/1

金砖国家黄皮书
金砖国家综合创新竞争力发展报告（2018）
著(编)者：赵新力 李闽榕 黄茂兴
2018年8月出版 / 估价：128.00元
PSN Y-2017-643-1/1

拉美黄皮书
拉丁美洲和加勒比发展报告（2017~2018）
著(编)者：袁东振　2018年6月出版 / 估价：99.00元
PSN Y-1999-007-1/1

澜湄合作蓝皮书
澜沧江-湄公河合作发展报告（2018）
著(编)者：刘稚　2018年9月出版 / 估价：99.00元
PSN B-2011-196-1/1

欧洲蓝皮书
欧洲发展报告（2017~2018）
著(编)者：黄平 周弘 程卫东
2018年6月出版 / 估价：99.00元
PSN B-1999-009-1/1

葡语国家蓝皮书
葡语国家发展报告（2016~2017）
著(编)者：王成安 张敏 刘金兰
2018年4月出版 / 估价：99.00元
PSN B-2015-503-1/2

葡语国家蓝皮书
中国与葡语国家关系发展报告·巴西（2016）
著(编)者：张曙光　2018年8月出版 / 估价：99.00元
PSN B-2016-563-2/2

气候变化绿皮书
应对气候变化报告（2018）
著(编)者：王伟光 郑国光　2018年11月出版 / 估价：99.00元
PSN G-2009-144-1/1

全球环境竞争力绿皮书
全球环境竞争力报告（2018）
著(编)者：李建平 李闽榕 王金南
2018年12月出版 / 估价：198.00元
PSN G-2013-363-1/1

全球信息社会蓝皮书
全球信息社会发展报告（2018）
著(编)者：丁波涛 唐涛　2018年10月出版 / 估价：99.00元
PSN B-2017-665-1/1

日本经济蓝皮书
日本经济与中日经贸关系研究报告（2018）
著(编)者：张季风　2018年6月出版 / 估价：99.00元
PSN B-2008-102-1/1

上海合作组织黄皮书
上海合作组织发展报告（2018）
著(编)者：李进峰　2018年6月出版 / 估价：99.00元
PSN Y-2009-130-1/1

世界创新竞争力黄皮书
世界创新竞争力发展报告（2017）
著(编)者：李建平 李闽榕 赵新力
2018年1月出版 / 估价：168.00元
PSN Y-2013-318-1/1

世界经济黄皮书
2018年世界经济形势分析与预测
著(编)者：张宇燕　2018年1月出版 / 估价：99.00元
PSN Y-1999-006-1/1

丝绸之路蓝皮书
丝绸之路经济带发展报告（2018）
著(编)者：任宗哲 白宽犁 谷孟宾
2018年1月出版 / 估价：99.00元
PSN B-2014-410-1/1

新兴经济体蓝皮书
金砖国家发展报告（2018）
著(编)者：林跃勤 周文　2018年8月出版 / 估价：99.00元
PSN B-2011-195-1/1

亚太蓝皮书
亚太地区发展报告（2018）
著(编)者：李向阳　2018年5月出版 / 估价：99.00元
PSN B-2001-015-1/1

印度洋地区蓝皮书
印度洋地区发展报告（2018）
著(编)者：汪戎　2018年6月出版 / 估价：99.00元
PSN B-2013-334-1/1

渝新欧蓝皮书
渝新欧沿线国家发展报告（2018）
著(编)者：杨柏 黄森　2018年6月出版 / 估价：99.00元
PSN B-2017-626-1/1

中阿蓝皮书
中国·阿拉伯国家经贸发展报告（2018）
著(编)者：张廉 段庆林 王林聪 杨巧红
2018年12月出版 / 估价：99.00元
PSN B-2016-598-1/1

中东黄皮书
中东发展报告No.20（2017~2018）
著(编)者：杨光　2018年10月出版 / 估价：39.00元
PSN Y-1998-004-1/1

中亚黄皮书
中亚国家发展报告（2018）
著(编)者：孙力　2018年6月出版 / 估价：99.00元
PSN Y-2012-238-1/1

国别类

澳大利亚蓝皮书
澳大利亚发展报告（2017-2018）
著(编)者：孙有中 韩锋　2018年12月出版 / 估价：99.00元
PSN B-2016-587-1/1

巴西黄皮书
巴西发展报告（2017）
著(编)者：刘国枝　2018年5月出版 / 估价：99.00元
PSN Y-2017-614-1/1

德国蓝皮书
德国发展报告（2018）
著(编)者：郑春荣　2018年6月出版 / 估价：99.00元
PSN B-2012-278-1/1

俄罗斯黄皮书
俄罗斯发展报告（2018）
著(编)者：李永全　2018年6月出版 / 估价：99.00元
PSN Y-2006-061-1/1

韩国蓝皮书
韩国发展报告（2017）
著(编)者：牛林杰 刘宝全　2018年5月出版 / 估价：99.00元
PSN B-2010-155-1/1

加拿大蓝皮书
加拿大发展报告（2018）
著(编)者：唐小松　2018年9月出版 / 估价：99.00元
PSN B-2014-389-1/1

美国蓝皮书
美国研究报告（2018）
著(编)者：郑秉文 黄平　2018年5月出版 / 估价：99.00元
PSN B-2011-210-1/1

缅甸蓝皮书
缅甸国情报告（2017）
著(编)者：孔鹏 杨祥章　2018年1月出版 / 估价：99.00元
PSN B-2013-343-1/1

日本蓝皮书
日本研究报告（2018）
著(编)者：杨伯江　2018年6月出版 / 估价：99.00元
PSN B-2002-020-1/1

土耳其蓝皮书
土耳其发展报告（2018）
著(编)者：郭长刚 刘义　2018年9月出版 / 估价：99.00元
PSN B-2014-412-1/1

伊朗蓝皮书
伊朗发展报告（2017~2018）
著(编)者：冀开运　2018年10月 / 估价：99.00元
PSN B-2016-574-1/1

以色列蓝皮书
以色列发展报告（2018）
著(编)者：张倩红　2018年8月出版 / 估价：99.00元
PSN B-2015-483-1/1

印度蓝皮书
印度国情报告（2017）
著(编)者：吕昭义　2018年4月出版 / 估价：99.00元
PSN B-2012-241-1/1

英国蓝皮书
英国发展报告（2017~2018）
著(编)者：王展鹏　2018年12月出版 / 估价：99.00元
PSN B-2015-486-1/1

越南蓝皮书
越南国情报告（2018）
著(编)者：谢林城　2018年1月出版 / 估价：99.00元
PSN B-2006-056-1/1

泰国蓝皮书
泰国研究报告（2018）
著(编)者：庄国土 张禹东 刘文正
2018年10月出版 / 估价：99.00元
PSN B-2016-556-1/1

文化传媒类

"三农"舆情蓝皮书
中国"三农"网络舆情报告（2017~2018）
著(编)者：农业部信息中心
2018年6月出版 / 估价：99.00元
PSN B-2017-640-1/1

传媒竞争力蓝皮书
中国传媒国际竞争力研究报告（2018）
著(编)者：李本乾 刘强 王大可
2018年8月出版 / 估价：99.00元
PSN B-2013-356-1/1

传媒蓝皮书
中国传媒产业发展报告（2018）
著(编)者：崔保国　2018年5月出版 / 估价：99.00元
PSN B-2005-035-1/1

传媒投资蓝皮书
中国传媒投资发展报告（2018）
著(编)者：张向东 谭云明
2018年6月出版 / 估价：148.00元
PSN B-2015-474-1/1

非物质文化遗产蓝皮书
中国非物质文化遗产发展报告（2018）
著(编)者：陈平　2018年5月出版 / 估价：128.00元
PSN B-2015-469-1/2

非物质文化遗产蓝皮书
中国非物质文化遗产保护发展报告（2018）
著(编)者：宋俊华　2018年10月出版 / 估价：128.00元
PSN B-2016-586-2/2

广电蓝皮书
中国广播电影电视发展报告（2018）
著(编)者：国家新闻出版广电总局发展研究中心
2018年7月出版 / 估价：99.00元
PSN B-2006-072-1/1

广告主蓝皮书
中国广告主营销传播趋势报告No.9
著(编)者：黄升民 杜国清 邵华冬 等
2018年10月出版 / 估价：158.00元
PSN B-2005-041-1/1

国际传播蓝皮书
中国国际传播发展报告（2018）
著(编)者：胡正荣 李继东 姬德强
2018年12月出版 / 估价：99.00元
PSN B-2014-408-1/1

国家形象蓝皮书
中国国家形象传播报告（2017）
著(编)者：张昆　2018年3月出版 / 估价：128.00元
PSN B-2017-605-1/1

互联网治理蓝皮书
中国网络社会治理研究报告（2018）
著(编)者：罗昕 支庭荣
2018年9月出版 / 估价：118.00元
PSN B-2017-653-1/1

纪录片蓝皮书
中国纪录片发展报告（2018）
著(编)者：何苏六　2018年10月出版 / 估价：99.00元
PSN B-2011-222-1/1

科学传播蓝皮书
中国科学传播报告（2016~2017）
著(编)者：詹正茂　2018年6月出版 / 估价：99.00元
PSN B-2008-120-1/1

两岸创意经济蓝皮书
两岸创意经济研究报告（2018）
著(编)者：罗昌智 董泽平
2018年10月出版 / 估价：99.00元
PSN B-2014-437-1/1

媒介与女性蓝皮书
中国媒介与女性发展报告（2017～2018）
著(编)者：刘利群　2018年5月出版 / 估价：99.00元
PSN B-2013-345-1/1

媒体融合蓝皮书
中国媒体融合发展报告（2017）
著(编)者：梅宁华 支庭荣　2018年1月出版 / 估价：99.00元
PSN B-2015-479-1/1

全球传媒蓝皮书
全球传媒发展报告（2017～2018）
著(编)者：胡正荣 李继东　2018年6月出版 / 估价：99.00元
PSN B-2012-237-1/1

少数民族非遗蓝皮书
中国少数民族非物质文化遗产发展报告（2018）
著(编)者：肖远平（彝）柴立（满）
2018年10月出版 / 估价：118.00元
PSN B-2015-467-1/1

视听新媒体蓝皮书
中国视听新媒体发展报告（2018）
著(编)者：国家新闻出版广电总局发展研究中心
2018年7月出版 / 估价：118.00元
PSN B-2011-184-1/1

数字娱乐产业蓝皮书
中国动画产业发展报告（2018）
著(编)者：孙立军 孙平 牛兴侦
2018年10月出版 / 估价：99.00元
PSN B-2011-198-1/2

数字娱乐产业蓝皮书
中国游戏产业发展报告（2018）
著(编)者：孙立军 刘跃军
2018年10月出版 / 估价：99.00元
PSN B-2017-662-2/2

文化创新蓝皮书
中国文化创新报告（2017·No.8）
著(编)者：傅才武　2018年4月出版 / 估价：99.00元
PSN B-2009-143-1/1

文化建设蓝皮书
中国文化发展报告（2018）
著(编)者：江畅 孙伟平 戴茂堂
2018年5月出版 / 估价：99.00元
PSN B-2014-392-1/1

文化科技蓝皮书
文化科技创新发展报告（2018）
著(编)者：于平 李凤亮　2018年10月出版 / 估价：99.00元
PSN B-2013-342-1/1

文化蓝皮书
中国公共文化服务发展报告（2017~2018）
著(编)者：刘新成 张永新 张旭
2018年12月出版 / 估价：99.00元
PSN B-2007-093-2/10

文化蓝皮书
中国少数民族文化发展报告（2017～2018）
著(编)者：武翠英 张晓明 任乌晶
2018年9月出版 / 估价：99.00元
PSN B-2013-369-9/10

文化蓝皮书
中国文化产业供需协调检测报告（2018）
著(编)者：王亚南　2018年2月出版 / 估价：99.00元
PSN B-2013-323-8/10

文化蓝皮书
中国文化消费需求景气评价报告（2018）
著(编)者：王亚南　2018年2月出版 / 估价：99.00元
PSN B-2011-236-4/10

文化蓝皮书
中国公共文化投入增长测评报告（2018）
著(编)者：王亚南　2018年2月出版 / 估价：99.00元
PSN B-2014-435-10/10

文化品牌蓝皮书
中国文化品牌发展报告（2018）
著(编)者：欧阳友权　2018年5月出版 / 估价：99.00元
PSN B-2012-277-1/1

文化遗产蓝皮书
中国文化遗产事业发展报告（2017~2018）
著(编)者：苏杨 张颖岚 卓杰 白海峰 陈晨 陈叙图
2018年8月出版 / 估价：99.00元
PSN B-2008-119-1/1

文学蓝皮书
中国文情报告（2017~2018）
著(编)者：白烨　2018年5月出版 / 估价：99.00元
PSN B-2011-221-1/1

新媒体蓝皮书
中国新媒体发展报告No.9（2018）
著(编)者：唐绪军　2018年7月出版 / 估价：99.00元
PSN B-2010-169-1/1

新媒体社会责任蓝皮书
中国新媒体社会责任研究报告（2018）
著(编)者：钟瑛　2018年12月出版 / 估价：99.00元
PSN B-2014-423-1/1

移动互联网蓝皮书
中国移动互联网发展报告（2018）
著(编)者：余清楚　2018年6月出版 / 估价：99.00元
PSN B-2012-282-1/1

影视蓝皮书
中国影视产业发展报告（2018）
著(编)者：司若 陈鹏 陈锐　2018年4月出版 / 估价：99.00元
PSN B-2016-529-1/1

舆情蓝皮书
中国社会舆情与危机管理报告（2018）
著(编)者：谢耘耕　2018年9月出版 / 估价：138.00元
PSN B-2011-235-1/1

地方发展类-经济

澳门蓝皮书
澳门经济社会发展报告（2017~2018）
著(编)者：吴志良 郝雨凡　2018年7月出版 / 估价：99.00元
PSN B-2009-138-1/1

澳门绿皮书
澳门旅游休闲发展报告（2017~2018）
著(编)者：郝雨凡 林广志　2018年5月出版 / 估价：99.00元
PSN G-2017-617-1/1

北京蓝皮书
北京经济发展报告（2017~2018）
著(编)者：杨松　2018年6月出版 / 估价：99.00元
PSN B-2006-054-2/8

北京旅游绿皮书
北京旅游发展报告（2018）
著(编)者：北京旅游学会
2018年7月出版 / 估价：99.00元
PSN G-2012-301-1/1

北京体育蓝皮书
北京体育产业发展报告（2017~2018）
著(编)者：钟秉枢 陈杰 陈铁黎
2018年9月出版 / 估价：99.00元
PSN B-2015-475-1/1

滨海金融蓝皮书
滨海新区金融发展报告（2017）
著(编)者：王爱俭 李向前　2018年4月出版 / 估价：99.00元
PSN B-2014-424-1/1

城乡一体化蓝皮书
北京城乡一体化发展报告（2017~2018）
著(编)者：吴宝新 张宝秀 黄序
2018年5月出版 / 估价：99.00元
PSN B-2012-258-2/2

非公有制企业社会责任蓝皮书
北京非公有制企业社会责任报告（2018）
著(编)者：宋贵伦 冯培　2018年6月出版 / 估价：99.00元
PSN B-2017-613-1/1

福建旅游蓝皮书
福建省旅游产业发展现状研究（2017~2018）
著(编)者：陈敏华 黄远水
2018年12月出版 / 估价：128.00元
PSN B-2016-591-1/1

福建自贸区蓝皮书
中国(福建)自由贸易试验区发展报告(2017~2018)
著(编)者：黄茂兴　2018年4月出版 / 估价：118.00元
PSN B-2016-531-1/1

甘肃蓝皮书
甘肃经济发展分析与预测（2018）
著(编)者：安文华 罗哲　2018年1月出版 / 估价：99.00元
PSN B-2013-312-1/6

甘肃蓝皮书
甘肃商贸流通发展报告（2018）
著(编)者：张应华 王福生 王晓芳
2018年1月出版 / 估价：99.00元
PSN B-2016-522-6/6

甘肃蓝皮书
甘肃县域和农村发展报告（2018）
著(编)者：朱智文　包东红　王建兵
2018年1月出版 / 估价：99.00元
PSN B-2013-316-5/6

甘肃农业科技绿皮书
甘肃农业科技发展研究报告（2018）
著(编)者：魏胜文　乔德华　张东伟
2018年12月出版 / 估价：198.00元
PSN B-2016-592-1/1

巩义蓝皮书
巩义经济社会发展报告（2018）
著(编)者：丁同民　朱军　2018年4月出版 / 估价：99.00元
PSN B-2016-532-1/1

广东外经贸蓝皮书
广东对外经济贸易发展研究报告（2017～2018）
著(编)者：陈万灵　2018年6月出版 / 估价：99.00元
PSN B-2012-286-1/1

广西北部湾经济区蓝皮书
广西北部湾经济区开放开发报告（2017～2018）
著(编)者：广西壮族自治区北部湾经济区和东盟开放合作办公室
　　　　　广西社会科学院
　　　　　广西北部湾发展研究院
2018年2月出版 / 估价：99.00元
PSN B-2010-181-1/1

广州蓝皮书
广州城市国际化发展报告（2018）
著(编)者：张跃国　2018年8月出版 / 估价：99.00元
PSN B-2012-246-11/14

广州蓝皮书
中国广州城市建设与管理发展报告（2018）
著(编)者：张其学　陈小钢　王宏伟　2018年8月出版 / 估价：99.00元
PSN B-2007-087-4/14

广州蓝皮书
广州创新型城市发展报告（2018）
著(编)者：尹涛　2018年6月出版 / 估价：99.00元
PSN B-2012-247-12/14

广州蓝皮书
广州经济发展报告（2018）
著(编)者：张跃国　尹涛　2018年7月出版 / 估价：99.00元
PSN B-2005-040-1/14

广州蓝皮书
2018年中国广州经济形势分析与预测
著(编)者：魏明海　谢博能　李华
2018年6月出版 / 估价：99.00元
PSN B-2011-185-9/14

广州蓝皮书
中国广州科技创新发展报告（2018）
著(编)者：于欣伟　陈爽　邓佑满　2018年8月出版 / 估价：99.00元
PSN B-2006-065-2/14

广州蓝皮书
广州农村发展报告（2018）
著(编)者：朱名宏　2018年7月出版 / 估价：99.00元
PSN B-2010-167-8/14

广州蓝皮书
广州汽车产业发展报告（2018）
著(编)者：杨再高　冯兴亚　2018年7月出版 / 估价：99.00元
PSN B-2006-066-3/14

广州蓝皮书
广州商贸业发展报告（2018）
著(编)者：张跃国　陈杰　荀振英
2018年7月出版 / 估价：99.00元
PSN B-2012-245-10/14

贵阳蓝皮书
贵阳城市创新发展报告No.3（白云篇）
著(编)者：连玉明　2018年5月出版 / 估价：99.00元
PSN B-2015-491-3/10

贵阳蓝皮书
贵阳城市创新发展报告No.3（观山湖篇）
著(编)者：连玉明　2018年5月出版 / 估价：99.00元
PSN B-2015-497-9/10

贵阳蓝皮书
贵阳城市创新发展报告No.3（花溪篇）
著(编)者：连玉明　2018年5月出版 / 估价：99.00元
PSN B-2015-490-2/10

贵阳蓝皮书
贵阳城市创新发展报告No.3（开阳篇）
著(编)者：连玉明　2018年5月出版 / 估价：99.00元
PSN B-2015-492-4/10

贵阳蓝皮书
贵阳城市创新发展报告No.3（南明篇）
著(编)者：连玉明　2018年5月出版 / 估价：99.00元
PSN B-2015-496-8/10

贵阳蓝皮书
贵阳城市创新发展报告No.3（清镇篇）
著(编)者：连玉明　2018年5月出版 / 估价：99.00元
PSN B-2015-489-1/10

贵阳蓝皮书
贵阳城市创新发展报告No.3（乌当篇）
著(编)者：连玉明　2018年5月出版 / 估价：99.00元
PSN B-2015-495-7/10

贵阳蓝皮书
贵阳城市创新发展报告No.3（息烽篇）
著(编)者：连玉明　2018年5月出版 / 估价：99.00元
PSN B-2015-493-5/10

贵阳蓝皮书
贵阳城市创新发展报告No.3（修文篇）
著(编)者：连玉明　2018年5月出版 / 估价：99.00元
PSN B-2015-494-6/10

贵阳蓝皮书
贵阳城市创新发展报告No.3（云岩篇）
著(编)者：连玉明　2018年5月出版 / 估价：99.00元
PSN B-2015-498-10/10

贵州房地产蓝皮书
贵州房地产发展报告No.5（2018）
著(编)者：武廷方　2018年7月出版 / 估价：99.00元
PSN B-2014-426-1/1

贵州蓝皮书
贵州册亨经济社会发展报告（2018）
著(编)者：黄德林　2018年3月出版 / 估价：99.00元
PSN B-2016-525-8/9

贵州蓝皮书
贵州地理标志产业发展报告（2018）
著(编)者：李发耀 黄其松　2018年8月出版 / 估价：99.00元
PSN B-2017-646-10/10

贵州蓝皮书
贵安新区发展报告（2017~2018）
著(编)者：马长青 吴大华　2018年6月出版 / 估价：99.00元
PSN B-2015-459-4/10

贵州蓝皮书
贵州国家级开放创新平台发展报告（2017~2018）
2018年11月出版 / 估价：99.00元
PSN B-2016-518-7/10

贵州蓝皮书
贵州国有企业社会责任发展报告（2017~2018）
著(编)者：郭丽　2018年12月出版 / 估价：99.00元
PSN B-2015-511-6/10

贵州蓝皮书
贵州民航业发展报告（2017）
著(编)者：申振东 吴大华　2018年1月出版 / 估价：99.00元
PSN B-2015-471-5/10

贵州蓝皮书
贵州民营经济发展报告（2017）
著(编)者：杨静 吴大华　2018年3月出版 / 估价：99.00元
PSN B-2016-530-9/9

杭州都市圈蓝皮书
杭州都市圈发展报告（2018）
著(编)者：沈翔 戚建国　2018年5月出版 / 估价：128.00元
PSN B-2012-302-1/1

河北经济蓝皮书
河北省经济发展报告（2018）
著(编)者：马树强 金浩 张贵　2018年4月出版 / 估价：99.00元
PSN B-2014-380-1/1

河北蓝皮书
河北经济社会发展报告（2018）
著(编)者：康振海　2018年1月出版 / 估价：99.00元
PSN B-2014-372-1/3

河北蓝皮书
京津冀协同发展报告（2018）
著(编)者：陈璐　2018年1月出版 / 估价：99.00元
PSN B-2017-601-2/3

河南经济蓝皮书
2018年河南经济形势分析与预测
著(编)者：王世炎　2018年3月出版 / 估价：99.00元
PSN B-2007-086-1/1

河南蓝皮书
河南城市发展报告（2018）
著(编)者：张占仓 王建国　2018年5月出版 / 估价：99.00元
PSN B-2009-131-3/9

河南蓝皮书
河南工业发展报告（2018）
著(编)者：张占仓　2018年5月出版 / 估价：99.00元
PSN B-2013-317-5/9

河南蓝皮书
河南金融发展报告（2018）
著(编)者：喻新安 谷建全
2018年6月出版 / 估价：99.00元
PSN B-2014-390-7/9

河南蓝皮书
河南经济发展报告（2018）
著(编)者：张占仓 完世伟
2018年4月出版 / 估价：99.00元
PSN B-2010-157-4/9

河南蓝皮书
河南能源发展报告（2018）
著(编)者：国网河南省电力公司经济技术研究院
　　　　　河南省社会科学院
2018年3月出版 / 估价：99.00元
PSN B-2017-607-9/9

河南商务蓝皮书
河南商务发展报告（2018）
著(编)者：焦锦淼 穆荣国　2018年5月出版 / 估价：99.00元
PSN B-2014-399-1/1

河南双创蓝皮书
河南创新创业发展报告（2018）
著(编)者：喻新安 杨雪梅　2018年8月出版 / 估价：99.00元
PSN B-2017-641-1/1

黑龙江蓝皮书
黑龙江经济发展报告（2018）
著(编)者：朱宇　2018年1月出版 / 估价：99.00元
PSN B-2011-190-2/2

湖南城市蓝皮书
区域城市群整合
著(编)者：童中贤 韩未名　2018年12月出版 / 估价：99.00元
PSN B-2006-064-1/1

湖南蓝皮书
湖南城乡一体化发展报告（2018）
著(编)者：陈文胜 王文强 陆福兴
2018年8月出版 / 估价：99.00元
PSN B-2015-477-8/8

湖南蓝皮书
2018年湖南电子政务发展报告
著(编)者：梁志峰　2018年5月出版 / 估价：128.00元
PSN B-2014-394-6/8

湖南蓝皮书
2018年湖南经济发展报告
著(编)者：卞鹰　2018年5月出版 / 估价：128.00元
PSN B-2011-207-2/8

湖南蓝皮书
2016年湖南经济展望
著(编)者：梁志峰　2018年5月出版 / 估价：128.00元
PSN B-2011-206-1/8

湖南蓝皮书
2018年湖南县域经济社会发展报告
著(编)者：梁志峰　2018年5月出版 / 估价：128.00元
PSN B-2014-395-7/8

湖南县域绿皮书
湖南县域发展报告（No.5）
著(编)者：袁准 周小毛 黎仁寅
2018年3月出版 / 估价：99.00元
PSN G-2012-274-1/1

沪港蓝皮书
沪港发展报告（2018）
著(编)者：尤安山　2018年9月出版 / 估价：99.00元
PSN B-2013-362-1/1

吉林蓝皮书
2018年吉林经济社会形势分析与预测
著(编)者：邵汉明　2017年12月出版 / 估价：99.00元
PSN B-2013-319-1/1

吉林省城市竞争力蓝皮书
吉林省城市竞争力报告（2018~2019）
著(编)者：崔岳春 张磊　2018年12月出版 / 估价：99.00元
PSN B-2016-513-1/1

济源蓝皮书
济源经济社会发展报告（2018）
著(编)者：喻新安　2018年4月出版 / 估价：99.00元
PSN B-2014-387-1/1

江苏蓝皮书
2018年江苏经济发展分析与展望
著(编)者：王庆五 吴先满　2018年7月出版 / 估价：128.00元
PSN B-2017-635-1/3

江西蓝皮书
江西经济社会发展报告（2018）
著(编)者：陈石俊 龚建文　2018年10月出版 / 估价：128.00元
PSN B-2015-484-1/2

江西蓝皮书
江西设区市发展报告（2018）
著(编)者：姜玮 梁勇　2018年10月出版 / 估价：99.00元
PSN B-2016-517-2/2

经济特区蓝皮书
中国经济特区发展报告（2017）
著(编)者：陶一桃　2018年1月出版 / 估价：99.00元
PSN B-2009-139-1/1

辽宁蓝皮书
2018年辽宁经济社会形势分析与预测
著(编)者：梁启东 魏红江　2018年6月出版 / 估价：99.00元
PSN B-2006-053-1/1

民族经济蓝皮书
中国民族地区经济发展报告（2018）
著(编)者：李曦辉　2018年7月出版 / 估价：99.00元
PSN B-2017-630-1/1

南宁蓝皮书
南宁经济发展报告（2018）
著(编)者：胡建华　2018年9月出版 / 估价：99.00元
PSN B-2016-569-2/3

浦东新区蓝皮书
上海浦东经济发展报告（2018）
著(编)者：沈开艳 周奇　2018年2月出版 / 估价：99.00元
PSN B-2011-225-1/1

青海蓝皮书
2018年青海经济社会形势分析与预测
著(编)者：陈玮　2017年12月出版 / 估价：99.00元
PSN B-2012-275-1/2

山东蓝皮书
山东经济形势分析与预测（2018）
著(编)者：李广杰　2018年7月出版 / 估价：99.00元
PSN B-2014-404-1/5

山东蓝皮书
山东省普惠金融发展报告（2018）
著(编)者：齐鲁财富网
2018年9月出版 / 估价：99.00元
PSN B2017-676-5/5

山西蓝皮书
山西资源型经济转型发展报告（2018）
著(编)者：李志强　2018年7月出版 / 估价：99.00元
PSN B-2011-197-1/1

陕西蓝皮书
陕西经济发展报告（2018）
著(编)者：任宗哲 白宽犁 裴成荣
2018年1月出版 / 估价：99.00元
PSN B-2009-135-1/6

陕西蓝皮书
陕西精准脱贫研究报告（2018）
著(编)者：任宗哲 白宽犁 王建康
2018年6月出版 / 估价：99.00元
PSN B-2017-623-6/6

上海蓝皮书
上海经济发展报告（2018）
著(编)者：沈开艳
2018年2月出版 / 估价：99.00元
PSN B-2006-057-1/7

上海蓝皮书
上海资源环境发展报告（2018）
著(编)者：周冯琦 汤庆合
2018年2月出版 / 估价：99.00元
PSN B-2006-060-4/7

上饶蓝皮书
上饶发展报告（2016~2017）
著(编)者：廖其志　2018年3月出版 / 估价：128.00元
PSN B-2014-377-1/1

深圳蓝皮书
深圳经济发展报告（2018）
著(编)者：张骁儒　2018年6月出版 / 估价：99.00元
PSN B-2008-112-3/7

四川蓝皮书
四川城镇化发展报告（2018）
著(编)者：侯水平 陈炜
2018年4月出版 / 估价：99.00元
PSN B-2015-456-7/7

四川蓝皮书
2018年四川经济形势分析与预测
著(编)者: 杨钢　2018年1月出版 / 估价: 99.00元
PSN B-2007-098-2/7

四川蓝皮书
四川企业社会责任研究报告（2017～2018）
著(编)者: 侯水平 盛毅　2018年5月出版 / 估价: 99.00元
PSN B-2014-386-4/7

四川蓝皮书
四川生态建设报告（2018）
著(编)者: 李晟之　2018年5月出版 / 估价: 99.00元
PSN B-2015-455-6/7

体育蓝皮书
上海体育产业发展报告（2017~2018）
著(编)者: 张林 黄海燕　2018年10月出版 / 估价: 99.00元
PSN B-2015-454-4/5

体育蓝皮书
长三角地区体育产业发展报告（2017～2018）
著(编)者: 张林　2018年4月出版 / 估价: 99.00元
PSN B-2015-453-3/5

天津金融蓝皮书
天津金融发展报告（2018）
著(编)者: 王爱俭 孔德昌　2018年3月出版 / 估价: 99.00元
PSN B-2014-418-1/1

图们江区域合作蓝皮书
图们江区域合作发展报告（2018）
著(编)者: 李铁　2018年6月出版 / 估价: 99.00元
PSN B-2015-464-1/1

温州蓝皮书
2018年温州经济社会形势分析与预测
著(编)者: 蒋儒标 王春光 金浩
2018年4月出版 / 估价: 99.00元
PSN B-2008-105-1/1

西咸新区蓝皮书
西咸新区发展报告（2018）
著(编)者: 李扬 王军
2018年6月出版 / 估价: 99.00元
PSN B-2016-534-1/1

修武蓝皮书
修武经济社会发展报告（2018）
著(编)者: 张占仓 袁凯声
2018年10月出版 / 估价: 99.00元
PSN B-2017-651-1/1

偃师蓝皮书
偃师经济社会发展报告（2018）
著(编)者: 张占仓 袁凯声 何武周
2018年7月出版 / 估价: 99.00元
PSN B-2017-627-1/1

扬州蓝皮书
扬州经济社会发展报告（2018）
著(编)者: 陈扬　2018年12月出版 / 估价: 108.00元
PSN B-2011-191-1/1

长垣蓝皮书
长垣经济社会发展报告（2018）
著(编)者: 张占仓 袁凯声 秦保建
2018年10月出版 / 估价: 99.00元
PSN B-2017-654-1/1

遵义蓝皮书
遵义发展报告（2018）
著(编)者: 邓彦 曾征 龚永育
2018年9月出版 / 估价: 99.00元
PSN B-2014-433-1/1

地方发展类-社会

安徽蓝皮书
安徽社会发展报告（2018）
著(编)者: 程桦　2018年4月出版 / 估价: 99.00元
PSN B-2013-325-1/1

安徽社会建设蓝皮书
安徽社会建设分析报告（2017～2018）
著(编)者: 黄家海 蔡宪
2018年11月出版 / 估价: 99.00元
PSN B-2013-322-1/1

北京蓝皮书
北京公共服务发展报告（2017～2018）
著(编)者: 施昌奎　2018年3月出版 / 估价: 99.00元
PSN B-2008-103-7/8

北京蓝皮书
北京社会发展报告（2017～2018）
著(编)者: 李伟东
2018年7月出版 / 估价: 99.00元
PSN B-2006-055-3/8

北京蓝皮书
北京社会治理发展报告（2017～2018）
著(编)者: 殷星辰　2018年7月出版 / 估价: 99.00元
PSN B-2014-391-8/8

北京律师蓝皮书
北京律师发展报告No.3（2018）
著(编)者: 王隽　2018年12月出版 / 估价: 99.00元
PSN B-2011-217-1/1

北京人才蓝皮书
北京人才发展报告（2018）
著(编)者：敏华　2018年12月出版 / 估价：128.00元
PSN B-2011-201-1/1

北京社会心态蓝皮书
北京社会心态分析报告（2017~2018）
北京市社会心理服务促进中心
2018年10月出版 / 估价：99.00元
PSN B-2014-422-1/1

北京社会组织管理蓝皮书
北京社会组织发展与管理（2018）
著(编)者：黄江松
2018年4月出版 / 估价：99.00元
PSN B-2015-446-1/1

北京养老产业蓝皮书
北京居家养老发展报告（2018）
著(编)者：陆杰华　周明明
2018年8月出版 / 估价：99.00元
PSN B-2015-465-1/1

法治蓝皮书
四川依法治省年度报告No.4（2018）
著(编)者：李林　杨天宗　田禾
2018年3月出版 / 估价：118.00元
PSN B-2015-447-2/3

福建妇女发展蓝皮书
福建省妇女发展报告（2018）
著(编)者：刘群英　2018年11月出版 / 估价：99.00元
PSN B-2011-220-1/1

甘肃蓝皮书
甘肃社会发展分析与预测（2018）
著(编)者：安文华　包晓霞　谢增虎
2018年1月出版 / 估价：99.00元
PSN B-2013-313-2/6

广东蓝皮书
广东全面深化改革研究报告（2018）
著(编)者：周林生　涂成林
2018年12月出版 / 估价：99.00元
PSN B-2015-504-3/3

广东蓝皮书
广东社会工作发展报告（2018）
著(编)者：罗观翠　2018年6月出版 / 估价：99.00元
PSN B-2014-402-2/3

广州蓝皮书
广州青年发展报告（2018）
著(编)者：徐柳　张强
2018年8月出版 / 估价：99.00元
PSN B-2013-352-13/14

广州蓝皮书
广州社会保障发展报告（2018）
著(编)者：张跃国　2018年8月出版 / 估价：99.00元
PSN B-2014-425-14/14

广州蓝皮书
2018年中国广州社会形势分析与预测
著(编)者：张强　郭志勇　何镜清
2018年6月出版 / 估价：99.00元
PSN B-2008-110-5/14

贵州蓝皮书
贵州法治发展报告（2018）
著(编)者：吴大华　2018年5月出版 / 估价：99.00元
PSN B-2012-254-2/10

贵州蓝皮书
贵州人才发展报告（2017）
著(编)者：于杰　吴大华
2018年9月出版 / 估价：99.00元
PSN B-2014-382-3/10

贵州蓝皮书
贵州社会发展报告（2018）
著(编)者：王兴骥　2018年4月出版 / 估价：99.00元
PSN B-2010-166-1/10

杭州蓝皮书
杭州妇女发展报告（2018）
著(编)者：魏颖　2018年10月出版 / 估价：99.00元
PSN B-2014-403-1/1

河北蓝皮书
河北法治发展报告（2018）
著(编)者：康振海　2018年6月出版 / 估价：99.00元
PSN B-2017-622-3/3

河北食品药品安全蓝皮书
河北食品药品安全研究报告（2018）
著(编)者：丁锦霞　2018年10月出版 / 估价：99.00元
PSN B-2015-473-1/1

河南蓝皮书
河南法治发展报告（2018）
著(编)者：张林海　2018年7月出版 / 估价：99.00元
PSN B-2014-376-6/9

河南蓝皮书
2018年河南社会形势分析与预测
著(编)者：牛苏林　2018年5月出版 / 估价：99.00元
PSN B-2005-043-1/9

河南民办教育蓝皮书
河南民办教育发展报告（2018）
著(编)者：胡大白　2018年9月出版 / 估价：99.00元
PSN B-2017-642-1/1

黑龙江蓝皮书
黑龙江社会发展报告（2018）
著(编)者：谢宝禄　2018年1月出版 / 估价：99.00元
PSN B-2011-189-1/2

湖南蓝皮书
2018年湖南两型社会与生态文明建设报告
著(编)者：卞鹰　2018年5月出版 / 估价：128.00元
PSN B-2011-208-3/8

湖南蓝皮书
2018年湖南社会发展报告
著(编)者：卞鹰　2018年5月出版 / 估价：128.00元
PSN B-2014-393-5/8

健康城市蓝皮书
北京健康城市建设研究报告（2018）
著(编)者：王鸿春　盛继洪　2018年9月出版 / 估价：99.00元
PSN B-2015-460-1/2

江苏法治蓝皮书
江苏法治发展报告No.6（2017）
著(编)者：蔡道通 龚廷泰　2018年8月出版 / 估价：99.00元
PSN B-2012-290-1/1

江苏蓝皮书
2018年江苏社会发展分析与展望
著(编)者：王庆五 刘旺洪　2018年8月出版 / 估价：128.00元
PSN B-2017-636-2/3

南宁蓝皮书
南宁法治发展报告（2018）
著(编)者：杨维超　2018年12月出版 / 估价：99.00元
PSN B-2015-509-1/3

南宁蓝皮书
南宁社会发展报告（2018）
著(编)者：胡建华　2018年10月出版 / 估价：99.00元
PSN B-2016-570-3/3

内蒙古蓝皮书
内蒙古反腐倡廉建设报告 No.2
著(编)者：张志华　2018年6月出版 / 估价：99.00元
PSN B-2013-365-1/1

青海蓝皮书
2018年青海人才发展报告
著(编)者：王宇燕　2018年9月出版 / 估价：99.00元
PSN B-2017-650-2/2

青海生态文明建设蓝皮书
青海生态文明建设报告（2018）
著(编)者：张西明 高华　2018年12月出版 / 估价：99.00元
PSN B-2016-595-1/1

人口与健康蓝皮书
深圳人口与健康发展报告（2018）
著(编)者：陆杰华 傅崇辉　2018年11月出版 / 估价：99.00元
PSN B-2011-228-1/1

山东蓝皮书
山东社会形势分析与预测（2018）
著(编)者：李善峰　2018年6月出版 / 估价：99.00元
PSN B-2014-405-2/5

陕西蓝皮书
陕西社会发展报告（2018）
著(编)者：任宗哲 白宽犁 牛昉　2018年1月出版 / 估价：99.00元
PSN B-2009-136-2/6

上海蓝皮书
上海法治发展报告（2018）
著(编)者：叶必丰　2018年9月出版 / 估价：99.00元
PSN B-2012-296-6/7

上海蓝皮书
上海社会发展报告（2018）
著(编)者：杨雄 周海旺　2018年2月出版 / 估价：99.00元
PSN B-2006-058-2/7

社会建设蓝皮书
2018年北京社会建设分析报告
著(编)者：宋贵伦 冯虹　2018年9月出版 / 估价：99.00元
PSN B-2010-173-1/1

深圳蓝皮书
深圳法治发展报告（2018）
著(编)者：张骁儒　2018年6月出版 / 估价：99.00元
PSN B-2015-470-6/7

深圳蓝皮书
深圳劳动关系发展报告（2018）
著(编)者：汤庭芬　2018年8月出版 / 估价：99.00元
PSN B-2007-097-2/7

深圳蓝皮书
深圳社会治理与发展报告（2018）
著(编)者：张骁儒　2018年6月出版 / 估价：99.00元
PSN B-2008-113-4/7

生态安全绿皮书
甘肃国家生态安全屏障建设发展报告（2018）
著(编)者：刘举科 喜文华
2018年10月出版 / 估价：99.00元
PSN G-2017-659-1/1

顺义社会建设蓝皮书
北京市顺义区社会建设发展报告（2018）
著(编)者：王学武　2018年9月出版 / 估价：99.00元
PSN B-2017-658-1/1

四川蓝皮书
四川法治发展报告（2018）
著(编)者：郑泰安　2018年1月出版 / 估价：99.00元
PSN B-2015-441-5/7

四川蓝皮书
四川社会发展报告（2018）
著(编)者：李羚　2018年6月出版 / 估价：99.00元
PSN B-2008-127-3/7

云南社会治理蓝皮书
云南社会治理年度报告（2017）
著(编)者：晏雄 韩全芳
2018年5月出版 / 估价：99.00元
PSN B-2017-667-1/1

地方发展类－文化

北京传媒蓝皮书
北京新闻出版广电发展报告（2017～2018）
著(编)者：王志　2018年11月出版 / 估价：99.00元
PSN B-2016-588-1/1

北京蓝皮书
北京文化发展报告（2017～2018）
著(编)者：李建盛　2018年5月出版 / 估价：99.00元
PSN B-2007-082-4/8

创意城市蓝皮书
北京文化创意产业发展报告（2018）
著(编)者：郭万超 张京成　2018年12月出版 / 估价：99.00元
PSN B-2012-263-1/7

创意城市蓝皮书
天津文化创意产业发展报告（2017~2018）
著(编)者：谢思全　2018年6月出版 / 估价：99.00元
PSN B-2016-536-7/7

创意城市蓝皮书
武汉文化创意产业发展报告（2018）
著(编)者：黄永林 陈汉桥　2018年12月出版 / 估价：99.00元
PSN B-2013-354-4/7

创意上海蓝皮书
上海文化创意产业发展报告（2017~2018）
著(编)者：王慧敏 王兴全　2018年8月出版 / 估价：99.00元
PSN B-2016-561-1/1

非物质文化遗产蓝皮书
广州市非物质文化遗产保护发展报告（2018）
著(编)者：宋俊华　2018年12月出版 / 估价：99.00元
PSN B-2016-589-1/1

甘肃蓝皮书
甘肃文化发展分析与预测（2018）
著(编)者：王俊莲 周小华　2018年1月出版 / 估价：99.00元
PSN B-2013-314-3/6

甘肃蓝皮书
甘肃舆情分析与预测（2018）
著(编)者：陈双梅 张谦元　2018年1月出版 / 估价：99.00元
PSN B-2013-315-4/6

广州蓝皮书
中国广州文化发展报告（2018）
著(编)者：屈哨兵 陆志强　2018年6月出版 / 估价：99.00元
PSN B-2009-134-7/14

广州蓝皮书
广州文化创意产业发展报告（2018）
著(编)者：徐咏虹　2018年7月出版 / 估价：99.00元
PSN B-2008-111-6/14

海淀蓝皮书
海淀区文化和科技融合发展报告（2018）
著(编)者：陈名杰 孟景伟　2018年5月出版 / 估价：99.00元
PSN B-2013-329-1/1

河南蓝皮书
河南文化发展报告（2018）
著(编)者：卫绍生　2018年7月出版 / 估价：99.00元
PSN B-2008-106-2/9

湖北文化产业蓝皮书
湖北省文化产业发展报告（2018）
著(编)者：黄晓华　2018年9月出版 / 估价：99.00元
PSN B-2017-656-1/1

湖北文化蓝皮书
湖北文化发展报告（2017~2018）
著(编)者：湖北大学高等人文研究院
中华文化发展湖北省协同创新中心
2018年10月出版 / 估价：99.00元
PSN B-2016-566-1/1

江苏蓝皮书
2018年江苏文化发展分析与展望
著(编)者：王庆五 樊和平　2018年9月出版 / 估价：123.00元
PSN B-2017-637-3/3

江西文化蓝皮书
江西非物质文化遗产发展报告（2018）
著(编)者：张圣才 傅安平　2018年12月出版 / 估价：128.00元
PSN B-2015-499-1/1

洛阳蓝皮书
洛阳文化发展报告（2018）
著(编)者：刘福兴 陈启明　2018年7月出版 / 估价：99.00元
PSN B-2015-476-1/1

南京蓝皮书
南京文化发展报告（2018）
著(编)者：中共南京市委宣传部
2018年12月出版 / 估价：99.00元
PSN B-2014-439-1/1

宁波文化蓝皮书
宁波"一人一艺"全民艺术普及发展报告（2017）
著(编)者：张爱琴　2018年11月出版 / 估价：128.00元
PSN B-2017-668-1/1

山东蓝皮书
山东文化发展报告（2018）
著(编)者：涂可国　2018年5月出版 / 估价：99.00元
PSN B-2014-406-3/5

陕西蓝皮书
陕西文化发展报告（2018）
著(编)者：任宗哲 白宽犁 王长寿
2018年1月出版 / 估价：99.00元
PSN B-2009-137-3/6

上海蓝皮书
上海传媒发展报告（2018）
著(编)者：强荧 焦雨虹　2018年2月出版 / 估价：99.00元
PSN B-2012-295-5/7

上海蓝皮书
上海文学发展报告（2018）
著(编)者：陈圣来　2018年6月出版 / 估价：99.00元
PSN B-2012-297-7/7

上海蓝皮书
上海文化发展报告（2018）
著(编)者：荣跃明　2018年2月出版 / 估价：99.00元
PSN B-2006-059-3/7

深圳蓝皮书
深圳文化发展报告（2018）
著(编)者：张骁儒　2018年7月出版 / 估价：99.00元
PSN B-2016-554-7/7

四川蓝皮书
四川文化产业发展报告（2018）
著(编)者：向宝云 张立伟　2018年4月出版 / 估价：99.00元
PSN B-2006-074-1/7

郑州蓝皮书
2018年郑州文化发展报告
著(编)者：王哲　2018年9月出版 / 估价：99.00元
PSN B-2008-107-1/1

❖ 皮书起源 ❖

"皮书"起源于十七、十八世纪的英国，主要指官方或社会组织正式发表的重要文件或报告，多以"白皮书"命名。在中国，"皮书"这一概念被社会广泛接受，并被成功运作、发展成为一种全新的出版形态，则源于中国社会科学院社会科学文献出版社。

❖ 皮书定义 ❖

皮书是对中国与世界发展状况和热点问题进行年度监测，以专业的角度、专家的视野和实证研究方法，针对某一领域或区域现状与发展态势展开分析和预测，具备原创性、实证性、专业性、连续性、前沿性、时效性等特点的公开出版物，由一系列权威研究报告组成。

❖ 皮书作者 ❖

皮书系列的作者以中国社会科学院、著名高校、地方社会科学院的研究人员为主，多为国内一流研究机构的权威专家学者，他们的看法和观点代表了学界对中国与世界的现实和未来最高水平的解读与分析。

❖ 皮书荣誉 ❖

皮书系列已成为社会科学文献出版社的著名图书品牌和中国社会科学院的知名学术品牌。2016 年，皮书系列正式列入"十三五"国家重点出版规划项目；2013~2018 年，重点皮书列入中国社会科学院承担的国家哲学社会科学创新工程项目；2018 年，59 种院外皮书使用"中国社会科学院创新工程学术出版项目"标识。

中国皮书网

（网址：www.pishu.cn）

发布皮书研创资讯，传播皮书精彩内容
引领皮书出版潮流，打造皮书服务平台

栏目设置

关于皮书：何谓皮书、皮书分类、皮书大事记、皮书荣誉、
　　　　　皮书出版第一人、皮书编辑部

最新资讯：通知公告、新闻动态、媒体聚焦、网站专题、视频直播、下载专区

皮书研创：皮书规范、皮书选题、皮书出版、皮书研究、研创团队

皮书评奖评价：指标体系、皮书评价、皮书评奖

互动专区：皮书说、社科数托邦、皮书微博、留言板

所获荣誉

2008 年、2011 年、中国皮书网均在全国新闻出版业网站荣誉评选中获得"最具商业价值网站"称号；

2012 年，获得"出版业网站百强"称号。

网库合一

2014 年，中国皮书网与皮书数据库端口合一，实现资源共享。

权威报告·一手数据·特色资源

皮书数据库
ANNUAL REPORT(YEARBOOK)
DATABASE

当代中国经济与社会发展高端智库平台

所获荣誉

- 2016年，入选"'十三五'国家重点电子出版物出版规划骨干工程"
- 2015年，荣获"搜索中国正能量 点赞2015""创新中国科技创新奖"
- 2013年，荣获"中国出版政府奖·网络出版物奖"提名奖
- 连续多年荣获中国数字出版博览会"数字出版·优秀品牌"奖

成为会员

通过网址www.pishu.com.cn或使用手机扫描二维码进入皮书数据库网站，进行手机号码验证或邮箱验证即可成为皮书数据库会员（建议通过手机号码快速验证注册）。

会员福利

- 使用手机号码首次注册的会员，账号自动充值100元体验金，可直接购买和查看数据库内容（仅限使用手机号码快速注册）。
- 已注册用户购书后可免费获赠100元皮书数据库充值卡。刮开充值卡涂层获取充值密码，登录并进入"会员中心"—"在线充值"—"充值卡充值"，充值成功后即可购买和查看数据库内容。

数据库服务热线：400-008-6695
数据库服务QQ：2475522410
数据库服务邮箱：database@ssap.cn

图书销售热线：010-59367070/7028
图书服务QQ：1265056568
图书服务邮箱：duzhe@ssap.cn

房地产蓝皮书

BLUE BOOK OF
REAL ESTATE

中国房地产发展报告 *No.15*
（2018）

ANNUAL REPORT ON THE DEVELOPMENT OF CHINA'S
REAL ESTATE No.15(2018)

主　编／李春华　　王业强
副主编／董　昕　尚教蔚

社会科学文献出版社
SOCIAL SCIENCES ACADEMIC PRESS（CHINA）

图书在版编目（CIP）数据

中国房地产发展报告. No.15，2018／李春华，王业
强主编. -- 北京：社会科学文献出版社，2018.5
（房地产蓝皮书）
ISBN 978 - 7 - 5201 - 2618 - 2

Ⅰ.①中… Ⅱ.①李… ②王… Ⅲ.①房地产业 - 经
济发展 - 研究报告 - 中国 - 2018 Ⅳ.①F299.233

中国版本图书馆 CIP 数据核字（2018）第 077487 号

房地产蓝皮书
中国房地产发展报告 No.15（2018）

主　　编／李春华　王业强
副 主 编／董　昕　尚教蔚

出 版 人／谢寿光
项目统筹／邓泳红　陈　颖
责任编辑／陈晴珏

出　　　版／社会科学文献出版社·皮书出版分社（010）59367127
　　　　　　地址：北京市北三环中路甲 29 号院华龙大厦　邮编：100029
　　　　　　网址：www. ssap. com. cn
发　　　行／市场营销中心（010）59367081　59367018
印　　　装／三河市龙林印务有限公司

规　　　格／开　本：787mm × 1092mm　1/16
　　　　　　印　张：25.75　字　数：431 千字
版　　　次／2018 年 5 月第 1 版　2018 年 5 月第 1 次印刷
书　　　号／ISBN 978 - 7 - 5201 - 2618 - 2
定　　　价／98.00 元

皮书序列号／PSN B - 2004 - 028 - 1/1

本书如有印装质量问题，请与读者服务中心（010 - 59367028）联系

▲ 版权所有 翻印必究

《中国房地产发展报告 No. 15（2018）》
编 委 会

顾 问 牛凤瑞 潘家华 魏后凯 李景国

主 编 李春华 王业强

副主编 董 昕 尚教蔚

编 委 （按拼音字母顺序）

柴 强	陈 北	陈德强	丁兴桥	董 昕
付广军	顾云昌	靳瑞欣	李春华	李恩平
李 皎	李永乐	李景国	廖俊平	林 东
刘洪玉	刘 琳	刘寅坤	卢世雄	聂梅兰
牛凤瑞	潘家华	尚教蔚	沈建忠	宋博通
王洪辉	王 霞	王先柱	王业强	魏后凯
谢家瑾	杨现领	杨泽轩	俞明轩	赵庆祥
赵 松	邹琳华	邹晓云	张 智	

主要编撰者简介

李春华 中国社会科学院城市发展与环境研究所党委书记，研究员。兼任中国城市经济学会常务副会长、中国社会科学院生态文明研究智库副理事长、中国社会情报学会副理事长等职务。曾任西藏自治区党委宣传部副部长、西藏自治区文化体制改革与发展领导小组办公室主任。近年来致力于城市发展与人文环境等领域的研究，主持中国社会科学院国情调研重大项目等多项研究，编著出版《智慧城市概论》《智慧城市建设与城市转型发展——以江正为案例的调查研究》《世界和平发展思考》《竞争方略》《红路梦》等著作。

王业强 中国社会科学院城市发展与环境研究所土地经济与不动产研究室主任，中国社会科学院生态文明研究智库资源节约与综合利用研究部主任，中国社会科学院西部发展研究中心副主任，中国区域科学协会理事兼副秘书长，中国城郊经济研究会常务理事、中国区域经济学会理事，主要研究方向为城市与区域经济、房地产经济，在《管理世界》《中国工业经济》《财贸经济》等核心期刊发表学术论文50余篇，出版学术著作5部。主持国家自然科学基金项目、中国社科院重点项目及国情调研项目多项，主持多项地方城市（城市群）发展规划及产业规划项目，并曾参与国务院"东北地区振兴规划"（综合组）研究工作。

董 昕 中国社会科学院生态文明研究智库资源节约与综合利用研究部副主任，经济学博士，管理学博士后，主要研究方向为房地产经济、住房与土地政策。在《中国农村经济》《中国人口科学》《经济地理》《城市规划》等核心刊物发表学术论文30余篇；多篇论文被《人大复印资料》《高等学校文科学术文摘》等转载或摘录。出版学术专著1部，参著合著学术著作多部。主持或参与国家自然科学基金、国家社会科学基金等课题20余项。曾获"中国社会科学院优秀对策信息对策奖""中国社会科学院研究所优秀科研成果奖""钱学森城市学金奖""魏埙经济科学奖""谷书堂基金优秀论文奖"等奖项。

尚教蔚 中国社会科学院城市发展与环境研究所土地经济与不动产研究室副主任，经济学博士，副研究员，硕士研究生导师。近年来主要从事房地产金融、房地产政策、住房保障、城市经济等方面的研究。2003 年开始组织参与房地产蓝皮书编撰工作。发表学术论文 30 多篇，出版学术专著 1 部，合著多部。主持并参与多项部委级课题。

摘　要

《中国房地产发展报告 No. 15（2018）》继续秉承客观公正、科学中立的宗旨和原则，追踪中国房地产市场最新动态，深度剖析市场热点，展望 2018 年发展趋势，积极谋划应对策略。全书分为总报告、土地篇、金融篇、市场篇、管理篇、区域篇、国际篇、热点篇。总报告对 2017 年房地产市场的发展态势进行全面、综合的分析，其余各篇分别从不同的角度对房地产次级市场发展和热点问题进行深度分析。

党的十九大报告明确指出："坚持房子是用来住的、不是用来炒的定位，加快建立多主体供给、多渠道保障、租购并举的住房制度，让全体人民住有所居。"这段话精炼准确地概括了我国住房制度建设的基本定位、重点任务、发展方向和最终目标。2017 年，中央贯彻落实"房住不炒"的基本理念，对过热的房地产市场进行了一系列的政策调控。从数据表现来看，2017 年房地产市场表现稳中有降，主要指标增速多数低于 2016 年，市场调控取得初步成效。

2017 年全国房地产开发投资增速与 2016 年基本持平，呈现平稳发展态势。土地市场热度不减，且增幅持续扩大。土地购置面积同比增速在 2017 年初由负转正之后，一直保持着稳步增长。房屋新开工面积不断下滑反映了房地产开发商开工动力不足。房屋竣工面积累计同比增速则从 2017 年初的 15.8%，一路下滑到全年的 −4.4%。可能是因为限价政策对住宅影响较大，部分开发商拉长施工周期，延缓项目竣工。商品房销售面积，创历史新高，但增速下降较大。销售价格增幅较 2016 年明显回落，房地产宏观调整取得明显成效。同时，2017 年我国房地产市场还存在以下主要问题：房地产市场受到强力管制，长效调控机制亟待建立；住宅去库存效果明显，但人口流出地房屋空置需警惕；土地价格持续大幅上涨，成本推动型房价上涨的风险增加；个人按揭贷款负增长，开发企业融资成本上涨压力增大；房屋租赁与销售价格失衡，住房租赁市场的发展方向需明确。

展望 2018 年，楼市调控将以"稳"为主，为住房制度改革和房地产长效调控机制建设营造稳定的市场环境，楼市紧缩调控与去库存政策仍将并行不悖。一方面，尽管热点一二线城市房地产市场明显降温，但供不应求的市场格局并未发生实质性转向，房价仍存在一定上涨压力，需要维持现有政策调控力度不变，部分热点城市不排除进一步出台更为严厉的调控政策；另一方面，由于三四线城市市场热度持续提升，房价、地价快速上涨，市场已经被充分"激活"，前期刺激政策需要淡出甚至转变为紧缩调控，以维持房地产市场平稳健康发展。

整体来看，2018 年将进入本轮房地产市场低点，房地产市场整体将呈现下行态势。在供给侧，一线和热点二线城市为缓解库存危机，土地供应量有望进一步提升。但限价政策很难有所放松，热点城市供应量将持续偏紧；在需求侧，"房住不炒"的政策基调不会发生变化，加上银行信贷收紧也使得购房成本显著上升，故而成交规模也会受到一定程度的限制。商品房销售面积受到调控政策和货币环境的影响，将出现回调。销售萎缩和融资渠道受阻给房企造成的资金压力，一定程度上影响了房企新开工意愿，新开工面积增速仍将维持低位运行。2018 年楼市调控政策"不放松"、需求侧各类不利因素依旧存在，加上企业融资受阻、居民去杠杆、开发贷款等收紧，将会对开发投资增速造成负面影响，预计 2018 年开发投资额仍会保持低位运行，上半年开发投资增速存在小幅回升的可能，下半年会延续 2017 年震荡下跌的趋势，但全年难有抢眼表现。受销售回落影响，预计房地产价格全年平稳回落。

从城市能级来看，由于房地产紧缩调控政策不放松，一线和热点二线城市会率先探底，而三四线城市调整将明显滞后于一线城市，政策相对宽松、需求外溢等因素仍将支持三四线城市保持一定的热度，但随着去库存刺激政策逐渐退出，转变为紧缩调控，预计 2018 年下半年三四线城市市场调整将会出现。其中一线城市销售面积将保持平稳，上半年价格指数继续下滑，进入负值区间，下半年有可能趋缓；二线城市销售面积或将出现较为显著的下降，全年价格指数有可能进一步回落；三四线城市在基本完成去库存后也可能随着二线城市之后面临市场下行的压力。

目 录

VII　国际篇

VIII　热点篇

皮书数据库阅读**使用指南**

总 报 告

General Report

B.1
2017年中国房地产市场
形势分析及2018年展望

中国社会科学院房地产蓝皮书编写组*

一 2017年房地产市场运行特点

党的十九大报告明确指出："坚持房子是用来住的、不是用来炒的定位，加快建立多主体供给、多渠道保障、租购并举的住房制度，让全体人民住有所居。"这一提法，是党中央在总结我国房地产市场化改革二十年发展经验基础上做出的重要制度论断，精炼准确地概括了我国住房制度建设的基本定位、重点任务、发展方向和最终目标。2017年，中央贯彻落实"房住不炒"的基本理念，对过热的房地产市场进行了一系列的政策调控。从数据表现来看，2017年房地产市场表现稳中有降，主要指标增速多数低于2016年，市场调控取得初步成效。

---

* 报告执笔人：王业强、董昕、尚教蔚，傅郭鑫对部分数据进行了整理。审定：李春华、王业强。

（一）房地产投资增速与2016年基本持平

2017 年全国房地产开发投资为 10.98 万亿元，是 1997 年投资总额的 34.6 倍，同比增长 7.0%，增速比 2016 年提高了 0.1 个百分点，占 2017 年全国固定资产投资（不含农户）的 17.4%。其中，住宅投资为 7.51 万亿元，同比增长 9.4%，增速比 2016 年提高 3.0 个百分点（见图 1）。住宅投资占房地产开发投资的比重为 68.4%，比重比 2016 年提高 1.5 个百分点。办公楼投资为 0.68 万亿元，同比增长 3.5%，延续 2015 年增速下降态势增速比 2016 年减少 1.7 个百分点；商业营业用房投资为 1.56 万亿元，同比下降 1.2%，增速比 2016 年减少 9.6 个百分点。由此可见，2017 年全国房地产开发投资增速与 2016 年基本持平，呈现平稳发展态势。但住宅投资增速自 2015 年起不断回暖，这将有利于今后的住房供应，支撑房地产市场平稳发展。

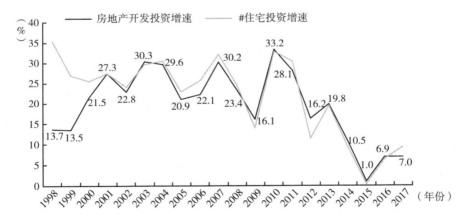

图1　1998～2017 年房地产开发投资、住宅投资增速情况

资料来源：根据国家统计局及相应数据计算。

从月度数据看，2017 年房地产开发投资增速上半年持续冲高，前 4 个月累计增速达 9.3%，创近两年新高；此后，开始缓步下行，全年累计增速为 7%（见图 2）。在商品房销售面积和金额双双创下历史新高的情况下，房地产开发投资额并未同步大幅回升，调控政策层层升级是开发商投资意愿不足的主因。在各类融资门槛提升、限购限贷等政策调控的层层"围堵"下 房企更加注重去库存和现有项目的资金回笼。

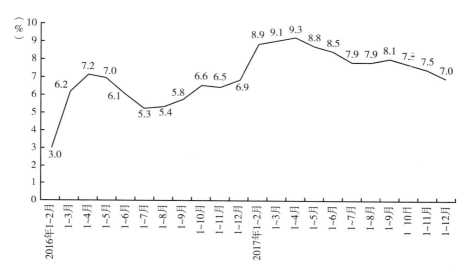

图2　2016年和2017年房地产开发投资月度累计增速变化情况

资料来源：根据国家统计局及相应数据计算。

从区域看，2017年房地产开发投资增速东、中、西部和东北地区分别为7.2%、11.6%、3.5%、1.0%，中部地区明显高于东、西部地区和东北地区，中部地区房地产开发投资热度较高，但西部地区和东北地区房地产开发投资热度明显较低，尤其是东北地区房地产开发投资增速仅为1.0%，房地产开发投资动力明显不足（见表1）。

表1　2017年东、中、西部和东北地区房地产开发投资情况

地区	投资额(亿元)	#住宅(亿元)	投资增速(%)	#住宅增速(%)
东部地区	58023	39770	7.2	9.3
中部地区	23884	17006	11.6	14.1
西部地区	23877	15510	3.5	6.2
东北地区	4015	2862	1.0	1.7
全国总计	109799	75148	7.0	9.4

（二）土地购置面积增速由负转正

2017 年全国房地产开发企业土地购置面积为 2.6 亿平方米，同比增长 15.8%，增速比 2016 年提高 19.2 个百分点，扭转了 2014 年开始连续 3 年的负增长的态势，也是自 2011 年以来增幅最高的一年（见图 3）。

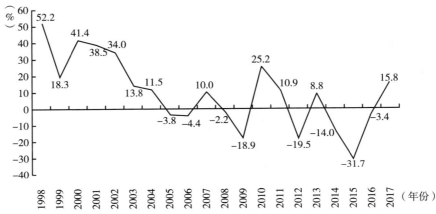

图 3　1998～2017 年土地购置面积增速变化情况

资料来源：根据国家统计局及相应数据计算。

从月度数据看，全面土地购置面积同比增速在 2017 年初由负转正之后，一直保持着稳步增长，1～11 月全国土地购置面积累计增速为 16.3%，创下了年内新高（见图 4）。土地市场热度不减，且增幅持续扩大，究其原因，一方面政府为了稳定房价，不断加大土地供应，尤其在年末集中推地，导致供应量大增；各地政府也在响应号召，大力推进租赁住房用地的入市。另一方面，受到 2016 年市场热度的带动，大量城市去库存效果显著，去化速度快的城市开发商补仓意愿强烈，加之土拍限价也大大降低了房企的拿地成本，部分资金充裕的企业选择"逆周期"拿地，积极为未来的供应做准备。

（三）房屋新开工面积增速略低于2016年

2017 年全国房地产房屋新开工面积为 17.9 亿平方米，同比增长 7.0%，

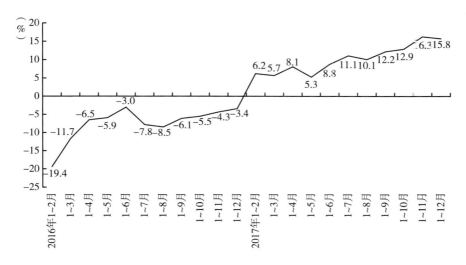

图4 2016年和2017年土地购置面积月度累计增速变化情况

资料来源：根据国家统计局及相应数据计算。

增速比2016年减少1.1个百分点。其中，住宅新开工面积为12.8亿平方米，同比增长10.5%，增速比2016年提高1.8个百分点（见图5）。

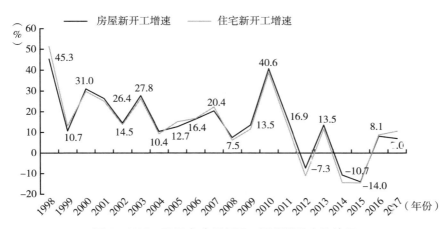

图5 1998～2017年房屋新开工面积增速变化情况

资料来源：根据国家统计局及相应数据计算。

从月度数据来看，房屋新开工面积累计同比增速在2017年初一直保持10%左右的较快速度，但在7月份以后，则进入了一个快速下滑的过程，直到11月份以后增速才略有回升，全年累计同比增速为7%（见图6）。房屋新开工面积不断下滑反映了房地产开发商开工动力不足，究其原因，主要是调控政策的不断升级，在"限价"条件下，前期部分高价地块普遍面临"高价拿地、低价卖房"的窘境，开工上市意味着亏损。除了住宅新开工面积保持正的增速外，办公楼和商业营业用房都是负增长。但住宅新开工面积增速也在不断下滑，年底略有企稳迹象（见图6）。

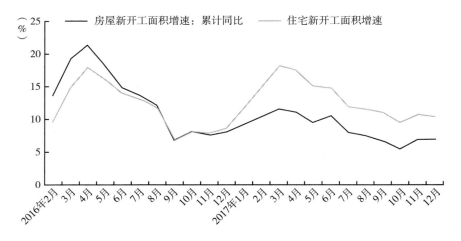

图6　2016～2018年房屋和住宅新开工面积增速月度变化情况

资料来源：Wind资讯库。

（四）房屋竣工面积增速由正转负

2017年全国房地产开发房屋竣工面积为10.1亿平方米，同比下降4.4%，增速比2016年减少10.5个百分点。其中，住宅竣工面积为7.2亿平方米，同比下降7.0%，增速比2016年减少11.6个百分点（见图7）。

从月度数据来看，房屋竣工面积累计同比增速则从2017年初的15.8%，一路下滑到全年的－4.4%（见图8）。其中，住宅竣工面积累计同比增速是影响房屋竣工面积走势的主要因素，住宅竣工面积累计同比增速自7月份起开始出现负增长，住宅竣工面积绝对值出现下降。这说明限价政策对住宅影响较大，部分开发商拉长施工周期，延缓项目竣工。办公楼在年中有一个集中竣工高峰，在8月份达到顶点，但随后也是一路下滑（见图8）。

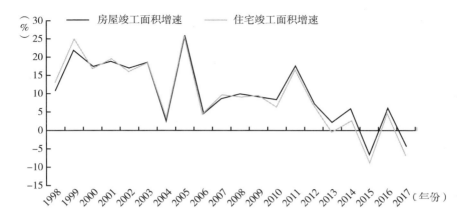

图7　1998～2017年房屋和住宅竣工面积增速变化情况

资料来源：根据国家统计局及相应数据计算。

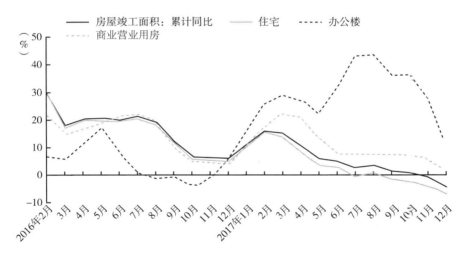

图8　2016～2018年房屋竣工面积增速月度变化情况

资料来源：wind数据库。

（五）商品房销售面积增速大幅减缓

2017年全国商品房销售面积为16.9亿平方米，创历史新高，但增速有所下降，同比增长7.7%，增速比2016年减少14.8个百分点。其中，住宅销售面积也创历史新高，为 14.5 亿平方米，同比增长 5.3%，增速比 2016 年减少 17.1 个百分点（见表 2）；办公楼、商业营业用房销售面积分别为 0.5 亿平方米、1.3 亿平方米，同比分别增长 24.3% 和 18.7%，办公楼销售面积增速比 2016 年减少 7.1 个百分点，商业营业用房销售面积增速比 2016 年提高 1.9 个百分点。

从区域看，东部地区销售面积绝对值高达 7.1 亿平方米，占全部销售面积的 42.0%，东部地区的绝对值优势没有改变。但增速方面是中部地区领先，同比增长 12.8%，高于东部地区增速 9.9 个百分点（见表 3）。

表 2 2006～2017 年商品房、住宅销售情况

单位：万平方米，%

年份	商品房	住宅	商品房增速	住宅增速
2006	61857	55423	11.5	11.8
2007	77355	70136	25.1	26.5
2008	65970	59280	−14.7	−15.5
2009	94755	86185	43.6	45.4
2010	104765	93377	10.6	8.3
2011	109367	96528	4.4	3.4
2012	111304	98468	1.8	2.0
2013	130551	115723	17.3	17.5
2014	120649	105188	−7.6	−9.1
2015	128495	112412	6.5	6.9
2016	157349	137540	22.5	22.4
2017	169407	144789	7.7	5.3

资料来源：根据国家统计局及相应数据计算。

表 3 2017 年东、中、西部和东北地区商品房销售情况

单位：万平方米，%

地区	商品房销售面积	同比增长
东部地区	71199	2.9
中部地区	47460	12.8
西部地区	42459	10.7
东北地区	8289	7.0
全国总计	169407	7.7

资料来源：根据国家统计局及相应数据计算。

2017 年商品房待售面积大幅下降为 5.89 亿平方米，比 2016 年减少 1.06 亿平方米，同比下降 15.3%。其中住宅待售面积为 3.0 亿平方米，同比下降 25.1%，比 2016 年减少 1.0 亿平方米。办公楼待售面积仅同比增长 0.9%，商业营业用房待售面积同比下降 4.0%。这是自国家提出去库存以来下降最快的一年。

（六）商品房销售价格增幅明显回落

2017 年全国商品房销售面积持续增加，商品房均价高达 7892 元/平方米，同比增长 5.6%，但增幅比 2016 年减少 4.5 个百分点。其中，住宅均价 7614 元/平方米，同比增长 5.7%，增幅比 2016 年减少 5.6 个百分点（见图 9）。办公楼均价为 13543 元/平方米，同比下降 5.5%，与 2016 年比，增速减少 16.5 个百分点。商业营业用房均价为 10323 元/平方米，同比增长 5.5%，增幅比 2016 年提高了 3.1 个百分点。除商业营业用房外，住宅、办公楼销售价格增幅较 2016 年明显回落，房地产宏观调整取得明显成效。

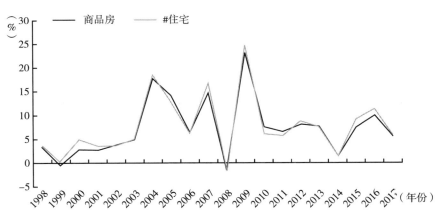

图 9　1998～2017 年商品房、住宅均价增长变化情况

资料来源：根据国家统计局及相应数据计算。

（七）房地产开发企业到位资金中自筹资金所占比重下降

2017 年房地产开发企业到位资金高达 15.6 万亿元，同比增长 8.2%，增速比 2016 年减少 7.0 个百分点。其中，国内贷款、利用外资、自筹资金、其

他资金分别为 25242 亿元、168 亿元、50872 亿元和 79770 亿元，分别同比增长 17.3%、19.8%、3.5%、8.6%，4 项指标占比分别为 16.2%、0.1%、32.6%、51.1%。利用外资所占比重与 2016 年持平；自筹资金所占比重比 2016 年减少 1.5 个百分点；国内贷款、其他资金 2 项指标所占比重比 2016 年分别提高 1.3 个百分点和 0.2 个百分点（见图 10）。在其他资金中，定金及预付款和个人按揭贷款分别为 48694 亿元、23906 亿元，分别同比增长 16.1% 和 -2.0%。

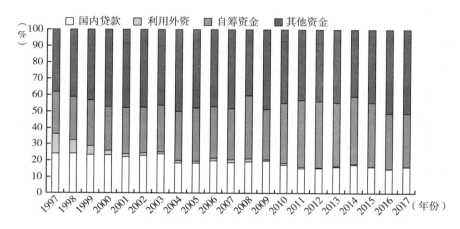

图 10　1997~2017 年房地产开发企业到位资金占比情况

资料来源：根据国家统计局及相应数据计算。

二　2017年主要城市房地产指标比较

主要城市的房地产指标比较主要从投资、土地购置面积、建设面积、销售情况、房价等方面进行。除了房价外，其他指标均是 35 个大中城市之间的比较。

（一）35个大中城市中投资额前三位的依次是重庆、上海和北京，投资额增幅前三位的依次是乌鲁木齐、深圳和郑州

2017 年，35 个大中城市中房地产开发投资额高居前三位的城市依次是重

庆、上海和北京，投资额分别为3980亿元、3857亿元、3693亿元；房地产开发投资额居于后三位的城市依次是呼和浩特、西宁、银川，投资额分别为238亿元、351亿元、403亿元。从投资上看，资金青睐于人口众多、经济发展较好的超大城市。35个大中城市中房地产开发投资增幅前三位的分别是乌鲁木齐、深圳和郑州，这三个城市的投资额比2016年分别增加了22.6%、21.3%和20.9%；房地产开发投资额增幅下降最大的城市是呼和浩特，其次是太原，第三是银川，2017年这三个城市投资额比2016年分别减少54.2%、30.8%和15.2%（见表4）。

表4　2017年35个大中城市投资情况

城　　市	房地产开发投资额（亿元）		增幅（%）	增幅排序
	2016年	2017年		
北　　京	4000.57	3692.54	−7.7	32
天　　津	2300.01	2233.39	−2.9	28
石　家　庄	1015.77	1212.27	19.3	4
太　　原	680.13	470.63	−30.8	34
呼和浩特	520.52	238.40	−54.2	35
沈　　阳	709.67	814.24	14.7	10
大　　连	535.17	566.64	5.9	23
长　　春	596.65	573.78	−3.8	29
哈　尔　滨	526.13	498.59	−5.2	30
上　　海	3709.03	3856.53	4.0	25
南　　京	1845.60	2170.21	17.6	6
杭　　州	2606.63	2734.20	4.9	24
宁　　波	1270.33	1374.47	8.2	18
合　　肥	1352.59	1557.41	15.1	8
福　　州	1679.44	1694.18	0.9	26
厦　　门	765.80	879.86	14.9	9
南　　昌	674.60	790.69	17.2	7
济　　南	1164.14	1232.63	5.9	22
青　　岛	1369.14	1330.54	−2.8	27
郑　　州	2778.95	3358.84	20.9	3

续表

城　　市	房地产开发投资额（亿元）		增幅（%）	增幅排序
	2016 年	2017 年		
武　　汉	2517.44	2686.34	6.7	20
长　　沙	1266.63	1493.44	17.9	5
广　　州	2540.85	2702.89	6.4	21
深　　圳	1756.52	2130.86	21.3	2
南　　宁	854.00	958.09	12.2	13
海　　口	551.29	603.25	9.4	17
重　　庆	3725.95	3980.08	6.8	19
成　　都	2641.14	2492.65	-5.6	31
贵　　阳	923.26	1024.09	10.9	15
昆　　明	1530.50	1683.33	10.0	16
西　　安	1949.50	2234.84	14.6	11
兰　　州	370.39	418.26	12.9	12
西　　宁	316.50	351.33	11.0	14
银　　川	474.94	402.82	-15.2	33
乌鲁木齐	344.71	422.74	22.6	1

资料来源：Wind、CREIS 中指数据库，并交叉核对计算。

（二）35个大中城市中土地购置面积最多的前三位依次是重庆、合肥和长春，土地购置面积增速超过100%的前三位依次是贵阳、西宁和哈尔滨

2017 年，35 个大中城市中土地购置面积居前三位的城市依次是重庆、合肥和长春，土地购置面积分别为 1112 万平方米、685 万平方米、481 万平方米；土地购置面积居于后三位的城市依次是呼和浩特、海口和西宁，土地购置面积分别为 16 万平方米、34 万平方米、43 万平方米。35 个大中城市中土地购置面积增速前三位分别是贵阳、西宁和哈尔滨，这三个城市土地购置面积的增速均超过了 100%，2017 年的土地购置面积比 2016 年分别增加了 566.0%、148.5% 和 135.1%。同时，35 个大中城市中有 17 个城市的土地购置面积出现了负增长，其中，降幅最大的三个城市分别是成都、海口和大连，2017 年的土地购置面积比 2016 年分别下降了 69.4%、55.8% 和 55.1%（见表 5）。

表5　2017年35个大中城市土地购置面积情况

城　　市	土地购置面积（万平方米）		增幅（%）	增幅排序
	2016年	2017年		
北　　京	268.50	413.30	53.9	10
天　　津	476.91	225.99	-52.6	31
石 家 庄	58.59	124.14	111.9	4
太　　原	155.86	98.70	-36.7	29
呼和浩特	27.86	16.03	-42.5	30
沈　　阳	105.88	113.20	6.9	16
大　　连	137.25	61.68	-55.1	33
长　　春	436.70	480.98	10.1	15
哈 尔 滨	56.88	133.72	135.1	3
上　　海	229.11	179.73	-21.6	26
南　　京	283.19	288.62	1.9	17
杭　　州	219.28	147.17	-32.9	27
宁　　波	175.95	278.64	58.4	9
合　　肥	501.64	684.87	36.5	12
福　　州	164.35	158.69	-3.4	19
厦　　门	98.00	82.44	-15.9	24
南　　昌	134.26	148.46	10.6	14
济　　南	170.34	144.77	-15.0	23
青　　岛	213.82	187.63	-12.2	21
郑　　州	473.70	442.47	-6.6	20
武　　汉	222.12	104.80	-52.8	32
长　　沙	204.77	205.85	0.5	18
广　　州	246.91	162.77	-34.1	28
深　　圳	189.29	152.61	-19.4	25
南　　宁	192.76	165.95	-13.9	22
海　　口	76.15	33.68	-55.8	34
重　　庆	959.00	1112.22	16.0	13
成　　都	531.16	162.28	-69.4	35
贵　　阳	33.29	221.71	566.0	1
昆　　明	231.06	408.90	77.0	5
西　　安	191.13	328.07	71.7	6
兰　　州	39.53	58.71	48.5	11
西　　宁	17.19	42.71	148.5	2
银　　川	44.42	74.42	67.5	7
乌鲁木齐	94.00	151.00	60.6	8

资料来源：Wind、CREIS 数据库，并交叉核对计算。

（三）35个大中城市中，住宅施工面积居前三位的依次是重庆、成都和郑州，住宅施工面积增幅居前三位的城市依次是南昌、郑州和南宁

35个大中城市中，2017年住宅施工面积居前三位的依次是重庆、成都和郑州，分别为16748万平方米、11262万平方米和1123万平方米；住宅施工面积居于后三位的是西宁、厦门和海口，分别为1241万平方米、2018万平方米和2084万平方米。从35个大中城市的住宅施工面积增幅来看，增幅居前三位的城市分别是南昌、郑州和南宁，2017年的住宅施工面积比2016年分别增加了17.5%、16.9%和16.6%。同时，35个大中城市中也有17个城市的住宅施工面积出现了负增长，其中，降幅最大的三个城市依次是呼和浩特、北京和哈尔滨，2017年的住宅施工面积比2016年分别下降了21.8%、8.0%和7.2%（见表6）。

表6 2017年35个大中城市住宅施工情况

城　市	住宅施工面积（万平方米）		增幅（%）	增幅排序
	2016年	2017年		
北　京	5857.61	5390.89	-8.0	34
天　津	6311.70	5911.03	-6.3	30
石 家 庄	2804.15	3058.82	9.1	4
太　原	4085.60	3903.83	-4.4	28
呼和浩特	3490.50	2729.47	-21.8	35
沈　阳	4970.33	4920.09	-1.0	22
大　连	3414.12	3319.06	-2.8	25
长　春	4295.59	4395.42	2.3	16
哈 尔 滨	3225.70	2994.68	-7.2	33
上　海	8073.94	8013.80	-0.7	21
南　京	5247.76	5395.02	2.8	15
杭　州	6005.42	5944.15	-1.0	23
宁　波	3501.94	3758.08	7.3	5
合　肥	4680.41	4854.62	3.7	11
福　州	4919.79	5070.58	3.1	14
厦　门	1953.07	2017.81	3.3	13
南　昌	3575.61	4202.43	17.5	1
济　南	5254.90	5336.74	1.6	17

城　　市	住宅施工面积（万平方米）		增幅（%）	增幅排序
	2016 年	2017 年		
青　　岛	5905.53	6255.55	5.9	7
郑　　州	9603.74	11231.26	16.9	2
武　　汉	8334.84	8419.85	1.0	18
长　　沙	6215.82	6180.33	−0.6	19
广　　州	6105.68	6399.47	4.8	9
深　　圳	3079.28	2964.67	−3.7	27
南　　宁	4034.47	4704.22	16.6	3
海　　口	1971.74	2083.62	5.7	8
重　　庆	17932.69	16747.92	−6.6	31
成　　都	11831.95	11261.57	−4.8	29
贵　　阳	3838.08	3578.17	−6.8	32
昆　　明	5867.14	6262.71	6.7	6
西　　安	10448.32	10846.77	3.8	10
兰　　州	2736.27	2720.47	−0.6	20
西　　宁	1258.80	1240.83	−1.4	24
银　　川	2650.21	2561.24	−3.4	26
乌鲁木齐	2470.86	2554.28	3.4	12

资料来源：Wind、CREIS 数据库，并交叉核对计算。

（四）35个大中城市中，住宅竣工面积居前三位的依次是重庆、上海和天津，住宅竣工面积增幅居前三位的城市依次是昆明、大连和福州

35 个大中城市中，2017 年住宅竣工面积居前三位的依次是重庆、上海和天津，分别为 3316 万平方米、1863 万平方米和 1433 万平方米；住宅竣工面积居于后三位的依次是兰州、西宁和深圳，分别为 135 万平方米、178 万平方米和 184 万平方米。从 35 个大中城市的住宅竣工面积增速来看，增速最快的依次是昆明、大连和福州，2017 年的住宅竣工面积比 2016 年分别增加了 86.9%、61.3% 和 45.9%。同时，35 个大中城市中有 19 个城市的住宅竣工面积出现了负增长，其中，降幅最大的三个城市依次是贵阳、哈尔滨和北京，2017 年的住宅竣工面积比 2016 年分别下降了 68.3%、58.6% 和 52.3%（见表7）。

表7　2017年35个大中城市住宅竣工情况

城　市	住宅竣工面积（万平方米）		增幅（%）	增幅排序
	2016年	2017年		
北　京	1267.06	604.04	-52.3	33
天　津	2189.14	1433.24	-34.5	29
石 家 庄	306.19	319.64	4.4	12
太　原	458.32	249.13	-45.6	32
呼和浩特	235.46	240.14	2.0	13
沈　阳	802.08	688.26	-14.2	25
大　连	146.62	236.56	61.3	2
长　春	538.51	592.77	10.1	9
哈 尔 滨	1145.41	474.68	-58.6	34
上　海	1532.88	1862.74	21.5	6
南　京	911.63	805.85	-11.6	24
杭　州	1113.35	1170.81	5.2	11
宁　波	651.57	622.09	-4.5	21
合　肥	860.61	779.88	-9.4	23
福　州	524.62	765.17	45.9	3
厦　门	239.57	228.78	-4.5	20
南　昌	338.63	389.41	15.0	8
济　南	802.77	491.10	-38.8	31
青　岛	951.51	968.60	1.8	14
郑　州	1056.28	1025.56	-2.9	19
武　汉	600.10	597.82	-0.4	17
长　沙	1105.99	805.06	-27.2	27
广　州	818.43	831.83	1.6	16
深　圳	280.64	183.79	-34.5	28
南　宁	338.10	440.47	30.3	5
海　口	234.29	316.94	35.3	4
重　庆	3084.00	3316.37	7.5	10
成　都	1738.50	1075.10	-38.2	30
贵　阳	636.96	201.92	-68.3	35
昆　明	211.05	394.52	86.9	1
西　安	1251.00	1231.43	-1.6	18
兰　州	166.03	135.18	-18.6	26
西　宁	187.11	177.97	-4.9	22
银　川	517.92	526.89	1.7	15
乌鲁木齐	279.51	334.08	19.5	7

资料来源：Wind、CREIS数据库，并交叉核对计算。

（五）35个大中城市中，新建商品住宅销售面积前三位依次是重庆、武汉和成都，销售面积增幅前三位依次是太原、石家庄和福州

从35个大中城市的住宅销售情况来看，2017年新建商品住宅销售面积居前三位的依次是重庆、武汉和成都，销售面积分别为5453万平方米、3086万平方米和2976万平方米；新建商品住宅销售面积居后三位的依次是厦门、呼和浩特和西宁，销售面积分别为237万平方米、250万平方米和305万平方米。从35个大中城市的住宅销售增幅面积来看，2017年新建商品住宅销售面积增幅居前三位的依次是太原、石家庄和福州，增幅分别为29.8%、25.2%和25.0%，但增幅远低于2016年；新建商品住宅销售面积出现负增长的有15个城市，增幅下降最大的三个城市分别是天津、合肥和北京，分别下降46.8%、43.7%和38.0%（见表8）。部分一线城市和热点二线城市的成交量较低主要是受房地产调控政策影响，这些城市的新建住宅供应量明显减少，而新房成交量较大的城市则集中在土地供应相对较为充足的二线城市。

表8 2017年35个大中城市的商品住宅销售情况

城 市	销售面积（万平方米）		增幅（%）	增幅排序
	2016年	2017年		
北 京	981.37	608.78	-38.0	33
天 津	2521.87	1342.87	-46.8	35
石 家 庄	652.52	816.94	25.2	2
太 原	556.44	722.10	29.8	1
呼和浩特	344.80	249.97	-27.5	31
沈 阳	1099.39	1191.25	8.4	13
大 连	654.62	758.17	15.8	8
长 春	834.49	951.83	14.1	9
哈 尔 滨	908.16	1089.16	19.9	6
上 海	2019.80	1341.62	-33.6	32
南 京	1406.29	1208.98	-14.0	23
杭 州	1888.28	1520.17	-19.5	26
宁 波	1126.06	1283.72	14.0	10
合 肥	1705.72	960.46	-43.7	34

续表

城　市	销售面积(万平方米)		增幅(%)	增幅排序
	2016 年	2017 年		
福　州	1021.23	1276.80	25.0	3
厦　门	322.34	237.28	−26.4	30
南　昌	1077.82	1289.79	19.7	7
济　南	1232.72	974.72	−20.9	27
青　岛	1752.08	1633.84	−6.7	21
郑　州	2571.44	2735.37	6.4	15
武　汉	2931.06	3085.78	5.3	17
长　沙	2308.24	1823.81	−21.0	28
广　州	1624.01	1367.48	−15.8	25
深　圳	660.08	520.97	−21.1	29
南　宁	1150.15	1307.68	13.7	11
海　口	394.33	487.37	23.6	4
重　庆	5105.46	5452.65	6.8	14
成　都	3279.17	2976.47	−9.2	22
贵　阳	826.21	868.98	5.2	18
昆　明	1128.89	1387.77	22.9	5
西　安	1866.50	2105.94	12.8	12
兰　州	713.92	609.40	−14.6	24
西　宁	292.11	305.11	4.4	19
银　川	492.84	519.99	5.5	16
乌鲁木齐	519.66	525.97	1.2	20

资料来源：Wind、CREIS 数据库，并交叉核对计算。

（六）70个大中城市中，新建商品住宅价格涨幅前三位依次是无锡、合肥、厦门，二手住宅价格涨幅前三位依次是广州、无锡、武汉

根据国家统计局公布的 2017 年全国 70 个大中城市住宅价格指数来看，无锡、合肥、厦门的新建商品住宅价格涨幅最大，广州、无锡、武汉的二手住宅价格涨幅最大。鉴于数据的可获得性，本文以 70 个大中城市 2017 年 1～12 月的同比价格指数平均值（见表 9）为依据，来判断各城市的住宅价格涨幅。与 2016 年同月相比，2017 年无锡新建商品住宅价格的涨幅为 17.8%、二手住宅价格的涨幅为 20.3%；合肥新建商品住宅价格的涨幅为 16.7%、二手住宅价

格的涨幅为12.3%；厦门新建商品住宅价格的涨幅为16.0%、二手住宅价格的涨幅为15.2%；广州新建商品住宅价格的涨幅为15.7%、二手住宅价格的涨幅为20.3%；长沙新建商品住宅价格的涨幅为15.0%、二手住宅价格的涨幅为16.7%。2017年70个大中城市房价上涨幅度总体上远低于2016年。

表9 2017年1～12月的70个大中城市住宅价格指数

新建商品住宅			二手住宅		
序号	城市	各月同比价格指数平均值	序号	城市	各月同比价格指数平均值
1	无 锡	117.82	1	广 州	120.32
2	合 肥	116.66	2	无 锡	117.78
3	厦 门	116.03	3	武 汉	117.66
4	广 州	115.74	4	郑 州	116.92
5	长 沙	114.98	5	长 沙	116.71
6	郑 州	114.68	6	厦 门	115.17
7	惠 州	114.67	7	杭 州	114.65
8	南 京	113.89	8	南 京	114.41
9	扬 州	112.60	9	北 京	114.21
10	西 安	112.52	10	福 州	113.13
11	九 江	112.50	11	惠 州	112.31
12	蚌 埠	112.43	12	合 肥	112.28
13	武 汉	112.33	13	青 岛	112.23
14	杭 州	112.23	14	济 南	112.17
15	石 家 庄	112.07	15	天 津	111.87
16	济 南	111.62	16	上 海	109.58
17	徐 州	111.33	17	泉 州	109.44
18	天 津	111.24	18	安 庆	109.40
19	福 州	111.19	19	扬 州	108.75
20	南 宁	111.13	20	蚌 埠	108.73
21	韶 关	110.98	21	南 昌	108.66
22	北 京	110.85	22	南 宁	108.49
23	北 海	110.72	23	赣 州	108.46
24	湛 江	110.64	24	石 家 庄	108.03
25	重 庆	110.63	25	九 江	107.83
26	上 海	110.21	26	宁 波	107.78
27	赣 州	110.14	27	重 庆	107.67

	新建商品住宅			二手住宅	
序号	城市	各月同比价格指数平均值	序号	城市	各月同比价格指数平均值
28	南　昌	110.05	28	湛　江	107.13
29	金　华	109.97	29	秦皇岛	107.02
30	青　岛	109.27	30	金　华	106.78
31	宜　昌	109.16	31	太　原	106.60
32	洛　阳	109.03	32	北　海	106.44
33	岳　阳	108.68	33	徐　州	106.38
34	秦皇岛	108.39	34	宜　昌	105.80
35	宁　波	108.38	35	成　都	105.55
36	沈　阳	108.37	36	烟　台	105.37
37	贵　阳	108.09	37	温　州	105.27
38	安　庆	107.86	38	韶　关	105.07
39	三　亚	107.30	39	济　宁	104.78
40	烟　台	107.23	40	西　安	104.76
41	桂　林	107.22	41	南　充	104.57
42	常　德	107.18	42	沈　阳	104.47
43	泉　州	107.06	43	唐　山	104.39
44	海　口	107.02	44	遵　义	104.33
45	昆　明	106.95	45	洛　阳	104.27
46	长　春	106.70	46	岳　阳	104.27
47	哈尔滨	106.58	47	深　圳	103.79
48	温　州	106.38	48	贵　阳	103.79
49	济　宁	106.31	49	常　德	103.74
50	唐　山	106.22	50	三　亚	103.62
51	太　原	105.98	51	大　连	103.58
52	南　充	105.71	52	长　春	103.52
53	平顶山	105.68	53	襄　阳	103.45
54	襄　阳	105.67	54	海　口	103.39
55	大　连	105.53	55	昆　明	103.38
56	吉　林	104.98	56	泸　州	103.37
57	遵　义	104.29	57	哈尔滨	103.37
58	兰　州	104.02	58	吉　林	103.08

新建商品住宅			二手住宅		
序号	城市	各月同比价格指数平均值	序号	城市	各月同比价格指数平均值
59	大　理	103.96	59	平顶山	102.75
60	泸　州	103.88	60	乌鲁木齐	102.74
61	西　宁	103.51	61	包　头	102.13
62	深　圳	103.44	62	兰　州	102.05
63	呼和浩特	103.05	63	牡丹江	102.00
64	牡丹江	102.84	64	丹　东	100.91
65	银　川	102.55	65	西　宁	100.68
66	包　头	102.47	66	桂　林	100.52
67	乌鲁木齐	101.93	67	大　理	100.28
68	成　都	101.48	68	呼和浩特	100.24
69	丹　东	101.48	69	银　川	100.09
70	锦　州	100.04	70	锦　州	98.91

资料来源：根据国家统计局及相应数据计算。

虽然各城市的新建商品住宅和二手住宅的涨幅有所不同，但是涨幅居于前列的城市具有较高的一致性：新建商品住宅价格涨幅居前十位的城市依次为无锡、合肥、厦门、广州、长沙、郑州、惠州、南京、扬州、西安；二手住宅价格涨幅居前十位的城市依次为广州、无锡、武汉、郑州、长沙、厦门、杭州、南京、北京、福州。其中，同为新建商品住宅和二手住宅价格涨幅前十位的有6个城市。新建商品住宅价格涨幅前三位和二手住宅涨幅前三位的城市中均有无锡这个热点二线城市。在新建商品住宅价格涨幅前十位的城市中一线城市①只有1

① 一线城市包括北京、上海、广州、深圳4个城市；热点二线城市包括天津、南京、无锡、杭州、合肥、福州、厦门、济南、郑州、武汉、成都11个城市；其余二线城市包括石家庄、太原、呼和浩特、沈阳、大连、长春、哈尔滨、宁波、南昌、青岛、长沙、南宁、海口、重庆、贵阳、昆明、西安、兰州、西宁、银川和乌鲁木齐21个城市；三线城市则包括唐山、秦皇岛、包头、丹东、锦州、吉林、牡丹江、扬州、徐州、温州、金华、蚌埠、安庆、泉州、九江、赣州、烟台、济宁、洛阳、平顶山、宜昌、襄阳、岳阳、常德、惠州、湛江、韶关、桂林、北海、三亚、泸州、南充、遵义和大理34个城市。

个，热点二线城市有 5 个，其余二线城市有 2 个，三线城市有 2 个。二手住宅涨幅前十位的城市中一线城市有 2 个，热点二线城市有 7 个，其余二线城市有 1 个，三线城市没有。

（七）70 个大中城市中，一线城市、热点二线城市上半年处于领涨地位、下半年涨幅则低于其他城市，其余城市表现较为平稳

根据国家统计局公布的 2017 年全国 70 个大中城市住宅价格指数来看，无论是新建商品住宅还是二手住宅，价格变化趋势基本一致，即热点二线城市上半年领涨，一线城市屈居第二，下半年两者均低于其余二线城市和三线城市的上涨水平，其余二线城市和三线城市比较平稳，保持 1 位数上涨。与 2016 年同月相比，2017 年一线城市新建商品住宅价格的平均同比涨幅约为 10.06%、二手住宅价格的平均同比涨幅约为 11.97%；热点二线城市新建商品住宅价格的平均同比涨幅约为 12.65%、二手住宅价格的平均同比涨幅约为 13.78%；70 个大中城市中其余二线城市和三线城市，新建商品住宅价格平均同比涨幅分别约为 7.59% 和 7.50%、二手住宅价格的平均同比涨幅分别约为 5.34% 和 5.04%（见图 11 和图 12）。

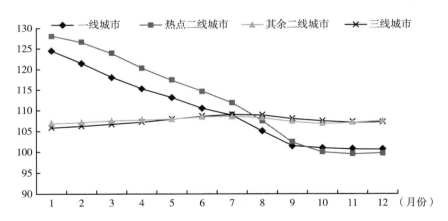

图 11 2017 年 70 个大中城市新建商品住宅同比价格指数变化情况

资料来源：根据国家统计局及相应数据计算。

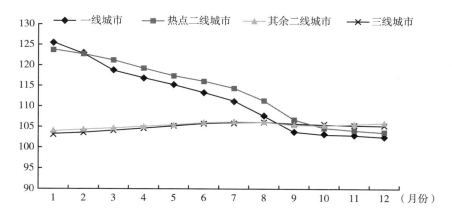

图12　2017年70个大中城市二手住宅同比价格指数变化情况

资料来源：根据国家统计局及相应数据计算。

三　2017年房地产市场的突出问题

2017年我国房地产市场存在的问题，主要包括以下几方面：房地产市场受到强力管制，长效调控机制亟待建立；住宅去库存效果明显，但人口流出地房屋空置需警惕；土地价格持续大幅上涨，成本推动型房价上涨的风险增加；个人按揭贷款负增长，开发企业融资成本上涨压力增大；房屋租赁与销售价格失衡，住房租赁市场的发展方向需明确。

（一）房地产市场受到强力管制，长效调控机制亟待建立

行业政策方面，2017年的房地产调控一直坚持"房子是用来住的，不是用来炒的"这一政策基调，房地产市场在较强的政策管制下运行。2017年被一些房地产业界人士称为史上最强调控年，限购、限贷、限价、限售等一系列调控措施同时出现。不仅北京、上海、广州、深圳、杭州、天津、济南、南京、郑州、厦门、福州、南昌、兰州等一二线城市实施了限购、限贷等政策措施，而且海南琼海市、广东东莞市、广东中山市、浙江宁波市、江西赣州市、安徽滁州市、河北涿州市、河北保定市、河北沧州市等三四线城市也实施了限购、限贷等政策措施。据不完全统计，全国有60余个城市或地区实施了限制

性的房地产调控措施。

在政策调控下，2017 年热点城市的房地产市场销售量明显下滑，销售价格的涨幅也得到抑制。40 个大中城市的商品房销售面积同比减少了 2.0%，商品房平均销售价格的同比涨幅也由 2015 年、2016 年的 10.0% 和 11.2% 下降到 2017 年的 5.2%①。限购、限贷、限价、限售等"刹车式"的短期调控措施，虽然收效明显，但是不能恒久为之。2017 年党的十九大和中央经济工作会议都提到要"加快建立多主体供给、多渠道保障、租购并举的住房制度"。房地产调控由以短期调控措施为主向建立长效调控机制的转变势在必行，房地产长效调控机制亟待建立。

（二）住宅去库存效果明显，但人口流出地房屋空置需警惕

市场供销方面，2017 年房地产分城施策的去库存效果明显，2017 年全国商品房待售面积为 58923 万平方米，比 2016 年减少了 10616 万平方米，下降幅度为 15.3%，是近 10 年来全国商品房待售面积的最大降幅（见图 13）。从不同的物业类型来看，2017 年商品住宅待售面积的降幅最大，同比降幅达到 25.1%；商业营业用房待售面积的同比降幅为 4.0%；办公楼的待售面积基本持平，同比增加了 0.9%。从不同规模的城市来看，40 个大中城市的商品房销售面积减少了 2.0%，而其他城市的商品房销售面积增加了 13.9%。可见，2017 年全国商品房销售面积 7.7% 的增加主要是由中小城市商品住宅的销售所贡献的。

三四线乃至五六线中小城市的商品房销售量大幅增加，这与城镇棚户区改造、农村危房改造中拆迁带来的刚性需求以及货币补偿形成的住房购买能力相关。2016 年棚改货币化安置比例达到 48.5%②。2017 年，全国城镇棚户区住房改造开工 609 万套，棚户区改造基本建成 604 万套；全国农村地区建档

---

① 40 个大中城市包括：北京、上海、广州、深圳、天津、重庆、杭州、南京、武汉、沈阳、成都、西安、大连、青岛、宁波、苏州、长沙、济南、厦门、长春、哈尔滨、太原、郑州、合肥、南昌、福州、石家庄、无锡、贵阳、昆明、南宁、北海、海口、三亚、呼和浩特、兰州、温州、西宁、银川、乌鲁木齐。数据是根据 Wind 数据库中的数据整理计算而得。
② 资料来源：住房和城乡建设部。

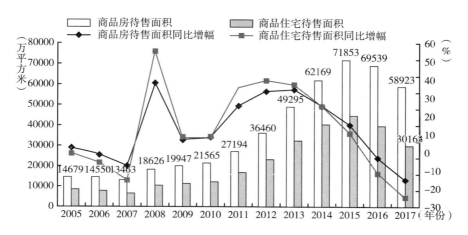

图13　全国商品房及商品住宅待售面积变化（2005～2017年）

资料来源：根据国家统计局及相应数据计算。

立卡贫困户危房改造152.5万户①。中小城市商品房销售量大幅增加的同时，中国人口流动向大中城市聚集的趋势并未改变。2017年60个主要城市新流入人口约占全国总流入人口的50%，其中热门流入城市仍然是北上广深四个一线城市及部分省会城市②。由拆迁带来的补偿性住房需求集中释放，不同于人口流入带来的住房需求增加，部分中小城市新建住房的空置情况值得警惕。

（三）土地价格持续大幅上涨，成本推动型房价上涨的风险增加

土地成交方面，虽然2017年北京、广州、重庆、南京、长沙等地出现了个别宗地流标、流拍的情况，但是全国的土地购置面积和土地成交价格均大幅上涨。其中，2017年的全国土地购置面积扭转了2014～2016年连续三年的负增长，同比增加了15.8%，土地成交价款更是比2016年上涨了49.4%。2017年土地平均成交价格继续大幅上涨，保持着自2013年以来第五年的两位数增速，同比涨幅达到29.0%。商品房平均销售价格涨幅大幅回落，但土地成交

---

① 资料来源：国家统计局《中华人民共和国2017年国民经济和社会发展统计公报》，2018年2月28日。

② 资料来源：百度地图。

价格涨幅继续扩大，这使土地成本占房价的比重进一步提高（见图14）。2017年，土地平均成交价格与商品房平均销售价格的比值高达到0.68，这意味着未来房地产市场很可能会出现成本推动型的房价上涨。

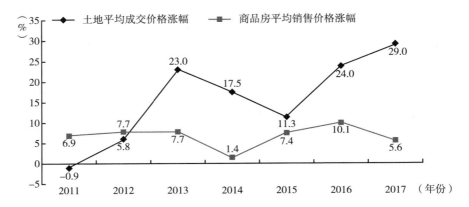

图14　全国商品房销售价格与土地成交价格对比（2011～2017年）

资料来源：根据国家统计局及相应数据计算。

（四）个人按揭贷款负增长，开发企业融资成本上涨压力增大

资金来源方面，2017年国内贷款和利用外资的增幅较大，自筹资金小幅增加，而定金及预收款和个人按揭贷款增速下降。2017年房地产开发企业到位资金中，国内贷款比2016年增加了17.3%，是近四年来的最大增幅；利用外资比2016年增加了19.8%，扭转了连续两年的负增长；自筹资金比2016年增加了3.5%；定金及预收款比2016年增加了16.1%，但比起2016年29.0%的增幅增速明显回落；个人按揭贷款增速则从2016年的46.5%大幅下落到－2.0%（见表10）。这种变化，主要是与对个人购房贷款的各种限制有关，直接反映了"限贷"政策措施的效果。对于房地产开发企业而言，国内贷款和利用外资的融资成本较高，而使用属于销售回款的个人按揭贷款则可以降低融资成本。国内贷款和利用外资的增幅较大，而定金及预收款和个人按揭贷款增速下降，使房地产开发企业面临融资成本上涨的压力有所增大。融资成本的上涨叠加土地成本的上升，使未来房地产市场出现成本推动型房价上涨的可能性加大。

表10　房地产开发企业到位资金情况（2013~2017年）

资金来源	房地产开发企业到位资金（亿元）					比上年增长（%）				
	2013年	2014年	2015年	2016年	2017年	2013年	2014年	2015年	2016年	2017年
国内贷款	19673	21243	20214	21512	25242	33.1	8.0	-4.8	6.4	17.3
利用外资	534	639	297	140	168	32.8	19.7	-52.9	-52.6	19.8
自筹资金	47425	50420	49038	49133	50872	21.3	6.3	-2.7	0.2	3.5
定金及预收款	34499	30238	32520	41952	48694	29.9	-12.4	7.5	29.0	16.1
个人按揭贷款	14033	13665	16662	24403	23906	33.3	-2.6	21.9	46.5	-2.0
其他资金	5958	5786	6472	7074	7171	14.7	-2.9	11.9	9.3	1.4
合　计	122122	121991	125203	144214	156053	26.5	-0.1	2.6	15.2	8.2

资料来源：根据国家统计局及相应数据计算。

（五）房屋租赁与销售价格失衡，住房租赁市场的发展方向需明确

租赁市场方面，住房租赁价格变化较为平稳，房屋租售价格失衡的现象依旧。"加快建立多主体供给、多渠道保障、租购并举的住房制度"是当前以及未来一段时间内房地产政策目标。加快发展住房租赁市场成为建立租购并举住房制度的必需，发展租赁市场面临着一个不可忽视的问题，那就是中国当前的房屋租售价格失衡。使用一套房屋可以采取租赁的方式也可以采取购买的方式，这为房屋的租赁价格和销售价格之间建立了桥梁，房屋的租售比就是衡量租赁价格和销售价格之间关系的常用指标。房屋的租售比，即每平方米建筑面积的月租金与每平方米建筑面积的房价之间的比值，也可以说是一套房屋的月租金与总价之间的比值。从国际经验值来看，房屋租售比的合理区间为1：200~1：300。而中国大中城市的房屋租售比大多远低于1：300的国际经验值（见表11）。

表11　2017年和2018年部分大中城市的住房租售比

城市	总价中位数（万元/套）		租金中位数（元/套/月）		租售比	
	2017年12月	2018年1月	2017年12月	2018年1月	2017年12月	2018年1月
厦门	310	330	3000	3000	1：1033	1：1100
廊坊	153	159	1700	1800	1：900	1：883
合肥	132	138	1800	1850	1：733	1：746

续表

城市	总价中位数（万元/套）		租金中位数（元/套/月）		租售比	
	2017 年 12 月	2018 年 1 月	2017 年 12 月	2018 年 1 月	2017 年 12 月	2018 年 1 月
南京	211	209	3200	3200	1∶659	1∶653
上海	308	309	4900	4800	1∶629	1∶644
深圳	340	345	5400	5500	1∶630	1∶627
天津	138	141	2300	2300	1∶600	1∶613
济南	146	134	2200	2200	1∶664	1∶609
青岛	145	152	2500	2500	1∶580	1∶608
苏州	170	200	3200	3300	1∶531	1∶606
广州	205	210	3500	3500	1∶586	1∶600
北京	400	404	7500	6800	1∶533	1∶594
武汉	152	165	2800	2800	1∶543	1∶589
东莞	154	154	2800	2800	1∶550	1∶550
成都	117	119	2300	2300	1∶509	1∶517
中山	95	118	2500	2400	1∶380	1∶492
杭州	221	220	4500	4500	1∶491	1∶489
佛山	120	113	2600	2600	1∶462	1∶435
烟台	82	76	1700	1750	1∶482	1∶434
长沙	101	104	2400	2400	1∶421	1∶433
沈阳	85	87	2100	2200	1∶405	1∶395
重庆	94	95	2500	2500	1∶376	1∶380
大连	77	78	2300	2300	1∶335	1∶339

注：计算范围仅限于存量（二手）住房，房价租金比的倒数即房屋租售比；资料来源于住房大数据联合实验室数据库。

与此同时，住房租赁价格水平相对于收入而言并不高，而且变化较为平稳。国际上租金收入比的合理标准是不超过 30%，2016 年国家卫生计生委流动人口动态监测数据①显示，租住私房的流动人口家庭月住房支出占月收入的比例均值为 16%，93% 租住私房的流动人口家庭租金收入比不超过 30%。2017 年的住房租赁价格涨幅为 2.9%，与 2016 年 2.8% 的涨幅基本持平，仍然

---

① 国家卫生计生委流动人口动态监测，是在全国 31 个省（区、市）和新疆生产建设兵团流动人口较为集中的流入地随机抽取样本点，总样本量超过 10 万。

明显低于住房销售价格的涨幅（见图15）。相对于住房销售价格，住房租赁价格的变化一直较为平稳。住房销售价格与租赁价格的失衡，一方面有投机炒作的原因，另一方面也有租赁住房保障低、租购权益相差悬殊等原因。发展住房租赁市场的首要目标不应是通过增加供给降低住房租赁价格，而是通过制度建设保障承租人权利、尝试推进租购同权。大幅增加租赁市场供给，则可能造成租售价格的进一步失衡。

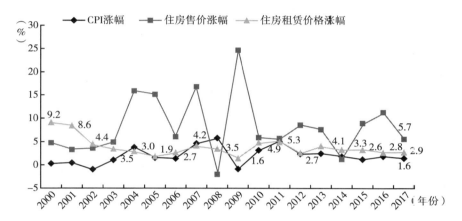

图15 全国商品房销售价格与土地成交价格对比（2000~2017年）

资料来源：根据国家统计局及相应数据计算。

四 2018年房地产市场展望

（一）宏观经济形势对房地产市场的影响

1. 国际经济形势对全球资本市场的影响

2017年世界经济明显回暖，全球经济开启新一轮复苏和增长周期。根据国际货币基金组织（IMF）预测数据，2017年世界GDP增长率比2016年上升0.4个百分点。其中，发达经济体GDP增速为2.2%，比2016年上升0.5个百分点；新兴市场与发展中经济体GDP增速为4.6%，比2016年上升0.3个百分点。

总的来看，2018 年国际经济形势具有以下明显特征：一是世界经济整体正在复苏，而且新兴经济体和发展中国家是拉动全球经济强劲复苏的主要力量。根据国际货币基金组织数据，全球经济增长 3.7%，约 120 个经济体同比增速都出现上升，这是自 2010 年以来从未有过的同步上扬，欧洲和亚洲地区复苏更为明显。国际货币基金组织将 2018～2019 年的全球经济增长预测调高 0.2 个百分点至 3.9%，其他国际组织和商业研究机构也一再上调预测结果，经合组织（OECD）预计所跟踪的全部 45 个主要经济体都将保持经济增长。二是以美国加息缩表为重要标志，主要发达经济体货币政策正常化，全球性宽松货币政策正酝酿渐次退出，进入"减债、升息、去杠杆"轨道，有可能带来紧缩效应，利率中枢上调，还将增大全球债务成本，导致资产价格重估和金融市场波动。三是全球大宗商品价格暴涨暴跌的时代可能已基本结束，未来石油、天然气、能源等可能会在长周期内，在宽区域区间均衡波动。

与此同时，2018 年全球经济存在很多不确定性、不稳定性，主要体现在：逆全球化思潮继续发展并发挥作用；全球主要国家开始退出量化宽松货币政策，资本紧缩会导致相当大的金融风险；一些国家的经济可能会出现较大波动，这些波动也会对全球资本市场带来较大影响。和前几年持续的热度相比，当前不少机构预计全球房地产市场将会面临降温。

2. 国内经济形势分析对房地产市场的影响

2017 年中国经济的突出特点表现为经济运行稳定性增强。经济增速保持在合理区间，全年增长 6.9%，比上年提高 0.2 个百分点。就业保持平稳态势，城镇新增就业人数超过 1300 万。物价保持总体稳定，CPI 上涨 1.6%，涨幅比上年回落 0.4 个百分点，PPI 上涨 6.3%，结束了自 2012 年以来连续五年下降的态势。从经济结构看，消费对经济增长的主导作用增强，2017 年最终消费对经济增长的贡献率为 58.8%，比资本形成高 26.7 个百分点。服务业占比提高，服务业增加值占国内生产总值比重达到 51.6%，对经济增长贡献率达到 58.8%。出口改善对经济贡献由负转正，货物和服务净出口对经济增长的贡献为 9.1%，比上年提高 18.7 个百分点。

2018 年，宏观政策保持连续性、稳定性，货币政策将与宏观审慎政策相互配合，为供给侧结构性改革营造中性适度的货币金融环境。2018 年经济增长向好趋势不变，就业情况保持良好，同时金融严监管、去杠杆政策延续，物价存在一定上涨压力，外围货币环境变化对人民币汇率的影响仍未消除，内外因素共同决定短期内货币政策不存在放松的基础，而适度的中性调控亘符合国内经济结构调整的需要。房地产市场降温将影响固定资产投资，价格因素减弱或导致工业产出放缓，但国际市场需求仍处于扩张阶段，财政政策偏积极，消费支出有望保持稳定。整体上，2018年经济或稳中趋缓，全年GDP在6.5%至6.8%区间波动。

但是，在经济运行稳定性有所增强的同时，产能过剩、金融脱实向虚、房地产泡沫、地方政府隐性债务无序扩张、民营和外资企业信心不足，这些问题仍然存在，甚至还在不断积累，导致中国宏观杠杆率高企，加剧经济和金融风险。2018年，"防风险"尤其是"防控金融风险"已经成为中国经济关键词，位列三大攻坚战首位。金融严监管、强监管的态势基本形成。在监管部门的指导下，各个商业银行严格控制新增房贷规模，严查信贷资金变相流入房地产领域。银行贷款利率上浮，购房成本加大，也将进一步抑制房地产市场需求。宏观金融环境趋紧将形成房地产市场向下的压力。

（二）中国房地产调控政策基调发生变化

2016年的中央经济工作会议、2017年的政府工作报告，以及十九大报告，都明确强调"房子是用来住的，不是用来炒的"这一基本定位，这个基本定位标志着中国未来房地产市场发展的基本原则已经确立——住房就是要回归到它的居住功能，抑制房地产的投机炒作功能。

2017年末中央政治局会议分析研究2018年经济工作时指出，2018年要引导和稳定预期，加强和改善民生，要加快住房制度改革和长效机制建设。因此，未来楼市政策仍会延续"房子是用来住的，不是用来炒的"这一基本定位，坚持调控目标不动摇、力度不放松，保持调控政策的连续性稳定性，把稳定房地产市场、化解泡沫风险作为重中之重，引导好市场预期。住房制度改革和房地产长效机制建设将迎来关键期。2018年将是长效机制与短期调控结合的转折点，将进一步加快相关长效机制政策的落实和细化。

十九大报告明确指出，要"加快建立多主体供给、多渠道保障、租购并举"的住房制度，让全体人民住有所居。"多主体供给、多渠道保障、租购并

举"，从供给、保障、市场三个方面对住房制度建设内容进行了表述，使"让全体人民住有所居"的目标有了更加明确的方向和实现路径。

第一，多主体供给就是要完善住房供应体系。要在政府保障性住房和市场商品房供给之间增加"共有产权住房"供给，满足首次置业的"夹心层"住房需求。最终形成包括政府拥有产权的公共租赁住房、政府和个人共同拥有产权的共有产权住房，和私人拥有完全产权的商品房覆盖城镇全体居民的住房供应体系，同时，围绕这一住房供应体系建立相应的配套政策，稳定社会预期，促进房地产市场健康发展，实现"住有所居"的住房目标。

第二，多渠道保障以满足新市民住房需求为重点。经过多年努力，我国的住房保障取得了较大成就。各地本地户籍居民已经基本实现了应保尽保。但要全面建成小康社会，实现全体人民住有所居的目标，还需在扩大保障覆盖面、丰富保障方式和管理精细化等方面继续努力。应通过阶梯式的住房保障方式，将住房保障政策扩大到部分非户籍居民。如新市民中较高收入阶层可以通过市场自主解决住房问题，如通过完善公积金制度，实现广义的住房保障；对于中低收入阶层，则应加大市场保障性住房供给，包括加大棚户区改造，积极推进共有产权住房建设，大力发展住房租赁市场等。

第三，租购并举主要是弥补租赁市场的短板。当前大力发展租赁市场，推动住房消费，主要应从三个方面推进：一是增加住房租赁市场中机构主体供给所占的比重，培育专业化的住房租赁企业，提升住房租赁行业的专业化服务水平；二是在人口净流入的城市，加大集体建设用地建设租赁住房的政策支持力度，实现租赁住房供给主体的多元化；三是规范住房租赁市场的法律法规，保护市场主体的合法权益。建立住房租赁信息和交易服务平台，实施基本公共服务租售同权，推动租赁市场、新建商品住房市场和存量住房市场的共同发展。

展望2018年，楼市调控将以"稳"为主，为住房制度改革和房地产长效机制营造稳定的市场环境，楼市紧缩调控与去库存政策仍将并行不悖。一方面，尽管热点一二线城市房地产市场明显降温，但供不应求的市场格局并未实质性转向，房价仍存一定上涨压力，需要维持现有政策调控力度不变，部分热点城市不排除进一步出台更为严厉的调控政策；另一方面，由于三四线城市市场热度持续提升，房价、地价快速上涨，市场已经充分"激活"，前期刺激政策需要淡出甚至转变为紧缩调控，以维持房地产市场平稳健康发展。长期以来，由于市场对房价只涨不跌的预期强烈，而实业投资收益率较难保证，资产荒、资产价格泡沫问题愈演愈烈，房地产市场成为巨额信贷资金重要出口。预计未来房地产信贷资金监管将从一二线城市下沉至广大三四线城市，居民杠杆率进一步降低，尤其是依靠投资需求推动的、房价上涨过快的三四线城市，金融杠杆的快速收缩、棚改货币化安置的梯度退场，三四线城市市场必将面临调整压力。

（三）2018年中国房地产市场趋势判断

整体来看，2018年将进入本轮房地产市场低点，房地产市场整体将呈现下行态势。在供给侧，一线和热点二线城市为缓解库存危机，土地供应量有望进一步提升。但限价政策很难有所放松，热点城市供应量将持续偏紧；在需求侧，"房住不炒"的政策基调不会发生变化，加上银行信贷收紧也使得购房成本显著上升，故而成交规模也会受到一定程度的限制。商品房销售面积受到调控政策和货币环境的影响，将出现回调。销售萎缩和融资渠道受阻给房企造成的资金压力，一定程度上影响了房企新开工意愿，新开工面积增速仍将维持低位运行。2018年楼市调控政策"不放松"、需求侧各类不利因素依旧存在，加上企业融资受阻、居民去杠杆、开发贷款等收紧，这些将会对开发投资增速造成负面影响，预计2018年开发投资额仍会保持低位运行，上半年开发投资增速存在小幅回升的可能，下半年会延续2017年震荡下跌的趋势，但全年难有抢眼表现。受销售回落影响，预计房地产价格全年平稳回落。

从城市能级来看，由于房地产紧缩调控政策不放松，一线和热点二线城市会率先探底，而三四线城市调整将明显滞后于一线城市，政策相对宽松、需求外溢等因素仍将支持三四线城市保持一定的热度，但随着去库存刺激政策逐渐退出转变为紧缩调控，预计2018年下半年三四线城市市场调整才会出现。其中一线销售面积将保持平稳，上半年价格指数继续下滑，进入负值区间，下半年有可能趋缓；二线城市销售面积或将出现较为显著的下降，全年价格指数有可能进一步回落；三四线城市在基本完成去库存后也将在二线城市之后面临市场下行的压力，价格指数将会出现一波较大跌幅。

1. 房地产市场供需关系有可能发生根本逆转

如果用商品房销售面积表示市场需求，房屋新开工面积表示市场供给，那么两者之差则可以描述房地产销售市场的供求缺口情况。如果市场需求压力较大，就会刺激开发商增加投资。反之亦然。从房地产市场近期情况来看，商品房销售面积累计同比增速与房屋新开工面积累计同比增速之差大约领先房地产开发投资完成额累计同比增速12个月左右。2015年房地产市场供求缺口大幅上升，但房地产投资增长却相对缓慢，这导致目前房地产市场需求大于供给。尽管2016年以来房地产销售面积累计同比增速持续下滑，但由于新开工面积增速更低，从而导致房地产市场供求关系依然是需求大于供给。但2017年3月以来，商品房销售面积累计同比增速与房屋新开工面积累计同比增速之差低于同期房地产开发投资增速，这有可能会导致2018年房地产市场供需关系发生根本逆转（见图16）。

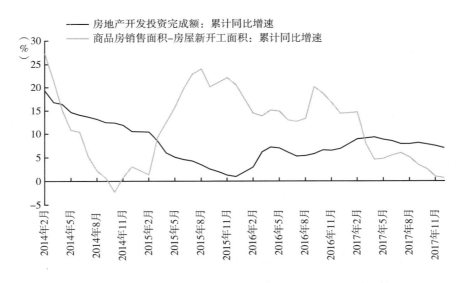

图16 房地产开发投资与商品房销售及房屋新开工趋势比较

2. 房地产开发投资韧性明显提高

从历史经验数据看，房屋施工面积与新开工面积走势基本一致。然而，2017年以来，由于房地产调控政策不断加码，市场销售下降趋势更加明显，再加上新盘限价政策使得地产商推盘意愿下降，其结果导致开发商拖延工期，既放缓施工进度，也放缓项目竣工速度。因此，2017 年不仅房屋施工面积增速持续低迷，竣工面积增速也出现大幅下滑。预计 2018 年施工面积增速可能也难以有明显起色，将继续维持较低水平。另外，房屋新开工面积转入施工面积速度放缓，某种程度上也使得地产投资韧性加强。但房屋新开工面积已经扭转了 2014～2015 年负增长局面，对房地产投资有一定的正面促进作用（见图 17）。

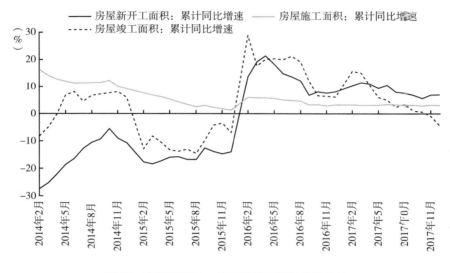

图 17　房屋新开工、施工及竣工面积趋势比较

3. 资金趋紧将影响开发商拿地意愿

房地产商资金情况可以用房地产开发资金来源总额与房地产开发投资完成额之差来衡量。一般而言，开发资金来源总额会高于投资完成额。从历史数据看，当期房地产投资资金来源与投资完成额之差的同比增速是下一期土地购置费用的领先指标。2016 年房地产开发资金来源与完成额之差的同比增速由 2015 年的 8.42% 急剧提高到 42.46%，导致 2017 年土地购置费用和购置面积快速增长，累计同比增速分别由 2016 年的 6.2% 和 -3.4% 提高到 2017 年的 23.4% 和 15.8%。而 2017 年房地产开发资金来源与完成额之差的累计同比增速急剧下降到 11.10%，由此，预计 2018 年土地购置费和购置面积累计同比增速将大幅下滑（见图 18）。

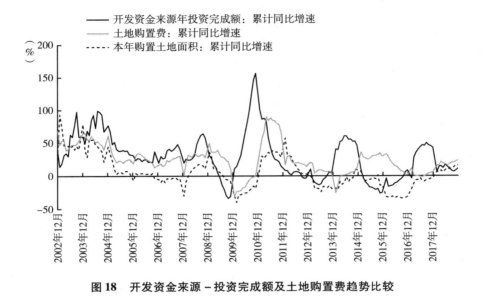

图18　开发资金来源－投资完成额及土地购置费趋势比较

4. 住宅价格指数将维持跌势

　　开发商竞价拿地的过程也是对未来房价走势的预判过程，用"土地溢价率"来观察未来房价应该是一个不错的选择。从历史数据发现，房价走势不仅与土地溢价率的走势完全相同，而且"百城成交土地溢价率"（3个月移动平均）还会领先房价大约6个月的时间，也就是说，我们可以通过观察"百城成交土地溢价率"对未来房价进行预判。数据显示，"百城成交土地溢价率"在2016年9月达到阶段性峰值，虽然2017年上半年"百城成交土地溢价率"有所提高，但并不能改变全年土地溢价率不断下滑的趋势，并在11月达到全年最低值。百城住宅价格指数则在2017年1月达到峰值，随后也是一路下跌。据此可以判断，2018年上半年，百城住宅价格指数将会维持上年以来的跌势，下半年跌幅有可能趋缓。从城市能级来看，一线城市价格指数自2016年9月以来加速下滑，至2017年12月仅为1.43，由于2017年下半年以来的土地溢价率仍处于加速下跌阶段，预计2018年上半年一线城市价格指数将继续下跌，进入负值区间，下半年则有所缓和；二线城市房价指数自2017年1月的最高点18.27，持续下滑至12月的7.7，预计2018年全年仍将维持温和下滑趋势；而三线城市价格指数目前仍维持12.48的高位，较2017年7月

13.48 的本轮历史最高点差距不大，预计 2018 年下半年仍存在一波加速下跌的可能（见图 19 ~ 图 22）。

图 19　百城成交土地溢价率与住宅价格指数变化趋势

图 20　一线城市成交土地溢价率与住宅价格指数变化趋势

图21 二线城市成交土地溢价率与住宅价格指数变化趋势

图22 三线城市成交土地溢价率与住宅价格指数变化趋势

五 政策建议

当前房地产政策调控的关键在于建立房地产调控的长效机制。房地产调控的长效机制应囊括法律保障机制、土地供给机制、金融调节机制、住房保障机制、税收调节机制等诸多方面的内容，受篇幅所限，在此不能一一加以论述。现仅就当前形势，提出以下几方面的对策建议。

（一）摸清家底，把握调控长效机制的统一与差异

"摸清家底"是"精准调控"的前提条件，也是提高房地产市场调控效率、建立长效调控机制的必需。全国不动产统一登记，会推进对合法产权房室的统计，但无法统计小产权房等非合法产权房屋。建议在 2020 年第七次全国人口普查的同时进行全国城乡房屋普查，以"人房关系"作为房地产调控的基准线。

统一"家庭自用"住房和"非家庭自用"住房的标准。短期调控措施和长效调控机制都需要对家庭自用房屋和非家庭自用房屋分而治之。建议的划分标准是：一户家庭在全国城乡范围内的两套及以下住房属于家庭自用住房，三套及以上属于非家庭自用住房；面积以当地人均建筑面积的 2 倍作为标准，即当地人均建筑面积 2 倍及以下属于家庭自用住房范围。套数标准和面积标准同时使用，同时满足"二（套）二（倍）"标准的为家庭自用住房，否则为非家庭自用住房。

统一住房租赁的权益保障与住房保障标准。目前租赁住房市场突出的问题是房东涨价随意、长期租赁缺乏保障、中介机构经营不规范等。发展租赁市场的首要问题便是立法，应加快出台《住房租赁法》，以法律的形式保障居民的住房租赁权益、规范住房租赁企业的行为。住房保障是实现"让全体人民住有所居"的兜底保障，是住房制度的重要组成部分，而住房保障机制则应是长效机制中的重要组成部分。明确在什么情况下可以获得政府的住房保障，会使住房支付能力不足的中低收入群体心中有数，从而减少心理恐慌。以《住房保障法》等法律形式明确住房保障的范围与标准，有利于形成稳定的心理预期，有利于房地产市场的稳定健康发展。

体现不同地区、不同住房类型的差异。以发展住房租赁市场为例，一方面，要因城施策。在一线和二线热点城市，租赁需求较大，市场供给存在一定的缺口。住房租赁市场发展应以一线和二线热点城市为重点，不能在所有地方推进住房租赁市场的发展。另一方面，要因房施策。对于商品房、工矿改建住房、小产权房等采取不同的政策导向，使房地产市场长效调控机制与土地制度改革相衔接，尤其要考虑在集体土地上出租房屋的税收、监管等问题。

（二）稳定预期，将部分短期调控措施延伸为长效机制

将住宅限购等短期调控措施延伸为长效机制的一部分，有助于稳定市场预期。将住宅限购政策长期化、制度化，从源头上确保"房子是用来住的，不是用来炒的"，既可以使房地产需求方的预期更为明确，也可以使房地产供给方的预期更为清晰。住宅限购政策长期化、制度化的具体做法是：在全国范围内，一户居民家庭最多只能购买两套住房；在全国范围内限购后，放开住房市场限购中本地户籍的限制，由居民家庭选择在何地持有住房；并以法律法规的形式固定下来，以形成稳定的市场预期，以不变应万变。同时，也可以将部分行之有效的短期调控措施作为长效调控机制中的"熔断机制"，只有达到一定条件才会使用，例如限售、限价等措施。

（三）税收调节，以"空置税"调节住房持有行为

需要明确的是房地产调控长效机制的目标，是保障"房地产市场的平稳健康发展"，是"让全体人民住有所居"，而不是增加财政收入。所以，房地产调控机制中，税收调节机制的设定目标不应是替代土地出让金成为新的地方税源。鉴于房产税的财产税属性，在土地国有的基础上向使用权者征收存在一定的法理障碍，可以考虑以"空置税"这一行为税来替代房产税，既可以增加住房的持有成本，也可以鼓励住房出租以提高住房的利用效率。

在住房租赁市场的发展中，企业机构和政府部门持有住房都面临着众多问题，诸如占压资金量庞大、管理维护效率低下等。目前住房市场的租赁价格与销售价格失衡，即使在北京这样的一线城市，年租金收益率一般也比不过同期贷款利率，在没有政策优惠的情况下，企业机构一般倾向于出售居住物业而不是持有居住物业。与其勉强房地产企业和机构持有住房，还不如鼓励愿意持有住房的个人出租房屋。对空置的非家庭自用住房征收"空置税"，鼓励住房持有者出租房屋，体现"可持有但不可空置"政策导向。"空置税"的征收应采取"窄税基、高税率"的方式，将税收对象锁定拥有非家庭自用住房而不出租利用的家庭。对家庭自用住房即使空置也不宜征收"空置税"，因为家庭自用住房空置的原因可能是短期在外地居住，如工作外派、探亲访友、学习培训

等。如果对家庭自用住房和非家庭自用住房空置一概征收"空置税"，社会负面影响可能较大。

（四）灵活调控，用好土地供给与金融信贷的政策工具弹性

房地产长效调控机制中既需要固定的法律法规保驾护航，也需要具有调整弹性的政策工具。土地供给与金融信贷政策，都是具有较好弹性的政策工具，需要纳入房地产长期调控机制综合考虑设计。

土地供给方面，应以当地常住人口规模为依据增加居住用地供给。对于人口规模较大的城市，土地供给的思路要从"以地控人"变为"地随人往"，以产业布局引导人口迁移，以人口迁移作为土地供给的依据，而不是将土地供给作为控制人口规模的手段。对于房地产市场供不应求的城市，一方面走高居住用地在国有建设用地出让中的比重，增加居住用地的增量供给；另一方面通过将闲置的工矿用地转为居住用地、适度增加容积率等方式，增加居住用地和住宅的存量供给。

金融信贷方面，可以根据宏观经济和房地产市场情况，动态调整整体金融信贷政策或局部金融信贷政策。整体金融信贷政策是指在全国范围内调整利率、存款准备金率等。局部金融信贷政策是指在城市或区域范围内调整房地产供求双方的金融信贷条件。房地产供给方的金融信贷工具，主要包括对房地产开发贷款的抵押物估值、贷款利率水平等的调整；房地产需求方的金融信贷工具，主要包括首付款比例、个人按揭贷款利率等的调整。由于房地产市场的区域属性较强，建议多考虑灵活使用局部的金融信贷政策调整工具。

附录：2018年中国房地产市场主要指标预测[①]

（一）2017年中国房地产核心指标偏离度评价

计量模型预测的实用价值主要体现在两个方面：一是事前的前瞻性分析，二是事后的偏离度评价。从发现问题和宏观管理角度看，后者的价值远远高于

---

① 附录部分由天津社会科学院经济分析与预测研究所张智研究员完成。

前者，因为精准的计量模型预测为现实经济运行评价提供了一个可靠的参照基准。指标的增长与下降本身并不能准确地反映经济事物变化发展的趋势与优劣，比如增长 10% 是高还是低？因为没有标准，所以数值本身无法判定自身高低。即便采用该指标上一期的增速作为参照，也同样存在逻辑上的缺失，上一期的状态通常会影响到本期，但本期最客观、科学合理的参照值（预期值）应该是多少呢？没有现成的答案。ARIMA 模型是用数据序列自身逻辑关系刻画经济事物的内在系统性趋势，因此定量预测的价值主要不是与主观定性预测结合给出具体预测数值，而是作为形势变化的客观系统参照，用于判断当前经济运行状态是正常或不正常以及程度如何。

笔者在 2017 年初运用 ARIMA 模型对房地产领域核心指标进行了月度预测[①]，从指标统计值与模型预测值之间的偏离度，可以判断当前房地产运行的状态与变化方向。

偏离度计算公式为：

$$指标偏离度 = \frac{统计值 - 模型预测值}{模型预测值} \times 100\%$$

当偏离度为正值时，说明指标数值高于预期，对应的经济活动热度上升；相反，当偏离度为负值时，说明指标数值低于预期，对应的经济活动热度下降。表 1 将房地产核心指标进行了分类，并根据 2017 年偏离度高低进行了分类评价，指标偏离度的计算数据及区间评价见表 2。在表 2 的区间评价一栏中，若偏离度≥10%，则为大幅偏高（过热）；5%≤偏离度＜10%，则为偏高（偏热）；2%≤偏离度＜5%，则为小幅偏高（稍热）；-2%＜偏离度＜2%，则为基本持平（平稳）；-5%＜偏离度≤-2%，则为小幅偏低（稍冷）；-10%＜偏离度≤-5%，则为偏低（偏冷）；偏离度≤-10%，则为大幅偏低（过冷）。

表 1 中的评价可见，2017 年房地产投资总体平稳，虽然房地产开发投资偏离度为 -1.84%，但占总量 2/3 的住宅开发投资偏离度达到 3.06%，综合判断，房地产开发总体处于平稳区间。2017 年房地产企业资金来源小幅偏低，自筹资金与其他资金来源（主要为定金和预付款）合计的指标偏离度

---

① 部分预测结果发表在《中国房地产发展报告（2017）》第 40 页至第 45 页。

（-2.14%）高于本年资金来源小计（-4.99%），与商品房销售比较稳定有关，说明房企资金仍较充裕。

2017年土地购置成交规模及价格大幅偏高，这主要是国家政策改变了房企对土地供给的预期，房企为了自身生存"不计代价"地购置土地，用以尽力维持原有的"开发建设-销售商品房"的经营模式。根据国家租售并举的政策方向，用于租赁住房的土地供给必然大幅增加，同时用于开发商品住宅的土地供给必然明显减少，这一预期给房企带来很大的心理压力，2017年"抢地"成为多数房企的一种"应激反应"。表1显示2017年土地购置面积偏离度21.29%，土地成交价款偏离度33.61%，土地成交均价偏离度10.16%（对应指标分别比上年增长15.8%、49.4%和29%），从供给、资金和政策调控等多方面看，2017年土地市场出现的过热现象应是不可持续的。

2017年房地产施工面积持平，但作为流量指标的新开工面积与竣工面积则大幅低于预期，偏离度分别为-10.81%和-15.52%，表明建设施工进度明显减缓。施工进度减缓应与国家政策调控力度不断加大有关，比如许多城市对商品房售价涨幅进行了严格限制，房企放慢施工进度应属于一种应对之策。从销售看，商品房销售额持平、销售面积小幅低于预期、销售均价小幅高于预期，虽然限购限贷的一线、二线城市销售面积大幅下降，但不限购的许多三线、四线城市销售畅旺，量价齐升，从整体看2017年房地产市场商品房销售仍较为平稳。

表1　2017年中国房地产领域核心指标预测偏离度与评价

类别	代码	指　　标	2017年偏离度	分类偏离度评价
投资	1	固定资产投资	-0.82	建设投资完成额总体平稳
	2	房地产开发投资	-1.84	
	3	住宅开发投资	3.06	
资金来源	4	本年资金来源小计	-4.99	房地产企业开发资金来源小幅低于预期
	5	自筹+其他资金来源	-2.14	
土地购置	6	土地购置面积	21.29	土地购置成交规模及价格大幅高于预期
	7	土地成交价款	33.61	
	8	土地成交均价	10.16	

类别	代码	指　标	2017年偏离度	分类偏离度评价
工程建设	9	施工面积	-0.66	存量施工面积持平
	10	新开工面积	-15.52	流量新开工和竣工大幅低于预期
	11	竣工面积	-10.81	
销售	12	商品房销售面积	-4.17	销售额持平、销售面积小幅低于预期、销售均价小幅高于预期
	13	商品房销售额	0.35	
	14	商品房销售均价	4.72	

资料来源：偏离度数据源于表2。

表2　2017年中国房地产领域核心指标偏离度计算与区间评价

序号	指　标	模型预测值	统计值	偏离度	区间评价
7	土地成交价款（万亿元）	1.02	1.36	33.61	大幅偏高
6	土地购置面积（亿平方米）	2.10	2.55	21.29	
8	土地成交均价（千元/平方米）	4.86	5.35	10.16	
14	商品房销售均价（千元/平方米）	7.54	7.89	4.72	小幅偏高
3	住宅开发投资（万亿元）	7.29	7.51	3.06	
13	商品房销售额（万亿元）	13.32	13.37	0.35	基本持平
9	房地产施工面积（亿平方米）	78.66	78.15	-0.66	
1	城镇固定资产投资（万亿元）	63.69	63.17	-0.82	
2	房地产开发投资（万亿元）	11.19	10.98	-1.84	
5	自筹+其他资金来源（万亿元）	13.35	13.06	-2.14	小幅偏低
12	商品房销售面积（亿平方米）	17.68	16.94	-4.17	
4	本年资金来源（万亿元）	16.42	15.61	-4.99	
11	房地产竣工面积（亿平方米）	11.38	10.15	-10.81	大幅偏低
10	房地产新开工面积（亿平方米）	21.15	17.87	-15.52	

资料来源：2017年指标统计值来源于国家统计局统计数据库。

　　以上分析了2017年全年指标偏离度状况，实际上不同指标偏离度月度变化也不相同。图1显示了2017年3～12月土地购置指标的偏离度变化。由图可见，土地购置面积偏离度是从6～12月缓慢升高；土地成交价款偏离度是从7月开始一路走高，快速拉升；土地成交价款则是由负转正，先低后高，直到12月才达到10%的偏离度。

　　再看商品房销售情况，从图2可见，商品房销售面积偏离度从8月份开始逐渐下降，至第四季度保持在-4%左右；销售额与销售面积变化趋势相近，但起点水平不同，先高后低，由 6 月的峰值逐步下降到第四季度零度线附近。与土地购置"量价齐升"的变化趋势不同，商品房销售量（包括面积与金额）逐步走低，平均价格则保持在小幅偏高的水平上，这说明商品房销售市场价格具有较强的刚性。

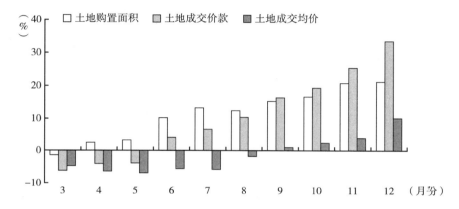

图1　2017 年中国房地产土地购置指标偏离度月度值

资料来源：笔者根据月度数据和月度模型预测值计算得出。

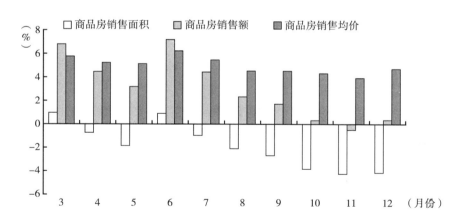

图2　2017 年中国商品房销售指标偏离度月度值

资料来源：笔者根据月度数据和月度模型预测值计算得出。

综上，2017 年房地产投资、建设施工和市场销售总体稳定。一方面，受国家建立房地产长效机制的政策转向影响，土地市场表现热络；另一方面，在

限制市场需求和价格的调控政策背景下，房地产建设开发进度明显放缓，商品房销售也逐步降温，销售价格保持基本稳定。

（二）2018年中国房地产投资、资金来源和土地购置指标预测

根据国家统计局统计数据库2000年2月至2018年2月的月度数据，建立月度ARIMA模型对2018年3～12月开展预测，建模采用EViews 10软件。表3中列出了城镇固定资产投资、房地产开发投资、住宅开发投资、房地产开发本年资金来源小计、自筹资金与其他资金来源合计、土地购置面积、土地成交价款、土地成交均价共8项指标数据，其中2018年3～12月为模型预测值。

根据表3预测数据计算，2018年上述8项指标预期增速分别可达5.2%、－5.2%、6.7%、4.9%、6.9%、10.1%、21.2%和10.0%。与对应指标2017年增速5.9%、7%、9.4%、8.2%、6.6%、15.8%、49.5%和29.0%相比，预期2018年指标增速分别较2017年出现－0.7、－12.2、－2.7、－3.3、0.3、－5.7、－28.3、－19.0个百分点的升降。由此笔者认为，2018年各项指标增速出现整体回落的可能性很大，特别是房地产开发投资增速可能会出现同比明显下降，而土地购置成交价款和成交均价增速可能出现20%的大幅下降。当然，从我国近20年房地产开发投资增速变化趋势看[1]，近期增速由正转负并不意外，而土地购置指标增速大幅回落应是对2017年超常增长的有益回调，2018年土地购置三指标增速预期分别10.1%、21.2%和10.0%，从数值大小看，显然处于平稳健康的增长区间。综上，2018年中国房地产开发投资建设链条上游指标（投资、资金和土地购置）预期有所回落，但整体更显稳健、平衡。

图3为2010～2017年中国房地产开发投资月度数据序列及2018年预测，图中曲线由前期的较快上升到后期的增长趋缓反映出开发模型扩张期已基本结束。图4是2010年以来中国房地产土地购置面积数据序列及2018年预测，图中显示，从2015～2018年（预测值）土地购置规模明显低于前期水平，且相对比较稳定，这与图3反映出的后期投资趋势减缓有所呼应。也可以理解为，从扩张期到平稳期的转换过程中，土地购置数据序列曲线表现出的转折点更为明显。

---

① 参见《中国房地产发展报告（2017）》第42页，图19。

**表3 2017年中国房地产相关投资、资金来源和土地购置指标
月累计值与2018年模型预测**

年度/月度	城镇固定资产投资	房地产投资	住宅投资	本年资金来源小计	自筹+其他资金来源	土地购置面积	土地成交价款	土地成交均价
	万亿元	万亿元	万亿元	万亿元	万亿元	亿平方米	万亿元	千元/平方米
2017年2月	4.14	0.99	0.66	2.29	1.78	0.24	0.08	3.35
3月	9.38	1.93	1.30	3.57	2.87	0.38	0.14	3.59
4月	14.43	2.77	1.87	4.72	3.84	0.55	0.21	3.81
5月	20.37	3.76	2.54	5.90	4.84	0.76	0.30	4.00
6月	28.06	5.06	3.43	7.58	6.23	1.03	0.44	4.23
7月	33.74	5.98	4.07	8.77	7.25	1.24	0.54	4.37
8月	39.42	6.95	4.74	9.98	8.28	1.42	0.66	4.64
9月	45.85	8.06	5.51	11.31	9.40	1.67	0.81	4.87
10月	51.78	9.05	6.19	12.59	10.50	1.90	0.97	5.09
11月	57.51	10.04	6.87	13.95	11.67	2.22	1.14	5.16
12月	63.17	10.98	7.51	15.61	13.06	2.55	1.36	5.35
2018年2月	4.46	1.08	0.74	2.40	1.90	0.23	0.08	3.39
3月	10.05	2.07	1.42	3.71	3.03	0.44	0.18	4.11
4月	15.36	2.95	2.03	4.89	4.06	0.66	0.30	4.58
5月	21.66	3.98	2.75	6.05	5.13	0.91	0.45	4.92
6月	29.68	5.32	3.69	7.71	6.55	1.22	0.62	5.13
7月	35.65	6.27	4.36	8.96	7.66	1.47	0.77	5.23
8月	41.58	7.29	5.08	10.28	8.81	1.69	0.92	5.42
9月	48.33	8.45	5.89	11.75	10.05	1.95	1.09	5.58
10月	54.54	9.48	6.60	13.17	11.29	2.21	1.26	5.72
11月	60.56	10.51	7.33	14.67	12.55	2.50	1.44	5.76
12月	66.45	11.49	8.02	16.37	13.96	2.81	1.65	5.88

资料来源：2017年及2018年2月资料来源于国家统计局统计数据库，2018年3~12月为月度模型预测值。

图5为自2010年以来中国房地产土地购置成交价款数据序列及2018年预测，图6是相应土地成交均价数据序列及2018年预测。如果将图4和图5对照观察则不难发现，自2015年以来，在土地购置面积趋平的情况下，成交价款快速上升。其结果必然导致图6所示的成交价格大幅上扬，图6中2017年下半年成交价格水平较2014年大约翻了1倍，且根据模型预测，2018年的成

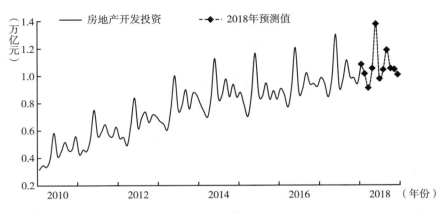

图3 中国房地产开发投资月度数据及2018年预测

资料来源：2010～2018年2月资料来源于国家统计局统计数据库，2018年3～12月为月度模型预测值，下同。

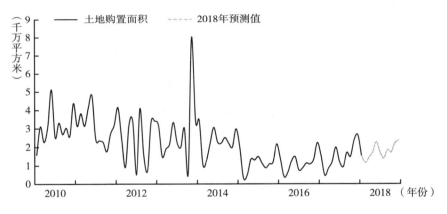

图4 中国房地产业土地购置面积月度数据及2018年预测

交价格将会小幅上升。由于土地成本约占住宅售价的1/3，因此土地成交价格上升最终将传导到商品住宅市场，未来一段时间商品房市场价格仍面临相当的上涨压力。

（三）2018年中国房地产建设进度与销售指标预测

表4列出了2017年中国商品住宅施工进度及销售指标月累计值与2018年模型预测值。根据表4数据计算可得，2018年房地产施工面积和新开工面积

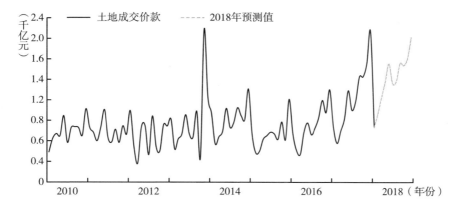

图5 中国房地产业土地成交价款月度数据及2018年预测

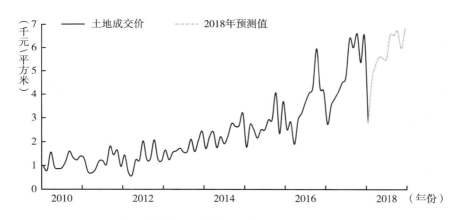

图6 中国房地产业土地成交均价月度数据及2018年预测

预期与2017年基本持平，竣工面积略有下降，全年降幅约5%。全年商品房销售面积预期增长约6%，商品房销售额预期增长超过9%，商品房销售均价8080元/平方米，比2017年预期上升约2.4%。

图7至图9为2010年以来中国商品房销售面积、销售额和销售均价的月度数据序列图，图中2018年为模型预测数值。如图7所示，2018年3~8月商品房销售面积可能小幅低于2017年同期数值，第四季度则小幅高于2017年同期水平。如图9可见，2018年销售均价同期增幅可能呈现前高后低的态势。综上，预期2018年商品房销售市场将总体保持适度平稳增长。

表4 2017 年中国商品住宅施工进度及销售指标月累计值与 2018 年模型预测

年度/月度	商品住宅施工面积	新开工面积	商品住宅竣工面积	商品房销售面积	商品房销售额	商品房销售均价
	亿平方米	亿平方米	亿平方米	亿平方米	万亿元	千元/平方米
2017 年 2 月	42.32	1.24	1.17	1.41	1.08	7.69
3 月	43.32	2.28	1.65	2.90	2.32	7.98
4 月	44.57	3.48	2.01	4.17	3.32	7.98
5 月	45.81	4.69	2.42	5.48	4.36	7.96
6 月	47.27	6.14	2.98	7.47	5.92	7.92
7 月	48.31	7.17	3.35	8.64	6.85	7.93
8 月	49.33	8.21	3.74	9.85	7.81	7.93
9 月	50.53	9.41	4.13	11.60	9.19	7.92
10 月	51.54	10.41	4.66	13.03	10.30	7.91
11 月	52.70	11.61	5.41	14.66	11.55	7.88
12 月	53.64	12.81	7.18	16.94	13.37	7.89
2018 年 2 月	43.07	1.30	0.97	1.46	1.25	8.51
3 月	44.32	2.40	1.39	2.91	2.54	8.75
4 月	45.62	3.58	1.72	4.12	3.63	8.81
5 月	46.85	4.80	2.12	5.40	4.72	8.74
6 月	48.28	6.15	2.65	7.26	6.29	8.66
7 月	49.21	7.22	3.03	8.49	7.33	8.64
8 月	50.14	8.27	3.39	9.83	8.37	8.51
9 月	50.86	9.46	3.79	11.78	9.79	8.31
10 月	51.79	10.52	4.33	13.47	11.03	8.19
11 月	53.10	11.69	5.09	15.40	12.51	8.12
12 月	54.18	12.88	6.87	18.05	14.59	8.08

资料来源：2017 年及 2018 年 2 月资料来源于国家统计局统计数据库，2018 年 3～12 月为月度模型预测值。

表5 列示了深圳、厦门、上海、北京、广州、南京和合肥 2017 年月度新建住宅销售价格定基指数及 2018 年预测情况。其中"北上广深"是公认的一线城市，其价格指数偏高并不意外。在数据整理时发现厦门、南京和合肥近期

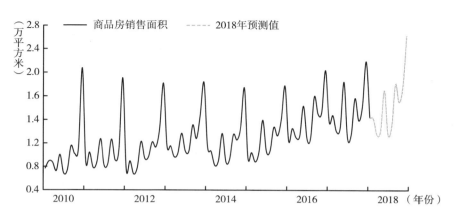

图7 中国商品房销售面积月度数据及 2018 年预测

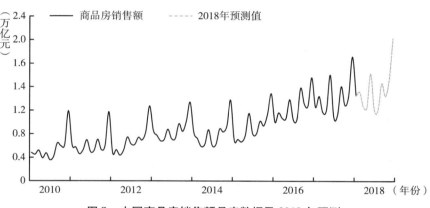

图8 中国商品房销售额月度数据及 2018 年预测

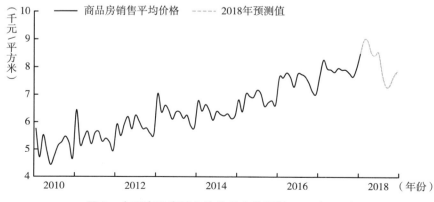

图9 中国商品房销售均价月度数据及 2018 年预测

指数与除深圳外的一线城市处在相同或相近的水平上，为此将 7 个城市作为第一群组进行分析（郑州等 8 个城市为第二群组）。这里需要说明，销售价格指数与销售价格虽然紧密相关但并不相同，价格指数是根据一套系统方法进行编制计算的，具体可参阅国家统计局发布的《住宅销售价格统计调查方案》，其中详细介绍了 70 个大中城市住宅销售价格指数调查编制方法。

表 5　深圳等 7 重点城市新建住宅销售定基价格指数（2010 年 = 100）及预测

年/月	深圳	厦门	上海	北京	广州	南京	合肥
2017 年 1 月	224.9	191.5	185.0	173.3	166.9	173.1	166.1
2 月	223.5	191.3	185.5	173.3	168.3	172.9	165.7
3 月	222.7	194.9	185.4	174.0	172.7	172.6	166.1
4 月	222.8	194.9	185.1	174.6	175.2	172.2	166.0
5 月	221.4	195.5	185.0	174.5	176.6	171.9	165.5
6 月	221.3	196.6	184.4	173.7	177.5	171.8	165.7
7 月	221.0	196.7	184.4	173.7	178.4	171.7	166.0
8 月	220.0	196.9	184.6	173.9	177.0	171.2	165.9
9 月	220.1	196.5	184.4	173.5	176.2	171.5	165.7
10 月	219.8	196.2	184.9	173.3	175.7	171.1	165.4
11 月	219.9	196.7	184.9	173.2	175.4	170.8	165.8
12 月	219.6	196.4	185.4	173.6	174.9	170.7	165.7
2018 年 1 月	217.3	195.9	184.7	171.2	173.1	169.7	165.6
2 月	217.9	195.5	184.3	172.8	173.5	170.3	165.2
3 月	217.6	195.1	184.9	173.0	174.1	169.7	165.4
4 月	216.7	193.5	185.1	172.7	174.2	171.6	164.4
5 月	216.6	192.7	185.4	173.1	174.6	172.0	164.1
6 月	216.7	192.0	186.1	173.5	175.4	172.3	163.8
7 月	217.2	191.3	186.4	173.6	174.8	172.7	163.2
8 月	217.0	190.8	186.4	173.6	174.9	172.7	162.8
9 月	217.3	190.6	186.4	173.6	175.2	172.9	162.6
10 月	217.0	190.4	186.2	174.2	175.6	172.8	162.6
11 月	216.7	190.1	185.9	174.3	176.1	173.7	162.6
12 月	216.9	189.6	185.7	174.5	176.5	174.4	162.6

　　资料来源：国家统计局发布的 70 个大中城市住宅销售价格指数，2018 年 4 月至 12 月为模型预测值，下同。

图 10 显示了 2013 年到 2017 年深圳等 7 个城市新建住宅销售定基价格指数的变化情况，2018 年为模型预测值。图中下部浅灰色曲线为郑州等 8 个城市的指数变化，具体可参见图 11。

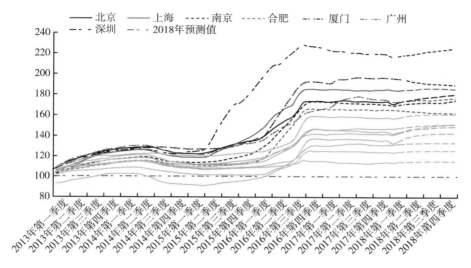

图 10　深圳等 7 重点城市新建住宅销售定基价格指数（2010 年 = 100）及预测

为了既便于观察和分析，又能相互对照，将 15 个城市曲线全部列示于图 10 和图 11，图 10 用于重点分析第一群组 7 个城市，图 11 用于重点分析第二群组 8 个城市。

由图 10 可见，"北上广深"和厦门本轮价格周期上涨始于 2015 年第二季度，不同的是，深圳指数直线上升，有鹤立鸡群之感。"北上广厦"指数则是先温和上行，至 2016 年第一季度开始二次加速，南京指数 2015 年上升较缓慢，2016 年 1 季度开始与"北上广厦"同步加速。合肥指数 2015 年几乎没有上升，2016 年第一季度开始发力上行，其上升速度和水平明显高于第二群组。2016 年"9.30"调控政策出台，大多数城市价格指数涨势受到有效抑制，随后的指数曲线保持平直，但个别城市指数曲线有所不同。深圳指数从 2016 年第三季度缓慢回落，可能是前期炒房价格虚高回归所致。广州较为特殊，指数曲线峰值形成了 2017 年第三季度，随后缓慢回落。

根据表 5 中 2018 年模型预测数据，南京指数 2018 年预期同比上升 3.7 个百分点，北京、广州和上海指数预期上升均不超过 2 个百分点，厦门、合肥和深圳指数则预期分别下降 6.8、3.1 和 2.8 个百分点。综上，2018 年第一群组的 7 个城市预期价格指数升多降少，应重点关注南京、厦门与合肥三个城市。

表 6 列示了郑州、武汉、福州、天津、无锡、济南、杭州和成都 2017 年月度新建住宅销售价格定基指数及 2018 年预测情况。

表 6　郑州等 8 重点城市新建住宅销售定基价格指数（2010 年 = 100）及预测

年/月	郑州	武汉	福州	天津	无锡	济南	杭州	成都
2017 年 1 月	159.0	146.4	145.9	141.5	136.9	130.7	125.3	114.9
2 月	158.5	146.1	146.0	142.2	136.7	130.6	125.0	114.4
3 月	158.9	146.1	145.8	142.5	137.1	131.5	125.1	113.7
4 月	159.1	146.6	145.5	142.4	137.2	131.9	125.3	113.5
5 月	158.8	146.8	145.4	142.7	137.4	132.6	124.9	113.5
6 月	158.9	147.4	145.3	142.7	137.0	132.7	125.1	113.3
7 月	158.8	147.6	145.0	142.3	137.0	132.9	125.0	113.1
8 月	158.2	147.4	144.7	142.4	136.6	132.5	124.8	112.6
9 月	157.9	147.3	144.1	142.2	136.4	131.7	124.5	112.6
10 月	157.8	147.1	144.2	142.4	136.0	131.5	124.5	113.5
11 月	157.7	147.1	144.5	141.9	135.7	131.3	124.3	113.6
12 月	158.1	147.5	144.2	142.2	136.0	131.8	124.4	114.1
2018 年 1 月	157.4	147.4	142.6	141.4	133.2	131.9	124.1	113.4
2 月	157.9	148.0	143.8	143.0	135.0	132.4	124.4	114.4
3 月	157.6	147.8	143.2	143.1	134.9	132.7	124.6	114.7
4 月	160.1	149.4	146.8	143.3	134.3	133.2	125.3	114.6
5 月	160.6	149.9	147.3	143.4	133.9	133.3	125.5	114.7
6 月	161.0	150.3	147.2	143.6	133.6	133.4	125.6	114.9
7 月	161.2	150.6	147.8	143.2	133.2	133.5	125.7	115.0
8 月	161.3	150.9	148.3	143.2	133.1	133.5	125.7	115.0
9 月	161.4	151.2	148.7	142.5	133.0	133.6	125.7	114.9
10 月	161.4	151.4	149.0	142.4	133.0	133.6	125.7	114.9
11 月	161.3	151.6	149.1	142.4	132.9	133.6	125.7	114.8
12 月	161.4	151.8	149.3	142.3	132.9	133.6	125.7	114.9

第二群组 8 个城市指数曲线变化趋势参见图 11。首先，第二群组城市指数数值明显低于第一群组城市，比如武汉 2018 年 2 月新建住宅销售定基价格

指数148，低于同期南京指数22个百分点。其次，第二群组价格上升起始时间点明显滞后且持续时间短，第二群组本轮价格上升始于2016年第一季度，终于2016年第四季度，持续时间不到第三个季度。第三，从相对价格水平来讲，第二群组城市存在相对更多的上涨空间。

根据表6数据计算，2018年福州、武汉和郑州新建住宅销售定基价格指数预期比2017年分别上升5、4.3和3.3个百分点，无锡指数下降3.1个百分点，其余四个城市指数预期小幅上升不超过2个百分点。建议重点关注福州、武汉、郑州和无锡四个城市的价格变化。

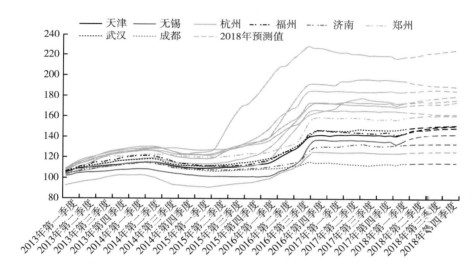

图11 郑州等8重点城市新建住宅销售定基价格指数（2010年=100）及预测

时间和篇幅所限，此次未列出15个城市二手住宅销售价格指数的数据图表，为了便于分析和理解新建住宅和二手住宅价格变化及互动关系，表12至表16分别给出了北京、天津、无锡、厦门和深圳新建住宅和二手住宅价格指数曲线及2018年预测情况。

据图12显示，北京从2015年下半年开始二手住宅指数高于新建住宅指数，在2016年"9.30"调控后，新建住宅指数受到有效抑制，但二手住宅指数是在2017年"3.30"强力调控下才见顶回落，预期2018年北京新建住宅和二手住宅价格指数将保持平稳，新建住宅指数低于二手住宅约12个百分点。

房地产蓝皮书

图 12　北京新建住宅与二手住宅销售定基价格指数（2010 年 = 100）及预测

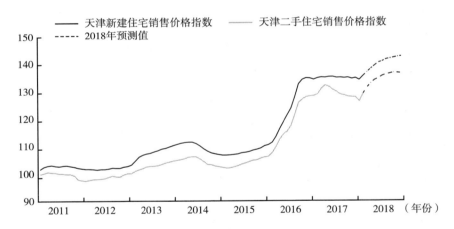

图 13　天津新建住宅与二手住宅销售定基价格指数（2010 年 = 100）及预测

由图 13 可见，与北京相似，天津二手住宅指数也是在 2017 年"3.30"强力调控下才开始回落的。模型预测显示，天津新建住宅和二手指数住宅在 2018 上半年平稳，下半年缓慢小幅下降。

由图 14 可见，无锡住宅销售价格指数在 2016 年出现井喷式拉升，"9.30"调控后二手住宅指数出现短暂回落，随后再次快速拉升，直到"3.30"调控后才趋于平稳。模型预测显示，2018 年无锡新建住宅价格指数有可能会逐渐回落，年末与二手住宅指数趋于相等。

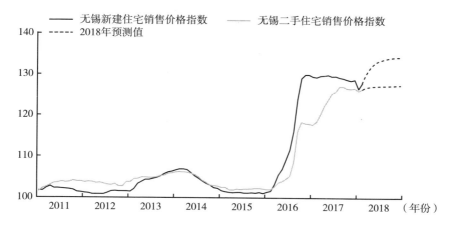

图 14　无锡新建住宅与二手住宅销售定基价格指数（2010 年 = 100）及预测

如图 15 所示，厦门新建住宅和二手住宅指数在 2016 年同步上扬，但新建住宅指数上升幅度大大高于二手住宅，2017 年"3.30"强力调控后新建住宅指数仍有小幅惯性上涨，二手住宅则明显回落。根据模型预测，2018 年厦门两个指数将同步小幅下降，这在主要大中城市中较为少见，需要我们跟踪观察。

图 15　厦门新建住宅与二手住宅销售定基价格指数（2010 年 = 100）及预测

据图 16 显示，在 2016 年以前，深圳的两个住宅销售价格指数数值和变化趋势都非常一致，2016 年开始新建住宅指数上升明显加快。2017 年"3.30"

强力调控后，新建住宅指数逐渐下降，而二手住宅指数缓慢上升，预计 2018 年上半年两指数出现交叉，随后二手住宅指数明显上升，需予以关注。

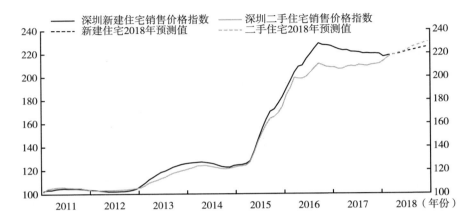

图 16　深圳新建住宅与二手住宅销售定基价格指数（2010 年 = 100）及预测

土 地 篇

Land

B.2
2017年全国主要监测城市
地价动态监测报告

中国土地勘测规划院全国城市地价监测组*

摘　要： 2017 年，全国主要监测城市各用途地价增速继续上扬，商服地
价温和上行，住宅地价涨幅较大，达历史次高值，工业地价变
化平稳。年内，商服地价季度环比增速由降转升，住宅地价季
度环比增速由升转降，热点城市和地区住宅地价增速逐季放缓
明显，工业地价环比增速逐季缓慢上升。全国主要监测城市建
设用地供应总量较上年增加，增速由负转正。住宅用地供应量
大幅增加，商服用地供应量降幅继续扩大。2017 年土地市场和
各用途地价走势与宏观背景的支撑、实体经济的发展、货币信
贷政策的导向，以及房地产市场分类调控方向基本吻合。2018
年，地价的变化趋势将直接受新动能成长状况的影响，预计仍

---

* 本文节选自 2017 年中国城市地价监测年度报告。执笔人：赵松，中国土地勘测规划院地价所
所长，研究员。

以温和上涨为基调；房地产市场调控中一二线城市风险防控任务依然艰巨，三四线城市的变化需要密切跟踪与关注，住宅地价变动的影响因素复杂；在振兴实体经济的战略背景下，建立与新产业新业态要求相适应的供地制度和供地方式将有助于工业用地价格机制的完善、工业用地市场的平稳运行。

关键词：　土地价格监测　土地市场　土地供给　风险防范

一　2017年全国主要监测城市地价状况分析

（一）地价水平值分析

各用途地价水平值继续提升，珠三角地区各用途地价水平仍居首位。2017年，全国主要监测城市和重点监测城市的各用途地价水平值均有所提升。全国主要监测城市综合地价水平值为4083元/平方米，商服、住宅和工业地价水平值分别为7251元/平方米、6522元/平方米和806元/平方米。重点监测城市综合地价水平值为6117元/平方米，商服、住宅和工业地价水平值分别为9832元/平方米、9521元/平方米和1099元/平方米。

三大重点区域中，珠江三角洲地区地价水平稳居高位，长江三角洲地区次之，环渤海地区最低。除环渤海地区工业地价水平值略低于全国主要监测城市平均水平外，长江三角洲地区、珠江三角洲地区各用途地价水平值，以及环渤海地区其余用途地价水平值均高于全国平均水平。2017年，长江三角洲地区"商住倒挂"现象持续，住宅地价水平值是商服地价水平值的1.14倍，差异较上年的1.07倍继续扩大（见图1）。

（二）地价增长率分析

1. 年度指标显示，主要监测城市商服地价温和上行，住宅地价快速增长，工业地价变化平稳

2017年全国主要监测城市各用途地价增长率继续上扬。商服地价增速温

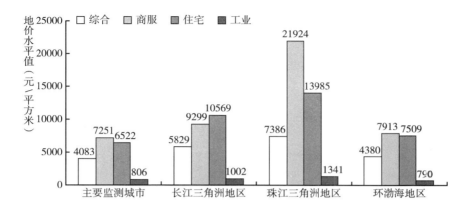

图1　2017年三大重点区域地价水平值

和，较上年提升1.43个百分点；住宅地价进入快速增长区间，增速较上年提升2.30个百分点，仅低于2010年的历史高值水平（11.02%）；工业地价变化平稳，增速为各类地价最低，与上年基本持平，仅提升0.18个百分点（见图2）。

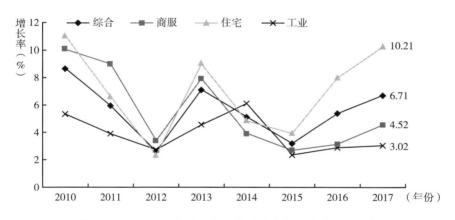

图2　2010～2017年全国主要监测城市各用途地价增长率

2. 季度指标显示，商服地价环比增长率由降转升，住宅地价环比增长率由升转降，工业地价环比增长率逐季缓慢上升

2017年，全国主要监测城市商服地价环比增长率第二季度较第一季度回落0.15个百分点，下半年持续提升；住宅地价环比增长率在第二季度提升至2.65%，为近五年来季度指标的最高值，下半年持续放缓，第四季度为

2.47%，仍高于上年各季度环比增速；工业地价环比增长率逐季缓慢升高，从第一季度的 0.62% 升高至第四季度的 0.84%（见图 3）。

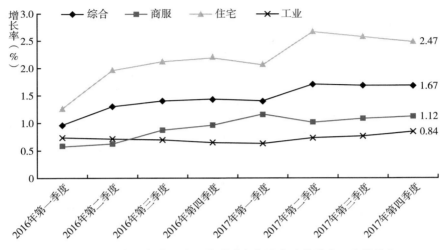

图 3　2016～2017 年全国主要监测城市各用途地价季度环比增长率

3. 一线与二三线城市间各用途地价增长率的差距收窄，三线城市住宅地价增长率近三年来首超二线城市

2017 年，一线城市各用途地价增长率较上年有所放缓，二三线城市各用途地价增长率较上年有所提升，一线与二三线城市间各用途地价增长率差距收窄。

从住宅地价增长率来看，三线城市住宅地价增速近三年来首次超过二线城市，差值为 0.30 个百分点，一线和三线城市住宅地价增长率较上年变化最大，前者放缓 6.93 个百分点，后者提升 5.10 个百分点；从商服地价增长率来看，二线城市变动最大，较上年提升 2.89 个百分点；一线与二三线城市间工业地价增长率差异由上年的 6.85 个和 6.92 个百分点缩小至 5.51 个和 5.76 个百分点（见图 4）。

4. 地价增长率的区域分布特征变化：与2016年相比，东部地区各用途地价增长率均有所下降，中、西部地区各用途地价增长率均有所上升

较上年相比，2017 年全国重点监测城市各用途地价增长率东高、中次、西低的格局发生变动，在住宅地价增长率大幅提升的影响下，西部地区综合地价增长率于 2012 年以来首次超过中部。东部地区住宅地价增长率为 11.07%，为各地区各用途地价增速最高值，显著高于商服和工业地价增长率，且后两者

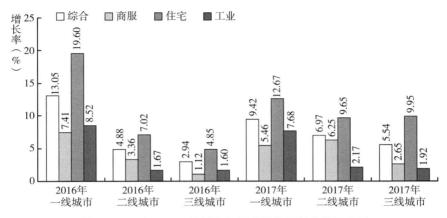

图4 2017年一二三线城市各用途地价增长率比较分析

基本持平；中部地区商服和住宅地价增长率基本持平，并显著高于工业地价增长率；西部地区各用途地价增长率梯次差异比较明显，住宅地价增长率较上年大幅提升了7.49个百分点，显著高于商服和工业地价增长率（见图5）。

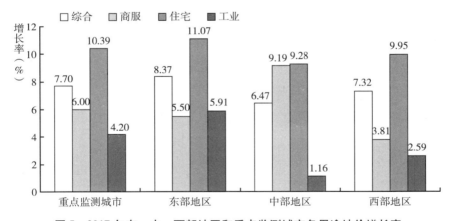

图5 2017年东、中、西部地区和重点监测城市各用途地价增长率

从地价增长率变动情况来看，东部地区各用途地价增长率较上年均有所回落，其中住宅地价增长率回落最明显，下降4.31个百分点；中、西部地区各用途地价增长率较上年呈现不同程度的上升，其中，西部地区住宅地价增长率提高显著，上升7.49个百分点，中部地区商服地价增长率较上年有明显提高，上升4.90个百分点（见表1）。

表1　2017年东、中、西部地区和重点监测城市各用途地价增长率同比变动情况

单位：个百分点

项目	综合	商服	住宅	工业
重点监测城市	0.43	1.40	0.31	0.05
东部地区	-2.35	-0.83	-4.31	-0.29
中部地区	1.43	4.90	0.96	0.16
西部地区	5.17	2.28	7.49	0.80

5. 三大重点经济区地价变化的梯度差异明显，长江三角洲地区地价增速以缓为主，珠江三角洲及环渤海地区地价增速整体上升

三大重点区域中除珠江三角洲地区商服地价增长率略低于环渤海地区外，各用途地价增长率呈现珠江三角洲地区、环渤海地区、长江三角洲地区依次降低的格局。各区域住宅地价增速均明显高于商服和工业用途；除环渤海地区外，其他区域工业地价增长率均高于商服用途（见图6）。

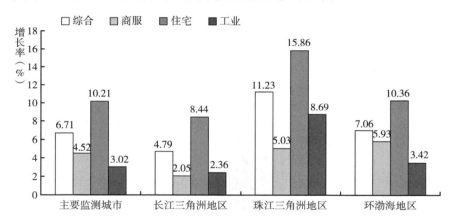

图6　2017年三大重点区域各用途地价增长率

从地价增长率的变化幅度来看，长江三角洲地区商服地价增长率略有提升，其他用途地价增长率均有所下降，且住宅地价增长率降幅最大，较上年收窄4.34个百分点；珠江三角洲地区商服地价增长率有所回落，其他用途地价增长率均有所上升；环渤海地区工业地价增长率放缓，综合、商服和住宅地价增长率小幅上升（见表2）。

表2　2017年三大重点区域和主要监测城市各用途地价增长率同比变动情况

单位：个百分点

项目	综合	商服	住宅	工业
主要监测城市	1.4	1.43	2.30	0.18
长江三角洲地区	-2.00	0.88	-4.34	-0.90
珠江三角洲地区	0.98	-1.60	2.45	0.53
环渤海地区	0.05	0.39	0.22	-0.29

6. 热点城市中，13个城市住宅地价增长率回落，南京、厦门两市住宅地价季度环比下降

2017年，全国20个热点城市中13个城市的住宅地价增长率均出现不同程度的回落，其中较上年回落幅度超过20个百分点的两个城市分别为南京市和合肥市，分别回落了27.38个和21.73个百分点；其余7个热点城市的住宅地价增长率虽均有上升，但上升幅度均在13个百分点之内，其中济南最为明显。四个新增热点城市（石家庄市、青岛市、南昌市、长沙市）住宅地价增长率均有所上升（见图7）。

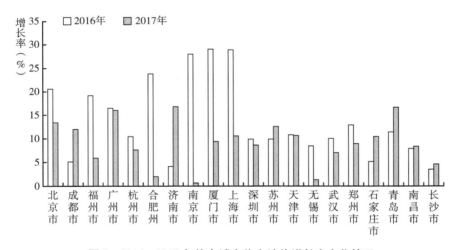

图7　2016～2017年热点城市住宅地价增长率变化情况

年内，20个热点城市中，仅石家庄市住宅地价环比增长率连续四个季度持续上升，北京、南京、厦门和上海4城市的住宅地价环比增长率逐季下降。其中南京市从第二季度起环比增长率均为负，厦门市第四季度的住宅地价环比增长率由正值转为-1.15%，是各城市各季度最低值（见表3）。

表3 2017年20个热点城市各季度住宅地价环比增长率及变动趋势

单位：%

城市	2017年第一季度	2017年第二季度	2017年第三季度	2017年第四季度	2017年各季度变动趋势
北 京 市	3.92	3.82	3.24	1.71	
成 都 市	0.83	4.27	2.59	3.83	
福 州 市	0.38	2.54	2.22	0.61	
广 州 市	2.43	4.95	3.85	3.87	
杭 州 市	1.97	2.55	1.85	0.97	
合 肥 市	0.62	0.11	0.13	1.15	
济 南 市	2.02	3.36	2.25	8.33	
南 京 市	0.70	-0.01	-0.01	-0.02	
厦 门 市	4.37	4.19	1.87	-1.15	
上 海 市	3.51	3.38	2.30	0.96	
深 圳 市	3.01	1.74	2.27	1.33	
苏 州 市	1.20	4.97	3.83	2.11	
天 津 市	3.16	3.75	1.92	1.43	
无 锡 市	0.25	0.43	0.19	0.33	
武 汉 市	0.73	1.95	2.11	1.95	
郑 州 市	2.36	2.11	1.92	2.23	
石家庄市	2.05	2.40	2.76	2.87	
青 岛 市	3.88	6.86	4.00	1.07	
南 昌 市	1.95	2.32	1.93	1.84	
长 沙 市	2.16	0.82	0.73	0.75	

二 2017年全国主要监测城市土地供应状况分析

（一）全国主要监测城市建设用地供应总量增长率由负转正，住宅用地供应量大幅增加，商服用地供应量继续减少

2017年，全国主要监测城市建设用地供应量增长率由负转正，较上年扩大12.46个百分点。其中，商服用地供应量继续减少，且其降幅较上年扩大10.36个百分点；住宅用地和基础设施用地供应面积较上年均有不同程度的增加，其中住宅用地供应量增长率为20.30%，由上年的负增长转为正增长，大幅提升了33.23个百分点，增长最为显著，基础设施用地供应面积增长率较上年提升12.46个百分点；保障性住房用地和工矿仓储用地供应面积增长率与上年相比，降幅分别收窄了32.67个百分点和3.99个百分点（见图8）。

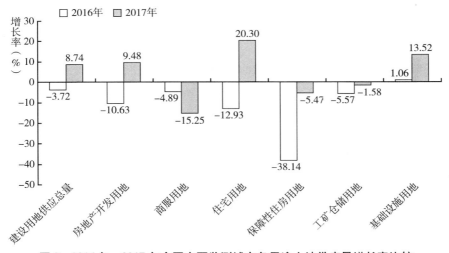

图8 2016年、2017年全国主要监测城市各用途土地供应量增长率比较

资料来源：国土资源部土地市场动态监测监管系统。

（二）全国主要监测城市住宅用地出让面积同比增长率由负转正，住宅地价同比增长率达近六年最高水平

2017年，全国主要监测城市住宅用地出让面积为3.3万公顷，近四年来首次增加，较上年增加0.45万公顷，增长率由负转正，较上年扩大27.23个百分点；住宅地价增速上扬，较上年提高2.3个百分点，达到10.21%，为近六年最高值。2012～2017年，全国主要监测城市住宅用地出让面积和住宅地价同比增长率相关系数为0.87，两者变动趋势基本一致（见图9）。

（三）各类型城市住宅用地出让面积增长率均由负转正，一线城市增速提升最快

2017年，一二三线城市住宅用地出让面积增长率全部由负转正，其中一线城市住宅用地出让面积增长率大幅提升至119.13%，较上年扩大了163.08个百分点，提升最为显著；二三线城市住宅用地出让面积增长率分别为12.64%和27.43%，较上年分别扩大14.03个和30.74个百分点。一线城市住宅地价同比增长率较上年收窄6.93个百分点，二三线城市住宅地价同比增长率较上年分别提升2.63个和5.10个百分点，一线与二三线城市间住宅地价同

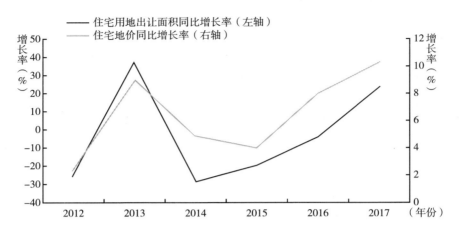

图9 2012～2017年全国主要监测城市住宅用地出让面积同比增长率和
住宅地价同比增长率变化情况

资料来源：住宅用地出让面积资料来源于国土资源部土地市场动态监测监管系统。

比增速差距分别缩小9.56个和12.03个百分点，从各类城市住宅用地出让面积增长率和住宅地价同比增长率来看，一线城市表现为"量升价降"，而二三线城市表现为"量价齐升"（见图10）。

图10 2016年、2017年全国主要监测城市中一二三线城市
住宅用地出让面积与住宅地价增长率

资料来源：住宅用地出让面积资料来源于国土资源部土地市场动态监测监管系统。

三 2017年全国城市地价与房地产市场关系分析

（一）住宅地价增长率与房价指数呈现一定的同趋势变化，但城市个体差异较大

国家统计局发布的70个大中城市新建商品住宅销售价格指数显示，2017年末，房地产市场总体保持稳定，新建商品住宅价格同比增长速度得到一定控制。对比房价、地价增长速度指标显示，一线城市的新建商品住宅价格同比指数与住宅地价同比增长率在各类城市中均较上年下降最多；二线城市的新建商品住宅价格同比指数回落，但住宅地价变化相对滞后，其同比增长率有小幅上升；三线城市的新建商品住宅价格同比指数与住宅地价同比增长率均较上年有所提升，并超过二线城市的相应指标，住宅地价同比增速提升幅度相对较大（见表4）。

表4 2017年70个大中城市新建商品住宅价格与105个监测城市住宅地价各城市类别变动情况

城市类别	住宅地价同比增长率（%）		变动百分点	新建商品住宅价格指数（同比，上年同月=100）		变动点数
	2016年	2017年		2016年	2017年	
一线城市	19.60	12.67	-6.93	127.05	100.63	-26.43
二线城市	7.02	9.65	2.63	113.88	105.08	-8.80
三线城市	4.85	9.95	5.10	106.23	106.95	0.72

注：一二三线城市新建商品住宅同比价格指数采用国家统计局的70个城市相应指数计算得出的算术平均值；一二三线城市住宅地价同比增长率来源于中国城市地价动态监测系统，为105个城市各类别的加权平均值。

从城市个体来看，新建商品住宅价格与住宅地价变化的同步性较低。2017年末，70个大中城市中北京、深圳、成都、郑州、杭州、福州、合肥、南京和无锡共9个城市新建商品住宅价格水平同比下降；住宅地价水平同比下降的城市个数极少，但北京、郑州、杭州、福州、合肥、南京等13个城市住宅地价同比增速较上年回落。

（二）住宅地价房价比的区域间差异缩小，东、中部地区下降，西部地区上升；住宅物业租价比较上年整体下降

2017年，重点监测城市整体住宅地价房价比平均值为33.07%，较上年下降1.53个百分点，中位数为31.60%，较上年减小2.07个百分点。其中，东部和中部地区住宅地价房价比平均值继续下降，分别下降2.83个和1.89个百分点，西部地区住宅地价房价比平均值继续上升，全年提升0.36个百分点；东部与中、西部地区间住宅地价房价比平均值差异较上年分别减少0.94个和3.19个百分点，区域间差异有所缩小。重点监测城市整体住宅物业租价比平均值为4.45%[①]，较上年有所下降，继续保持西高、中次、东低的态势，各地区均值较上年分别下降0.25个、0.60个和0.18个百分点，中部地区下降幅度最大（见图11）。

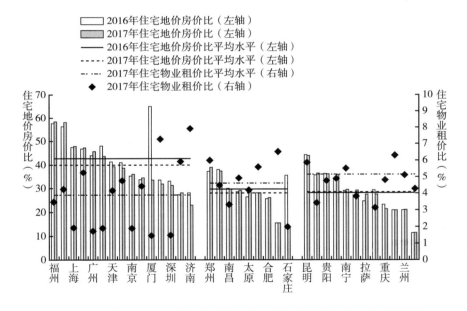

图11 2016年、2017年重点监测城市住宅地价房价比与住宅物业租价比

[①] 剔除数据异常的合肥市。

（三）房地产销售指标逐季回落，商业、住宅投资增长率变化呈现差异；商服和住宅地价增长率差异继续扩大

2017 年，商品住宅销售面积和销售额累计增长率各季度持续回落，年末较上年分别下降 17.1 个和 24.8 个百分点。与商品住宅销售市场的降温相比，房地产住宅投资累计增长率各季度变化平稳，均高于上年同期水平，且年末增长率高于上年同期 3.0 个百分点，同时，住宅地价同比增长率逐季稳步增长（见图 12），年末超过 10%，与商服地价增长率的差距较上年进一步扩大。

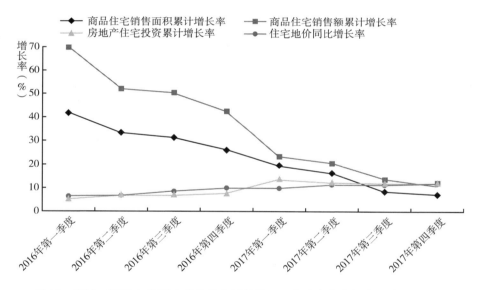

图 12　2016～2017 年各季度商品住宅销售情况、房地产住宅投资累计增长率与全国主要监测城市住宅地价季度同比增长率比较

资料来源：商品住宅销售面积、商品住宅销售额和房地产住宅投资累计增长率资料来源于国家统计局。

商业营业用房销售面积和销售额累计增长率在第一季度大幅冲高，分别提升至 35.6% 和 49.3%，第二至第四季度持续回落，且回落幅度明显大于商品住宅相应销售指标，但各季度仍高于上年同期，年末分别较上年同期高 1.9 个和 5.8 个百分点。商业营业用房投资累计增长率各季度持续回落，年末增速回

落至 −1.2% ，较上年减少 9.6 个百分点。在此背景下，商服地价同比增长率逐季小幅增长，第四季度上升至 4.52% （见图 13）。

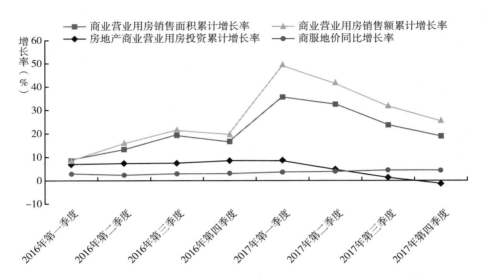

图 13　2016～2017 年各季度商业营业用房销售情况、房地产商业营业用房投资累计增长率与全国主要监测城市商服地价季度同比增长率比较

资料来源：商业营业用房销售面积、商业营业用房销售额和房地产商业营业用房投资累计增长率资料来源于国家统计局。

四　2017年全国城市地价与社会经济发展关系分析

（一）经济指标总体平稳向好，综合地价水平持续低速上行

2017 年，国家继续坚持稳中求进的工作总基调，经济持续稳定增长，全年国内生产总值 827122 亿元，按可比价格计算，同比增长 6.9% ，增速比上年同期加快 0.2 个百分点，经济连续 10 个季度运行在 6.7% 至 6.9% 的区间，保持中高速增长，稳定性不断提高。在投资方面，全国固定资产投资（不含农户）631684 亿元，同比增长 7.2% ，增速比上年放缓 0.9 个百分点，呈现缓中趋稳态势；在消费方面，社会消费品零售总额同比增长 10.2% ，比上年回落

0.2个百分点，基本持平。在出口方面，全年出口总额153318亿元，增长10.8%，增速由负转正，较上年大幅增加12.8个百分点。2017年国民经济保持稳中向好的发展态势，全国主要监测城市综合地价继续低速温和上行，全年增长率较上年提升1.40个百分点（见图14）。

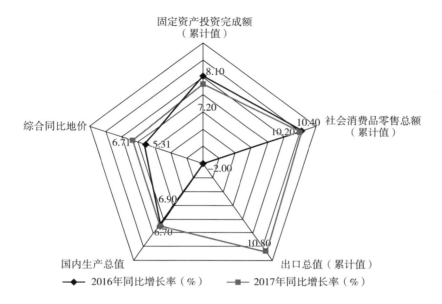

图14 2016年、2017年主要宏观经济指标与全国主要监测城市综合地价同比增长率比较

资料来源：固定资产投资完成额、社会消费品零售总额、国内生产总值和出口总值资料来源于国家统计局。

（二）货币政策稳健中性，房地产投资增速小幅增加，住宅地价增速步入高位，商服地价温和上涨

2017年广义货币（M2）余额累计167.68万亿元，同比增长8.2%，比上年增幅降低3.1个百分点；金融机构人民币贷款余额120.13万亿元，同比增长12.7%，增速较上年收窄0.8个百分点。在房地产投资资金方面，2017年房地产投资资金来源累计增长率较上年小幅提升1.3个百分点，房地产开发企业到位资金仍较为充足。但从资金来源结构看，2017年房地产投资本年资金来源增长率

在货币流动性偏紧的背景下，其增速较上年降低 7 个百分点，而受 2016 年商品住宅销售额高速增长的影响，房地产投资上年资金结余累计增长率大幅提升，较上年扩大 30.9 个百分点。在房地产投资资金来源继续扩大的背景下，商服、住宅地价增速有所加快，住宅地价增速进入高位运行区间（见图 15、图 16）。

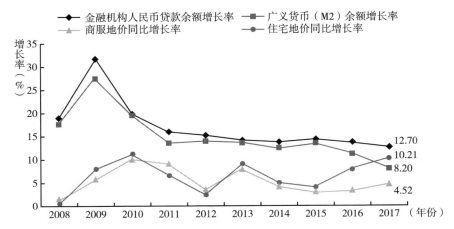

图 15　2008～2017 年全国主要监测城市商服地价、住宅地价、广义货币（M2）及金融机构人民币贷款余额同比增长率比较

资料来源：金融机构人民币贷款余额和广义货币（M2）增长率资料来源于中国人民银行。

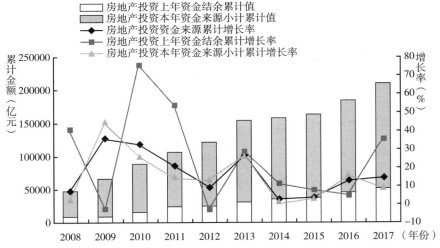

图 16　2008～2017 年房地产投资资金来源、本年资金来源小计及上年资金结余情况

资料来源：国家统计局。

（三）工业企业效益改善，工业地价增速平稳微升

2017 年，中国制造业采购经理指数（PMI）总体走势稳中有升，年均值为
51.6，明显高于上年总体水平 1.3 个百分点，制造业稳中向好的发展态势更趋
明显；全国规模以上工业增加值累计增长率为 6.6%，增速同比加快 0.6 个百
分点；规模以上工业企业实现利润总额 75187.1 亿元，比上年增长 21%，是
2012 年以来增速最高的一年，工业企业效益持续改善。在工业经济平稳运行、
稳中向好的背景下，工业地价增长率逐季平稳增加（见图 17）。

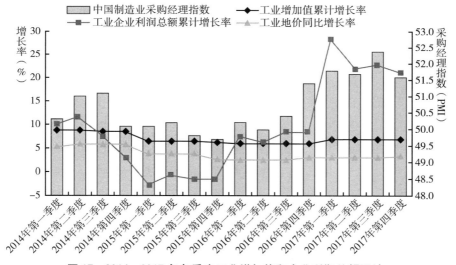

图 17　2014～2017 年各季度工业增加值和企业利润总额累计
增长率及制造业采购经理指数比较

资料来源：中国制造业采购经理指数、工业增加值和工业企业利润总额累计增长率资料
来源于国家统计局。

五　2017年影响全国城市地价变化的主要因素分析

（一）宏观经济在调整优化中保持中高位增长，支撑各用途地价
整体上行

如前所述，在国内经济结构调整及国际环境综合影响下，2017 年我国各

宏观经济指标缓、升各异，经济增长总体上稳中向好，超出预期：GDP 增速在中高位区间回升；固定资产投资缓中趋稳，短板领域、创新领域和民生等领域的投资持续发力；制造业投资增速企稳，投资结构优化质量提升；出口总额快速增长，转负为正；房地产投资累计增长较上年扩大。经济稳中向好的内在动能支撑了各用途地价水平保持上行，2017 年综合地价增长率为 6.71%，较上年增加 1.4 个百分点；商服、住宅和工业地价增长率分别为 4.52%、10.21% 和 3.02%，较上年分别扩大 1.43 个、2.30 个和 0.18 个百分点。

（二）货币流动性有所控制，住宅用地供应量显著增加，综合调控抑制一线城市和东部地区住宅地价增速

2017 年，广义货币（M2）余额和金融机构人民币贷款余额增长率较上年均有所放缓，货币流动性整体偏紧，在此背景下，房地产投资本年资金累计增长率较上年有所下降。在土地供应方面，2017 年 4 月初，住建部和国土部联合出台《关于加强近期住房及用地供应管理和调控有关工作的通知》，进一步明确了在土地供应方面因城施策的数量型标准，以及编制和公布住宅用地供应规划、稳定预期的具体要求，全国主要监测城市土地供应量明显增加。

在货币流动性趋紧和住宅用地供应结构性调整的背景下，一线城市和东部地区的住宅用地供应明显增加，受货币和差异化信贷政策影响明显，其住宅地价增速有所下降。同时，20 个热点城市中的 13 个城市住宅地价增速出现不同程度的回落。

（三）"去库存"取得成效，拉升商品房用地市场需求，住宅和商服地价增长率均有所上升

2017 年，全国商品房待售面积持续下降，截至年末，全国商品房待售面积为 58923 万平方米，较上年末下降 10616 万平方米，同比减少 15.27%。其中，住宅待售面积为 30163 万平方米，较上年末下降 10094 万平方米，同比降低 25.07%，库存下降较多，占商品房待售面积下降总量的 95.08%；办公楼和商业营业用房待售面积 18868 万平方米，较上年末下降 601 万平方米，同比降低 3.09%。2017 年，"去库存"政策取得明显成效，库存下降拉动房地产商对土地供给的需求，住宅地价和商服地价增速有所上升。

（四）工业生产稳定增长，产业结构有所改善，与"降成本"措施叠加，维持了工业地价增长率稳中有升

随着供给侧结构性改革不断深化，我国工业经济稳中向好态势明显，产业转型升级步伐进一步加快，结构持续优化。2017年，装备制造业和高技术产业增加值分别比上年增长11.3%和13.4%，增速分别高于全部规模以上工业4.7个和6.8个百分点，较上年分别加快1.8个和2.6个百分点；六大高耗能行业增加值比上年增长3.0%，增速低于全部规模以上工业3.6个百分点，较上年回落2.2个百分点；新动能加速成长，2017年，工业战略性新兴产业增加值比上年增长11%，增速较上年提高0.5个百分点，高于规模以上工业4.4个百分点；新兴工业产品产量呈现高速增长态势，工业机器人、民用无人机和新能源汽车产量增速均保持在50%以上；小微企业生产经营状况改善。2017年第四季度，小微企业景气指数为98.2，比第三季度上升2.3个百分点，处于2014年下半年以来的最高水平。

产业结构转型升级加快，工业经济持续向好，有助于提升工业用地需求和利用效率。珠江三角洲和长江三角洲地区作为工业企业集中度高、工业产业增加值大的重点区域，工业地价增长率高于商服，振兴实体经济或见成效。同时在"降成本"的总体定位下，土地取得刚性成本上涨对地价的影响受到一定抑制，全国工业地价增长率保持平稳、缓慢上升。

六　2018年城市地价变化趋势分析

（一）新动能成长状况决定经济转型升级进程，进而影响地价变化趋势

中国经济已由高速增长阶段转向高质量发展阶段，今后几年的宏观经济政策、结构政策、改革政策、金融政策、社会政策都将以此为统领展开。在推动高质量发展过程中，政府必将为诸多新产业的发展创造空间，尤其是与消费升级相关的制造业和服务业，与新型城市化相关的节能建筑、智能交通、新能源等诸多绿色低碳产业，这是新动能的主要方面，其发展状况将决定宏观经济走势。同时，供给体系要适应需求体系的变化，供求之间结构性偏差需要得到有

效调整，这也是决定经济增长的关键。在经济结构持续调整优化的背景下，土地作为核心生产要素，地价的变化趋势将受新动能成长状况的影响，并反映供需关系的变动，预计 2018 年仍将以温和上涨为基调。

（二）房地产市场调控长效机制加快建立，一二线城市风险防控任务依然艰巨，三四线城市的变化必须关注

党的十九大报告明确了房地产市场调控的战略导向，中央和地方的一系列相关政策措施陆续出台。2018 年，房地产市场平稳健康发展的长效机制将加快建立，同时，强调控的基调或将延续，因城施策、供需两端同时发力、短期与长效并重的主线将更加清晰。

2017 年，一线城市及部分热点二线城市住宅地价增速有所放缓，房地产市场销售面积及价格增速有所下降，但其供求矛盾依然突出，刚性需求较大，依然是投资性需求趋向的重点区域，有效满足刚性需求和抑制投机性需要精准施策，风险防控任务依然艰巨，住宅地价上涨的势能仍然较高

三四线城市主要是结构性矛盾，应以稳定为主，密切关注市场动态，合理引导需求，严格防控少数城市可能出现的投资性需求扰动市场价格信号。

（三）振兴实体经济的战略背景下，建立与新产业新业态要求相适应的供地制度和供地方式将有助于工业用地市场的平稳运行

党的十九大报告强调，建设现代化经济体系，必须把发展经济的着力点放在实体经济上，把提高供给体系质量作为主攻方向，显著增强我国经济质量优势。"三去一降一补"的继续深入贯彻将深化要素市场配置改革。

工业用地作为实体经济发展的载体，是新产业新业态健康发展的重要基础，在实体经济逐步振兴，产业结构继续转型升级的背景下，工业用地的需求和地价将直接受到影响。当前，多地积极探索新型工业用地供给制度和供应方式，以适应新型产业发展要求，例如：上海市、广州市、河南省濮阳市、江苏省苏州市及湖北省武汉市、襄阳市、宜昌市和荆州市、山东省临沂市和济南市以及四川省成都市等多个城市出台了工业用地供应制度和方式改革的相关文件，随着改革的深化与优化，工业用地市场的价格形成机制将逐步完善，有助于工业用地市场的理性、平稳运行。

B.3
2017年南京市土地市场
分析及2018年预测

李永乐*

摘　要： 2017年，南京土地市场可以划分为两个阶段，上半年市场竞争激烈，下半年市场趋于平稳，实现了真正降温。主要受到宏观政策调整、南京市出让土地区域调整的影响，整体上全市平均地价水平下降，稳定了市场预期；同时，区域间冷热不均、差异较为明显，主城区商办用地地价上涨幅度较大。2018年，在宏观调控政策背景不变的情况下，房企的土地市场投资将日趋理性，南京市土地市场将更加平稳有序。

关键词： 南京　土地市场　宏观调控

　　2017年，南京市采取了土地现场拍卖改成网络竞拍、制定最高限价、突破最高限价需要竞拍保障房、楼市限价、增加租赁用地的供应等措施，土地市场总体运行平稳，经营性用地公开出让市场呈现较为理性的回归趋势。从竞争情况来看，上半年市场竞争仍较激烈，几乎所有商品住宅地块均达到最高限价并竞争产生了保障性住房，下半年则趋于平稳，特别是第四季度，仅少量热点区域的地块达到最高限价，非热点区域出现明显的降温，区域分化明显。从成交地价来看，受各项调控措施的政策引导，下半年南京市成交地价较上半年有较大幅度的回落，"控地价"成效凸显。从供地区域来看，全年经营性用地供

---

* 李永乐，管理学博士，副教授，硕士生导师，南京财经大学公共管理学院副院长、土地与城乡发展研究中心主任。研究方向为土地经济与政策、城市与房地产管理。

应主要向周边非热点区域倾斜，整体上南京市平均地价水平下降，稳定了市场预期。从供地结构来看，全年商办用地供应比例较上年增加，江南六区商办用地地价上涨幅度较大。

一 2017年土地市场运行基本情况分析

（一）土地供应及交易情况

2017年，南京市土地公开出让市场共推出393幅地块，成交376幅，流标13幅（其中经营性用地流标4幅，工业仓储科研类用地流标9幅），终止出让4幅。全市土地一级市场成交总用地面积为1563.85公顷，同比增加2.90%；成交总金额为1742.63亿元，同比下降1.66%。

1. 经营性用地交易情况

2017年，南京市共成交经营性用地154幅，成交面积为887.83公顷，同比增加21.60%；成交总金额为1699.34亿元，同比下降1.79%。其中，江南六区成交33幅，成交面积为210.00公顷，同比减少10.77%；成交总金额为733.37亿元，同比下降2.50%（见表1）。全市经营性用地共形成住宅类建筑面积约1088.58万平方米，商业办公类建筑面积约588.55万平方米。经营性用地中，共产生保障性住房（含租赁用房）建筑面积27.78万平方米、人才房建筑面积34.14万平方米，由开发商建成后全部无偿移交政府。

表1 2017年全市经营性用地成交情况表

区域	成交面积情况			成交金额情况		
	用地总面积（公顷）	全市占比（%）	同比（%）	成交金额（亿元）	全市占比（%）	同比（%）
江南六区	210.00	23.65	−10.77	733.37	43.16	−2.50
江北新区	38.78	4.37	—	127.60	7.51	—
新 三 区	386.43	43.53	26.13	710.53	41.81	−19.03
南 两 区	252.62	28.45	34.08	127.84	7.52	27.01
全市合计	887.83	100.00	21.60	1699.34	100.00	−1.79

资料来源：南京市土地市场管理中心。

注：江南六区指鼓楼区、玄武区、秦淮区、建邺区、栖霞区、雨花区；江北新区为直管区范围；新三区为江宁区、浦口区、六合区，不包括江北新区直管区；南两区为溧水区、高淳区。

2. 工业仓储、科研类用地交易情况

2017年，南京市工业仓储、科研类用地共成交222幅，成交面积为676.04公顷，同比减少14.38%；成交总金额为43.31亿元，同比上涨3.77%（见表2）。

表2　2017年全市工业仓储、科研类用地成交情况

		成交幅数（幅）	用地总面积（公顷）	成交总金额（亿元）
江南六区	工业用地	20	103.74	4.43
	科研用地	12	47.59	11.38
新 三 区	工业用地	75	279.90	13.38
	科研用地	18	71.37	9.09
江北新区	工业用地	4	21.45	0.82
	科研用地	1	7.03	0.51
南 两 区	工业用地	90	139.35	3.40
	科研用地	2	5.61	0.30
全　　市	工业用地	189	544.44	22.03
	科研用地	33	131.60	21.28
	合　计	222	676.04	43.31

资料来源：南京市土地市场管理中心。

（二）土地市场竞争情况

2017年，南京市土地一级市场成交的经营性用地中，竞价成交98幅，底价成交56幅，其中江南六区、新三区和南两区竞价成交地块分别占成交地块数的75.76%、85.00%和32.79%。全市经营性用地溢价总金额为463.11亿元，同比减少38%。

在工业仓储、科研类用地方面，全市成交的222幅工业仓储、科研类用地中，仅有2幅地块竞价成交，分别是位于高新区的No. 宁2017GY02地块和江宁区麒麟板块的No. 宁2017GY22地块，两幅地块均为科教用地。

（三）土地市场交易价格水平

2017年，南京市住宅、商业（非住宅）类用地平均成交的楼面地价为

9987 元/平方米，同比下降 17.04%。其中，全市住宅用地平均楼面地价为 11907 元/平方米，同比下降 12.17%；商业（非住宅）类用地平均楼面地价为 6000 元/平方米，同比下降 26.94%（见表 3）。

表 3　2017 年南京市商住用地公开出让市场地价水平汇总

单位：元/平方米

		住宅用地		商办用地	
		单位地价	楼面地价	单位地价	楼面地价
江南六区	玄 武 区	66013	30006	12455	11323
	鼓 楼 区	151931	38464	48409	13582
	雨花台区	41791	20409	39520	10670
	栖 霞 区	46615	19519	30588	8457
	建 邺 区	52016	—	34161	8985
	秦 淮 区	50600	43043	27013	6016
	均　　价	52587	19884	32916	9009
江北新区		42001	10478	18669	5012
新三区	江 宁 区	28263	14332	6686	5499
	浦 口 区	35213	17582	2063	1529
	六 合 区	14715	7082	2668	1703
	均　　价	29462	13375	5003	3446
南两区	溧 水 区	7117	3382	1710	1188
	高 淳 区	5262	3887	1700	1800
	均　　价	6404	3527	1704	1451
全　　市		25556	11907	11995	6000

资料来源：南京市土地市场管理中心。

（四）重点地块成交情况

在成交总价方面，排名前十的地块成交价均超过 40 亿元（见表 4）。2017 年南京市总价地王被招商地产以 98.1 亿元的总价获取，其次为浦口区七里河大街以东、九袱洲路以南地块和建邺区河西南部鱼嘴地块，两块地分别被绿地和金茂以 90 亿元和 73.4 亿元获取，排名第四的栖霞区经五路二期东侧地块总价也超过了 70 亿元。总价排名第二、第三的两块地楼面价并不高，没有超过 10000 元/平方米，主要是由于地块面积大。

表4 2017南京市商住用地公开出让市场成交总价 TOP10

序号	地块编号	行政区	地块名称	建设用地面积（平方米）	规划建筑面积（平方米）	起始价（万元）	成交价（万元）	溢价率（%）	成交楼面价（元/平方米）	成交时间
1	NO2016 G98	秦淮区	中华门外中山南路以西地块	199329	217269	586000	981000	67.41	45151	2017年2月15日
2	NO2017 G41	浦口区	七里河大街以东、九袱洲路以南地块	200634	924921	900000	900000	0.00	9731	2017年8月11日
3	NO2016 G97	建邺区	河西南部鱼嘴地块	141110	863591	726000	734000	1.10	8499	2017年2月14日
4	NO2017 G29	栖霞区	经五路二期东侧地块	140542	598709	470000	720000	53.19	12026	2017年7月7日
5	NO2017 G30	鼓楼区	服务外包产业园 A06、A07 地块	48332	190910	440000	650000	47.73	34047	2017年7月7日
6	NO2017 G24	浦口区	江浦街道光明路以西、浦虹路以南地块	100482	251206	350000	498000	42.29	19824	2017年7月7日
7	NO2017 G51	雨花台区	站西片区 8－9－17－18－23－24－28 号地块	126800	472966	482000	491000	1.87	10381	2017年7月7日
8	NO2017 G31	栖霞区	燕子矶街道太新路46号地块	96410	273805	380000	491000	29.21	17932	2017年10月25日
9	NO2017 G74	浦口区	江浦街道奶牛场2号地块	162394	259831	370000	468000	26.49	18012	2017年12月27日
10	NO2017 G43	雨花台区	华新路以南、龙西路以北地块	70347	240586	340000	432000	27.06	17956	2017年9月20日

资料来源：中国指数研究院南京分院、南京市土地市场管理中心。

　　在成交单价方面，排名前十的地块均超过20000元/平方米（见表5）。中华门外中山南路以西地块以45151元/平方米成为2017年南京单价地王，紧随其后的三块地成交单价均超过3万元/平方米，分别是鼓楼区服务外包产业园A06、A07地块及秦淮区清水塘节制闸地块、玄武区红山街道华飞2号剩余地块。

表5　2017南京市商住用地公开出让市场成交楼面价TOP10

序号	编号	地块名称	地块名称	建设用地面积(平方米)	规划建筑面积(平方米)	起始价(万元)	成交价(万元)	成交楼面价(元/平方米)	溢价率(%)	成交时间
1	NO2016 G98	秦淮区	中华门外中山南路以西地块	199329	217269	586000	981000	45151	67.41	2017年2月15日
2	NO2017 G30	鼓楼区	服务外包产业园A06、A07地块	48332	190910	440000	650000	34047	47.73	2017年7月7日
3	NO2017 G59	秦淮区	清水塘节制闸地块	22608	43633	110000	142000	32544	29.09	2017年10月31日
4	NO2016 G101	玄武区	红山街道华飞2号剩余地块	26055	57322	95000	172000	30006	81.05	2017年2月15日
5	NO2017 G70	雨花台区	赛虹桥街道南西营村地块	33940	96729	173000	233000	24088	34.68	2017年12月27日
6	NO2017 G01	栖霞区	燕子矶街道和燕路560E地块	52785	84456	128000	201000	23800	57.03	2017年3月31日
7	NO2016 G102	浦口区	江浦街道白马路以东、花海路以南地块	20228	40455	56000	94000	23235	67.86	2017年2月15日
8	NO2016 G99	浦口区	江浦街道白马路东侧、海都路西侧地块	58455	128602	178000	296000	23017	66.29	2017年2月15日
9	NO2016 G100	雨花台区	西善桥街道岱山南侧地块	146008	175210	167000	381000	21745	128.14	2017年2月15日
10	NO2017 G05	江宁区	104国道以南、梅龙湖以西地块	21911	37248	43000	80500	21612	87.21	2017年3月31日

资料来源：中国指数研究院南京分院、南京市土地市场管理中心。

二　2017年土地市场运行主要特征分析

（一）年度供应计划超额完成，土地供应结构不断优化

2017年，全市经营性用地成交面积完成了全年计划的118.38%。其中，

商品住宅用地成交总面积为584.46公顷，完成全年计划的100.77%。商办用地成交303.37公顷，完成全年计划的178.45%。全市工业仓储、科研类用地完成了全年计划的104.00%。供地结构进一步调整优化，与2016年相比，经营性用地供应增加，特别是住宅类用地供应规模增大，为平抑房价的快速上涨起到了积极作用，但工业科研用地供应有所下降。

一是从供给端发力，有效增加土地供应。2017年4月，住建部与国土资源部联合发文要求各地根据商品住房库存消化周期，适时调整住宅用地供应规模、结构和时序。其中，消化周期在6个月以下的城市须加快供地节奏。5月，南京市政府办公厅发布了《关于进一步加强房地产市场调控的通知》，将2017年全市住宅用地供应计划调整为880公顷，其中商品住宅用地580公顷，从供给端发力，增加住宅用地供应量，以平抑市场热度。

二是调整土地供应结构，加大非热点区域土地供应。2017年，南京市调整了土地供应的结构，减少了河西新城区、江北新区核心区等热点区域商品住宅用地的供应，加大了六合、高淳、溧水等区域商品住宅用地的供应，有效平抑全市平均地价水平，降低市场预期。

三是低效产业用地再开发成效明显。尽管2017年全市工业仓储、科研用地供应规模下降，但是通过加大存量低效产业用地的盘活力度，从争取增量向挖掘存量转变，通过提档升级、提高容积率、工改研等一系列举措，有效增加了107公顷的工业科研用地供应，有力保障了2017年全市工业科研用地需求。

（二）继续执行精准调控措施，土地市场逐步回归理性

从2017年南京市土地一级市场154幅地块的成交情况来看，"低溢价"已成为2017年南京市土地市场的一大特点。在整体溢价率降低的同时，市场成交规模未有缩减，表明开发商在竞拍过程中愈加理性。总体来看，2017年南京市贯彻落实"房住不炒"的定位，地价逐渐回落，与调控方向保持一致，土地市场逐步回归理性。

一是坚持调控不放松。为落实"房子是用来住的，不是用来炒的"的定位，南京市严格实行土地市场调控，针对"控溢价""抑地价"，从供给和需求两端同时发力，一方面扩大市场供应，加快土地上市节奏，有效扩大供应规模；另一方面，通过提高竞买资质、严格自有资金审查、提高住宅商住用地竞

买保证金比例、竞争自持面积、竞争保障性住房配建面积等一系列调控措施精准发力，引导土地市场朝合理化方向发展。南京市各项调控政策的持续落实，传递出了政府坚决的调控态度，不断向市场传达。

二是及时发布供地计划和出让预公告，稳定市场预期。在 2016 年经营性用地供应计划基础上，南京市国土局制定并发布了 2017 年度国有建设用地供应计划和 2017 年上半年经营性用地出让计划明细表，并发布 4 期共 40 多个经营性用地出让预公告，并定期通过媒体、政务微信、官方网站等多渠道向社会发布房地产用地供应信息，积极稳定市场主体预期，有效引导市场合理需求。

三是市场预期逐步转变，企业拿地愈发理性。受金融、限价等多项政策综合调控影响，开发商融资渠道减少，销售回款减慢，自有资金也相应减少，促使市场预期发生转变，开发企业在拿地时更加理性，土地市场逐步趋于稳定。

（三）适时开展租赁房用地供应试点，推行租购并举供地模式

一是出台南京市租赁房试点工作方案。2017 年 7 月，住建部等九部委联合印发《关于在人口净流入的大中城市加快发展住房租赁市场的通知》，要求南京等 12 个试点城市加快发展住房租赁市场。2017 年 8 月，南京市政府办公厅印发《南京市住房租赁试点工作方案》，明确提出：试点房地产开发企业自持住房用于租赁、试点低效用地建设租赁住房、试点商业用房改建为租赁住房、试点集体土地建设租赁住房、积极盘活存量住房用于租赁、规范现有住房改造等各项试点要求。

二是积极开展租赁房用地供应。2017 年 11 月，南京市推出首幅租赁住房用地：位于栖霞区仙林街道仙鹤中心区的 NO. 2017G69 地块，总用地面积 42356.59 平方米，规划用地性质为商办混合用地，出让年限 40 年，综合容积率 4.24。地块可建约 4 万平方米酒店式公寓，要求全部建设自持型租赁公寓并纳入南京市人才安居计划，该地块由市属国企东南集团竞得。2018 年 1 月 4 日，南京市国土局发布 2018 年宁网挂第 01 号土地出让公告，推出 5 幅纯住宅用地全部为租赁住房用地，地块分布在栖霞燕子矶、江宁高新园、麒麟科创园、江北新区等成熟板块，有利于更好地满足新就业人群、创新创业人才等基本居住需求。5 幅地块用地总面积 17.95 公顷，预计可建设租赁住房 38.52 万平方米，要求地块上所建房屋不得销售、不得分割转让、不得分割抵押。同

时，为充分发挥国有企业在租赁住房建设中对市场的引领、规范和调节作用，这批地块要求竞买人须为南京市、区政府所属国有独资公司。5 幅地块均以底价顺利成交。

三 2018年土地市场走势预测

2017 年，南京市采取多种土地出让控制措施，如土地拍卖改成网络竞拍、限制最高限价、突破最高限价需要竞拍保障房、楼市限价、增加租赁用地的供应等。在这些政策的调节下，2017 年，南京市土地市场实现了真正降温，尤其是在 12 月份的土地拍卖中，地块溢价率明显降低，开发商在拿地方面将更加趋于理性。预计在宏观调控背景下，房企的土地市场投资将更趋理性，2018 年，南京市土地市场将更加平稳有序。

（一）宏观政策层面仍将保持稳定，宏观调控仍将是主基调

2018 年，是"十九大"的开局之年，也是租购并举长效调控机制的开局之年，房地产调控、金融监管收紧等宏观政策仍将继续保持。因此，2018 年全国土地市场仍将继续保持稳定，现有的调控政策仍将继续执行。

（二）南京市土地市场仍将延续2017年趋势，理性平稳发展

2018 年南京市经营性用地计划供应总面积 750 公顷，其中商品住宅用地计划供应总面积 600 公顷（含租赁住房用地计划供应面积 180 公顷），供应较为充足。由于南京市土地市场的供应长期以来一直较为稳定，而且南京对周边城市具有较强的吸引力，南京市的房地产市场较为稳健，南京一直是众多房产企业的发展重心，土地购置需求较为活跃。因此，预计 2018 年南京市土地市场将延续 2017 年"热点区域仍有竞争、非热点区域趋理性"的板块分化特征，不会出现断崖式下跌的市场风险。

（三）租赁住房用地需求显著增加，商办用地市场热度逐步降低

随着大量租赁住房用地的推出和租赁住房试点、购租并举长效机制的不断推进，企业对租赁住房用地的需求会快速增加，进而出现一定的市场竞争，市

场更趋成熟。同时，受商办用房库存比较大的影响，预计2018年南京市商办用地市场热度将有所回落，市场竞争度将明显降低。

（四）土地出让金或将大幅下滑

2018年，全市土地供应的区域重点集中在3个副城和9个新城，地价水平较低，同时不少于30%的商品住宅用地将作为租赁住房用地，地价是商品住宅用地的1/6左右。因此，受供地区域结构和出让方式影响，2018年南京市成交地价或将进一步回落，预计土地出让金合同总额在1000亿元左右。

金 融 篇

Finance

B.4

2017年中国个人住房信贷业务现状分析及2018年展望

林 东*

摘 要： 2017年，全国房地产市场成交量持续上升，创历史新高。全
年个人住房贷款余额实现较快增长，但增速有所下降，同时
个人住房贷款利率快速上行。展望2018年，在"房子是用来
住的，不是用来炒的"总基调下，预计部分区域住房信贷政
策仍将继续收紧，全年个人住房贷款增速继续放缓，个人住
房贷款利率仍有上升空间。

关键词： 个人住房信贷 贷款利率 房贷款余额

* 林东，中国农业银行总行个人信贷部高级专员，研究方向为房地产经济学。

2017年，居民购房总体需求保持旺盛，尤其是三四线城市和地区，受益于大规模棚改和货币化安置政策，购房需求集中快速释放，全国房地产市场成交量维持高位。2017年，全国商品住宅累计销售面积14.47亿平方米，销售额11.02万亿元[①]，均创历史新高。在此背景下，金融机构个人住房贷款业务保持较快增长。本文重点对2017年个人住房贷款的相关政策和信贷投放情况进行分析，并展望2018年个人住房信贷业务可能呈现的特征。

一 2017年个人住房信贷政策环境

2017年，在"房子是用来住的，不是用来炒的"总基调下，个人住房信贷政策遵循"分类调控、因城施策"的原则，呈现调控范围和力度增大、调控政策更加精准的特征。

（一）因城施策，调控范围和力度增大

在"抑泡沫和去库存并重"的调控思路指导下，大部分三四线城市个人住房信贷政策保持平稳，居民家庭首次购买普通住房贷款的最低首付款比例为20%；对拥有1套住房且相应购房贷款未结清的最低首付款比例为30%。

在实施调控政策的城市中，一线城市限贷政策继续升级，执行"认房又认贷"的套数认定标准，购买非普通住宅的二套房贷款的首付款比例均提高至70%以上，其中北京提高至80%，还增加了婚姻状况因素，并缩短贷款年限至25年。二线城市限贷政策分化明显，新实施限贷的城市政策相对温和，首套房贷款首付款比例最低为30%，二套房最低为50%，例如西安和兰州；而前期热点城市，限贷政策的严厉程度与一线城市类似，也执行"认房又认贷"的认定标准，二套房最低首付款比例普遍为60%，其中南京、苏州等前期热点城市二套房最低首付款比例高达80%。部分三四线城市，受益于区域中心城市调控政策收紧和城际交通改善，引发购房需求外溢，市场热度明显上升，也逐步加入限购、限贷调控范围；但限贷政策相对宽松，首套房首付款比例不低于30%，二套房不低于40%。

[①]　资料来源：国家统计局编《2017年全国房地产开发投资和销售情况》

（二）注重协同，调控政策更加精准

为提升房地产调控政策效果，监管部门开始从控制个人消费贷款和严格房贷业务操作两个方面，规范购房融资行为。

一是控制个人消费贷款。2017年，个人非住房消费贷款大幅增加，全年新增2.5万亿元，同比多增1.2万亿元，而同期社会消费品零售总额并未显著增长，不排除部分居民由于限贷政策收紧，将贷款挪用于购房。在金融强监管的大背景下，监管部门将"首付贷"列为重点监管对象，发文明确要求严禁违规提供"首付贷"等购房融资，同时，监管部门要求银行业金融机构要加强个人住房贷款业务的审贷管理，加大对首付资金来源和收入证明真实性的审核力度，强化对个人综合消费贷款、经营性贷款、信用卡透支等业务的额度和资金流向管理，严格按照合同约定监控贷款用途，严禁资金挪用于购房。许多地方监管部门还开展了专项检查，并叫停金额超100万元或期限超10年的"消费贷"。

二是规范银行业务操作标准。监管部门明确要求，商业银行在办理个人住房贷款业务时，要以在房产管理部门备案的网签合同和住房套数查询结果作为审核依据，并以网签备案合同借款和房屋评估价的最低值作为计算基数确定贷款额度，以降低居民购房杠杆。同时，要求商业银行以在房产管理部门备案的抵押合同作为放款依据之一，降低贷款风险。

二 2017年个人住房信贷业务发展特点

在市场成交量再创新高的背景下，个人住房贷款继续保持较快增长，且利率快速提升。同时，在总体信贷规模趋紧的环境下，商业银行大力推进个人住房抵押贷款资产证券化，拓宽资金来源。

（一）贷款余额保持较快增长，但增量和增速下降

截至2017年末，全国主要金融机构个人住房贷款余额为21.9万亿元，同比增速回落至22.2%，较上年末降低14.5个百分点，但仍高于人民币各项贷款增速9.5个百分点。同时，全年个人住房贷款增量为4.0万亿元，同比少增

8269 亿元①。

分季度看，贷款增量和增速逐季降低，呈现"前高后低"的特点。第一季度贷款增量达 1.2 万亿元，为全年峰值，与上年第四季度基本持平，但增速（35.7%）比上年末回落 1.0 个百分点。第二季度、第三季度贷款增量均为 1 万亿元，增速分别为 30.8% 和 26.2%，环比分别回落 4.8 个和 4.6 个百分点。第四季度，贷款增量下降至 0.8 万亿元，环比少增 0.2 万亿元，增速继续下滑 4 个百分点至 22.2%（见图 1）。

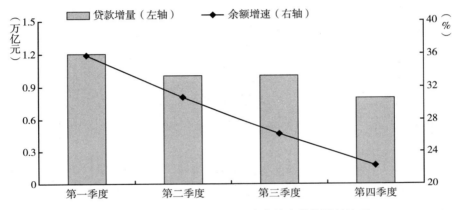

图 1　2017 年第一～第四季度个人住房贷款增长情况

从贷款结构看，2017 年个人住房贷款增量在整体信贷中的占比有所下滑。个人住房贷款增量占人民币各项贷款增量的比例为 29.4%，比上年下降 8.6 个百分点。贷款增量下滑与商品住宅成交量再创新高的大背景有所背离，这既反映出限贷政策降低购房杠杆的成效，也凸显出央行宏观审慎管理的作用。一方面，随着限购限贷政策的收紧，调控地区首套房和二套房贷款的首付款比例在上升，购房人可获得的贷款金额有所减少，尤其是房价较高的一二线城市。另一方面，随着宏观经济企稳，表外融资政策出现收紧，法人信贷需求明显回升，总体信贷规模出现紧张，央行着力引导金融资源配置到经济社会发展重点领域、重点区域和薄弱环节，满足实体经济领域有效融资需求，导致银行个人住房贷款的资金供给有所减少。

---

① 资料来源：中国人民银行编《2017 年第四季度中国货币政策执行报告》。

（二）贷款利率快速上升

2017年，受市场化资金成本上升以及房地产调控政策等的影响，商业银行个人住房贷款利率快速上行。3月，个人住房贷款加权平均利率为4.55%[1]，比上年末小幅上升0.03个百分点；6月加权平均利率为4.69%[2]，比3月上升0.14个百分点；尤其是进入下半年后，总体信贷规模收紧，贷款利率加速上行，9月加权平均利率为5.01%[3]，比6月大幅提高0.32个百分点；12月加权平均利率为5.26%[4]，比9月继续上升0.25个百分点（见图2）。

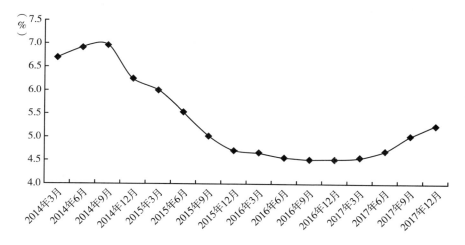

图2　2014～2017年个人住房贷款加权平均利率情况

（三）证券化规模持续扩大

2017年，商业银行为缓解信贷规模紧张，优化存量信贷结构，个人住房抵押贷款资产证券化（RMBS）发行规模继续保持高速增长。全年RMBS共发行19单，较2016年增加4单；发行规模为1707.51亿元，同比增长62.71%，

---

①　资料来源：中国人民银行编《2017年第一季度中国货币政策执行报告》。
②　资料来源：中国人民银行编《2017年第二季度中国货币政策执行报告》。
③　资料来源：中国人民银行编《2017年第三季度中国货币政策执行报告》。
④　资料来源：中国人民银行编《2017年第四季度中国货币政策执行报告》。

在当年信贷资产证券化总规模中占比为 28.57%，首次超过法人贷款发行规模，跃居市场第一位（见图 3）。截至 2017 年末，我国 RMBS 存量规模合计达2759.21 亿元[①]。

RMBS 的发行机构全部为商业银行，其中建设银行、工商银行和中国银行三家国有商业银行的发行规模占 87.39%，集中度较 2016 年进一步上升，尤其是建设银行成功发行 9 单，839 亿元的发行金额占据 RMBS 市场发行总量的48.12%；兴业银行、杭州银行和华夏银行三家股份制银行，各发行 1 单RMBS，共计发行 199.25 亿元；江苏东南农商银行也发行 1 单，是 2017 年唯一一家发行 RMBS 的城商（农商）银行。

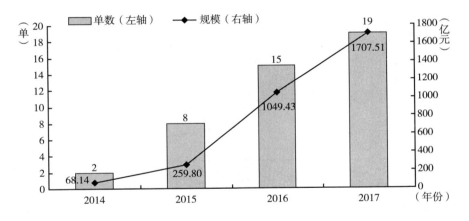

图 3　2014～2017 年银行间市场 RMBS 发行情况

三　2018年展望

2017 年底，国家有关部门定调 2018 年的楼市调控，提出要坚持调控目标不动摇、力度不放松，保持房地产市场调控政策的连续性和稳定性。预计2018 年房地产调控政策将维持平稳，出现过热势头的城市政策将适时收紧。总体而言，房地产市场在经历了过去几年的大幅上涨后将进入调整期，个人住

① 资料来源：Wind 资讯。

房贷款业务增长也将随之继续放缓。同时，在市场化资金成本上升的推动下，贷款利率将继续上行。

（一）调控政策总体稳定

当前，绝大多数调控城市已实施史上最严的房地产调控政策，通过行政手段抑制需求端和降低流动性，有力地打击了投资和投机性需求，但也不可避免地误伤了部分合理购房需求。长期而言，改进土地供给、租售并举等房地产调控的"长效机制"，将逐步取代限购限贷等调控政策。但短期而言，为达到稳定市场预期的效果，相关政策暂时不会放松和推出。预计2018年去库存完成情况较好、房价上涨较快的重点三四线城市，也将实施限购限贷等调控政策，而仍处于"去库存"阶段的三四线城市和县城，将维持宽松的状态。

（二）个人住房贷款增速继续放缓

从信用风险来看，个人住房贷款仍是商业银行优质的资产，尤其是在当前贷款利率上行的趋势下，商业银行仍将把个人住房贷款列为优先发展的业务之一。然而，受制于市场需求萎缩和监管政策趋严影响，2018年个人住房贷款增速将继续放缓。从需求端看，自2016年9月以来，我国商品住宅销售面积同比增速持续下滑，预计该趋势在2018年仍将延续，叠加限贷政策收紧，居民购房贷款成数降低，个人住房贷款总体需求将有所萎缩。从供给端看，2018年央行货币政策将逐渐收紧，并将继续执行住房金融宏观审慎政策，个人住房贷款增量和结构都将受到统一监管，同时，法人信贷需求明显回升，也为银行信贷结构配置提供了更多选择，因此房贷资金供给将受到影响。

（三）个人住房贷款利率仍有上升空间

当前，美国、欧洲等主要经济体正在逐渐收紧货币政策，包括实施加息和缩减资产负债表，对我国货币政策形成一定制约。从稳定汇率的角度考虑，未来人民银行将跟随美联储上调公开市场利率，甚至上调存贷款基准利率水平，这些操作都将逐步传导或直接影响到信贷业务的定价水平。此外，当前企业部门信贷需求回升，信贷规模紧张的局面仍将延续，也将推动个人住房贷款利率继续上行。

B.5
2017年房地产投融资现状
及2018年趋势分析

黄旭平　黄晶晶*

摘　要： 本文研究发现2017年房地产投资增长速度持续上升，住宅投资也迅速上升，内部结构进一步复杂化，商业地产投资和营业用房投资显著下降，土地投资则呈现"量价齐升"的特征；房地产融资规模稳步增长，融资内部结构继续盘整，海外债券和类REITs等融资渠道继续拓宽。展望2018年，房地产市场将发生重大变革，房地产投资将温和下行，投资结构会剧烈调整，融资方面政策将稳中偏紧，重点转向防范风险。

关键词： 房地产　投融资　融资结构

一　2017年房地产投资特征

2017年，我国经济运行以推进供给侧改革为主线、以稳中求进为主基调，实现了"十三五"的良好开局，经济形势总体缓中趋稳、稳中向好。2017年是房地产市场发生重大变革的一年。房地产市场供给方面，土地供给多主体、竞自持、竞配套和摇号拍地等日益增多。房地产市场需求方面，限购、限贷、限售、限价、限商政策大量出现，热点城市如南京一二手房房价倒挂、一线城市北上广深销售双合同、首付变相急剧提高、首付利率优惠取消、首套房利率

---

* 黄旭平，广东外语外贸大学国际商务英语学院副教授；黄晶晶，广东外语外贸大学国际商务英语学院讲师。

提高，但市场热度不减。从房地产市场走势来看，城市热度持续加剧。房地产政策在北京、上海、深圳和广州等城市密集出台，接着南京、厦门、合肥、苏州和无锡等热点城市调控政策纷纷加码推出，但尽管如此，房地产整体成交在热点城市的带动下仍呈现量价齐升态势，商品房销售创历史新高，房地产投资在市场的上行趋势下出现明显过热现象。

（一）房地产开发投资增速①先扬后抑

2017年，房地产市场延续2016年的上行趋势，快速回升。2016年房地产开发投资增长速度为6.9%。2017年初，房地产开发投资明显加速上涨。2017年1~4月累计增长速度为9.3%。随着2017年3月各地房地产调控政策进一步密集出台，房地产开发投资增长速度应声下落，但仍然保持高速增长，2017年末统计累计增长速度达到7.3%。2017年全社会固定资产投资（不含农户）631684亿元，比上年增长7.2%，而房地产开发投资109799亿元，比上年增长7.0%。其中住宅投资75148亿元，增长9.4%（但90平方米及以下住宅为22367亿元，比上年减少9.7%）；办公楼投资6761亿元，增长3.5%；商业营业用房投资15640亿元，下降1.2%（见图1）。

2017年，房地产开发和销售主要指标及其增长速度变化相对平稳。房屋施工面积781484万平方米，比上年增长3.0%，其中住宅536444万平方米，比上年增长2.9%。房屋新开工面积178654万平方米，比上年增长7.0%，其中住宅128098万平方米，比上年增长10.5%。房屋竣工面积101486万平方米，比上年减少4.4%，其中住宅71815万平方米，比上年减少7.0%。商品房销售面积169408万平方米，比上年增长7.7%，其中住宅144789万平方米，比上年增长5.3%。2017年到位资金总额为156053亿元，与上年相比增长近8.2%，具体来说，占比最大的是国内贷款，25242亿元，比上年增长17.3%。个人按揭贷款23906亿元，比上年减少2.0%。全年全国城镇棚户区住房改造开工609万套，棚户区改造基本建成604万套，公租房基本建成82万套。全年全国农村地区建档立卡贫困户危房改造152.5万户。

---

① 注：本文中"增速、增长情况"，月度指相对上年同期同比增长，年度指相对上年环比增长。

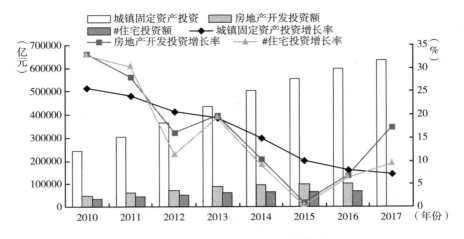

图1　2010～2017年房地产开发投资情况

资料来源：国家统计局网站。

（二）住宅投资持续上涨，投资内部结构趋势不明朗

2017年，房地产开发投资和住宅投资累计增长速度明显高于上年同期水平，前者增长速度由2016年底的6.9%加速上涨到2017年初1～2月份的8.9%，前四个月达到峰值9.3%；之后增速由于各地房地产调控政策，如限购、限贷、限售、限价等影响开始缓慢下降，但直到年末基本都稳定在7%的增长速度。受房地产开发投资增速的加速上涨影响，城镇固定资产投资开始企稳，除了前四个月与上一年基本持平外，月增长速度均在7.2%左右（见图2）。

2017年，房地产市场投资逐渐持续上升，住宅投资增长也明显上升，总计7.51万亿元，增长9.4%，增速下降0.3个百分点，其占开发投资的比重为68.4%，增速由2016年的6%上升并稳定在7%左右。具体来看，住宅回归居住属性的背景下，房地产市场继续分化，各类别墅、高档公寓的投资力度开始反转，投资增速攀升至15.4%；90平方米以下刚需类产品投资力度下降变化很大，投资增速下降9.7%；而144平方以上的改善型产品投资持续上涨，尽管投资增速降至11.2%，与去年相比下降2.5%（见表1）。改善型住房产品投资的显著上涨充分说明人们追求更高的生活品质。90平方米以下刚需类住房产品投资下降则说明基本居住条件未来仍然很难满足。伴随高档公寓大力投资，绕开限购政策的影响，所有这些无

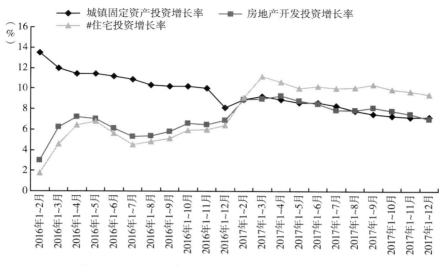

图2　2016～2017年各月房地产开发投资累计增速情况

资料来源：国家统计局网站。

疑加剧房地产市场住宅投资内部结构的复杂化，未来主导户型更加不明朗。尽管政府大力提倡70/90政策，楼盘开发面积小于90平方米的占70%的比重，市场却可能更多投向大户型、别墅和公寓等等，这与政府意图可能有比较大的差异。

表1　2016～2017年全国房地产投资同比增长情况

单位：%

时间	房地产投资	住宅投资	住宅投资中			办公楼投资	商业营业用房投资	其他房地产投资
			#90平方米以下住房	#144平方米以上住房	#别墅、高档公寓			
2016年								
1～2月	3.0	1.8	-0.2	-4.5	-1.8	16.1	2.7	3.4
1～3月	6.2	4.6	0.7	-0.5	-0.9	14.2	7.1	9.5
1～4月	7.2	6.4	0.5	3.4	-0.8	15.4	7.6	6.9
1～5月	7.0	6.8	1.0	4.5	-2.1	12.8	8.2	3.7
1～6月	6.1	5.6	0.1	5.1	-4.3	10.1	7.8	4.6
1～7月	5.3	4.5	-0.9	6.3	-2.6	8.5	6.9	6.2
1～8月	5.4	4.8	-1.2	8.5	-1.5	5.7	7.1	6.8
1～9月	5.8	5.1	-0.8	9.9	-1.6	6.0	7.3	7.4
1～10月	6.6	5.9	0.1	11.5	-1.1	6.2	7.8	Ͽ.1
1～11月	6.5	6.0	0.2	12.1	0.1	5.0	7.7	3.9
1～12月	6.9	6.4	0.5	13.7	-0.1	5.2	8.4	3.9

续表

时间	房地产投资	住宅投资	住宅投资中			办公楼投资	商业营业用房投资	其他房地产投资
			#90平以下住房	#144平以上住房	#别墅、高档公寓			
2017年								
1～2月	8.9	9	-1.3	13	3.3	-0.6	11.8	10.1
1～3月	9.1	11.2	-3.6	17.3	10.7	-3.8	8.2	6.3
1～4月	9.3	10.6	-5.9	14.9	14	1.1	7.8	8.6
1～5月	8.8	10	-7.4	13.4	12.1	5.1	5.9	7.7
1～6月	8.5	10.2	-7.7	13.6	15.5	4.8	5	5.9
1～7月	7.9	10	-7.7	12.5	14.9	4.7	3	4.3
1～8月	7.9	10.1	-7.5	12.4	15	4.8	2.4	4.2
1～9月	8.1	10.4	-8.2	12.8	14.6	5.4	1.4	5.3
1～10月	7.8	9.9	-8.8	12.5	15.1	5.2	1.1	6.1
1～11月	7.5	9.7	-9.1	11.9	15.1	3.9	0.3	6.1
1～12月	7	9.4	-9.7	11.2	15.4	3.5	-1.2	6.5

资料来源：国家统计局网站。

2017年初，随着各地房地产调控政策的出台，投资结构出现新的变化。从住宅结构占比来看，90平方米以下、144平方米以上、别墅和高档公寓住房占比分别为20.37%、12.7%和3.66%，同比分别下降3.7个百分点、同比上涨0.5个百分点和同比上升0.26个百分点（见表2）。

表2　2010～2017年全国房地产开发投资结构情况

单位：亿元，%

年份	住宅投资额	其中			办公楼投资	商业营业用房投资	其他
		#90平方米以下住房	#144平方米以上住房	#别墅、高档公寓			
2010	70.5	22.1	13.7	5.9	3.7	11.7	14
2011	71.8	22.1	14.7	5.5	4.1	11.9	12.2
2012	68.8	23.4	13.7	4.8	4.7	13	13.6
2013	68.5	33	17.7	6.2	5.4	13.9	12.2
2014	67.7	21.4	10.1	4	5.9	15.1	11.3
2015	67.3	25.7	11.5	3.6	6.5	15.2	11
2016	67.0	24.1	12.2	3.4	6.4	15.4	11.2
2017	68.4	20.37	12.7	3.66	6.16	14.24	11.15

资料来源：国家统计局网站。

（三）商业地产投资分化显现，营业用房投资显著下降

2017 年，商业地产的投资开始分化。2017 年房地产政策，尤其是商业地产的新政策出台，例如北京、上海、成都等地政策明确要求严禁把办公用地更改为居住用途，这给商业地产发展带来极大的挑战；而办公楼投资增速小幅下降为 0.34%，低于同期房地产开发投资 7% 的增长率，也低于同期住宅投资 9.4% 的增长率。从投资占比来看，办公楼投资比重为 6.16%；商业营业用房投资占比为 14.24%，与上年相比较，开始掉头向下（见表 1、表 2）。

（四）东部地区投资占比超50%，各区域投资增长显著提升，区域增速分化明显

2017 年，房地产行业开发投资东部、中部区域增长明显。房地产开发投资在东部地区、中部地区、西部地区分别为 6.03 万、2.56 万、2.388 万亿元，东部和中部增长速度分别为 7.25% 和 9.98%，西部地区增速为 3.54%。区域增速分化明显，中部地区、西部地区增速分别回落 0.72 个和 2.66 个百分点，东部地区增速提升 1.65 个百分点（见图 3、图 4）。

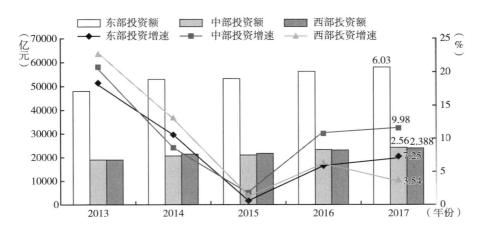

图 3　2013～2017 年各区域房地产开发投资额及增速

资料来源：国家统计局网站。

图4　2013～2017年各区域房地产开发投资额占比

资料来源：国家统计局网站。

（五）土地投资购置投资量价齐升

2017年，全国房地产企业土地购置面积为2.55亿平方米，同比大幅上升15.8%，土地市场开始加速上涨；全国房地产企业土地成交价款1.36万亿元，同比上升49.4%（见图5）。土地购置面积和金额的上升原因之一在于热点城市高价地块频出，未来这些地块或存在开发风险隐忧，尤其是在竞自持和限价背景下。

图5　2016～2017年各月房地产土地购置投资情况

资料来源：国家统计局网站。

二 2017年房地产融资特征

2017年，我国房地产市场也从年初的"抑制局部热点城市过热"转向年尾的防范房地产泡沫，政策环境从"收紧"走向"全面收紧"，特别是严控防范金融风险。宏观层面，中央财经领导小组办公室主任刘鹤在达沃斯论坛强调，中国将争取用未来3年左右的时间，使宏观杠杆率得到有效控制。微观层面，2018年1月25~26日，中国银监会在举行的2018年全国银行业监督管理工作会议中也提出，今年将继续防控金融风险，在降低企业负债率，严格控制高负债企业融资的同时，控制居民杠杆率的过快增长，继续遏制房地产泡沫化。在这种背景下，2017年房地产融资规模继续稳定增长，融资结构进一步盘整。2017年12月底，银监会下发通知，商业银行和信托公司开展银信类业务，禁止将信托资金违规投向房地产、地方政府融资平台、股票市场、产能过剩等限制或禁止的领域。这导致信托类融资受到极大的打压，尤其是中小房地产商融资陷入困境，而债券、REITs等新兴融资渠道得到拓展。然而，随着第四季度融资环境的逐步收紧，总体上融资增速也逐渐放缓。

（一）房地产融资规模稳步增长，融资内部结构继续盘整，债券融资和REITs占主导

2017年，房地产市场整体呈现上行态势，企业销售业绩节节攀升，土地市场不断升温，房地产企业趋于乐观，加之年初开始的持续的货币紧缩政策，房企的融资规模稳步慢速增长。2017年，房地产开发企业到位资金15.6万亿元，同比增长8.2%，增速比1~11月提高0.5个百分点。具体来说，国内贷款、利用外资增长明显，分别为2.5万亿元和168亿元，同比分别增长17.3%和19.8%；自筹资金和其他资金温和上涨，分别为5.09万和7.98万亿元，同比分别增长3.5%和8.6%。但是其他资金中的定金及预收款4.87万亿元，增长16.1%，表现相当突出，而其中个人按揭贷款因为房地产调控政策影响为23906亿元，唯一的同比下降2.0%。2017年在房地产资金来源中，国内贷款、利用外资、自筹资金、其他资金来源占当年资金小计的比重分别为16.18%、0.11%、32.6%、51.12%，其中定金及预付款、个人按揭贷款占比分别为

31.2%、15.32%；考虑到现在市场普遍的精装房交付，实际是首付提高，这就很容易理解定金及预付款、个人按揭贷款为什么大幅增加。而 2016 年国内贷款、利用外资、自筹资金、其他资金来源的占比分别为 14.9%、0.1%、34.1%、50.9%，其中定金及预付款、个人按揭贷款占比分别为 29.1%、16.9%（见图 6、表 3）。

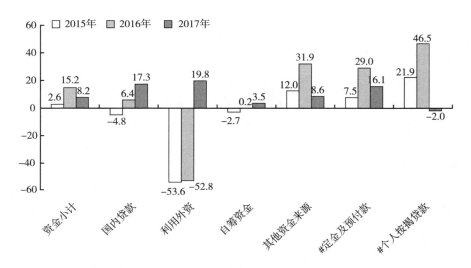

图 6　2015～2017 年房地产资金来源增长情况

资料来源：国家统计局网站。

表 3　2010～2017 年全国房地产开发资金结构情况

单位：亿元，%

指标	当年资金小计	国内贷款占比	利用外资占比	自筹资金占比	其他资金来源占比	#定金及预付款占比	#个人按揭贷款占比
2010 年	72944	17.2	1.1	36.5	45.2	26.1	12.6
2011 年	85689	15.2	0.9	40.9	43	25.2	9.8
2012 年	96537	15.3	0.4	40.5	43.8	27.5	10.9
2013 年	122122	16.1	0.4	38.8	44.6	28.3	11.5
2014 年	121991	17.4	0.5	41.3	40.7	24.8	11.2
2015 年	125203	16.1	0.2	39.2	44.5	26.0	13.3
2016 年	144214	14.9	0.1	34.1	50.9	29.1	16.9
2017 年	156053	16.18	0.11	32.6	51.12	31.2	15.32

资料来源：国家统计局网站。

2017年，人民币的大幅度升值，导致房企境外融资成本下降，部分房企选择寻求境外融资，导致利用外资部分出现了小幅上升，其在房地产资金来源中的占比也小幅上升；包括定金及预付款、个人按揭贷款在内的其他资金同比增长0.22个百分点，在房地产资金来源中的占比提升较为显著，这是因2017年房地产市场快速回暖情况下房企销售业绩提振所致。房地产需求旺盛情况下，越来越多的地方引入摇号购房，同时要求购房人提高首付比例，甚至通过双合同的方式变相提高首付，因而定金及预付款的占比显著提高，同比上升2.1%；国内银行贷款占比提高了1.28个百分点，其在房地产资金来源中的占比上升较明显，说明银行仍然是房地产行业的重要支持；另外，自筹资金占比下降1.5个百分点，说明企业资金链收紧。

从月份数据看，2017年房地产开发投资增长率整体呈现"先高后低"的态势。前两月增长率为8.9%，前三月增长率突变为增长9.1%，此后涨幅不断扩大，在1~4月扩大至9.3%。随后，增长率震荡缓慢下行，全年1~12月增长率调整至7%。在房地产开发到位资金中，各种类型资金的变化趋势大不相同：国内贷款增长率与开发投资总体趋势相反，呈现"先抑后扬"的态势，自年初1~2月增长率为11.5%，1~3月降为10.7%，随后不断上升，1~6月增长率22.1%为全年最高，全年保持在17.3%的水平；利用外资全年一直保持了正增长，但增长呈现不断收窄的态势，年初1~2月份为227.4%，此后升幅不断收窄，到年底1~12月跌幅收窄至19.8%；自筹资金增长率全年整体保持了下行的态势，年初1~2月份下降17.2%，1~12月份增长3.5%；包括定金及预付款、个人按揭贷款在内的其他资金的增长率全年保持了高位震荡的态势，前两月为27.7%，上半年为17.2%，此后持续不断下行，全年为8.6%（见表4）。

表4 2016~2017年每月全国房地产开发到位资金同比增长情况

单位：%

指标	资金小计	国内贷款	利用外资	自筹资金	其他资金	#定金及预付款	#个人按揭贷款
2016年							
1~2月	-1.0	-9.5	-82.8	-7.6	13.3	8.3	30.4
1~3月	14.7	6.5	-80.6	4.7	30.4	25.9	46.2
1~4月	16.8	2.2	-68.1	3.7	37.9	34.4	54.7

续表

指标	资金小计	国内贷款	利用外资	自筹资金	其他资金	#定金及预付款	#个人按揭贷款
1~5月	16.8	2.3	−72.1	1.4	39.4	35.2	58.5
1~6月	15.6	1.0	−63.2	−0.1	38.3	34.1	57.0
1~7月	15.3	0.7	−49.8	0.4	36.3	31.6	54.6
1~8月	14.8	1.7	−52.6	0.6	34.1	29.7	52.2
1~9月	15.5	1.2	−50.8	0.8	35.6	31.5	51.4
1~10月	15.5	1.2	−49.0	0.6	35.2	32.2	51.5
1~11月	15.0	3.1	−49.0	0.3	33.4	30.5	49.3
1~12月	15.2	6.4	−52.8	0.2	31.9	29.0	46.5
2017年							
1~2月	7	11.5	227.4	−17.2	27.7	27.1	20.4
1~3月	11.5	10.7	308	−7.2	27.1	27	18.6
1~4月	11.4	17	115.3	−4.7	21.3	21.7	14.5
1~5月	9.9	17.3	115.1	−3.4	16.7	20.3	8.6
1~6月	11.2	22.1	58.9	−2.3	17.2	22.7	6.7
1~7月	9.7	19.8	20.6	−1.9	14.8	20.7	4.1
1~8月	9	19	15.4	−1.7	13.4	20	2.4
1~9月	8	19.5	0.9	−0.3	10.4	16.9	1.3
1~10月	7.4	20.2	1.6	0.8	8.2	14.8	−1
1~11月	7.7	18	11.7	2.7	8.1	15	−1.6
1~12月	8.2	17.3	19.8	3.5	8.6	16.1	−2

资料来源：国家统计局网站。

（二）房地产开发贷款和个人购房贷款增速下滑

2017年末，金融机构人民币各项贷款余额120.1万亿元，同比增长12.7%，增长速度下降不到1个百分点；比去年增加13.5万亿元，同比多增8782亿元。2017年末，人民币房地产贷款余额32.2万亿元，同比增长21%，增长速度下降6.1百分点；全年增加5.6万亿元，同比少增1087亿元。2017年末，房地产开发贷款余额7万亿元，同比增长21.7%，增长速度提高9.5个百分点，其中，保障性住房开发贷款余额3.3万亿元，同比增长32.6%，比上年末下降5.7个百分点，全年增加8203亿元，增量占同期房地产开发贷款的61.8%，比上年降低51.7个百分点；地产开发贷款余额1.3万亿元，同比下降8%，降幅比上年末扩大3.1百分点。个人住房贷款余额21.9万亿元，同比增长22.2%，增速比上年末下降4.5个百分点。

（三）信托、债券等融资渠道继续拓展，直接融资形式占比不断提升

房地产融资结构中，房地产信托作为其重要的融资形式，2013年之前呈现爆发式增长，2013~2015年经历了相对理性的回归后，2016年出现了"数量下降、规模攀升"的新趋势。2017年，房地产信托发行量为1958支，规模总计6466.62亿元，平均规模达到3.35亿元；平均预期年化收益率为7.1%，自2013年以来持续下跌。同时，房地产信托相对时限变得更短，2017年平均时限为1.77年，从而很容易受到市场波动的影响，兑付风险较大（见表5）。

表5　2007~2017年房地产信托发行情况

年份	成立数量（支）	成立规模（亿元）	平均规模（亿元）	平均期限（年）	平均预期年化收益率（%）
2007	60	118	1.97	2.44	7.2
2008	137	259	1.89	1.81	9.98
2009	213	422	1.98	1.94	8.16
2010	591	1845	3.12	1.86	8.87
2011	1021	2824	2.77	1.84	10.03
2012	756	1849	2.45	1.82	10.13
2013	1032	3439	3.33	1.89	9.50
2014	1144	2414	2.11	1.76	9.75
2015	835	1724	2.06	1.63	9.34
2016	716	1873	2.62	1.78	7.36
2017	1958	6466.62	3.35	1.77	7.1

资料来源：用益信托网。

目前公司债和类REITs发行等更多更灵活的直接融资渠道也开始逐渐被房企使用，另外股权融资、定向增发越来越受到限制。2017年，房企国内债券市场融资折戟，受到成本上升以及监管收紧等因素制约，房企债券融资未能延续2015年和2016年的火热景象。截至目前，房企国内债券融资规模为2696.93亿元，同比增速为-70.5%，规模收缩显著。不过，7月以来，万科、金地、世贸等大型房企发债顺利通关，监管层可能在政策方面有所放松，全年发行规模在4000亿元左右。以类REITs项目为例，2017年发行规模超过260

亿元，较 2016 年的 104 亿元左右有大幅提升。租赁房的物业、房租和装修等环节都可以通过类 REITs 架构进行融资。银行对租赁融资业务的热情也很高。近日，中国银行与 8 家地方国企签订租赁住房金融服务战略合作协议，计划为上述企业提供融资规模约 1700 亿元的住房租赁金融支持。建设银行也通过支持企业发行类 REITs、支持地方政府发展个人租赁平台等形式布局住房租赁金融。债券融资也受到房企的倚重。近期龙湖地产、碧桂园、绿地控股、泰禾集团、象屿股份等房企在境外发行美元债。

三　2018 年趋势分析

（一）房地产市场重大变革

2017 年房地产市场发生重大变化，主要有以下几个方面：一是土地拍卖引入竞自持、竞配套和摇号拍卖土地；二是房地产市场限购、限贷、限售、限价和限商成为主流调控方法；三是共有产权和租赁房屋大量供给；四是房地产税即将实施。

2018 年，随着融资环境趋紧，银行开发贷款和发行公司债券等低成本融资手段将会受到严格限制，房地产企业将被迫寻求融资成本更高的其他手段，如房地产信托、房地产基金等，同时融资利率普遍提高，融资成本的提高、市场需求升级对产品提出更高要求。只有通过提供更高质量的房地产，获取更高价格以覆盖开发的高成本。同时房地产市场限购、限贷、限售、限价和限商会给房地产商回笼资金带来巨大困难。具体来说，限购、限贷、限售降低了房地产市场需求，未来房地产将运行在下行周期内，房地产商定金和预付款亦会显著下降，这将大大降低房地产商资金获取能力。另外限价和限商直接减少了房地产商资金回笼。商业住房本可以绕过限购限贷，但越来越多的一线城市限制个人购买商业住房，如公寓、写字楼等，这将直接减少房地产商资金。房地产税加剧区域性的分化，即一二线城市和三四线城市之间的分化，由于其经济发展动力和人口聚集能力的差异，一二线城市和三四线城市间的房地产市场"冰火两重天"的局面仍将继续。但是，这种分化更加突出地表现为房地产市场的分化，如果有足够多的需求，业主可以转嫁税收成本给租客，如一二线城市；相反，如果没有足够多的需求，业主不能转嫁税收成本给租客，如三四线城市。基于此，未来加大一二线城市的投资是一种长期策略性行为。

共有产权和租赁住房是政府大力支持的建设方式，这从拿地成本和融资条件等中都可以看到。2017年以前的政策多集中在行业顶层设计层面。2017年5月，《住房租赁和销售管理条例（征求意见稿）》明确租赁双方的权利和义务，7月，31部委《联合惩戒合作备忘录》将市场监管力度提升到前所未有的强度，租赁市场体系建设的第一阶段稳步推进。与此同时，上海市推出多宗纯租赁地块、广州市力推租购同权、12个热点城市试点推广等，表明租赁市场已经开始由规范整顿过渡到模式摸索和创新阶段。初步统计从2016年开始至今已经有20余个省市出台鼓励措施。

银行也积极参与共有产权和租赁住房融资。中信银行未来3年为碧桂园集团在长租住宅领域提供300亿元的金融服务。建设银行深圳分行与万科等房企签署租赁权转让协议，通过银行平台出租房源。建设银行推出租房贷款"按居贷"，根据借款人资信状况，贷款额度期限最长10年，额度最高为100万元。

租赁住房融资日益盛行。2017年2月17日，上交所挂牌转让公告显示，中国首单公寓行业资产证券化产品"魔方公寓信托受益权资产支持专项计划"（以下简称魔方ABS）成功发行金额3.5亿元。8月15日，长租公寓运营商自如发行首单房租分期类ABS（资产支持专项计划），期限两年，首期发行规模5亿元。2017年10月11日，国内首单长租公寓资产类REITs——新派公寓权益型房托资产支持专项计划在深交所正式获批发行，发行金额2.7亿元。10月23日，国内首单央企租赁住房REITs——中联前海开源－保利地产租赁住房一号资产支持专项计划，产品总规模50亿元。

（二）投资温和下行，投资结构剧烈调整

预计2018年房地产投资将进入下行通道，整体呈现温和下滑态势，未来很可能加速下降。根据2016年底经济工作会议明确定位"房子是用来住的、不是用来炒的"，以及2017年"既抑制房地产泡沫，又防止出现大起大落"的定调，预计房地产市场将缓慢地回归居住属性，尽管这个过程可能会很长，投机性需求将受到持续压制。2018年1月25~26日，中国银监会举行的2018

年全国银行业监督管理工作会议中也提出，今年将继续防控金融风险，将在降低企业负债率、严格控制高负债企业融资的同时，控制居民杠杆率的过快增长，继续遏制房地产泡沫化。同时，房地产行业利润下降也将使投资减少。融资成本升高，限价影响，在中长期房地产业的传统模式——拿地—建设—销售中难有大的发展机会。

投资结构需要出现重大调整。投融资为应对房地产市场大变革需要多角度实现突破。房地产行业应加强以下工作：首先，大力投入资金培养住宅和商业人才，适应自持房地产管理的要求；其次，投入资金购入租赁的住宅和商业地产；最后，加大一二线土地投资，大幅度地降低商业类，如公寓和写字楼的投入，防范房地产税的冲击。

（三）融资业务稳中偏紧，风险防范成为首务

2018 年伊始，多个监管部门共同推进"去通道、去杠杆"。2017 年 12 月底，银监会下发通知，商业银行和信托公司开展银信类业务，严禁将信托资金违规投向房地产、地方政府融资平台、股票市场、产能过剩等限制或禁止领域。同时暂停信托机构的房地产非标业务。2016 年，部分地区出现房地产过热现象，亟须加强房地产宏观调控。9 月 30 日晚间到 10 月 6 日，限购新政相继在北京、深圳、广州、珠海、东莞等 20 个城市落地。年末，中央经济工作会议指出货币政策要坚持偏紧，防控金融风险，房地产调控和货币政策总基调是抑制资产泡沫、防范金融风险。截至 2017 年 12 月底，90 个地级以上城市出台了约 200 项调控政策，35 个县市出台了约 41 项调控政策，海南、河北从省级层面全面调控。此轮调控总体上表现为持续时间更长、涉及城市更多、政策强度更大。继限购、限贷、限价后，部分城市的限售也成为本轮调控的一大特点，以抑制短期投机需求，稳定市场预期。2017 年 3 月 24 日，厦门明确新购买的住房需取得产权证后满 2 年方可上市交易。此后至 12 月末，全国已经有超过 50 个城市实行限售措施。限售期分为 2 年、3 年、5 年、10 年。基于此，预计 2018 年的房地产行业资金面将总体呈现"持续偏紧"的基本特征，房地产企业融资增速将会继续放缓。

2018 年，房企资本市场融资受挫、债券融资受限，股权融资也受到较大程度的制约，主要是 2017 年监管层加强了并购、定增融资等方面的监管，同

时对于房企 IPO 也更为审慎，导致 2017 年资本市场股权融资规模有较大回落，前八个月融资规模仅为 165 亿元，估计全年融资规模在 300 亿元左右，创 2014 年新低。预计 2018 年仍将延续。

另外，近两年房企的银行贷款、发行的短期票据债券以及部分中长期债务将在 2018 年陆续迎来偿还高峰，房企或者通过新增融资，或者通过销售获得现金流来偿还到期账务，然而 2018 年的融资环境偏紧，如若销售也不理想，部分房企尤其是中小型房企将面临无法偿债的可能，房地产市场整体也将面临一定的偿债风险，进而影响到整个国家的金融安全，因此防范风险将成为 2018 年房地产市场的应有之意。同时，2017 年大量海外美元债务，如果长期美元升值，叠加未来房地产市场下行，极容易导致未来的债务无法偿还。建议尽早从总量上控制特定行业，如房地产的海外美元融资。

市 场 篇

Market

B.6
2017年住宅市场形势分析及2018年预测

刘 琳　任荣荣*

摘　要：　2017年，商品住宅市场呈现周期高位回落特征。商品住宅建设景气总体延续上升态势；商品住宅投资增速继续上升；商品住宅销售面积增幅较快回落，销售量再创历史新高；70个大中城市新建住宅价格环比涨幅前升后降，全年房价环比累计涨幅低于上年；住宅地价同比涨幅逐季增加，全年涨幅高于上年。住宅市场的区域分化态势明显。一线城市市场已呈现下行调整态势，二线城市市场正转入下行调整阶段，三四线城市市场仍保持上行。预计2018年住宅销售面积减少，住宅开发投资增速下降，住宅价格稳中有降。

关键词：　住宅市场　商品住宅　新建住宅

---

* 刘琳，国家发展与改革委员会投资研究所研究员，研究方向为房地产经济学；任荣荣，国家发展与改革委员会投资研究所研究员，研究方向为房地产经济学。

一 宏观背景

（一）2017年我国经济增长稳中向好、好于预期

初步核算，2017年国内生产总值827122亿元，按可比价格计算，比上年增长6.9%。分季度看，一至四季度分别同比增长6.9%、6.9%、6.8%和6.8%，环比增幅各季度分别为1.4%、1.9%、1.8%和1.6%。PMI各月均在51以上。居民收入增长快于GDP增长。全国居民人均可支配收入25974元，比上年名义增长9.0%；扣除价格因素实际增长7.3%，比上年加快1.0个百分点。其中，城镇居民人均可支配收入36396元，扣除价格因素实际增长6.5%；农村居民人均可支配收入13432元，扣除价格因素实际增长7.3%。

2017年，居民消费价格涨势温和，工业生产者价格保持高涨幅。全年居民消费价格比上年上涨1.6%，涨幅比上年回落0.4个百分点。全年工业生产者出厂价格比上年上涨6.3%，涨幅比上年增加了约8个百分点，结束了自2012年以来连续5年下降的态势，各月涨幅均在5%以上。

（二）2017年宏观调控坚持稳中求进，积极的财政政策力度有所加大，货币政策趋紧

2017年，坚持稳中求进工作总基调，以推进供给侧结构性改革为主线，适度扩大总需求，加强预期引导，深化创新驱动，全面做好稳增长、促改革、调结构、惠民生、防风险各项工作，保持经济平稳健康发展和社会和谐稳定。

积极财政政策力度有所加大。2017年初安排财政赤字2.38万亿元，比上年增加2000亿元。其中，中央财政赤字1.55万亿元，地方财政赤字8300亿元。安排地方专项债券8000亿元，继续发行地方政府置换债券。进一步减少企业税负和收费，对地方一般性转移支付规模增长9.5%，重点增加均衡性转移支付和困难地区财力补助。同时，财政部等部门密集出台防控地方政府债务风险的相关政策。

货币政策趋紧。综合运用货币政策工具，维护流动性基本稳定，合理引导市场利率水平，疏通传导机制，促进金融资源更多流向实体经济，特别是支持"三农"和小微企业。坚持汇率市场化改革方向，保持人民币在全球货币体系中的稳定地位。对不良资产、债券违约、影子银行、互联网金融等累积风险要高度警惕。稳妥推进金融监管体制改革，有序化解处置突出风险点，整顿规范金融秩序，筑牢金融风险"防火墙"。货币政策兼顾推进非金融企业"去杠杆"、针对金融行业"防风险"、应对美联储加息、"稳汇率"多重目标，央行多次上调 OMO、SLF、MLF 利率。2017 年 M2 增幅降至 10% 以下，下半年在 9% 左右徘徊，是 1998 年以来的最低增幅。

（三）2017年房地产调控政策持续收紧，住房租赁市场加快发展

2017 年，房地产调控坚持因城施策、分类调控的思路，调控方式在限购、限贷基础上，进一步发展了限售、限价等措施。全年近百个城市陆续出台 200 多项调控政策，调整范围覆盖了一、二、三四线城市，调控力度较大。房地产金融监管和信贷政策持续从紧。银监会从 3 月 29 日开始，在两周内连发 7 个监管文件，要求加强房地产金融监管，严厉打击"首付贷"等行为，银行业金融机构要建立全口径房地产风险监测机制。将房地产企业贷款、个人按揭贷款、以房地产为抵押的贷款、房地产企业债券，以及其他形式的房地产融资纳入监测范围，定期开展房地产压力测试。严禁资金违规流入房地产领域。加强房地产押品管理。严格房地产企业股市再融资、债券融资审批，加强对流入房地产市场的银行理财产品和房地产私募基金的监管。

加快发展住房租赁市场。7 月 20 日，住建部等九部委联合印发《关于在人口净流入的大中城市加快发展住房租赁市场的通知》，选取广州、深圳、南京、杭州、厦门、武汉、成都、沈阳、合肥、郑州、佛山、肇庆 12 个城市作为首批住房租赁试点。8 月 28 日，国土部和住建部联合发布《利用集体建设用地建设租赁住房试点方案》，计划在北京、上海、沈阳、南京、杭州等 13 个城市开展第一批利用集体建设用地建设租赁住房的试点。9 月 26 日，国土部就试点工作做出全面部署，要求完善利用集体建设用地建设租赁住房规则，提高存量土地节约集约利用水平。

二 2017年住宅市场运行状况

（一）商品住宅建设景气总体延续上升态势，主要源于三四线城市的拉动

1998～2013年，商品住宅各项建设指标总体呈现较快的增加态势，施工、新开工和竣工面积的年均增幅分别为18.9%、15.6%和12.1%。2014年和2015年商品住宅建设景气连续两年下降后，2016年出现景气回升，各项建设指标同比变化由负转正。

2017年，商品住宅建设景气总体延续上升态势，住宅施工和新开工面积继续增加，且增幅高于上年。2017年全年，商品住宅施工面积、新开工面积分别为53.64亿平方米、12.81亿平方米，分别同比增长2.9%、10.5%，增幅分别比上年增加1.0个、1.8个百分点；商品住宅竣工面积为7.18亿平方米，比上年减少7.0%。

从2017年商品住宅各项建设指标的月度变化看，商品住宅新开工面积和竣工面积同比增幅呈现回落态势，住宅施工面积同比增幅小幅上升。其中，商品住宅新开工面积同比增幅由第一季度的18.1%降低至1～12月的10.5%，减少7.6个百分点；住宅竣工面积同比增幅由第一季度的13.7%降至1～12月的−7.0%，减少20.7个百分点；住宅施工面积则由第一季度的2.2%小幅增至1～12月的2.9%，增加0.7个百分点（见图1）。

东部和西部地区商品住宅新开工面积增幅高于上年，中部地区与上年基本持平。2017年，东、中、西部地区①商品住宅新开工面积分别同比增加11.0%、12.8%、6.6%，东部和西部地区住宅新开工面积增幅分别比上年增加1.6个和4.2个百分点，中部地区住宅新开工面积增幅与上年基本持平。

一线城市住宅新开工面积继续负增长，二线城市新开工面积增幅减小，三

---

① 东部地区：北京、天津、河北、辽宁、上海、江苏、浙江、福建、山东、广东、海南；
中部地区：山西、吉林、黑龙江、安徽、江西、河南、湖北、湖南；
西部地区：内蒙古、广西、重庆、四川、贵州、云南、西藏、陕西、甘肃、青海、宁夏、新疆。

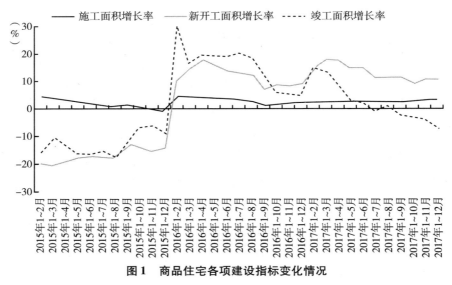

图 1　商品住宅各项建设指标变化情况

资料来源：国家统计局。

四线城市增幅增加。2017 年，一、二、三四线城市①商品住宅新开工面积分别同比增加 - 6.0%、6.1%、13.4%，一线城市住宅新开工面积连续 4 年负增长，二线城市住宅新开工面积增幅比上年减少 9.1 个百分点，三四线城市住宅新开工面积增幅比上年增加 6.6 个百分点。40 个重点城市中，有 20 个城市商品住宅新开工面积同比负增长，分别是呼和浩特、太原、西宁、兰州、南京、苏州、海口、福州、广州、深圳、银川、西安、成都、天津、北京、长沙、上海、大连、合肥、济南。

（二）商品住宅投资增速继续上升，主要源于二线和三四线城市的拉动

1998 年以来，商品住宅投资额持续增加，但投资增速在 2014 年和 2015 年

---

① 一线城市为北京、上海、深圳、广州（4 个）；
二线城市为南京、杭州、宁波、重庆、温州、天津、武汉、成都、苏州、无锡、厦门、福州、济南、青岛、沈阳、大连、长沙、西安、昆明、郑州、合肥、石家庄、长春、哈尔滨、呼和浩特、南宁（26 个）；
三四线城市为除上述一二线以外的其他城市。

出现明显下降。1998～2013年，商品住宅年均投资增速约为25%，2015年投资增速进一步降至0.4%，为1998年以来的历史最低水平。2016年商品住宅投资增速回升至6.4%。

2017年商品住宅投资增幅继续上升。全年商品住宅完成投资7.51万亿元，比上年增长9.4%，增幅增加3个百分点，比同期房地产开发投资增速高2.4个百分点。从月度变化来看，商品住宅投资增速总体呈现逐步回落态势，由第一季度的11.2%降至1～12月的9.4%，增速下降1.8个百分点（见图2）。

图2　商品住宅投资完成额变化情况

资料来源：国家统计局。

东、中、西部地区商品住宅投资均延续上年的增长态势且增幅加大。2017年，东、中、西部地区商品住宅分别完成投资4.14万亿元、1.82万亿元、1.55万亿元，分别同比增长9.4%、12.3%和6.4%，增速分别比上年增加3.1个、2.3个和3.3个百分点。

一线城市商品住宅投资增速下降，二线和三四线城市投资增速加快。2017年，一、二、三四线城市商品住宅投资分别增长1.5%、10.6%和9.9%，其中，一线城市投资增速比上年减少8.6个百分点，二线和三四线城市投资增速

分别比上年增加3.4个和4.8个百分点。40个重点城市中，有12个城市商品住宅投资负增长，分别是：呼和浩特、太原、银川、哈尔滨、北京、成都、长春、深圳、青岛、天津、西宁、北海。

从商品住宅投资结构来看，2017年，90平方米及以下住房投资在商品住宅投资中所占比重为29.8%，比上年下降6.3个百分点，该比重仅高于2007年和2008年，为历史较低水平，反映出新建住房供应中大户型占比快速上升。2017年，全国各类棚户区改造开工609万套，顺利完成600万套的年度目标任务，完成投资1.84万亿元。

（三）商品住宅销售面积增幅较快回落，销售量再创历史新高

2006～2013年，商品住宅销售面积总体呈增加态势，年均增速为11.1%，其间，受全球金融危机的影响，2008年商品住宅销售面积出现15.5%的下降。2014年，商品住宅销售面积出现继2008年之后的再次下降，降幅为9.1%。2015年和2016年，商品住宅销售面积增长率连续两年上升，达到22.4%的较高水平。

2017年，商品住宅销售面积继续增加，但增幅较快回落。全年商品住宅销售面积达到14.5亿平方米，再创历史新高。销售面积同比增加5.3%，增幅比上年减少17.1个百分点。其中，现房销售面积为3.12亿平方米，同比减少2.2%；期房销售面积为11.35亿平方米，同比增加7.5%。

从月度变化来看，商品住宅销售面积同比增幅呈现逐步回落态势，由2017年初的23.7%降至1～12月的5.3%，下降18.4个百分点。其中，9月和10月，商品住宅单月销售面积同比负增长（见图3）。

东、中、西部地区商品住宅销售面积增幅均减小，东部地区减小幅度最大。2017年，东、中、西部地区商品住宅销售面积分别为6.42亿平方米、4.51亿平方米、3.55亿平方米，分别比上年增加0.6%、9.7%、8.8%，增幅分别减少21.8个、18.8个、6.5个百分点，东部地区商品住宅销售面积增幅减小，幅度最大。

一二线城市商品住宅销售面积负增长，三四线城市销售面积增幅减小。2017年，一、二、三四线城市商品住宅销售面积分别同比减少27.4%、减少4.8%、增加11.8%，一二线城市销售面积均为负增长，三四线城市销售面积

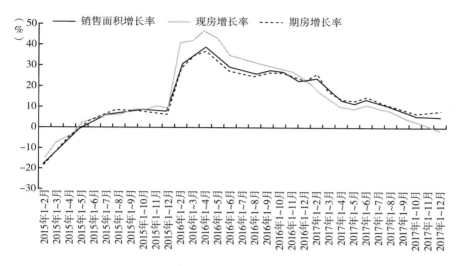

图3 商品住宅销售面积变化情况

资料来源：国家统计局。

仍保持较快增加，但增幅比上年减少 10.8 个百分点。40 个重点城市中，有 17 个城市商品住宅销售面积同比负增长，分别是：天津、合肥、北京、上海、呼和浩特、厦门、苏州、深圳、长沙、济南、杭州、广州、兰州、南京、无锡、成都、青岛。除呼和浩特、苏州、长沙、兰州、青岛外，其余 12 个城市均属于热点城市。

（四）70个大中城市新建住宅价格环比涨幅前升后降，全年房价环比累计涨幅低于上年

2017 年 1～12 月，70 个大中城市新建住宅价格环比累计上涨 5.2%，比上年减少 0.6 个百分点。从结构上看，90 平方米及以下、90～144 平方米、144 平方米以上新建商品住宅价格分别环比累计上涨 5.6%、5.2%、5.0%，涨幅均比上年减少约 1 个百分点，90 平方米及以下住宅价格涨幅相对较高。

从价格的月度环比变化来看，70 个大中城市新建住宅价格环比涨幅前升后降，年末涨幅小幅回升。1～4 月房价涨幅逐月增加，月度环比涨幅由 0.2% 上升至 0.7%；5～9 月房价涨幅逐月回落，月度环比涨幅由 0.65% 下降至 0.2%；10～12 月房价涨幅小幅回升，由 0.3% 上升至 0.4%。分季度看，一至四

季度，70个大中城市新建住宅价格分别环比累计上涨1.10%、1.96%、0.90%、1.10%，第二季度价格涨幅最高。从价格的月度同比变化来看，70个大中城市新建住宅价格同比涨幅呈现前高后低态势。1～7月，房价同比涨幅总体呈上升趋势，由6.4%上升至9.05%，之后价格同比涨幅逐步回落至12月的5.95%（见图4）。

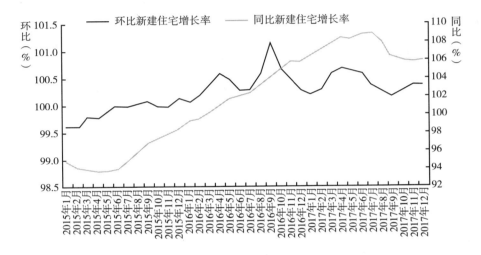

图4　70个大中城市新建住宅价格环比变化情况

资料来源：国家统计局。

一二线城市新建住宅价格环比累计涨幅减小，三四线城市涨幅继续增加。2017年1～12月，一、二、三四线城市新建住宅价格分别环比累计上涨0.5%、4.2%、6.9%，一线和二线城市涨幅分别比上年减少24.4个和12.2个百分点，三四线城市涨幅比上年增加1.9个百分点。从价格的月度环比变化来看，各线城市新建住宅价格涨幅均呈现前高后低态势。一线城市3月份房价涨幅较高，为0.6%，6月份以来新建住宅价格停止上涨，8～12月各月份房价均环比下降。二线城市5月份房价涨幅较高，为0.6%，6～9月涨幅逐月回落至0.1%，10月份以来房价涨幅小幅回升至年末的0.4%。三四线城市5月份房价涨幅较高，为0.9%，6～9月涨幅逐月回落至0.3%，10月份以来房价涨幅小幅回升至年末的0.5%（见图5）。

2017年1～12月，70个大中城市中，80%以上城市新建住宅价格环比累

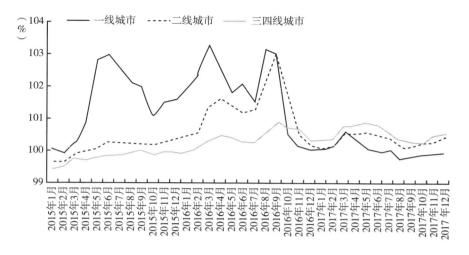

图 5　一、二、三四线城市新建住房价格环比变化情况

资料来源：国家统计局。

计上涨，涨幅较高的以三四线城市为主，9 个房价下降的城市均属于热点城市。1 ~ 12 月，70 个大中城市中，有 9 个城市新建住宅价格环比累计下降，2 个城市房价环比累计涨幅与上年持平，其余 59 个城市房价环比累计上涨。新建住宅价格环比累计涨幅最大的 10 个城市分别是：北海（12.4%）、蚌埠（9.8%）、沈阳（9.5%）、西安（9.4%）、重庆（8.8%）、韶关（8.4%）、扬州（8.3%）、金华（8.2%）、洛阳（8.1%）、济宁（8.0%），除沈阳、西安、重庆外，其余均为三四线城市。新建住宅价格环比累计降幅最大的 10 个城市分别是：深圳（-2.6%）、成都（-1.8%）、福州（-1.6%）、南京（-1.2%）、无锡（-0.8%）、郑州（-0.7%）、杭州（-0.6%）、上海（-0.3%）、合肥（-0.2%）、北京（0.0%），均属于 15 个热点城市之列。

（五）住宅地价同比涨幅逐季增加，环比涨幅在第二季度达到最高，全年涨幅高于上年

2017 年一至四季度，全国 105 个城市住宅地价分别环比上涨 2.06%、2.65%、2.56%、2.47%，环比累计上涨 10.1%，涨幅比上年增加 2.2 个百分点。其中，第二季度住宅地价环比涨幅最高，第三季度和第四季度涨幅逐季下

降。从同比变化来看，一至四季度，住宅地价分别同比上涨 8.72%、9.44%、9.90%、10.21%，涨幅逐季增加。2017 年全年住宅地价平均涨幅为 9.57%，比上年增加 3.34 个百分点（见图 6）。

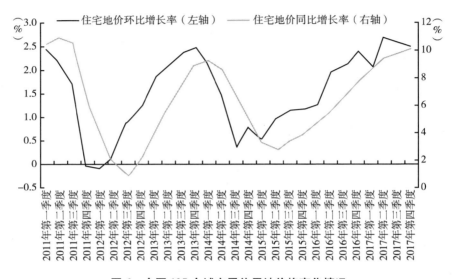

图 6　全国 105 个城市居住用地价格变化情况

资料来源：国土资源部。

　　一线城市住宅地价涨幅减小，二线和三线城市涨幅继续增加。分区域看，2017 年一至四季度，一、二、三线城市①住宅地价分别环比累计上涨 12.6%、9.6%、9.8%，涨幅分别比上年减少 6.9 个、增加 2.6 个、增加 4.9 个百分点。分季度来看，一至四季度，一线城市住宅地价分别环比上涨 3.25%、3.71%、3.04%、2.10%，涨幅在第二季度达到最高，之后逐季回落；二线城市住宅地价分别环比上涨 2.04%、2.41%、2.29%、2.51%，涨幅波动上行，在第四季度达到最高；三线城市住宅地价分别环比上涨 1.67%、2.55%、2.68%、2.55%，涨幅在第三季度达到最高。

---

　　① 地价分析部分的一二三线城市的划分来自于中国城市地价动态监测报告，其中，一线城市包括北京、上海、广州、深圳，二线城市包括除一线城市外的直辖市、省会城市和计划单列市，共 32 个；三线城市包括除一线、二线外的 69 个监测城市。

三　2018年住宅市场发展趋势

2017年，商品住宅市场的发展呈现明显的区域分化特征。一线城市住宅市场已呈现下行调整态势，二线城市市场正转入下行调整阶段，三四线城市市场仍保持上行。2017年，一线城市商品住宅销售和新开工面积均为负增长，6月份以来房价止涨下降；二线城市商品住宅销售面积负增长，新开工面积增幅减小，房价涨幅回落；三四线城市商品住宅销售面积仍保持增加但增幅回落，住宅新开工面积增幅仍增加，房价涨幅继续增加。与2016年各线城市全面上行的态势相比，2017年市场总体热度已在下降。

（一）2018年住宅市场走势的主要影响因素

影响2018年商品住宅市场的发展趋势主要因素包括：货币政策环境、房地产调控政策和住房市场自身供求状况。

1. 稳健的货币政策要保持中性，管住货币供给总闸门

2015年以来，央行通过五次降息、五次降准后，一年期存款利率已降至1.5%，五年期以上贷款利率和五年期以上公积金贷款利率分别保持在4.9%和3.25%的历史最低水平。2017年8月以来，各月份实际利率均处于负利率区间。2016年和2017年房地产业杠杆水平持续较快增加。截至2017年末，房地产贷款余额达到32.25万亿元，同比增长20.9%，房地产贷款余额在金融机构人民币贷款余额中占比达到26.8%，比上年同期上升1.8个百分点。该比例近两年快速向30%的泡沫破裂警戒线逼近，加大了房地产金融风险（见图7）。2017年12月中央经济工作会议强调，"稳健的货币政策要保持中性，管住货币供给总闸门，保持货币信贷和社会融资规模合理增长，保持人民币汇率在合理均衡水平上的基本稳定，促进多层次资本市场健康发展，更好地为实体经济服务，守住不发生系统性金融风险的底线"。真实利率持续处于负利率区间、房地产业杠杆水平已处于高位的现状以及"管住货币供给总闸门"的政策取向，预示着2018年货币信贷政策环境比2017年收紧的可能性加大。

2. 加快住房制度改革和长效机制建设，继续严格执行各项调控措施

中央经济工作会议将"加快建立多主体供应、多渠道保障、租购并举的

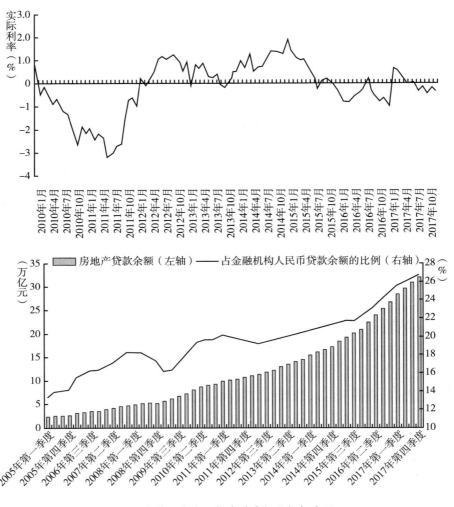

图7　当前利率水平与房地产行业杠杆水平

资料来源：人民银行。

住房制度"作为一项重要工作，提出"要发展住房租赁市场特别是长期租赁，保护租赁利益相关方合法权益，支持专业化、机构化住房租赁企业发展。完善促进房地产市场平稳健康发展的长效机制，保持房地产市场调控政策连续性和稳定性，分清中央和地方事权，实行差别化调控"。2017年12月23日召开的全国住房城乡建设工作会议，将"深化住房制度改革，加快建立多主体供给、多渠道保障、租购并举的住房制度"和"抓好房地产市场分类调控,促进房地产市场平稳健康发展"作为2018年的两项重点工作,并提出"坚持房子是用来住的、不是用来炒的定位,完善促进房地产市场平稳健康发展的长效机制,坚持调控目标不动摇、力度不放松,保持房地产市场调控政策的连续性和稳定性,继续严格执行各项调控措施,防范化解房地产市场风险"。房地产长效机制的逐步建立以及调控力度不放松的政策环境,均有助于促进市场趋于平稳。

3. 住房市场潜在供给量将增加

2016年以来商品住宅新开工面积的持续增加和2017年房地产企业土地购置面积的较快增加,意味着未来住房市场潜在供给量将增加。2016年和2017年商品住宅新开工面积分别同比增加8.7%和10.5%,连续两年增加,2017年各月份住宅新开工面积同比增幅持续高于销售面积增幅。从土地购置情况来看,2017年以来,房地产企业土地购置面积同比增幅总体呈上升趋势,全年土地购置面积同比增加15.8%,为2011年以来的较高增幅(见图8)。住房潜在供给量的增加将减小市场上行压力。

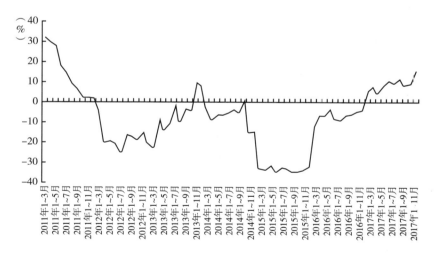

图8 房地产开发企业土地购置面积的变化情况

资料来源:国家统计局。

4. 中长期住房需求增长趋于减少

从住房需求的宏观影响因素来看，虽然宏观基本面因素总体依然向好，但由经济增长和人口结构决定的中长期住房需求增长趋于减少。十八大以来我国经济进入中高速增长"新常态"，经济增长和收入增长已呈现趋势性放缓态势。我国人口抚养比自 2011 年由降转升，2014 年以来上升速度加快；2014 年以来结婚对数持续加速下降，2014～2016 年分别比上年减少约 40.2 万对、82.0 万对、81.9 万对，意味着住房刚性需求的减少。而且，我国目前人均住房面积已达到较高水平，2016 年城镇人均住房面积为 36.6 平方米，已超过日本同等经济发展阶段的住房面积水平，预示着未来住房改善需求增长也将减少。

（二）2018年住宅市场发展趋势

综合上述影响因素，预计 2018 年商品住宅市场的发展趋势如下。

1. 住宅销售面积减少

2017 年商品住宅销售面积达到 14.5 亿平方米，同比增加 5.3%，再创历史新高。初步估计由棚改货币化安置带来的住宅销售面积增幅约为 3.8%，是拉动销售面积增长的主导因素。2018 年全国计划改造各类棚户区 580 万套，比 2017 年 609 万套的完成量减少 4.8%。这意味着棚改货币化安置对住宅销售面积的正向拉动作用消失。而由宏观基本面因素决定的中长期住房需求趋于下降。综合考虑上述两方面因素，通过构建住房需求决定模型，估计得出 2018 年商品住宅销售面积将出现 5% 左右的负增长。

2. 住宅开发投资增速下降

2017 年商品住宅投资同比增长 9.4%，比上年增加 3 个百分点。但投资增速的月度变化呈现逐步回落态势。住宅投资增速的回升主要是 2016 年以来住宅销售面积持续增加的拉动和地价较快上涨的推动。随着商品住宅销售面积的负增长，预计 2018 年住宅开发投资增速也将下降。考虑近两年新开工面积持续增加和地价较快上涨的影响，预计全年开发投资增速仍将在 5% 左右。

3. 住宅价格稳中有降

2017 年商品住宅建设景气仍在上升，而销售面积增幅大幅回落，下半年以来新建住宅价格涨幅呈回落态势。从房地产景气循环理论来看，上述指标变化已显示市场正进入景气下行阶段，市场有下行调整的内在动力。从区域传导的角度来看，当前一线城市住宅市场已呈现量价齐跌的态势，二线城市量跌价格涨幅回落，未来这种调整态势将向三四线城市传导。在货币政策保守"稳健中性"和严格执行各项房地产调控措施的环境下，预计2018年住宅市场将呈现周期下行调整特征，住宅价格出现稳中有降的可能性较大。

B.7
2017年中国商业地产市场分析
及2018年预测

杨泽轩　彭　辉*

摘　　要： 随着国家经济的转型及房地产市场调控政策因素的影响，商业地产发展速度持续放缓。因此，企业加速战略调整、线上线下纷纷试新零售、资产证券化空前活跃等事件成为2017年的主旋律。随着新零售时代的到来，零售商业市场将发挥愈加重要的作用，但不能紧随时代改变创新的传统零售商，仍会继续掉队。办公楼市场的需求主体将进一步向创新和服务切换，在一线城市需求总体保持活跃的情况下，二线城市将出现更快的需求增长，金融、科技、专业服务业为需求主力。酒店市场总体趋稳，"轻资产"转变仍在继续，科技投资提高酒店盈利能力。长租公寓市场的崛起、资产证券化的空前活跃给商业地产市场注入新的活力。

关键词： 商业地产　零售商业　办公楼　酒店　资产证券化

一　2017年中国商业地产发展总览

（一）投资增速同比持平，投资额基本与2016年持平

2010年是商业地产市场投资的分水岭，近年来受宏观经济减速及房地产

---

* 杨泽轩，华侨城商业管理有限公司副总经理；彭辉，华侨城商业管理有限公司研策部经理。

市场调控等政策因素的影响，商业地产投资增长持续放缓，2017年全年商业地产（包括办公楼和商业营业用房，下同）投资额22401亿元，同比增速为0.1%，与2016年全年商业地产投资额22371亿元基本持平。商业地产去化压力大，商办物业同质化严重，加之受互联网时代电商的冲击，市场对商业地产的投资趋向保守和谨慎（见图1）。

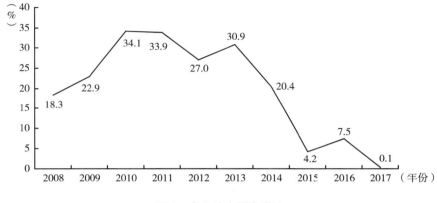

图1　商业地产投资增速

资料来源：国家统计局。

2017年，办公楼的投资增速继续下滑到3.5%，全年办公楼投资额6761亿元；商业营业用房的投资增速首次出现负增长，全年投资增速－1.2%，商业营业用房的投资额为15640亿元，占商业地产投资总额的70%，依旧是商业地产的重头戏（见图2）。

（二）新开工面积连续4年下降，市场供应量持续减少

2010年以来，商业地产市场新开工面积的增速持续放缓，尤其是从2014年开始连续三年出现负增长，2017年随着诸多政策落地的限制，新开工面积降幅达到7.3%。总体来看，商业地产市场的供应量仍在逐年减少（见图3）。

2017年，办公楼的新开工面积持续三年减少至6140万平方米，同比降幅4.3%，比2016年2.3%的降幅进一步下降；商业营业用房的新开工面积持续4年减少至20484万平方米，同比降幅8.2%。商业营业用房新开工面积占商业地产市场总量的77%，仍是市场供应主力（见图4）。

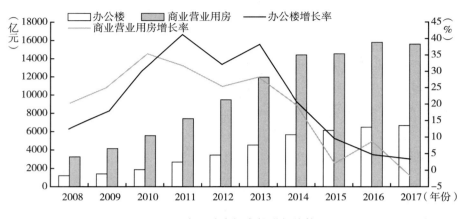

图 2　商业地产投资额增长趋势

资料来源：国家统计局。

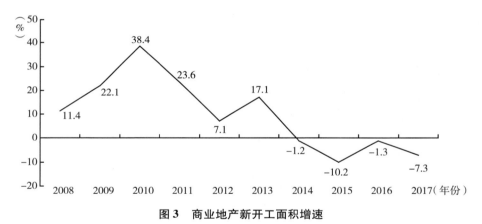

图 3　商业地产新开工面积增速

资料来源：国家统计局。

（三）商业地产市场销售规模增长明显，办公楼销售面积大幅增加

2017 年，商业地产销售面积同比增长 20.2%，增速较快且与 2016 年基本持平，最终实现销售面积 17594 万平方米（见图 5）。一方面是由于各大主要城市 2017 年的住宅调控政策更加严格，部分自住及投资需求外溢到商业地产市场购买商用物业；另一方面是得益于国家出台降准、降税等一系列货币宽松政策，使得商业地产销售规模增长明显。

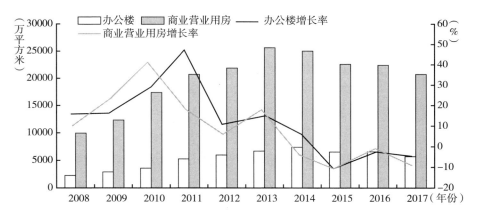

图4 办公楼和商业营业用房新开工面积增长率比较

资料来源：国家统计局。

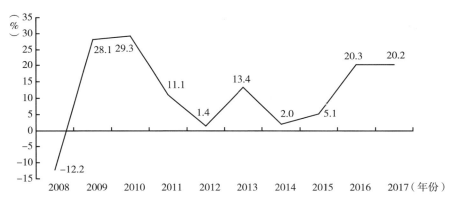

图5 商业地产销售面积增速

资料来源：国家统计局。

办公楼销售面积在2014年下降之后已经连续三年保持增长，2017年同比增幅24.3%，涨幅较2016年有所放缓，增长至年销售面积4756万平方米。商业营业用房销售面积12838万平方米，同比增幅18.7%，占商业地产销售面积的73%（见图6）。对比来看，办公楼市场在过去三年的销售增长情况明显好于商业营业用房，这与"大众创新、万众创业"政策支持、制造业回暖、科技行业的迭代发展、金融行业的快速增长有一定关系。

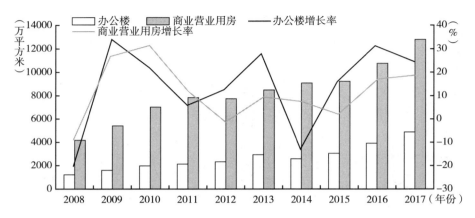

图6　办公楼和商业营业用房销售面积增长率比较

资料来源：国家统计局。

（四）办公楼销售价格下降，而商业营业用房销售价格上升

2017年，办公楼市场的售价下降，平均销售价格降至13543元/平方米，同比降幅达5.5%。商业营业用房的售价上升，平均销售价格达到10323元/平方米，首次突破万元，同比增幅为5.5%，比2016年2.3%的增长率有所提升（见图7）。

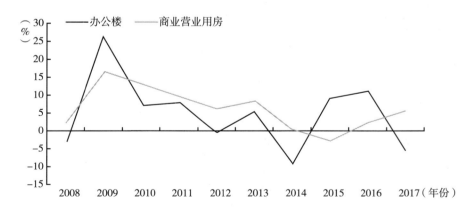

图7　办公楼和商业营业用房销售价格增长率比较

资料来源：国家统计局。

（五）主要商业地产企业并购活跃，持有规模增长不一

2017年，影响行业发展的主要商业地产企业并购活跃，部分龙头企业重构管理架构。如：印力并入万科后，将商业地产管理层纳入合伙人体系，创新了运营激励机制；华润置地大幅调整内部组织架构，将商业地产事业部升级为与开发部门平行一级机构；万达遭遇重大变故，出售77家酒店及13家文旅项目给富力与融创，加速轻资产化；阿里巴巴收购高鑫零售（大润发），腾讯入股永辉超市，等等。

截至2017年底，全国知名商业不动产持有企业中，万达集团以3151.1万平方米的持有商业面积稳居行业第一的地位，但因基数增大和酒店打包售出原因，同比仅增长6.3%。万科收购印力之后，商业规模位列全国第二；华润置地以688.8万平方米的持有商业面积位列第三；凯德集团以665万平方米的持有商业面积位列第四，同比增长11.5%；银泰也已拥有418.8万平方米的商业体量，位列第六；龙湖及大悦城的增速分别为31.5%及39.4%，商业持有面积以321.2万平方米和274.3万平方米分列第八、第九，发展势头强劲；新上榜的新城地产，以79.4%的增速跨越式增长，商业持有面积达226万平方米，名列第十一位。

表1 2017年部分主要商业地产企业持有商业不动产规模排名

企　业	2017年底持有商业面积（万平方米）	企　业	2017年底持有商业面积（万平方米）
万达集团	3151.1	宝龙*	327.5
万科（含印力）*	850	龙湖*	321.2
华润置地	688.8	大悦城地产*	274.3
凯德集团*	665	百联集团*	237.3
世纪金源*	600	新城地产*	226
银泰*	418.8		

资料来源：根据各公司网站公报、2017年年报搜集整理，企业正式数据以2017年各公司年报公布为准。

注：标准*企业数据未经证实；商业地产口径以国内商业、办公楼、酒店和持有公寓为主，可能存在涵盖口径不统一状况。

（六）影响商业地产行业发展的重大政策与事件

根据全联商业地产研究会发布的《中国商业地产行业 2017/2018 年度发展报告》和万商俱乐部排行榜发布的 2017 年度大事件榜，2017 年新零售、大数据、互联网企业纷纷布局线下成为当前中国商业地产最大看点。以下事件不分排序。

（1）党的十九大重新定义社会矛盾，提出"房住不炒"定位，对美好生活的需要蕴含大商机。

（2）中央设立雄安新区，是继深圳经济特区和上海浦东新区之后又一具有全国意义的新区。

（3）腾讯、京东、阿里巴巴等互联网巨头纷纷并购线下商业，线上线下加速融合的格局显现。

（4）线上线下纷纷试水新零售，巨头们在争议声中四处攻城略地。"河马生鲜""超级物种""飞牛优鲜"等各式新项目加速落地。

（5）智慧商业无处不在，大数据、数字化运营推动构筑新竞争力，加速零售业态"智能化"。

（6）商业地产政策环境趋好，资产证券化空前活跃，各种类 REITs 产品不断涌现。

（7）万达作为商业地产龙头企业出现重大变故，快速出售资产，成为行业议论热点。

二 2017年商业市场分析

消费对经济增长的"稳定器"和"压舱石"作用日益增强。作为拉动经济增长的三驾马车之一，最终消费支出对经济增长的贡献率始终保持较高水平，2017 年最终消费支出对经济增长的贡献率为 58.8%；社会消费品零售总额突破 36 万亿元，比上年名义增长 10.2%，扣除价格因素，实际增长 8.8%，高于 GDP 增速 1.9 个百分点。制造业回暖及消费的稳步增长对商用物业的发展带来整体利好，但传统零售业与网络零售业的发展情况冷热不均。

（一）传统零售业态回暖，但部分超市、百货业态继续关店调整

2017年，受到整体消费环境利好的影响，传统零售业包括奢侈品市场逐渐回暖。北京SKP百货单店年销售125亿元，名列全球同业第二，展现了实体商业实力。但一些不能紧随时代改变创新的传统零售商，仍旧有不少关店调整。2017年，7家知名超市企业关闭共计45家门店，10家知名百货企业关闭共计21家门店。近年来，实体零售业的业绩下滑、经营压力增大是一直延续的情况，线上购物的冲击与人工、房租等成本的不断增长，使得实体零售企业的盈利空间日渐减少，生存压力加大（见表2）。

表2　2017年部分知名超市企业和百货企业关店统计

单位：家

业态	企业	2017年关店数量	数量合计
超市	沃尔玛	24	45
	华润万家	9	
	家乐福	6	
	永旺	3	
	大润发	1	
	麦德龙	1	
	永辉	1	
百货	百盛百货	5	21
	香港新世界	3	
	百联百货	3	
	台湾远东	2	
	永旺GMS	2	
	友好集团	2	
	王府井百货	1	
	银座商城	1	
	新世纪百货	1	
	银泰百货	1	

资料来源：赢商大数据中心，不完全统计。

（二）持续高速增长的网络零售对拉动整体零售市场作用明显

国家统计局的数据显示，2017年，全国网上零售额71751亿元，比上年增长

32.2%，较 2016 年 26.2%的增长率略有上升。相比实体零售业而言，网络零售市场的增长对零售业的拉动作用日趋增大。2017 年，实物商品网上零售额 54806亿元，增长 28%，占社会消费品零售总额的比重为 15%（见图 8）。

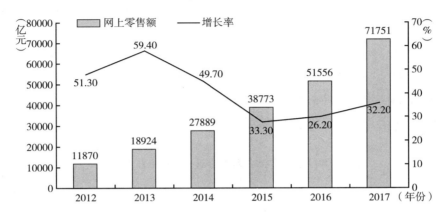

图 8　网上零售市场规模变化

资料来源：国家统计局。

（三）全国购物中心新开504个，华东区域、三四线城市占比较高

2017 年，全国开业 3 万平方米以上商业项目 504 个，商业总体量 4657万平方米。全国各区域之间的发展并不平衡，华东区域新增供应量远高于其他区域，2017 年共开业 202 个商业项目，共计 1848 万平方米，占全国新增供应数量的 40%。而华南、华中、西南、华北四个区域的新开业商业项目数量为 39 ~ 78 个，总商业面积为 353 万 ~ 710 万平方米。另外，东北、西北两个区域受经济大环境的影响，新增商业供应量也相对较少，新开业商业项目数量分别为 28 个、22 个，总商业面积分别为 352 万、225 万平方米（见图 9）。

2017 年新开业的 504 个购物中心中，三四线城市新开项目数、体量占比最高（见图 10）。而国家统计局最新数据显示，三四线城市人口数量占全国人口总量的近 53%，但目前购物中心数量仅占全国购物中心总量的 16.3%，购物中心具有很大的发展空间，未来三四线城市的消费升级也许会成为大消费行业的催化剂。

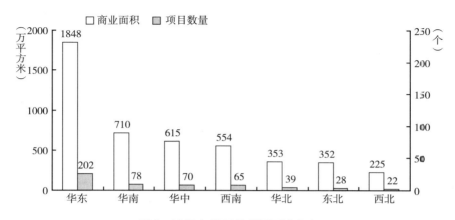

图9　2017年新开业项目区域分布

资料来源：赢商网，统计口径为3万平方米以上商业。

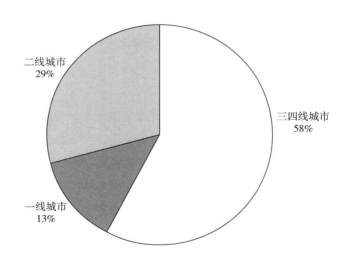

图10　2017年不同级别城市新开购物中心数量占比

资料来源：赢商网，统计口径为3万平方米以上商业。

（四）全国标杆商场业绩普遍上涨，整体商业市场向好

iziRetail调研全国51个城市共计190家标杆商场（包括100家百货、77家购物中心、12家奥特莱斯、1家免税店）的2017年业绩总量同比上涨

11.3%，其中 148 家上涨，27 家下跌，8 家持平。以奢侈品定位的商场增幅明显，业绩同比增长超 20% 的商场有 33 家，其中 21 家是奢侈品定位的商场。

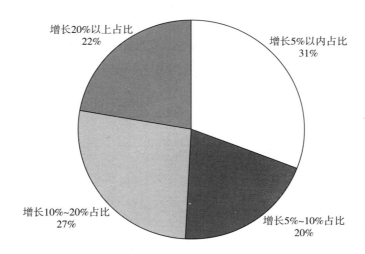

图 11　2017 年 VS 2016 年商场业绩上涨幅度分类占比

资料来源：iziRetail。

调研样本中的 100 家百货，有 88 家来自连锁集团，以 5 万～10 万平方米建筑面积为主。2017 年共实现销售额 1998 亿元，单项目平均业绩 20 亿元，同比上涨 7.8%。其中，业绩上涨的 72 家，下降的 19 家。

调研样本中的 77 家购物中心，有 62 家来自连锁集团，以 10 万～20 万平方米建筑面积为主。2017 年共实现销售额 2060 亿元，单项目平均业绩 27.5 亿元，同比上涨 14.5%。其中，业绩上涨的 64 家，下降的 8 家。

调研样本中的 12 家奥特莱斯及 1 家海棠湾中免，2017 年共实现销售额 355 亿元，除北京赛特奥莱与 2016 年持平外，其他项目都呈上涨态势。其中，8 家奥特莱斯的涨幅超过 10%，上海佛罗伦萨小镇及北京首创奥特莱斯的涨幅超过 30%，2017 年奢侈品市场整体大环境向好。

三　2017年办公楼市场分析

2017 年经济的短暂反弹并没有改变中国经济进入"减速提质"新周期的

步调。未来的5~10年将是中国从中等收入迈向高收入经济体的关键时期，在此过程中，高科技制造业、服务业、消费和地区发展再平衡将成为经济增长的主要动力。

（一）全年新增需求超过600万平方米，创历史新高

2017年，中国GDP增速近几年来首次提升，经济增长超过预期，直接导致全年办公楼新增需求超过600万平方米，创历史新高。中资企业的扩张依然是办公楼新增需求的主要来源，外资企业在华经营预期的改善也为办公楼市场带来利好；金融和科技是新增需求提升的主要推手；此外，联合办公的发展也十分迅速。

（二）中资企业继续扩张，外资企业经营预期改善

中资企业的扩张依然是办公楼新增需求的主要来源。2017年末世邦魏理仕对中资办公楼租户企业的企业房地产计划和策略开展了第二次年度调查。统计分析显示未来三年中，超过80%的受访企业计划增加人员数量，60%的企业有明确的办公楼扩张意愿。

外资企业在华经营预期的改善为办公楼市场带来利好。最新的美商会和欧商会年度调查显示，其会员企业在华经营预期近五年来首次出现改善，这与欧美和中国经济在2017年整体复苏密不可分。2017年8月国务院颁布吸引外资22条，针对外商投资非常关切的投资收益汇出及知识产权保护问题都予以了详细说明。2017年底，中国官方对未来五年的金融开放路线图做出积极表态。上述举措将进一步强化外资企业在华经营的乐观前景。

（三）金融、科技、专业服务业成为办公楼的需求主力

从行业来看，2017年金融和科技是办公楼需求增长的主力，尤其是保险和以金融科技为代表的创新型金融行业。快速发展的国内律所将带动专业服务业需求稳步发展。房地产和制造业的办公需求增速预计将有所放缓。

金融业中，受到严监管和金融科技双重冲击的传统商业银行在办公楼市场上的作为有限，但保险公司等金融企业的扩张仍将持续。在大数据、云存储计算、人工智能等科技的推动下，移动支付、众筹、智能投顾、网络征信等各类

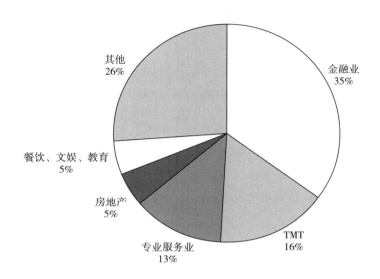

图12 2017年主要行业占新增需求比例

资料来源：CBRE大中华区房地产市场展望报告。

创新金融服务企业蓬勃发展。拥有国内科技金融百强企业中85家的北京、上海、深圳与杭州的办公楼市场最为受益。

科技行业的办公楼需求旺盛。无论从全球互联网企业市值排行榜还是独角兽公司的数量来看，中国都已经是位列美国之后的世界第二大互联网科技大国。2017年上半年，国内TMT（即Technology、Media、Telecom的缩写）行业重新迎来投资总额和数量的双双上涨，多家独角兽企业获得大额融资。以此推测，科技行业的办公楼需求还将继续扩张。

专业服务业中，与近年来需求稳定的会计师事务所和咨询公司相比，律师事务所的扩张势头迅猛。中国是亚太地区律所行业增长最迅猛的市场之一。根据《亚洲法律实务》数据，2014～2017年，国内前30强律所的律师人数总计增长近1.4万人，年均增长近20%；与此同时，The Lawyer杂志统计的中国内资前30强律所近三年业务收入的年增长率也超过15%。

（四）二线城市的办公楼需求增长更快，发展潜力更大

无论是金融、科技，还是专业服务业，二线城市的办公需求增长更快、

发展潜力更大。联合办公扩张势头强劲，除了优客工厂稳居独角兽外，WeWork、裸心社等主要运营品牌在深耕京沪之余，将积极向广深杭蓉等地拓展。

在保险深度和密度尚有巨大提升空间的二线城市，保险公司等金融企业的办公需求将持续增加。创新型金融业的新增办公需求面积，与传统金融业需求平分秋色，已经成为金融行业办公楼需求的主要来源。而从一二线城市布局来看，创新型金融业需求也大致相当。

当前主要TMT企业仍高度集中于北上深杭，但近年来有迹象显示二线城市的科技企业正在迅速崛起。国内互联网企业百强的数量和营收分布自2015年起持续向二线城市倾斜，同时，租赁需求分析显示，2017年二线城市TMT需求在17个主要城市中的占比同比上升6%~41%。

业务的不断增长和活跃的合并收购将推动国内律所的快速扩张。除了在一线城市的规模不断扩大外，国内主要律所将继续加强在二线城市的布局。目前主流律师事务所的业务布局一二线城市间可大致达40%：60%，未来二线城市中的主要经济发达区域及省会城市仍有较大拓展空间。

（五）共享办公向传统办公楼进一步渗透

共享办公节省资金、租约灵活、社群互动紧密和不同于传统办公楼的空间设计和功能布局正被初创企业之外更广泛的租户群体所认可。2017年世邦魏理仕亚太地区办公楼租户调查显示，64%的跨国企业将在2020年前考虑使用共享办公等第三方办公场所，在北京和上海也已观察到大中型企业租用共享办公的案例。实际上，在解决短期办公需求（租期1年以内）方面，共享办公开始成为越来越多大中型租户的可选方案。

客户群构成的变化使共享办公把商务区内的甲级办公楼纳入选址范围，而在供应过剩的城市或板块，业主方也有很大的动力引入共享办公为其主力租户。以优客工厂、方糖小镇为代表的一些共享办公企业已经介入或者计划介入办公楼的项目管理和运营，和业主之间形成更深层次的合作关系。这一模式是对办公楼资产管理的有益探索，长期来看或将对办公楼需求和行业生态进化带来实质性的影响。

四 2017年酒店市场分析

（一）高端酒店市场总量保持微增，涨幅略高于上年

2017年，中国五星级酒店净增32家，总数达到841家，增幅为4%，略高于2016年2.8个百分点（见图13）。江浙沪及长三角地区酒店数量优势明显，其中广东省有108家，江苏省85家，浙江省78家，分列总数量的前三名。4个直辖市中，上海以69家的数量超过北京61家居于首位。高端酒店市场总体保持稳定发展。

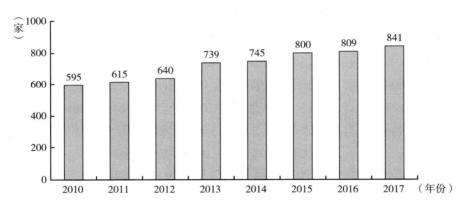

图13 中国五星级酒店数量变化

资料来源：国家旅游局认证的五星级酒店数量。

（二）富力、绿地的国内主要业主酒店持有数量领先

2017年底，国内主要业主酒店公司持有数量（含在建）排名中，由于万达将旗下共计77家酒店打包出售给富力，因此富力、绿地分别以91家、72家位列第一、第二名，远超过其他业主公司。万达以33家位列第三，宝龙、海航等8家公司持有8~17家酒店不等（见图14）。

（三）万豪品牌在知名酒店集团中客房规模最大

按照知名国际酒店集团的客房数排名，截至2017年初，万豪集团以116

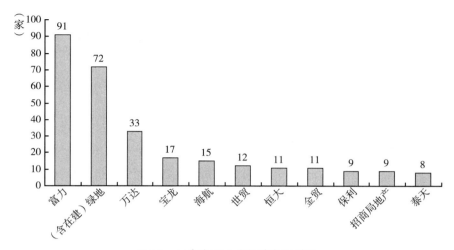

图14 国内主要业主酒店数量统计

资料来源：各公司官网及公共披露渠道；未公开披露或未查实的公司未纳入统计。

万间客房总数位居全球酒店管理集团规模第一的位置，希尔顿、洲际、温德姆
这三大集团分别以80万间、77万间、77万间的客房总数位列第二至第四位。
此外，国内的锦江、首旅如家、华住分别以70万间、52万间、37万间的客房
总数位列第五、第八、第九位（见图15）。

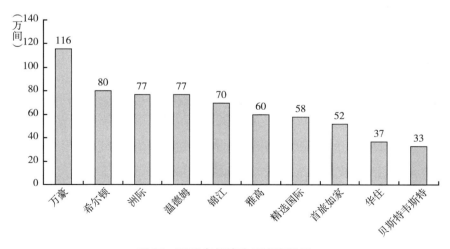

图15 2017年酒店集团客房数量

资料来源：全球酒店客房规模排行榜。

五 2017年商业地产发展的新动向

（一）长租公寓发展强势扩张

2017 年，长租公寓市场可谓风起云涌，经过数年的发展，终为世人所熟知。自 7 月广州推出租售同权后，数十个省市相继推出了适合本地区的住房租赁新政，而开发商和一众国企也开始将经营领域逐渐向住房租赁领域倾斜，陆续涌现出以泊寓、冠寓为代表的开发商系长租公寓和以红璞、自如为代表的中介系长租公寓，新派公寓的 REITZ 上市更将长租公寓引爆，而开发商系与中介系长租公寓的强势扩张，成为 2017 年长租品牌公寓的主旋律。

按公寓数量计算，截至 2017 年 12 月，国内公寓市场中的服务式公寓市场规模尚不及 10%，而分散式长租公寓占比则近八成（见图 16）。可以看出，由于集中式长租公寓物业获取相对分散式门槛更高，而公寓对交通及地理位置的要求又较为苛刻，因此在整体规模上，集中式长租公寓远逊于分散式长租公寓。但在品牌知名度及影响力方面，集中式长租公寓则更胜一筹。

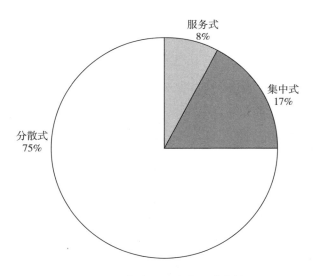

图 16　2017 年中国公寓市场分类情况

资料来源：迈点研究院。

根据迈点研究院（MTA）的不完全数据统计，截至2017年底，国内重点城市中集中式品牌长租公寓门店约为2000家，房间数约为16万间。其中，泊寓后来居上，仅用数年的时间，其新开门店数已达190家，超越魔方成为目前国内集中式长租公寓门店数最多的公寓品牌。

（二）资产证券化发展继续提速

2017年，中国资产证券市场发行量较2016年大幅增长，同比增长率高达73.7%[①]。传统融资渠道收窄的趋势下，资产证券化成为商业地产金融创新的重要工具，同时也涌现出一批先锋机构，如高和资本、中联基金等。印力深国投广场CMBS和悦方ID MALL、新派公寓类REITs同日挂牌深交所，资产证券化空前活跃。

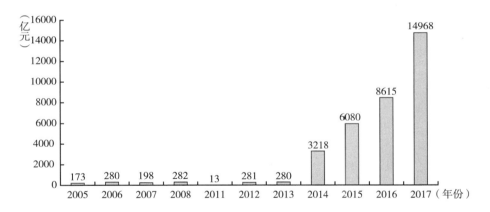

图17　2005～2017年中国资产证券市场发行量

资料来源：WIND，易居克而瑞，渤海汇金整理。

近年来，类REITs产品发行规模与发行数量稳步增长。截至2017年末，全年类REITs总发行规模约266亿元，总发行数量为14支，发行数量与规模已经明显超越2016年。平均每支产品发行规模为23亿元，最大发行规模为58亿元，最小发行规模为5.5亿元，发行规模在10亿元到40亿元之间分布较为平均。

---

① 资料来源：根据WIND、易居克而瑞、渤海汇金数据整理计算。

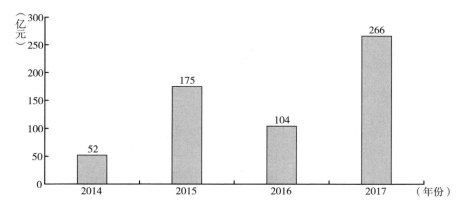

图 18　2014～2017 年类 REITs 产品发行规模

资料来源：根据 WIND、易居克而瑞、渤海汇金整理。

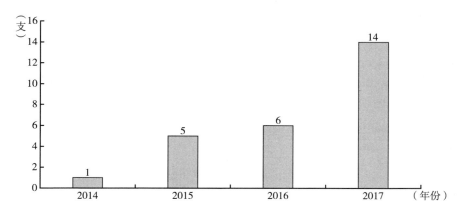

图 19　2014～2017 年类 REITs 产品发行数量

资料来源：根据 WIND、易居克而瑞、渤海汇金整理。

CMBS 资产证券化 2016 年起步发展，截至 2017 年末，CMBS 总发行规模约 606 亿元，同比增长 192.75%；总发行数量为 19 支，同比增长 375%。平均每支产品发行规模为 31.89 亿元，最大发行规模为 78 亿元，最小发行规模为 7.65 亿元（见图 21 至图 23）。

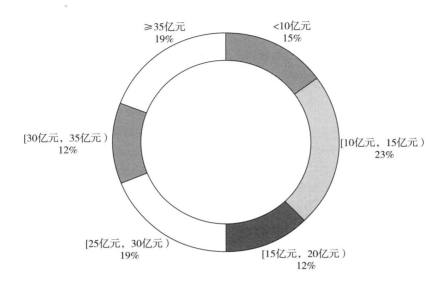

图 20　2017 年类 REITs 产品发行规模占比

资料来源：根据 WIND、易居克而瑞、渤海汇金整理。

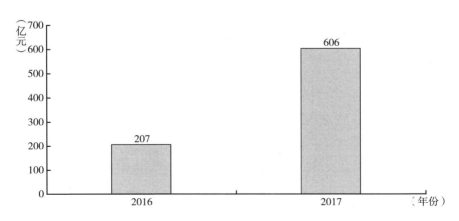

图 21　2016～2017 年 CMBS 发行规模

资料来源：根据 WIND、易居克而瑞、渤海汇金整理。

147

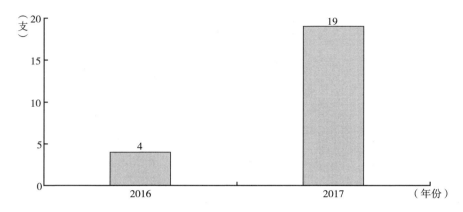

图22 2016~2017年CMBS发行数量

资料来源：根据WIND、易居克而瑞、渤海汇金整理。

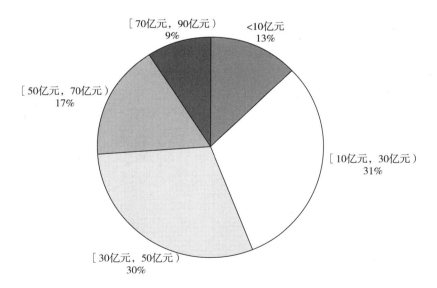

图23 2017年CMBS发行规模占比

资料来源：根据WIND、易居克而瑞、渤海汇金整理。

六 2018年商业地产市场发展预测

（一）商业市场发展预测

展望2018年，人们对于美好生活的需要将成为行业最大商机，物质消费会进一步升级，对于文化、健康与体验等非物质层面的消费将会大幅增加。随着新零售时代的到来，零售商业市场将发挥愈加重要的作用，但不能紧随时代改变创新的传统零售商，仍会继续掉队。

2018年全国预计新开购物中心将高达920个（商业面积≥3万平方米），其中计划新开购物中心10个以上的城市达19个，主要集中在新一线城市；重庆以预计新开购物中心42个居全国之首，西安和上海分别以41个、31个分列第二、第三。

2018年预计新开购物中心总数与2017年相比略有下降，其中华东、华中、华北、东北四大区域拟开业数量同比出现下降，东北、华中地区降幅最大，分别为53.3%、43.2%。另外西南、西北、华南三区域增长，西部两区增幅较大，分别为西北30.8%、西南25%。显而易见，接下来西部地区商业地产增长将领衔其他地区，集中爆发的开业量将吸引更多品牌进入，而中部、北部市场表现乏力。

2018年，拟开业项目体量区间与2017年基本一致，5万~10万平方米的体量是主流，这个区间的体量，比小型社区商业有更大的发挥空间，可以规划相对比较丰富的业态，在体验当道的时代，购物中心也需要更多空间打造场景，提升消费者体验感。而比起10万平方米以上的大型项目，辐射范围较小，定位可以更有针对性，招商品牌相对要少，操盘难度相对较低。

20万平方米以上的项目大幅下降近五成，约是2017年的一半。这些项目集中分布在西部地区及华东地区的县级市。重庆、云南、贵州、西安、兰州等地域广袤的西部城市最为集中。这主要与城市土地供应及商业规划有关，在一二线城市成熟商圈，大部分已经是商业存量高企。从规划看，商业形态开始出现调整，城市综合体纯商业体量占比缩减（见图24至图25）。

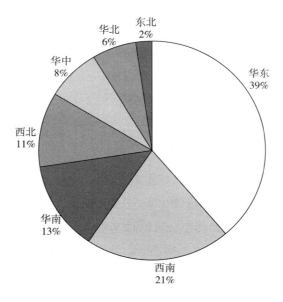

图24 2018年全国拟开业购物中心区域分布

资料来源：赢商大数据中心。

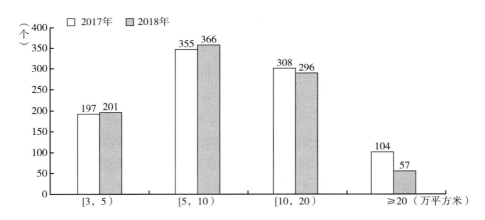

图25 2017~2018年拟开业项目体量区间对比

资料来源：赢商大数据中心。

（二）办公楼市场发展预测

办公楼市场的需求主体将进一步向创新和服务切换，在一线城市需求总体保持活跃的情况下，二线城市将出现更快的需求增长，金融、科技、专业服务业仍为需求主力。

2018 年，受经济增速的回落、金融监管趋严等因素的影响，预计办公楼需求将较 2017 年这一历史峰值同比下降 6%，降至约 574 万平方米，但仍高于近 5 年的均值。

2018 年，考虑延期交付因素，全国 17 个主要城市优质办公楼的新增供应量接近 850 万平方米。一线城市办公楼新增供应 380 万平方米，基本与 2017 年持平，沪深将继续提供百万平方米级别的充足供应，二线城市新增供应量预计大幅上涨 50%，供应压力较大的城市包括华北的天津、沈阳，华东的苏州、宁波，华中的武汉和长沙等。

2018 年，国内办公楼市场的空置率总体将继续提升，17 个主要城市的平均空置率将升至 22%，广州和南京将是仅有的两个空置率仍低于 10% 的城市。长沙是办公楼供过于求状况最严重的城市，其空置率连续第四年超过 40%。天津和武汉的空置率也将超过 40%，创城市新高。华东苏杭甬三城的空置率均有 5 个百分点以上的升幅，其中苏州的空置率将回升至 30% 以上。空置率方面唯一呈趋势性改善的城市为在华西的成都与重庆，两地供应高峰已过，市场租金的充分调整也有效地激发了很多潜在需求。

（三）酒店市场发展预测

酒店市场总体趋稳，在规模增量、酒店级次、经营策略上的发展特点如下。

从规模增量来看，一线城市（北上广深）和旅游目的地的市场新增将持续大于其他城市，国内高端酒店业主集中度会继续攀高，并购整合行为将持续升温。星级认证的高端酒店数量将持续缓增（年度增幅在 3% 左右）。

从酒店级次来看，豪华及奢华酒店营利性高于低星级酒店，且资产保值增值较好。

从经营策略来看，"轻资产"转变仍在继续；科技投资提高酒店盈利能力；休闲需求仍是酒店业务亮点；税收改革或助力行业发展。

（四）租赁市场与资产证券化发展预测

长租公寓市场的崛起、资产证券化的空前活跃给商业地产市场注入新的活

力。

　　展望 2018 年，长租公寓品牌的发展将呈现三大趋势：一是地产系、中介系与互联网系三分天下；二是资源优势明晰的国有企业开始涉足长租公寓市场；三是互联网巨头与地方政府合作推出官方租赁平台。

　　"租购并举""持有 + 运营""去杠杆"这些新变化为租赁市场和房地产资产证券化带来了新的机遇和挑战。在国内房地产企业传统融资渠道受限、融资环境持续紧缩的情况下，受到政策鼓励的资产证券化必将成为未来房地产企业获得融资、盘活资产的突破口。展望 2018 年，在政府大力推进住房租赁市场、鼓励 REITs 和资产证券化的政策指引下，资产证券化必将迎来更大的发展。这对于企业、政府和投资人都具有重要的积极意义，市场主体应该抓住机遇，迎接新时代的到来。

B.8
2017年中国重点城市住房市场
价格监测及2018年展望

邹琳华 *

摘　要： 通过对2017年重点城市住房市场回顾发现，因城施策初见成效，北京、上海等一线城市房价持续稳中有降，热点二线城市房价总体趋于平稳。综合内外部环境及政策走势分析认为，本轮房价回升小周期已接近尾声，但长期住房供求矛盾犹存。据此推测2018年北京、上海等一线城市延续下跌态势，热点二、三四线城市房价涨速下降。针对当前市场存在的问题，本文提出以下建议：维持调控政策的延续性与稳定性；加强对三四线城市房价的监控；全面改革完善商品住房预售制度；降低棚改货币化安置比例；进一步完善租购并举相关制度；做好农村集体经营性建设用地建设租赁住房试点。

关键词： 城市房价　大数据　调控政策　房价周期

本文对住房价格的监测资料来源于大数据房价指数（BHPI）。该指数由中国社会科学院财经战略研究院住房大数据项目组根据数百万条存量住房实际成交价数据，利用重复交易指数模型和最新互联网大数据分析技术编制计算。BHPI为存量房价格月度指数，样本目前覆盖了约30个中国主要城市和重点城市的数十个主要城区。由于BHPI为重复交易指数，根据模型的技术特性，它仅监测存量住房价格变动，新房的价格变动不计入BHPI。通过技术革新，

---

* 邹琳华，经济学博士，中国社会科学院财经战略研究院住房大数据项目组组长，主要研究方向为城市与房地产经济。

BHPI尽可能地规避了房价指数编制常见的加总失真、非理性报价、阴阳合同价、网签时间不及时等技术难题，以求更贴近真实的市场涨落。BHPI作为大数据挖掘研究的前沿成果之一，数据仅供市场研究分析参考，住房市场及政策绩效评价应以政府统计部门数据为准。

一 市场回顾

（一）第一阶段：部分城市房价出现迅猛上涨

第一阶段是指2017年1~3月，这一阶段部分城市的房价出现迅猛上涨。

2016年，热点城市或区域（以一线城市、热点二线城市及一线城市周边卫星城市为主）房价借住房去库存的政策大势迅速上涨，造成局部房地产热，投资投机泡沫有卷土重来之势。为抑制地产泡沫保障经济安全，中央政府主动对热点城市进行房地产调控政策指导。2016年10月上旬，短期房价上涨过快的热点城市密集推出了以限购限贷为主要手段的房地产调控政策，并对市场秩序进行了整顿。从9月30日夜间起至10月8日，出台新政的城市共22个，分别是杭州、昆山、北京、上海、南京、厦门、深圳、苏州、合肥、无锡、天津、成都、郑州、济南、武汉、广州、佛山、珠海、东莞、惠州、福州、南昌。这些城市大都在2016年前三季度出现房价飙升，进入了调控"黑名单"。从政策措施来看，北京、上海、南京、厦门、深圳、苏州等城市均属于对原有调控政策的"升级"或"加码"。例如，深圳调控政策规定，非深圳户籍购房要求由三年社保升级为五年；已有1套住房的，首付比例提高至七成。

尽管严厉的调控政策密集出台，但市场并没有对此有所畏惧。经历了2016年10~12月短暂的观望后，2017年初热点城市房价再度快速上涨，并在2017年3月达到阶段性的涨速峰值。

住房大数据指数（BHPI）监测发现，2017年3月，部分热点城市达到了2016年以来房价上涨的阶段性小高峰。从大数据房价同比指数看，2017年3月，样本城市房价同比涨幅平均值高达38.16%。其中房价同比涨幅居前5位的天津、廊坊、石家庄、厦门、北京，房价同比涨幅分别高达81.13%、80.29%、77.7%、68.11%和62.93%，均在50%以上。从大数据房价环比指数看，2017年3月，样本城市的房价环比涨幅平均高达2.66%。其中房价环比涨幅居样本城市前 5 位的北京、广州、成都、佛山、青岛，环比涨幅分别高达 6.38%、6.27%、5.84%、5.5% 和 5.41%。

部分城区房价涨幅更高。主要城区大数据房价指数显示，2017 年 3 月，从环比看北京市门头沟区房价环比上涨 11.97%，居全市首位，从同比看门头沟区、房山区同比分别上涨 94.88%、92.35%，居全市前列。

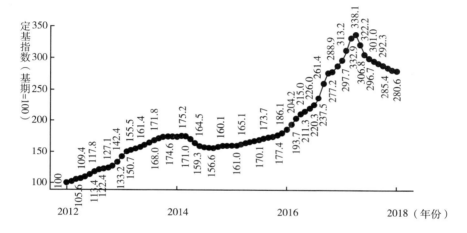

图 1　北京大数据房价定基指数（2012 年 1 月 = 100）

资料来源：住房大数据联合实验室（www.zfdsj.org）数据库。

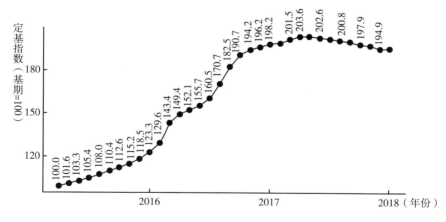

图 2　上海大数据房价定基指数（2015 年 4 月 = 100）

资料来源：住房大数据联合实验室（www.zfdsj.org）数据库。

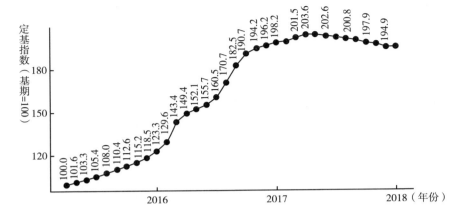

图3 上海大数据房价定基指数（2015 年 4 月 = 100）

资料来源：住房大数据联合实验室（www. zfdsj. org）数据库。

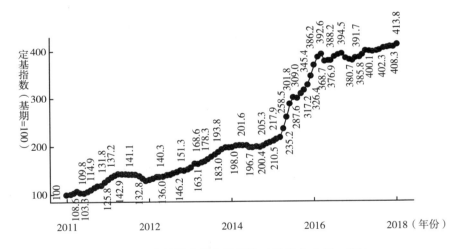

图4 深圳大数据房价定基指数（2010 年 1 月 = 100）

资料来源：住房大数据联合实验室（www. zfdsj. org）数据库。

（二）第二阶段：调控再度加码，北京房价环比首降

第二阶段是指 2017 年 4~5 月，这一阶段由于调控再度加码，北京房价环比出现首降。

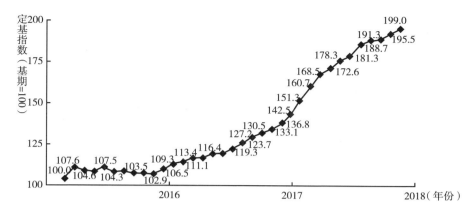

图5　广州大数据房价定基指数（2015年3月＝100）

资料来源：住房大数据联合实验室（www.zfdsj.org）数据库。

为降低宏观金融风险、抑制房价过快上涨，以2017年3月17日北京大幅加码调控为标志，各热点城市陆续出台了"史上最严"的住房调控政策。"限购、限贷、限售、限价"四限调控政策几乎成了热点城市房价调控的标配。外地户籍家庭社保年限要求及"认房又认贷"等较严厉的政策手段在各热点城市全面推进，北京等城市承诺房价环比不增长。在调控再度加码的条件下，2017年4～5月热点城市住房市场热度有所下降。

住房大数据监测发现，2017年5月，在严厉的政策调控下，热点城市房价涨速整体回落，北京房价环比首降。受环京各城市联合出台重磅调控政策、多校划片政策试行、认房又认贷等因素的影响，环京房价环比出现大幅下跌，2017年5月北京房价环比出现2015年以来的首度下降。但5月，重庆、广州、青岛、成都、济南等热点城市房价环比涨幅仍然较高。

主要城市大数据房价指数环比显示，2017年5月，青岛、济南、厦门、惠州等楼市继续升温，房价环比涨速较上月有所加快，其余城市房价涨速相对稳定或有所回落。2017年5月，样本城市的平均环比涨幅为1.11%，涨速较上月下降1.2个百分点。廊坊、北京、天津、深圳、苏州、合肥、郑州等城市房价环比稳定或下跌。其中廊坊下跌8%、北京下跌4.09%、天津下跌1.97%，进入房价挤泡沫的新阶段。重庆、广州、青岛、成都、济南分别以5.48%、5.39%、5.02%、3.87%、3.45%的环比涨幅居样本城市前五位。

主要城市大数据房价指数同比显示，2017 年 5 月，样本城市平均同比涨幅比上月降低 1.85 个百分点，为 38.45%。其中大连、深圳、苏州、沈阳、西安分别以 6.18%、6.41%、7.35%、7.68%、14.96% 的同比涨幅居后 5 位；石家庄、天津、廊坊、厦门、济南分别以 79.6%、75.57%、72.97%、64.78%、60.88% 的同比涨幅居前 5 位。

主要城区大数据房价指数显示，2017 年 5 月，北京各区房价全面下跌，其中海淀区下跌 7.45%、西城区下跌 8.43%，在全市各区县板块中领跌。政府调整了购房入学政策，试行多校划片并强调实际居住等，都对虚高的"学区房"价格构成冲击。2017 年 5 月，在北京各区县板块中，通州区表现最为抗跌，环比仅下跌 0.01%。

（三）第三阶段：市场热点由一线城市向部分二三线城市转移

第三阶段是指 2017 年 6～7 月，这一阶段在严厉调控政策的作用下，住房市场出现区域分化和热点转移，市场热点由一线城市转向部分二三线城市。部分二三线城市，如成都、重庆、青岛、济南、佛山等房价均出现较快上涨；同时，一些前期房价上涨过快的一二线城市，如北京、上海、深圳、天津、合肥等，房价涨势已经得到有效抑制。

从半年涨幅看，大数据房价指数显示，2017 年上半年部分热点二三线城市房价涨速仍继续升高，而一些前期房价上涨过快的一二线城市房价涨速已经回到合理区间。佛山、青岛、广州、济南、重庆居样本城市 2017 年上半年涨幅前 5 位，半年涨幅分别为 35.06%、34.5%、30.87%、29.89% 和 28.46%。廊坊、合肥、苏州、上海、天津居样本城市上半年涨幅后 5 位，半年涨幅分别为 -5.94%、-2.34%、2.63%、3.89% 和 4.33%。

从季度涨幅看，2017 年第二季度，北京、天津、廊坊等政策严控城市房价出现显著下跌。北京、天津、廊坊房价第二季度分别下跌 7.74%、5.33% 及 16.34%。这意味着，2017 年 3 月以来北京、天津及环京廊坊等地的新购房者被全部短线套牢。部分热点二三线城市未见显著降温，2017 年第二季度，重庆、广州、青岛、成都、佛山的房价季度涨幅居样本城市前 5 位，分别为 15.62%、14.77%、14.37%、13.23% 和 13.11%。

从月度环比涨幅看，2017 年 6 月，房价环比下跌或停涨的城市增多。热点二三线城市房价涨速较上月大都有所降低，2017年6月，杭州、无锡、济南、成都、南京房价分别环比上涨3.94%、3.17%、2.91%、2.73%和2.72%，居样本城市前5位。房价环比出现下跌的有廊坊、北京、天津、厦门、上海、合肥、苏州等城市，其中已经连续两个月房价环比下跌的有北京、苏州、天津、廊坊等城市。

从重点城区看，主要城区大数据房价指数显示，2017年上半年，北京各区中，房山房价上涨19.2%，居各区之首，通州上涨2.18%，居各区末尾，这与2016年的各区房价上涨分布相反，表明2017年上半年的房价上涨以填坑和补涨为主。2017年6月，从环比看，北京各区房价出现全面快速下跌，其中门头沟区环比下跌8.55%，居各区之首，大兴下跌2.66%，居各区之末，与上月相比各区房价呈轮流交替下跌的态势。

到2017年7月，北京、天津等城市因严厉调控引发的房价急跌已经告一段落；青岛、重庆、南京、无锡等热点二三线城市房价涨幅收窄；高库存代表城市沈阳近半年房价累计上涨12%；北京主要学区房价仍然领跌。

大数据房价指数显示，2017年7月，首都经济圈板块城市，如北京、天津、廊坊等房价已经连续环比下跌3个月，其中廊坊房价近3个月累计跌幅达23.52%。2017年7月，北京、天津房价环比分别下跌2.05%和2.18%，跌幅较6月有所收窄，而7月，廊坊仍环比大跌8.02%。

7月部分热点二三线城市，如青岛、重庆、无锡、南京等房价涨幅收窄，其中青岛环比上涨2.46%，重庆环比上涨1.4%，无锡环比上涨2.79%，南京环比上涨0.34%，涨幅均较6月有较大下降。此外，7月，杭州、济南等热点二三线城市房价环比涨幅较6月也有所收窄。

高库存代表城市沈阳，7月环比上涨2.91%，近半年房价累计上涨12%。

2017年7月，主要城区大数据房价指数显示，作为重要学区的北京市东城区、西城区和海淀区，2017年5~7月，房价3个月分别累计下跌13.17%、12.77%和12.28%，居北京市各区跌幅前三位。表明在租购房同权预期、强调实际居住、多校划片等政策的作用下，学区房有显著退热趋势。

（四）第四阶段：多数城市房价趋于平稳，少数城市房价仍上涨较快

第四阶段是指2017年8~9月，这一阶段随着住房市场调控政策全面转

紧，多数样本城市房价已趋于平稳，少数城市房价仍上涨较快。

大数据房价指数显示，2017 年 8 月样本城市中，二三线城市房价平均环比上涨 1.14%，一线城市房价平均环比下跌 0.18%。其中首都经济圈城市已经连续 4 个月房价环比下跌，但 8 月跌势较 5 月显著减缓。8 月，天津、廊坊、北京房价居样本城市跌幅前 3 位，环比分别下跌 2.25%、2.22%、1.21%。杭州、成都环比分别上涨 6.47% 和 4.69%，涨速要大大领先于其他样本城市。另有上海、合肥、厦门、苏州、深圳、南京、广州、太原、无锡、重庆、佛山、大连 12 个城市房价与上月基本持平，8 月环比房价涨跌幅在 1% 以内。

2017 年 8 月，主要城区大数据房价指数显示，在 74 个样本城区中，天津市河北区、北京市西城区、北京市通州区、北京市东城区、北京市丰台区近半年房价分别下跌 8.49%、7.95%、7.87%、5.9%、5.73%，居半年跌幅前 5 位。杭州市下城区、广州市番禺区、济南市市中区、青岛市黄岛区、杭州市拱墅区近半年房价分别上涨 34.44%、33.48%、32.84%、31.65%、29.9%，居涨幅前 5 位。从北京市看，曾为全市最热门的西城区和通州区板块，半年房价领跌于全市各区。

2017 年 9 月，样本城市房价环比平均上涨 1.2%，其中大多数城市房价环比涨幅均处于 0 至 2% 的区间内。强一线城市率先总体进入房价调整阶段，北京、上海、深圳 3 个强一线城市环比平均下跌 0.46%。只有成都、广州、杭州 3 个城市房价环比分别上涨 6.89%、5.42%、3.97%，涨幅显著高于其他城市。如果剔除掉这 3 个环比涨幅较高的城市，则样本城市环比平均涨幅只有 0.68%。惠州、廊坊、合肥、太原、佛山、大连、沈阳、南京、青岛、厦门、深圳 11 个城市，房价环比涨幅均在 1% 以内。另有北京、郑州、上海、天津 4 个城市环比分别下跌 1.52%、1.04%、0.76%、0.58%。

从截至 2017 年 9 月底的半年房价累计涨幅看，始于 2017 年 3 月底的各地房地产市场新一轮集中调控，总体取得了较好的稳定房价成效。样本城市中，上海、合肥、天津、北京、廊坊 5 个城市，半年房价分别累计下跌 0.43%、0.74%、9.26%、12.02% 和 24.89%。大连、太原、南京、郑州、厦门、深圳、苏州 7 个城市，半年房价累计上涨幅度在 10% 以内。

2017 年 9 月，主要城区大数据房价指数显示，北京各区域房价下跌态势总体趋同。2017 年 9 月，北京东城区环比上涨 1.04%，居北京各区首位，房山区下跌4.09%，居北京各区末位。但从近半年累计跌幅看，近半年房价跌幅最大的门头沟与跌幅最小的昌平，跌幅仅相差3.16个百分点。

2017年9月，主要城市大数据房价中位数显示，一二线城市房价水平分化明显。作为弱一线城市的广州，9月房价中位数为26508元/平方米，仅约为其他强一线城市的一半。厦门、杭州、南京、天津等强二线城市房价中位数在25000元/平方米以上，与其他多数二三线城市10000～20000元/平方米的房价差距也显著拉开。

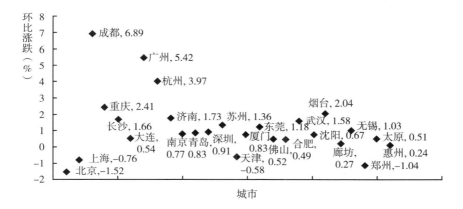

图6 主要样本城市9月房价环比涨跌分布散点图

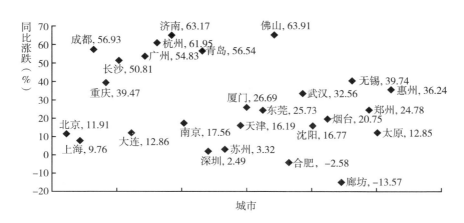

图7 主要样本城市9月房价同比涨跌分布散点图

（五）第五阶段：北京、上海等一线城市房价持续稳中有降，热点二线城市房价总体趋于平稳

第五阶段是指 2017 年 10 月至 2018 年 1 月，这一阶段北京、上海等房地产龙头城市房价持续稳中有降，热点二线城市房价总体趋于平稳，环京超跌板块出现止跌回涨。

2018 年 1 月，作为中国房地产市场龙头与风向标的北京、上海房价稳中有降，其中北京房价环比继续下跌了 0.53%，而上海房价与上月基本持平。房价水平居二线城市之首的厦门，2018 年 1 月房价环比下跌了 1.68%，居样本城市跌幅首位。此外，惠州、苏州、佛山、合肥等城市，房价也出现了轻微的环比下跌。前期热点城市房价大多趋于平稳，房价环比涨幅超过 2% 的仅有成都、廊坊（燕郊）两个城市。其中廊坊（燕郊）房价在 2017 年 5 月以来持续的大幅下跌后，近两个月房价止跌回升。

表 1　主要城市大数据住房单价中位数（2017 年 10 月至 2018 年 1 月）

单位：元/平方米

城市	2017 年 10 月	2017 年 11 月	2017 年 12 月	2018 年 1 月	排名
北　京	56278	56216	53474	54028	1
深　圳	51486	52843	52778	53334	2
上　海	51810	51163	49210	48149	3
厦　门	40806	37786	38920	37010	4
广　州	27331	28249	28907	28414	5
杭　州	27876	27797	28508	28316	6
南　京	28192	27978	28967	28276	7
天　津	24949	24295	23536	23710	8
苏　州	19132	19795	19546	22222	9
青　岛	18234	18691	19296	20167	10
廊　坊	20573	19283	19802	20034	11
武　汉	18579	18256	18847	18960	12
东　莞	17526	17395	17813	17891	13
济　南	16760	16807	17752	17588	14
石家庄	16505	16109	16302	15834	15
合　肥	16210	15556	16028	15702	16

续表

城 市	2017 年 10 月	2017 年 11 月	2017 年 12 月	2018 年 1 月	排名
成 都	13508	14250	14680	15202	17
佛 山	13266	14286	14410	13405	18
惠 州	11495	10870	10119	13134	19
中 山	12030	12038	11703	11954	20
重 庆	11194	11198	11382	11486	21
西 安	10289	10566	10531	11216	22
大 连	10780	11189	11226	11163	23
长 沙	10371	10830	10791	10942	24
沈 阳	8970	9443	9079	9600	25
烟 台	9514	9590	9518	9385	26

资料来源：住房大数据联合实验室（www. zfdsj. org）数据库；计算范围仅限于存量（二手）住房成交价数据。

值得注意的是，虽然北京房价仍延续下跌态势，但北京市通州区房价却出现了 2.03% 的环比上涨，在北京市各区中一枝独秀。同时，与北京市通州区毗邻的廊坊（燕郊）房价也出现 2.17% 的环比上涨。两地房价止跌回涨，与北京市政府正式向通州副中心搬迁时间逼近形成的住房刚性需求具有一定的关联性。

从同比涨跌幅度看，廊坊（燕郊）、天津、北京、合肥、上海房价均低于一年前的价格。其中廊坊（燕郊）同比下跌28.56%，居样本城市首位，结合廊坊（燕郊）房价走势，可知 2017 年 1~4 月廊坊（燕郊）购房者基本跌去首付或更多。天津、北京、合肥、上海同比分别下跌 9.23%、5.75%、1.67%、1.52%。一二线城市房价走势分化显著，成都、杭州、西安 3 个城市近一年房价均上涨了50%以上，其中成都同比上涨70.33%，居样本首位。

从租金水平看，2018 年 1 月，北京、深圳、上海居样本城市租金水平前三位，月租金中位数分别为6800 元/套、5500 元/套和4800 元/套。但也有石家庄、烟台、廊坊、惠州、合肥等城市月租金中位数在 2000 元/套以下。

从房价租金比看，北京、上海、深圳等一线城市并不是中国房价租金比最高的城市。2018 年 1 月样本城市中，房价租金比最高的为厦门，其房价租金比为1100。这意味着，当房价与租金分别保持不变时，将需要91.7 年才能通

过租金简单回本。如果将未来租金折算为当前价值,则租金回本期还将更长。而北京、上海、深圳、广州4个一线城市房价租金比分别居样本城市第14、第7、第8、第13位。其中北京房价租金比为594,简单计算的租金回本年限为49.5年,年租金收益率约为2%。样本城市中,房价租金比较低的分别为大连、沈阳和重庆,房价租金比均在400以下,或者说年租金收益率均在3%以上,租金收益率相对较高(见表2)。

表2　主要城市住房总价中位数、租金中位数及房价租金比

城市	总价中位数(万元/套)		租金中位数(元/套·月)		房价租金比
	2017年12月	2018年1月	2017年12月	2018年1月	2018年1月
北　京	400	404	7500	6800	594
深　圳	340	345	5400	5500	627
上　海	308	309	4900	4800	644
杭　州	221	220	4500	4500	489
珠　海	—	—	—	4000	—
广　州	205	210	3500	3500	600
苏　州	170	200	3200	3300	606
南　京	211	209	3200	3200	653
厦　门	310	330	3000	3000	1100
武　汉	152	165	2800	2800	589
东　莞	154	154	2800	2800	550
无　锡	95	—	—	2700	—
郑　州	132	—	—	2600	—
佛　山	120	113	2600	2600	435
青　岛	145	152	2500	2500	608
重　庆	94	95	2500	2500	380
中　山	95	118	2500	2400	492
长　沙	101	104	2400	2400	433
天　津	138	141	2300	2300	613
成　都	117	119	2300	2300	517
西　安	88	96	—	2300	417
大　连	77	78	2300	2300	339
济　南	146	134	2200	2200	609
沈　阳	85	87	2100	2200	395
合　肥	132	138	1800	1850	746

城市	总价中位数（万元/套）		租金中位数（元/套·月）		房价租金比
	2017 年 12 月	2018 年 1 月	2017 年 12 月	2018 年 1 月	2018 年 1 月
廊　坊	153	159	1700	1800	883
惠　州	—	152	—	1800	844
烟　台	82	76	1700	1750	434
石家庄	126	140	—	1700	824

资料来源：住房大数据联合实验室（www.zfdsj.org）数据库；计算范围仅限于存量（二手）住房，房价租金比 = 住房总价中位数/单套月租金中位数。

二　主要问题

1. 在多因素的作用下，本轮住房市场回暖小周期趋于结束，短期市场有望稳定

总体而言，中央政府对住房市场的定位更加明确科学，"房住不炒"成为政策共识，针对住房的投机炒作将受到政策制度的严控。过去一年半，多数城市出现了一波房价的迅速上涨，"房价泡沫"基本取代了"房价相对洼地"。从短期看，住房市场房价大升大降的经济基础并不存在。市场实际利率已经居高不下，连首套房贷利率也出现普遍上浮 10% 左右的现象，金融条件也不支持房价的快速上涨。

从长效机制看，住房市场长效机制框架大体明确。党的十九大报告中明确指出要"坚持房子是用来住的、不是用来炒的定位，加快建立多主体供给、多渠道保障、租购并举的住房制度，让全体人民住有所居"。2018 年 3 月 5 日《政府工作报告》提出，"支持居民自住购房需求，培育住房租赁市场，发展共有产权住房。加快建立多主体供给、多渠道保障、租购并举的住房制度，让广大人民群众早日实现安居宜居"。以租购并举为基石的长效机制框架初见雏形，住建部确定了广州等 12 个城市为首批加快发展住房租赁市场的试点城市。北京将原有自住型商品房升级为共有产权住房，广州还明确提出租购房同权，这些都是对构建住房市场长效机制的积极尝试。租购房同权首次进入政策层面，不仅为发展住房租赁市场指明了方向，还将对未来住房市场格局产生积极、长远的影响。

从宏观环境看，货币信贷环境不支持房价快速上涨。货币基金年化利率持续在4%以上的高位，部分银行对首套及二套房贷利率均有大幅上浮，货币供应已经持续偏紧。"余额宝"等无风险货币基金年化利率居高不下，标志着货币供应持续收紧。数据显示，2018年2月全国房贷利率继续上扬，连续14个月上升。全国首套房贷款平均利率同比2017年2月上升了22.15%。商品住房作为大额交易的金融产品其市场交易离不开信贷支持，住房市场货币信贷环境的全面趋紧将对短期房价造成显著的利空。

从调控政策看，支持居民自住购房需求、抑制住房投资投机、保持房价基本稳定的调控政策导向不会发生变化。2018年3月5日《政府工作报告》提出，"坚持房子是用来住的、不是用来炒的定位，落实地方主体责任，继续实行差别化调控，建立健全长效机制，促进房地产市场平稳健康发展"。虽然具体调控政策仍由地方政府所主导，但中央政府着重强调了地方政府稳定房价的主体责任。从各地房地产政策看，各热点城市既有集体行动，也有组合拳。如北京、天津、廊坊各市联合出台了严厉的需求管控政策，如购房要求三年以上当地社保等。北京不仅对"学区房"炒作进行精准打击，调整了购房入学政策，还要求"认房认贷认商认离"。即使主要一线城市房价涨速有所下降，但限贷、限购等抑制住房投资投机的政策手段并不会因此放松。随着高库存代表城市沈阳采取限售政策抑制住房投资投机需求，更多的二三线城市将升级住房市场管控措施。

2. 长期供求矛盾仍存，长期房价上涨压力仍较大

2016年以来的本轮热点城市房价上涨，既有去库存政策刺激的因素，也有大城市短期住房库存偏低、长期住房用地供给能力不足的实际因素。2016年以来，在住房去库存的大背景下，房贷利率降至历史最低点，二套住房信贷条件也极为宽松，这为房价的上涨在客观上创造了有利条件。另外，短期供求缺口加大，则是造成热点城市房价过快上涨的市场基本面原因。随着销售速度的加快，大城市住房去化周期过短，普遍库存不足。从长期需求看，我国大城市人口规模庞大住房水平偏低，只要人口的聚集化动力不发生改变，未来大城市长期住房实际需求仍然十分巨大。从供给方面看，受土地供应和环境承载能力限制，各大城市扩大住房供给的潜力普遍不足，长期供求矛盾仍然存在。在一线城市楼市持续高压调控、人口吸纳能力下降的背景下，部分经济发展稳

健、人口持续流入的二三线城市成为新兴热点区域。住房投资热点由一线城市向这部分二三线城市转移，导致这些城市房价接力较快上涨。由于市场潜在供求矛盾仍然存在，对于房价短期下跌的一线和部分二线城市，也需要保持调控的持续性与稳定性，避免放松后房价再度迅速反弹。

三 2018年走势预测

从市场面推测，经历2016～2017年的市场回升，中国住房去库存工作基本完成，多数城市住房库存水平较低。但三四线城市潜在供给能力较强、已售空置现象较严重的市场特性，将抑制房价短期的进一步上涨。作为楼市风向标的北京等一线城市房价持续稳中有降，对稳定热点二三线城市的房价预期有一定的作用。

从宏观经济形势推测，国际经济形势趋于复杂化，经济发展前景的不确定性有所增加。金融去杠杆进程深化、购房按揭贷款利率显著提升，这都是住房市场短期退热的外部经济因素。

从政策面推测，中央反复强调要维持调控政策的稳定性，全国住房城乡建设工作会议明确要"保持房地产市场调控政策连续性和稳定性""坚持调控目标不动摇、力度不放松"。房地产市场调控不会发生方向性转变，抑制住房投机炒作、促进房地产市场向居住属性回归仍将是一线城市住房政策的主线。2016～2017年，一线城市出台了有史以来最严格的市场调控政策。2018年，它们仍将"坚持调控目标不动摇、力度不放松"。而在部分三四线城市，去库存政策尚未得到及时调整。三四线城市购房政策相对宽松，这使得它们承接了一二线城市房地产投资的溢出。棚改货币化安置政策的逐步淡出，将对快速上涨的二三四线城市房价起到釜底抽薪的作用。

从长效机制看，政府不断推出各种促进租赁市场发展的政策，今后数年房地产税进入立法程序的可能性增大，这些因素都有利于短期房价预期的稳定。土地制度改革深化，国土资源部表示我国将研究制定权属不变、符合规划条件下，非房地产企业依法取得使用权的土地作为住宅用地的办法，深化利用农村集体经营性建设用地建设租赁住房试点，推动建立"多主体供应、多渠道保障、租购并举"的住房制度。

从国家中长期区域发展战略看，中央政府致力于抑制特大城市过度扩张和促进区域均衡发展，这将对一线城市房价造成中长期利空。雄安新区的设立、特大城市人口疏解等重大战略的实施，均表明了中央政府对于促进大中小城市协调发展的决心。另外，二三四线城市从中长期看显然是国家区域均衡发展战略的获益者，其基础设施水平及居住环境得到迅速改善，这在一定程度上从价值层面支撑了其房价的上涨。

综合以上因素，预计北京、上海等一线城市房价短期仍将延续当前跌势，难以出现有力反弹。前期房价快速上涨的二三四线城市房价涨速将延续下降态势，部分城市房价将出现下跌，购房者应注意规避追高风险。由于一线城市房价增速持续低于二三四线城市，一线城市与二三四线城市的价差将有所缩小。

四　对策建议

总体而言，建议保持调控政策的延续性、建立和完善住房长效机制。具体而言，主要包括以下几方面。

1. 维持调控政策的延续性与稳定性，同时加强对三四线城市房价的监控

基于人口众多、居民生活水平不断提高和可用建设用地不足的现实，中国城市住房市场的供求矛盾将长期存在，抑制投资投机性需求的政策方向不应发生改变。限购、限贷等行之有效的投资投机抑制性政策，尚不具备退出条件。

不仅一二线城市需要坚持调控，三四线城市也需要加强市场管控。过去一年，三四线城市房价出现了大面积的快速上涨。相对于一二线城市，三四线城市房价上涨更容易出现泡沫化现象。需要加强对三四线城市房地产市场稳定性的监控，督促政府根据市场发展与供需结构变化，及时出台稳定市场的政策。

2. 对商品住房预售制度进行深入的改革与完善

当前的住房预售制度一定程度上助长了住房投机属性，需要进行深入的改革。在期房预售制度下，购房者将购房贷款和自有资金提前支付给开发商用于房地产开发建设，这对于促进房地产业快速发展、缓解特定阶段房地产业开发资金紧张曾起到重要作用。但是期房预售制度也助长了房地产业的金融深化，在一定条件下显著推高了地价。此外，购房者期房预售制度下将单方面承担延期交付及烂尾风险、跌价风险、质量低劣风险、虚假宣传与不实承诺风险等四

大风险。这导致了众多的维权活动与购房纠纷,严重损害了购房者的权益。根据不同的市场状况,将预售制度改为根据建设进度分期付款或成品销售,或将成为完善住房市场机制、进而构建住房市场长效机制的一个重要切入方向。

3. 降低棚改货币化安置比例,尽量采取实物安置方式

2017年三四线城市房价的猛涨,棚改的货币化安置起到了很重要的推动作用。三四线城市的市场容量较小,大量安置家庭用高于市场价的补偿金进入市场集中购房,迅速推高了短期房价,并使得补偿金的实际购买力下降。适时退出棚改货币化安置政策,可对迅速升温的三四线城市房价起到釜底抽薪作用,避免市场大起大落。

4. 大力发展住房租赁市场,进一步完善租购并举相关制度

首先,需要进一步扩大租购同权的适用范围,使这一政策惠及更多的家庭。租购同权是中国住房制度改革的重大突破之一,也是住房市场长效机制的基石。租购同权的提出,对于稳定中国商品房住房市场具有积极的作用。但现实中有大量的家庭"租住"于城中村等各类非正式出租房中,无法提供租房发票、完税证明,也不能在住房租赁监管平台合法登记备案。即使租购同权后,也可能无法享受基本的公共服务。租购同权在执行层面的差别化待遇,客观上将带来租房市场中正式出租房和非正式出租房的进一步分化,进而推动正式出租房租金的上涨。为了完善租购并举的住房制度,避免租房市场过度分化和商品房租金上涨,增进起点公平,建议将租购房同权逐步扩大到城中村等各类非正式租房。

其次,需要加大基础公共服务的供应能力。租购同权的提出,对于住房市场长效机制建设具有关键性意义。但在基础公共服务不足的条件下,租购同权的推进也可能引发租金上涨。这需要破除制度障碍,多渠道吸引社会资本参与基础公共服务领域投资,不断提高基础公共服务的供应能力。

5. 深化土地制度改革,做好农村集体经营性建设用地建设租赁住房试点

2018年将是中国住房制度改革的攻坚年与关键年,而土地制度特别是农村集体土地制度改革是决定住房改革成败的关键性制度。利用农村集体经营性建设用地建设租赁住房是一项具有伟大历史意义的改革尝试,它同时涉及集体土地开发利用和发展住房租赁市场两大长效机制关键性议题。如果运用得当,可以从根本上改变中国城市住房市场的高房价格局。短期内需要在总

结经验的基础上稳妥有效推进，同时要注重解决好如何与"小产权房"划清界限这一难题。

参考文献

邹琳华等：《中国住房市场发展月度分析报告（2018 年 1 月）》，2018 年 1 月，中国社科院财经战略研究院网站，http：//naes. org. cn/article/42700？c = 65。

邹琳华：《租购房同权：通往住房市场长效机制之门》，《经济参考报》2017 年 8 月 28 日。

邹琳华：《从开发商不能为穷人盖房说起》，《经济参考报》2017 年 11 月 30 日。

邹琳华等：《住房市场发展月度分析报告（2017 年 3 ~ 4 月）》，2018 年 5 月，中国社科院财经战略研究院网站，http：//naes. org. cn/article/41193？c = 65。

管 理 篇

Management

B.9
2017年中国房地产估价行业现状
与2018年走势分析

王 欢 程敏敏*

摘　要：　资产评估法施行一年多来，面对新的挑战和机遇，房地产估
　　　　　价行业在稳步发展中不断革新，行业监管酝酿变革，行业发
　　　　　展即将进入新的阶段。2017年房地产估价业务和估价机构收
　　　　　入保持稳步增长态势，新兴估价业务不断涌现。2018年土地
　　　　　估价师并入房地产估价师被提上日程，行业监管方式面临革
　　　　　新，房地产估价法规标准体系进一步完善，估价机构和估价
　　　　　师的执业风险进一步加大。

关键词：　房地产估价　估价业务　估价师

---

* 王欢，中国房地产估价师与房地产经纪人学会，研究中心主任；程敏敏，中国房地产估价师
与房地产经纪人学会，研究中心副主任。

党的十九大绘制了建设新时代中国特色社会主义的宏伟蓝图，提出了新时代经济社会各方面的新方略、新要求，为各行各业的未来发展指明了方向，也为房地产估价行业带来了新的发展机遇。2017年在《中华人民共和国资产评估法》全面施行、职业资格制度改革、行业监管加强，以及估价业务面临创新发展的背景下，房地产估价行业发生了诸多变化。

一　2017年中国房地产估价行业现状

（一）2017年中国房地产估价行业重大事件

1. 资产证券化业务明确主体资格和技术标准

3月3日，深圳证券交易所固定收益部发布《深圳证券交易所资产证券化业务问答》最新修订稿，要求基础资产（写字楼、购物中心、酒店等）涉及不动产评估的，应由一级房地产估价机构出具评估报告，并根据中国房地产估价师与房地产经纪人学会发布的《房地产投资信托基金物业评估指引（试行）》（中房学〔2015〕4号）相关要求进行评估。该指引发布以来，在规范房地产投资信托基金物业评估活动，保证评估质量，保护投资者合法权益，满足相关信息披露需要等方面发挥了重要作用。房地产估价机构有望抓住这一契机进入资产证券化评估领域，拓展高端估价业务。

2.《商业银行押品管理指引》出台

4月26日，中国银监会发布《商业银行押品管理指引》，引导商业银行加强押品相关制度建设，明确岗位职责，完善信息系统；同时对押品评估有关内容进行了规定，要求商业银行根据不同押品的价值波动特性，合理确定价值重估频率，每年应至少重估一次；明确了押品应委托外部评估机构进行评估的情形，要求外部评估机构准入应取得相应专业资质。房地产抵押估价业务是房地产估价行业中占比最大的业务，该指引的发布将对房地产抵押估价业务产生深远影响，对房地产估价机构提供押品估值服务提出了更高的要求。

3. 住房城乡建设部开展证书挂靠集中治理

6月30日，为进一步规范房地产估价师注册和房地产经纪专业人员登记行为，按照国务院推进职能转变协调小组的工作部署，住房城乡建设部发布

《关于开展房地产估价师和房地产经纪专业人员证书挂靠集中治理工作的通知》，2017年7～9月对房地产估价师和房地产经纪专业人员证书挂靠行为进行集中治理。通知要求将治理证书挂靠作为房地产市场秩序专项整治的一项重要工作来抓，重点核查群众举报线索、近三年来频繁办理变更注册的房地产估价师和将本人同时持有的房地产估价师和房地产经纪专业人员职业资格注册（登记）在不同机构名下的人员。

4. 内地与香港开展第三批资格互认

7月8～9日，中国房地产估价师与房地产经纪人与香港测量师学会在深圳举行了第三批内地房地产估价师与香港测量师资格互认面授和补充测试。90名内地房地产估价师与80名香港测量师经过严格遴选，通过面授培训和补充测试，分别取得香港测量师和内地房地产估价师资格。经过2004年、2011年、2017年三次资格互认，累计有276名香港测量师和300名内地房地产估价师取得对方资格。作为CEPA框架下内地最早与香港实现资格互认的专业技术人员职业资格，房地产估价师与香港测量师资格互认工作为两地房地产估价行业加强交流合作发挥了重要作用。

5. 国家职业资格目录正式公布

9月12日，经国务院同意，人力资源和社会保障部正式公布了国家职业资格目录，共计140项。其中，专业技术人员职业资格59项，技能人员职业资格81项。评估行业中仅有房地产估价师和资产评估师进入国家职业资格目录，房地产估价师被列入专业技术人员职业资格中的准入类资格，由住房城乡建设部、国土资源部、人力资源和社会保障部实施，资产评估师被列入专业技术人员职业资格中的水平评价类资格。业内原有的土地估价师、矿业权评估师、价格鉴证师、二手车鉴定评估师等未被列入国家职业资格目录。

6. 2017年中国房地产估价年会引起行业极大关注

为引导房地产估价行业更好地服务经济社会生活的方方面面，11月2～3日，中国房地产估价师与房地产经纪人学会在北京举办了以"估价无处不在——让估价服务经济社会生活的方方面面"为主题的2017年中国房地产估价年会。来自国际知名机构代表、我国港台地区专业人士、内地代表性估价机构负责人以及有关专家学者等分别从发挥估价在住房租赁市场中的作用、评估机构服务"一带一路"、境外"新、奇、特"估价业务发展，以及土地储备专

项债券、土地二次开发、国际仲裁、司法鉴定、房地产税收、历史建筑保护、房地产价值管理、金融资产管理中的估价服务等方面，探讨了传统估价业务的创新和各类新兴估价业务的理论与实践。

7. 房地产税明确将按评估值征收

12月20日，财政部部长肖捷在《人民日报》发表的《加快建立现代财政制度》一文中，谈到未来开征的房地产税时指出，首次明确提出按照"立法先行、充分授权、分步推进"的原则，推进房地产税立法和实施。对工商业房地产和个人住房按照评估值征收房地产税，适当降低建设、交易环节税费负担，逐步建立完善的现代房地产税制度。房地产税按评估值征收，无疑将会给评估行业带来重大的发展机遇，房地产估价行业近年来在行业信息化、基础数据建设、批量评估技术方面的理论积累和实践经验，已经具备了承担个人住房房地产税税基评估的技术能力，为房地产税的开征做好了准备。

（二）2017年中国房地产估价行业发展状况

1. 人员数量

2017年，共20471人报名参加全国房地产估价师资格考试，其中2803人考试合格取得房地产估价师资格证书。截至2017年底，共举办了21次全国房地产估价师资格考试，取得房地产估价师资格证书的人数已达58920人（其中含1993年、1994年资格认定的347人，2004年、2011年、2017年资格互认的276人），其中53999人注册执业。

2. 机构数量

截至2017年底，全国共有房地产估价机构5500余家，其中一级机构546家（2017年新增61家），二级机构1700余家，三级（含暂定）机构3000余家，一级机构分支机构800余家。

3. 收入情况

2017年，全国一级房地产估价机构平均营业收入为2011万元，较2016年增长了16.8%；营业收入超亿元的机构从2016年的8家增长为12家，营业收入排名前10的机构收入总额从2016年的13亿元增长为16.5亿元，增幅为27%；营业收入前100的机构收入总额从2016年的45.8亿元增长为54.9亿元，增幅为20%。2010～2017年，全国一级房地产估价机构数量及平均营业收入的变化情况见图1。

2017年，全国一级房地产估价机构估价业务中房地产抵押估价、房地产转让估价平均业务量有所下降，房屋征收评估、房地产司法鉴定估价、房地产咨询顾问业务继续保持快速增长态势。根据房地产估价信用档案系统（gjxydaxt.cirea.org.cn）统计数据，2017年一级机构开展的估价业务量平均为：房地产抵押估价项目1976个，同比下降12.95%；房地产转让估价项目186个，同比下降1.59%；房地产司法鉴定估价项目83个，同比增长23.88%；房地产咨询顾问项目75个，同比增长53.06%；房屋征收评估项目135个，同比增长53.41%。2010～2017年，全国一级房地产估价机构主要估价业务的变化情况见图2～图6。

图1　2010～2017年一级机构数量及平均营业收入

资料来源：中国房地产估价信用档案系统。

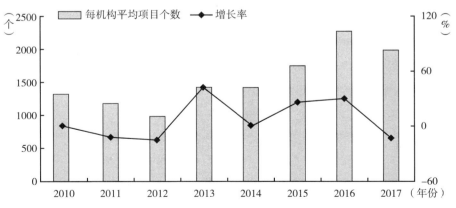

图2　2010～2017年一级机构房地产抵押估价业务量变化情况

资料来源：中国房地产估价信用档案系统。

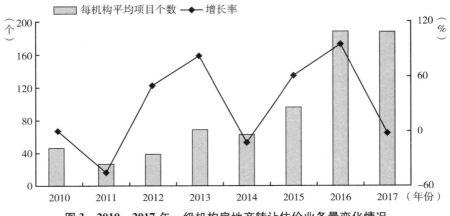

图3 2010~2017年一级机构房地产转让估价业务量变化情况

资料来源：中国房地产估价信用档案系统。

图4 2010~2017年一级机构房地产咨询顾问业务量变化情况

资料来源：中国房地产估价信用档案系统。

与2016年相比，2017年营业收入全国前10名的房地产估价机构略有变化，2家机构首次进入前10名，其中1家机构排名第3，另外8家机构具体顺序也有变动（见表1、表2），反映出在行业龙头企业竞争格局趋于稳定的同时也不乏成长迅速的潜在竞争者。从分布地域来看，2017年营业收入全国前10名的房地产估价机构总部都在一线城市和强二线城市，其中总部在深圳的有5家，总部在北京的有2家，总部在上海、重庆、南京的各有1家，反映出房地产估价市场的大小与当地经济发展水平正相关。

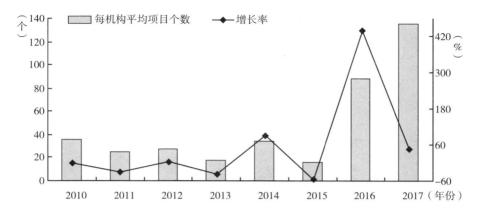

图5 2010~2017年一级机构房屋征收评估业务量变化情况

资料来源：中国房地产估价信用档案系统。

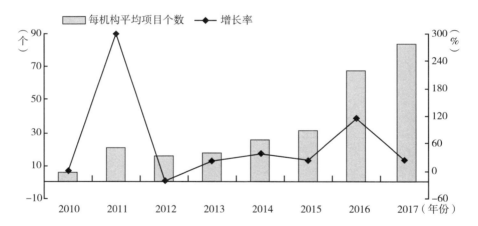

图6 2010~2017年一级机构房地产司法鉴定估价业务量变化情况

资料来源：中国房地产估价信用档案系统。

表1 2017年一级房地产估价机构营业收入全国前10名

序号	机构名称
1	深圳市世联土地房地产评估有限公司
2	北京仁达房地产评估有限公司
3	国众联资产评估土地房地产估价有限公司
4	深圳市戴德梁行土地房地产评估有限公司
5	北京首佳房地产评估有限公司

房地产蓝皮书

续表

序号	机构名称
6	上海城市房地产估价有限公司
7	深圳市国策房地产土地估价有限公司
8	深圳市同致诚土地房地产估价顾问有限公司
9	重庆汇丰房地产土地资产评估有限责任公司
10	中证房地产评估造价集团有限公司

表2 2016年一级房地产估价机构营业收入全国前10名

序号	机构名称
1	深圳市世联土地房地产评估有限公司
2	深圳市国策房地产土地估价有限公司
3	深圳市戴德梁行土地房地产评估有限公司
4	重庆汇丰房地产土地资产评估有限责任公司
5	北京仁达房地产评估有限公司
6	上海城市房地产估价有限公司
7	深圳市鹏信资产评估土地房地产估价有限公司
8	深圳市同致诚土地房地产估价顾问有限公司
9	北京康正宏基房地产评估有限公司
10	北京首佳房地产评估有限公司

二 2018年房地产估价行业走势分析

在大力推进简政放权，深化行政审批制度改革的社会背景下，在积极培育和发展住房租赁市场，构建租购并举的住房制度的房地产市场环境下，2018年房地产估价行业在管理方式上将面临突破，在业务上将向住房租赁领域纵深拓展。

1. 土地估价师并入房地产估价师被提上日程

近年来国家先后取消、调整了部分国家职业资格。2014年10月，《国务院关于取消和调整一批行政审批项目等事项的决定》（国发〔2014〕50号），将土地估价师资格取消。自那时起，土地估价师何去何从一直未有定论，与房地产估价师合并的声音也陆续在行业传出，但一直未得到官方确认。2017年9

178

月，人力资源和社会保障部发布《关于公布国家职业资格目录的通知》，土地估价师不在职业资格目录之列，房地产估价师职业资格实施部门由住房城乡建设部、人力资源和社会保障部调整为住房城乡建设部、国土资源部、人力资源和社会保障部三个部门，这无疑释放出土地估价将并入房地产估价的信号。土地估价师已停考数年，国土资源部（机构改革后并入自然资源部）定会抓住这次机会与住房城乡建设部积极磋商合并事宜，但因涉及诸多历史和现实问题，具体方案的敲定尚需时日。

2. 行业主管部门积极探索新的监管方式

一是房地产估价报告试行备案管理。房地产估价报告直接反映了房地产估价机构、注册房地产估价师执业质量，对估价报告进行管控是行业管理的重要抓手，也是掌握行业业务发展状况的基础。但全面推行房地产估价报告备案不仅存在技术方面的难题，也因涉及企业商业秘密，实施起来可能有一定的难度。因此，估价报告备案制度很可能先在部分地区试行。

二是积极探索建立行业资信评价体系。房地产估价机构分级管理制度有利于估价委托人选择估价机构，但随着《资产评估法》的施行，房地产估价机构由资质核准改为备案管理，有业内人士提出，机构分级管理制度涉嫌变相的行政许可，应积极构建行业信用评价体系，通过资信评价等自律管理逐渐取代行政分级管理制度。为积极推进行政审批制度改革，深化简政放权，行业主管部门很可能会加强对资信评价体系的研究，积极推动开展行业资信评价。

3. 估价业务将向住房租赁领域纵深拓展

近年来，党中央、国务院高度重视发展住房租赁市场，特别是党的十九大报告提出加快建立租购并举的住房制度，把之前的"购租并举"改为"租购并举"，租放到购的前面，更加突出了发展住房租赁市场。发展住房租赁市场，对房地产估价提出了许多需要和要求。越来越多的房地产估价机构将深入挖掘住房租赁领域中的估价业务，在住房租赁企业融资、新建和改建租赁住房、租赁住房运营管理、保障性住房租赁及住房租赁市场监测、调控和管理等方面发挥积极作用。

4. 房地产估价行业法规标准体系日趋完善

一是《房地产估价行业监督管理办法》将出台。为贯彻落实《资产评估法》，加强对房地产估价行业的监督管理，住房城乡建设部自2016年起就启动

了《房地产估价行业监督管理办法》（以下简称《办法》）的起草工作，并就机构名称字样、法人出资、机构分级、分支机构设立条件、估价报告备案制度等重大问题进行多次论证，听取业内机构代表和有关专家学者意见。据悉，该《办法》已形成送审稿，并作为住房城乡建设部 2018 年立法计划一档项目，预计年内将出台。

二是出台住房租赁资产证券化评估指引。为加快培育和发展住房租赁市场，国家明确将支持符合条件的住房租赁企业发行债券、不动产证券化产品。在这一利好政策的推动下，2017 年魔方公寓、链家自如、新派公寓、旭辉领寓、招商蛇口、保利地产等企业的住房租赁资产证券化产品先后在上海证券交易所、深圳证券交易所成功获批。证监会会同住房城乡建设部就推动住房租赁资产证券化相关工作已进行多次沟通，为规范住房租赁资产证券化评估活动，指导房地产估价机构、注册房地产估价师开展住房租赁资产证券化评估业务，主管部门或者行业组织有望制定出台住房租赁资产证券化评估指引。

三是出台房地产批量估价指导意见。随着房地产税试点、存量房计税价批量评估试点，以及基于大数据的各类自动评估系统的探索，近年来批量估价的实践越来越多。2017 年 12 月 20 日，《人民日报》第 7 版大篇幅刊载了财政部部长肖捷的署名文章《加快建立现代财政制度》，文中提及未来将对个人住房与商业房地产的保有环节按照评估值征收房地产税。基于实践推动和理论需要，行业组织一直在积极研究房地产批量估价的技术规范和要求，有望在年内出台。

5. 房地产估价机构和估价师执业风险越来越高

近年来，房地产估价机构和房地产估价师因违法违规评估而被处罚的案例越来越多。如 2017 年，证监会通报近年来查处证券中介机构违法违规情况，显示 7 家资产评估机构被处罚。同时，估价机构和估价师因高估房地产抵押价值而被起诉的案件也时有报道，其中不乏因败诉而面临高额罚款、被责令停止从业，甚至承担刑事责任的案例。随着房地产市场快速上涨趋势的扭转，过去一些高估的风险可能会不断显现，加上国家对评估活动规范性审查力度的加大、当事人维权意识的提高，估价机构和估价师的执业风险会越来越大。

B.10
2017年中国房地产经纪行业现状
与2018年发展趋势

赵庆祥　程敏敏*

摘　要：　在存量房交易崛起和房地产市场调控的背景下，房地产经纪行业正处于外部制度变化的风口，2017年房地产经纪行业专项整治连续加码，2018年，房地产经纪行业的标准体系会进一步完善，行业管理要求会更加严格，自律管理有望加强，行业格局或将发生重大变化。

关键词：　房地产经纪　住房租赁　住房消费

房地产经纪是房地产业和现代服务业的重要组成部分。近年来，影响我国房地产经纪行业发展的制度政策、市场环境以及行业本身都发生了较大变化。特别是在职业资格制度改革、政府简政放权，以及移动互联网技术的兴起并向各行各业渗透的背景下，房地产经纪行业发生了重大变化。本文将总结2017年房地产经纪行业发生的重大事件及重要变化，并对2018年行业发展趋势进行展望。

一　2017年中国房地产经纪行业现状

（一）2017年中国房地产经纪行业重大事件

1月9日，融创中国的全资子公司融创房地产与北京链家签订增资协议，

---

* 赵庆祥，中国房地产估价师与房地产经纪人学会，副研究员，主要研究房地产经纪；程敏敏，中国房地产估价师与房地产经纪人学会，副研究员，主要研究房地产经济。

融创房地产将通过增资以 26 亿元的价格获得北京链家 6.25% 的股权。

1 月 13 日，湖北国创高新材料股份有限公司发布公告披露，公司拟通过发行股份及支付现金的方式，以 38 亿元收购深圳市云房网络科技有限公司（Q 房网）100% 的股权。

2 月 15 日，住房城乡建设部召开住房租赁企业负责人座谈会，对住房租赁市场和住房租赁企业发展情况进行调研。住房城乡建设部有关领导，部分城市房地产主管部门有关负责同志，以及 20 多家代表性住房租赁企业的负责人参加座谈会。

2 月 17 日，住房城乡建设部会同国家发展改革委员会，召开房地产中介服务收费座谈会。链家、伟业、我爱我家、21 世纪中国不动产、房天下、爱屋吉屋、北京金色时光等房地产中介机构参加了会议。

3 月 29 日，住房城乡建设部召开整顿规范房地产开发销售中介行为电视电话会议，要求各地持续整顿房地产市场秩序，重点整治房地产开发企业和中介机构的违法违规行为，促进房地产市场平稳健康发展，同时通报了近期各地查处的 30 家违法违规房地产中介机构和开发企业。

4 月 12 日，北京市住房城乡建设委员会、北京市工商局、北京市网信办联合约谈链家网、我爱我家网、安居客等 15 家发布房源信息的网站，对网站发布虚假房源信息、违规代理房地产经纪业务等违法违规行为提出规范，要求各网站在 4 月 13 日 24 时前撤下明显存在违规信息的房源。

4 月 17 日，中国房地产估价师与房地产经纪人学会发布《关于印发房屋状况说明书推荐文本的通知》（中国房地产估价师与房地产经纪人学会〔2017〕1 号），印发《房屋状况说明书（房屋租赁）》《房屋状况说明书（房屋买卖）》，供房地产经纪机构和经纪人员在开展经纪活动时使用。

4 月 19 日，万科以 30 亿元注资链家，占股 6.66%，链家估值逾 450 亿元，资金实力进一步增强，上市步伐加快。

5 月 19 日，住房城乡建设部起草《住房租赁和销售管理条例（征求意见稿）》（以下简称《条例》），向社会公开征求意见。该《条例》是首部专门规范住房租赁和销售管理的行政法规，共分 7 章 47 条，对住房租赁、住房销售、房屋经纪服务等领域的有关内容进行了规定。

6 月 15 日，中国房地产估价师与房地产经纪人学会发布《关于 2017 年度全国房地产经纪专业人员职业资格考试有关问题的通知》（中国房地产估价师与房地产经纪人学会〔2017〕4号），2017年度全国房地产经纪专业人员职业资格考试工作正式启动。

6月20日，中国房地产估价师与房地产经纪人学会发布《〈房地产经纪服务合同推荐文本〉的通知》（中国房地产估价师与房地产经纪人学会〔2017〕5号），印发《房地产经纪服务合同推荐文本》[包括《房地产经纪服务合同（房屋出售）》《房地产经纪服务合同（房屋购买)》《房地产经纪服务合同（房屋出租)》《房地产经纪服务合同（房屋承租)》]，供房地产经纪机构与房地产交易委托人签订经纪服务合同时参考使用。

6月20日，中国房地产估价师与房地产经纪人学会发布《关于印发〈房地产经纪专业人员职业资格证书登记服务办法〉的通知》（中国房地产估价师与房地产经纪人学会〔2017〕6号），印发《房地产经纪专业人员职业资格证书登记服务办法》，旨在落实房地产经纪专业人员职业资格证书登记服务制度，规范房地产经纪专业人员职业资格证书管理。

6月20日，中国房地产估价师与房地产经纪人学会发布《关于印发〈房地产经纪专业人员继续教育办法〉的通知》（中国房地产估价师与房地产经纪人学会〔2017〕7号），印发《房地产经纪专业人员继续教育办法》，旨在不断提高房地产经纪专业人员的职业素质和业务能力，加强房地产经纪专业人员继续教育的组织管理。

6月22～23日，2017中国房地产经纪年会在北京隆重召开。年会以"新规则·新秩序·新生态"为主题，旨在探讨重新构建房地产经纪行业规则，建立良好的行业秩序，营造良好的行业生态，以规范房地产中介行为。来自全国各地房地产经纪机构负责人，地方房地产经纪行业组织负责人，世界不动产联盟、日本不动产研究所等海外机构负责人以及我国台湾、香港、澳门地区的行业代表共600余人参会。

6月30日，住房城乡建设部房地产市场监管司发布《关于开展房地产估价师和房地产经纪专业人员证书挂靠集中治理工作的通知》，明确从7月至9月对房地产估价师和房地产经纪专业人员证书挂靠进行集中治理。

7月18日，住房城乡建设部会同国家发展改革委、公安部、财政部、国土资源部、人民银行、税务总局、工商总局、证监会等8部门联合印发了《关于在

人口净流入的大中城市加快发展住房租赁市场的通知》（建房〔2017〕153 号）。通知要求地方充分认识加快发展住房租赁市场的重要意义，通过培育机构化、规模化住房租赁企业、建设政府住房租赁交易服务平台、增加租赁住房有效供应、创新住房租赁管理和服务体制等多举措，加快发展住房租赁市场。

7 月 23 日，国家发展改革委、人民银行、住房城乡建设部、中央组织部、中央宣传部等 31 部委联合印发《关于对房地产领域相关失信责任主体实施联合惩戒的合作备忘录》的通知（发改财金〔2017〕1206 号）。

9 月 12 日，经国务院同意，人力资源和社会保障部正式公布了国家职业资格目录，共计 140 项。其中，专业技术人员职业资格 59 项，技能人员职业资格 81 项。房地产估价师被列入专业技术人员职业资格中的准入类资格，由住房城乡建设部、国土资源部、人力资源和社会保障部实施；房地产经纪专业人员被列入专业技术人员职业资格中的水平评价类资格，由住房城乡建设部、人力资源和社会保障部、中国房地产估价师与房地产经纪人学会组织实施。

9 月 29 日，住房城乡建设部、人民银行、银监会发布《关于规范购房融资和加强反洗钱工作的通知》（建房〔2017〕215 号），联合部署规范购房融资和反洗钱工作，严查"首付贷""消费贷"。

9 月 29 日，中国房地产估价师与房地产经纪人学会发布《关于房地产经纪专业人员职业资格证书登记实行网上办理的通知》（中国房地产估价师与房地产经纪人学会〔2017〕11 号）。自 2017 年 10 月 16 日起，房地产经纪专业人员（包括房地产经纪人、房地产经纪人协理）职业资格证书初始登记、变更登记、延续登记、登记注销，均通过"全国房地产经纪专业人员职业资格证书登记服务系统"（jjrzc. cirea. cn）提出登记申请。

10 月 16 日，国家发展改革委办公厅、住房城乡建设部办公厅联合发布《关于开展商品房销售价格行为联合检查的通知》（发改办价监〔2017〕1687 号）。通知规定，2017 年 10 月 30 日至 11 月 30 日，对房地产开发企业在售楼盘和房地产中介机构门店商品房销售价格行为进行检查，重点查处销售商品房未明码标价、未在交易场所醒目位置明码标价；未标明房源销售状态，已售房源所标示价格不是实际成交价；捂盘惜售，炒卖房号，操纵市场价格等 9 项行为。

10 月 18 日，党的十九大报告提出"坚持房子是用来住的、不是用来炒的定位，加快建立多主体供给、多渠道保障、租购并举的住房制度，让全体人员住有所居"。

10月21~22日，2017年度全国房地产经纪人、房地产经纪人协理资格考试在全国各地顺利举行。

12月7~8日，中国房地产估价师与房地产经纪人学会与香港地产代理监管局在珠海举行了第二批内地房地产经纪人与香港地产代理资格互认面授和补充测试。28名内地房地产经纪人与138名香港地产代理经过严格遴选，通过两天的面授培训和补充测试，分别取得香港地产代理和内地房地产经纪人资格。

12月21日，昆明百货大楼（集团）股份有限公司（简称"昆百大"）发布公告称，该公司收购北京我爱我家房地产经纪有限公司（简称"我爱我家"）84.44%股权的交易事项已完成股权过户，我爱我家成为昆百大的控股子公司，昆百大合计持有我爱我家90.44%的股权。

12月28日，人力资源和社会保障部办公厅下发《关于2018年度专业技术人员资格考试计划及有关问题的通知》（人社厅发〔2017〕157号）。《通知》公布2018年房地产估价师考试定于10月13日、14日举行。2018年房地产经纪人协理、房地产经纪人考试实行一年两考，分别于4月21日、22日，10月20日、21日举行。

（二）2017年中国住房租赁行业发展趋势

2017年被业界誉为住房租赁行业的发展元年，国家和地方陆续出台相关文件培育发展住房租赁市场，住房租赁行业进入发展快车道。

2017年，为贯彻落实九部委发布的《关于在人口净流入的大中城市加快发展住房租赁市场的通知》中"城市住房城乡建设主管部门要会同有关部门共同搭建政府住房租赁交易服务平台"的规定，各地积极搭建房屋租赁平台。

2017年，住房租赁企业积极融资。魔方公寓、链家自如、新派公寓、旭辉领寓、招商蛇口、保利地产等企业的住房租赁资产证券化产品先后在上海证券交易所、深圳证券交易所成功获批。龙湖发行住房租赁专项公司债券。爱上租、贝客公寓分别完成股权B轮、参股A轮融资。

2017年，多家银行发布租赁贷款产品。11月3日，建行深圳分行推出针对个人住房租赁贷款产品——按居贷，贷款时间最长10年，单户最高额度

100 万元人民币；11 月 28 日，工商银行北京分行宣布，将为租赁住房建设主体推出"租赁住房开发贷款"，融资金额可达项目总投资 80%、期限可达 25 年；为个人承租者推出"个人租赁住房贷款"，融资金额可达 100 万元、期限可达 10 年。

（三）2017 年中国房地产经纪行业发展情况统计

近年来，全国房地产经纪从业人员数量稳定在 100 多万人，但行业流失率高、从业时间普遍较短的情况未得到显著改善。从业人员中持证人员数量逐年增长，根据中国房地产估价师与房地产经纪人学会的统计，截至 2017 年底，全国拥有房地产经纪人资格的共 65996 人，其中登记人数 32252 人。从地域分布来看，上海和北京是房地产经纪人数量最为集中的地区。

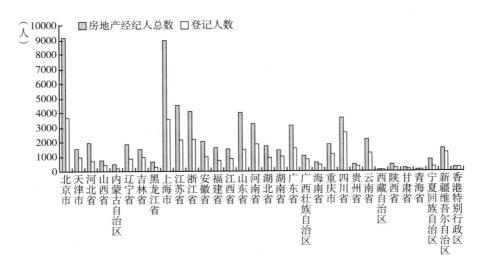

图 1　2017 年房地产经纪人全国分布情况

据 58 同城、搜房网等有关房地产信息平台统计数据，2017 年全国活跃的房地产经纪机构（在网上发布房源信息的机构）规模超过 6 万家。2017 年，链家对外公布拥有 8000 家门店，全国的市占率接近 10%，据此推算，全国约有 8 万~10 万家房地产经纪门店。

根据国家统计局的数据，2017 年新建商品房销售额 13.4 万亿元，较 2016

186

年增长 1.6 万亿元。根据链家研究院公布的数据，2017 年存量房买卖成交额 5.8 万元，较 2016 年减少 7000 亿元。2017 年全国房地产买卖成交额超过 19 万亿元。根据有关数据，2017 年的房屋租赁成交额约为 1.2 万亿元。买卖和租赁加在一起，2017 年的房屋市场的总成交额超过 20 万亿元。

2017 年房地产市场因城施策、分类调控，出现了三四线城市热、一二线城市冷的情况。存量房交易量主要集中在一二线城市，因此存量房成交额出现了明显下滑。根据链家统计，2017 年全国存量房销售达到 386 万套，同比下降 23.8%；销售额达到 5 万亿元，同比下降 13.3%；成交额占比达到 35.3%，同比下降 4.8%。

假设按照 60% 的房屋通过经纪服务成交，佣金标准平均为 2%，则 2017 年房地产经纪行业佣金总收入超过 2400 亿元。2017 年佣金收入超过百亿元的房地产经纪机构有链家、中原、世联、易居等。

二 房地产经纪行业发展前景和2018年行业走势

房地产经纪行业承担着房地产交易服务的重任，对房地产资源配置和房地产资产管理发挥着不可替代的作用。随着建成房屋数量的逐年增多，存量房市场快速崛起，房地产经纪将取代房地产开发成为房地产业的新主体。房地产业进入存量后时代。

（一）以"平台赋能、直营管控"为特征的新加盟模式成为新动能

直营模式和加盟模式各有优缺点，两种模式一度有着严格的区分。近年来，特别是 2017 年开始，直营模式和加盟模式的界限开始模糊，直营体系内出现了"门店承包制"，运营成本实现下沉；加盟体系内开始推行直营式管控，甚至房客源、人财物都要管。随着链家系"德祐"、易居系"房友"等加盟品牌的异军突起，2018 年以"平台赋能、直营管控"为特征的新加盟模式将会获得日新月异的发展。

（二）"有法可依、依法严管、持续整治"成为行业管理的新特征

2018 年，对房地产经纪行业管理至关重要的两个规范——《住房租赁条

例》和《住房销售管理条例》有望出台。2017 年的《住房租赁和销售管理条例（征求意见稿）》中，有单独的章节对房地产经纪服务做出规定。如果条例能如期出台，房地产经纪行业依法管理工作将上一个新台阶，行业监管缺乏必要抓手，市场检查依靠规范性文件的现状将得到较大改观，运动式的专项整治活动也会逐渐减少，房地产经纪行业的治理和发展进入法治化的轨道。

（三）以"两头大、中间小"为特征的行业格局更加明显

随着二手房市场的崛起，平台化、集团化的大型房地产经纪连锁机构会依靠资金、资源、管理、人才等优势继续扩大规模，特别是已经上市或者拿到资本市场资金的机构，更是要迎合资本方的要求，保持较快的发展速度和盈利能力；小微型的房地产经纪机构继续扎根社区，深耕社区，服务社区，与社区居民结成黏性较高的服务关系，亦有较强的生命力。中等规模房地产经纪机构的生存空间被进一步压缩，"两头大、中间小"的行业格局会愈加明显。

（四）"住房消费迭代、服务链条延长"成为房地产经纪服务的新常态

经过 20 年的发展，全国人均住房面积达到 36 平方米，住房市场进入供给充足时代，房地产业的矛盾由过去的供给不足转变为配置不均衡、流通不充分。住房市场中首次置业比例继续降低，改善型换房成为主要的买卖市场的主体，房地产经纪服务需要同时处理两个甚至两个以上的交易，服务链条延长。住房租赁市场的蓬勃发展，使租住体验得到进一步改善，以租住为入口的综合性服务需要越来越高，住房租赁经纪服务会先资产管理、生活性服务平台而发展。

（五）"人员素质提升、行业队伍优化"成为行业发展的新动力

2018 年开始，房地产经纪专业人员职业资格考试实行一年两考，参加考试的人数和取得《房地产经纪专业人员职业资格证书》的人数会有较大幅度的上升，房地产经纪从业人员的职业素养将进一步提升，行业队伍得到优化。另外，随着交易服务要求的不断提高，部分大机构人员招聘的学历门槛普遍提高到大专以上，甚至出现了非本科学历不招的机构，从业人员学历的提升也为行业发展提供了新动力。

B.11
2017年物业管理行业发展
现状及趋势展望

刘寅坤*

摘　要：　2017年，是物业管理行业向现代服务业转型升级的重要一年。政府的减政放权进一步激活了市场，高质量发展的要求提升了行业整体服务水平，人民对美好生活的向往提升了居民品质消费需求，互联网技术的广泛应用创造了新商业模式，资本的持续关注重新定义了物业管理价值。可以说，物业管理行业发展迎来了最好的时代，步入了高速、健康发展的"黄金十年"。

关键词：　物业管理　经营成本　品质消费

一　发展环境

2017年我国城镇常住人口达到81347万人，城镇人口占总人口比重（城镇化率）超过58.52%。"十三五"规划纲要提出的目标是2020年内地常住人口城镇化率达到60%。未来，城市化进程仍是中国社会变迁的主旋律，是经济发展的主要推动力量。城市化不仅仅意味着农转非，更意味着以人口集群和都市消费为核心的生活方式将渗透到中国的每一个角落。据推算，2017年全国物业管理面积已经超过200亿平方米，随着一二线城市物业管理市场逐渐饱和、房地产政策的严厉调控、国家城乡统筹发展的战略影响，这两年三四线城

---

* 刘寅坤，中国物业管理协会行业发展研究部主任。

市的房地产和物业管理行业将迎来发展的春天，部分规模型物业服务企业基于市场发展规模和一二线城市竞争压力的考量，也开始把市场拓展的目光投向了三四线城市。

我国服务业增加值已经达到 427032 亿元，占全国 GDP 比重为 51.6%；服务业增加值比上年增长 8.0 个百分点，服务业增长对国民经济增长的贡献率为 58.8%，远远高于其他行业，服务业发展进入全面跃升的重要机遇期。物业管理行业作为服务业中朝阳产业，行业正在以每年 20% 以上的增长速度成长，按照 2015 年物业管理行业营业收入 5000 亿元的保守测算，2017 年底行业营业收入超过 7200 亿元。同时，中国消费者人均收入水平达到 9000 美元左右，人民对美好生活的向往，居民品质消费的持续升级，坐拥社区流量入口和支付场景的物业管理行业，更是被赋予了新的想象空间，吸引了包括腾讯、阿里巴巴在内的巨头进场，将带来服务新领域和新商业模式的爆发性增长。

随着国家体制改革的不断深入及政府的减政放权，《国务院关于第三批取消中央指定地方实施行政许可事项的决定》和《国务院关于取消一批行政许可事项的决定》公布，物业管理资质正式取消，加之 2016 年取消的从业人员资格证书，中国物业管理正式进入"无证时代"，自由开放给更多中小物业服务企业公平竞争的环境。物业管理行业的监管也将从前置准入审批变为事后监督，加快完善物业服务标准和规范，充分发挥物业服务行业组织自律作用，建立物业服务企业"黑名单"制度，推动对失信者实行联合惩戒，成为行业的主要监管方式。行业将正式步入征信时代，市场的活力将被进一步释放。

在强劲市场需求和良好发展环境的支撑下，万亿元的行业市场规模指日可待，物业管理发展迎来了最好的时代。

二　发展压力

（一）内部增长动力消失的压力

随着经济形势和国家宏观政策的调控，房地产进入"白银时代"的迹象越来越明显。2017年开始的全国房地产市场调控，70个大中城市的房价同比涨幅连续回落，市场持续降温，房地产高周转、挣快钱的模式难以为继，由增量转为存量市场的格局已经毋庸置疑。那么，作为房地产下属、控股或关联的物业服务企业，面临着承接母公司新开发项目的减少，内生式增长动力逐步降低或消失，自给自足的发展模式面临市场考验的压力。

（二）经营成本持续上涨的压力

随着中国劳动力规模的逐年下降，中国的人口红利正在消失，廉价劳动力的时代终结，根据中国物协发布的《全国物业管理行业劳动力市场价格监测报告》，物业一线操作人员到手工资为2784.4元/月，每年增幅为4.71%，管理成本不断上涨的压力明显。同时，由于前期物业管理制度中物业费定价模式的主动性缺失，以及后期物业费调整受政策和业主消费意识、业主委员会成熟度的影响，物业费上涨成为一道难以逾越的门槛，企业的利润空间正在一点一点被蚕食。

（三）品质消费带来供给侧的压力

随着中国经济的高速发展，品质消费时代的到来，维权意识和消费观念的日益成熟，业主对服务的要求也越来越高。而物业服务企业基于成本控制和利润诉求的考量，市场呈现中低端服务过剩、高端服务严重不足的局面。在优质不可优价的怪圈中，物业管理行业也正在面临业主期望不断攀升、企业服务品质不断下降的尴尬局面。

（四）行业人才结构洗牌的压力

随着互联网和新技术的广泛应用，一线品牌物业服务企业正在利用互联网思维、人工智能、物联网、大数据对内部管理体系、服务界面、社区资源进行转型升级。物业管理正在从"笤帚＋纸笔"的传统劳动密集型行业向新思维、新理念、新技术方向转变，需要大量的互联网、金融、资本、智能科技，甚至物流链等跨界人才进入行业，对行业的人才结构进行洗牌，重构新生代物业人的思维方式和知识体系。人才已经成为制约行业、企业发展的最大瓶颈。

三　发展趋势

"房子是用来住的"这句话，明确指明了房地产业的发展方向，各大房地产企业纷纷靠拢"城市运营商""城市配套服务商"等概念，谋求多元化发展。物业管理也被"委以重任"，成为面向终端消费者、塑造地产商品牌、提升房子附加值、培育新经济增长点的关键。

（一）创新，推动企业转型升级

1. 技术创新提升服务品质

今天，我们正在享受互联网带来的第三次技术革命的红利，移动互联网、物联网、人工智能、大数据等新技术在物业管理行业被大量运用，用新科技赋能管理效率、用互联网重构商业模式，全面推进物业管理介入智慧商圈、智慧社区、智慧城市的建设工作。通过智能硬件替代人工，包括机器人、人脸识别技术、生物识别技术等，提升物业服务企业多元化、智能化、信息化、科技化发展水平，节约运营成本，提高客户服务品质。龙湖物业最新上线的品质管理系统，将超高清监控设备用于日常园区的监控与管理，坐在龙湖总部的园林专家，可通过手机端或电脑端，实时调动全国所有项目监控点位，通过摄像头清晰地看到距离监控点位20米远的树木，观察树叶脉络走向如何，叶子上是否生虫，根据观测专家可以直接给出专业性的建议。

2. 组织创新激发市场活力

企业想要升级，首先需要拆解企业的构成，打破原有的运作体制，再在人、财、物、责、权、利等方面进行重新分配，在重组过程中产生新的商业模式。传统物业管理业务结构单一，劳动人员密集，通常采用金字塔形进行组织逐级管控。随着物业增值服务、资产管理、社区商业等业务领域的创新和拓展，以及互联网技术的普及应用，组织创新成为保障业务发展的重要环节。

以万科为例，2015年5月，万科董事会审议通过《关于物业服务市场化发展及建立事业合伙人机制的议案》后，万科物业将原有的项目经理制变革为合伙人制，推出"睿服务"体系，最大限度地提升整合人力资源，通过合伙人管理物业管理项目的创新形式，实现多元业务开展和市场化道路扩张。截至 2017 年底，万科物业的合同管理面积已超过 4.6 亿平方米，是变革前管理面积的 4 倍。这种根据项目来组织团队的扁平化管理，任务清楚，目的明确，减少层级的管理方式能保持很强的灵活性和战斗力，员工也会有更强的责任感，比传统的搭建团队的方式更有效。传统雇佣关系以占有时间和技能为导向，会导致角色固化、层级固化和信息僵化，把员工当作合作伙伴，员工帮助企业达成目标，企业帮助员工塑造职业生涯，双方互助互利，基于信任和契约精神的合作是未来的趋势。

（二）数据，掌握未来核心资产

这是一个数字化崛起的时代，在虚拟世界和现实世界交汇融合的新时代，数据是企业的核心资产，掌握和挖掘核心数据价值，并基于数据实现对资源的优化调度和问题的快速响应，支撑业务规模化扩张和创新机会探索，将会是物业服务企业在科技革命浪潮中的重要使命。

1. 深度挖掘客户数据

物业管理的数据类型涵盖业主信息、员工信息、设备信息、社区信息、日常运营信息等各方面，近年来企业越来越重视信息管理系统的开发，利用互联网优势，在提供优质服务的同时，实现快速响应、服务跟踪、反馈采集，对传统物业管理手段进行革新，进而提升物业服务效率。通过各类传感器、数字天线、无线路由等智能化设备，沉淀积累人流、物流、商流等相关数据，整合客户、运营、财务、智能设备等各类模块，实现数据的采集。利用大数据分析，提前把握市场动向，深度挖掘客户需求，对业务需求进行智能管理，统一接受、派发、处理，智能化管控任务，精细化服务业主和客户，满足每一位客户的独特需求。龙湖物业年均产生 235 万条客服中心话务量、413 万条报事工单、150 万条 App 工单处理、118 万次智能门岗放行、664 万笔业主在线缴费，以及 4500 余条数据管理标准等一串串数据，对数据的处理能力直接决定了企业的管理水平和效率。

2. 数据让建筑物更智能

200 亿平方米既有建筑运营维护的能耗管理，是城市管理必须面对的一个重要课题。物业服务企业也将在这个领域发挥更加关键的作用，通过实时数据和移动应用提升建筑互联互通的能力，集中获取单个或多个楼宇的运营

数据与能效报告，建立标准化的智能服务管理模式，随时掌握建筑物设备系统运营的真实状态，让业主和物业管理公司对于设备系统的报警和维护、运营成本、能耗指数、员工效率以及客户反馈等信息一目了然，控制成本，提升效率，开启智慧建筑的科学管理模式，实现建筑运营维护的可持续发展。对于物业管理者而言，未来的关注点不再停留于设备各个子系统的监控，而是如何应对日益增加的物业管理复杂性以及楼宇人员流动性，通过建筑效能和人员行为数据分析，实现对整个建筑物设备系统科学有效的管理，降低运营与维护成本，确保物业资产的保值与增值。中航物业的智慧物业集成服务平台上的数据运营中心，所有能耗数据一览无余，小区用电就空调用电、照明用电、冷链用点、生鲜熟食、动力用电和其他用电六类开展相应节能工作，效果明显。

3. 招蜂引蝶的线下流量入口

2017 年 12 月 22 日，腾讯公布了智慧社区开放平台"腾讯海纳"，意图通过云计算、大数据、人工智能等技术改造传统物业。同月 30 日，阿里巴巴旗下支付宝上线便民生活服务站，推出六个大类服务项目，包括家电维修、电工服务、管道维修、房屋筑漏、锁具维修、搬家服务。相信不少人对前几年微信和支付宝的"打车补贴大战"记忆犹新。如果说打车仅仅代表单个线下流量入口，那么坐拥社区流量入口和支付场景物业，就是无数个优质线下流量入口的集合，投诉、缴费、收快递、门禁进出、停车场进出、水电煤问题报修等复杂场景不仅在数量上庞大无比，而且使用频率、支付量级上也远超打车场景，产生巨量有价值的数据资源，以此为延伸的商业生态潜力巨大。

（三）共享，搭建有价值的生态平台

1. 搭建共享服务平台

共享经济的思维打开了物业管理行业很大的想象空间。现在轻资产、众筹、合伙人制等带有共享色彩的做法越来越红火，越来越受欢迎。物业管理服务着 5 亿业主群体，社区 O2O 这个存量市场是做共享经济的天然市场，具有最典型的高频、低额消费特征。目前，受物业收费价格、员工流失率、人工费用持续上涨等多种因素影响，物业服务方面痛点还比较多；社区居民在物业服务需求、社区服务消费需求方面同样有不少痛点。用共享的方式去解决痛点、盘活存量，为业主提供增值服务，是较好的出路和方法。

万科的"睿服务"、绿城的"幸福绿城"、彩生活的"彩之云"、长城的"一应云"、龙湖的"千丁"、嘉宝的"生活家"等，都是共享方面做得比较有特色的例子。2017年绿城的"幸福绿城"覆盖500个园区20余万个家庭。彩生活与兰州城关、江苏中住等超过30家物业服务企业达成平台输出合作，平台服务面积逾9.1亿平方米。长城物业输出"一应云"3.0，以联盟模式进行扩张，平台覆盖面积达9.3亿平方米。通过搭建一个完全开放的系统，任何一家物业服务公司的任何一个项目都可以加载到这个系统上去（当然应该是有共同的服务价值理念），形成合作伙伴关系，类似于Uber平台上经认证合格的出租车公司和司机。物业服务企业无须出让股权或者关键合同，在保持经营和品牌相对独立的前提下，系统平台上的各种资源可以实现共享。

2. 构筑合作共赢的新型社区经济生态圈

随着2016年、2017年一个又一个社区O2O创业企业的倒闭，人们也在重新思考社区经济的真正内涵和可行性。在新零售理念的影响下，运用大数据、人工智能等先进技术手段，可以对商品的生产、流通与销售过程进行升级改造。充分发挥物业服务企业天生具备线上引流的优势，重塑生态圈，对线上服务、线下体验以及现代物流进行深度融合，进一步优化上述企业基础物业服务+增值服务的平台建设，通过运用互联网思维变革企业管理体制，倡导去中心化和去中介化的平台化管理体制，控制运营成本，提高服务质量，取得业主满意；通过有效整合相关产业资源、引导用户深度参与交互、鼓励员工参与平台建设等方式，把与物业管理相关的"物"聚合在平台，把业主、员工和资源所有者等利益相关者凝聚在一起，构筑新型的社区经济生态圈。

在这个生态圈内，物业服务企业将实现与竞争对手、合作伙伴、服务者和谐共享，合作共赢，由过去的此消彼长，到未来的相得益彰。现在不是一个零和竞争的时代，而是一个竞合的时代，在产业集中度提升、现代服务业转型的过程中，需要解决很多问题，包括物业服务线上与线下的结合、产业与资本的对接及互联网企业、平台公司还有社区的垂直服务的企业跨界的融合和智能化、资本化、大数据、云技术等迭代更新。物业服务企业要在创新的生态型商业模式下生存发展，就要对商业模式的创新抱有一种开放和敬畏的心态。

（四）资本，驱动行业快速发展

1. 借力资本市场重估行业价值

随着资本效率和资产管理水平的不断提升，以及资本对社区经济的持续关注，资本将在物业管理市场扮演更加举足轻重的角色。物业服务企业通过登陆资本市场，做大整体市值，开辟多元融资渠道，提高融资能力，为进行产业链横向和纵向延伸提供资金保障，进而促进企业融合发展、做大做强。资本不仅给行业带来资金，还带来新技术、新思维、资源的整合，以及跨界型的人才。

2014 年以来，彩生活、中海物业、中奥到家、绿城服务、祈福生活服务、浦江中国、雅生活集团 7 家企业陆续在中国香港成功上市，其中 2018 年 3 月，绿城物业市值已达到 178 亿港元，市盈率达到 62 倍，刚刚上市的雅生活平均市盈率达 57 倍，总市值超 160 亿港元。

而作为多层次资本市场的重要组成部分，新三板已成为另一股重要的资本推动力，由于审核时间短、无盈利指标要求、资产要求低，挂牌难度相对较小，可谋求转板等因素影响，2017 年共有保利物业、嘉宝物业等 23 家优秀物业服务企业登陆新三板。目前的 60 家新三板物业服务企业平均管理面积约 990 万平方米，平均营业收入超 1.3 亿元。从募集资金用途来看，企业获取大规模的资金主要用于社区服务平台搭建、增值服务开展、并购活动、信息化建设以及规模扩张等，为战略转型和创新提供良好的资金条件。

2018 年 2 月 1 日，南都物业成为首支进入 A 股的物业服务企业，上市当日即大涨 44%，之后一连五波涨停，最高收于 43 元/股，较 16.25 元人民币的发行价格翻了一番多，市盈率达到 45 倍。碧桂园物业 2017 年 12 月 14 日因调整业务策略方向和股权架构撤回 IPO 申请。新城悦在创业板排队名单中状态"已反馈"。

2. 资本运作助推企业战略发展

2016 年底，万科物业引入博裕资本与 58 集团两家战略投资者，以增资完成后的万科物业总股本为基准，博裕资本以其管理的基金认购 25% 股权，58 集团以其下属公司认购 5% 股权。两家战略投资者将助力万科物业的主要发展方向，更好地为业主提供更加丰富的社区服务，打造一条连接传统住宅服务、商写服务、基于楼宇的增值业务服务、基于生活配套的增值业务服务的"万物生长"生态链条。2017年6月，雅居乐集团宣布收购绿地物业100%的股权，交易对价为10亿元，确保在2018～2022年雅居乐每年从绿地开发的物业中获得700万平方米物业服务面积，还有300万平方米的物业服务面积的优先获得权。2017年11月，彩生活和母公司花样年控股发布公告，称彩生活将通过四份协议、总对价20.13亿元人民币收购万象美，后者的核心资产为优良的万达物业，涉及132个项目，集中分布在重要的二三线城市的核心区域，涉及面积6406万平方米。当然，在"天价收购"背后，也面临着文化融合、管理重组、利润回报等方面的压力，因此，平台加盟、数据共享、股权合作、小股操盘等"软渗透"方式，也成了规模型物业服务企业市场拓展的主要方向。

3. 融资方式更加多元化

近年来，物业费资产证券化热度持续提升，以物业费作为基础资产，通过证券化的方式盘活物业费收入，为物业服务企业开辟了一条新的融资渠道。自2015年8月"博时资本-世茂天成物业资产支持专项计划"成功发行后，多家物业服务企业纷纷试水此类融资模式，截至2017年底，共有超过31单物业费资产证券化产品问世，累计发行金额逾315亿元，其中上海科瑞物业管理发展有限公司携手中民未来发行中民-科瑞物业专项计划（产品期限为3+3年，发行总规模达20.20亿元人民币）。物业费资产证券化这一创新型金融工具对于盘活物业服务企业的存量资产、提高资金配置效率具有重大意义，其融资方式在融资规模、融资期限、用途方面都具有非常明显的优势，通过物业收入收益权的"放大"，物业服务企业实现了较低成本的融资，不仅有效保障了物业服务企业的现金流，也可助力企业后续提供更好的服务，实现长期稳健发展。

（五）责任，担当社区治理的主力军

1. 提升社区物业服务和管理能力

如果把城市看成一个有机体，社区就是这个有机体中的"小细胞"。习近平总书记曾在不同场合强调指出，社会管理的重心必须落到城乡社区，社区服务和管理能力强了，社会治理的基础就实了。2017年6月，中共中央国务院下发的《关于加强和完善城乡社区治理的意见》指出，"加强社区党组织、社

区居民委员会对业主委员会和物业服务企业的指导和监督，建立健全社区党组织、社区居民委员会、业主委员会和物业服务企业议事协调机制。"物业管理与市民居家生活息息相关，恰恰可以填补政府对公共环境和公共设施以外的社区生态环境、社区安全和人文环境的空白，完善和发展城市管理功能，为平安社区和城市建设发挥更加积极重要的作用。

2. 不断强化房屋安全管理责任意识

2017年6月杭州一场大火夺去了四个年轻而幼小的生命，人们在谴责人性道德的同时也在反思物业管理的本质与使命，重新思考"守正与创新"和"工匠精神"的真正含义，回归到业主资产保值增值捍卫者的本能。物业服务企业必须吸取教训，引以为鉴，高度重视社区安全防范工作，在安全投入、作业管理、设备设施、人员机构、培训教育、隐患排查和治理、职业健康、应急救援等方面总结梳理出一整套安全管理工作规范要点，开展安全管理的标准化工作。随着我国房屋使用年限的增长，因电线老化、电器陈旧和业主使用不当等引发的火灾呈不断上升的趋势，在政府的指导下，应积极探索建立社区微型消防站或志愿消防队，加强高层建筑消防安全工作。对于公共区域安全隐患，如某些设备本身具有危险性，应向业主做出真实的说明和明确的警示，说明正确使用及防止危险发生的方法，进行广泛的安全宣传。通过物业的前期介入，督促开发建设单位提高物业共有部分的建设质量，严格执行物业承接查验的原则和程序。加强房屋安全排查，严管物业区域内的装饰装修工程，对违反规定的施工单位，严重危害房屋安全的情况，物业管理单位应对其进行劝阻、制止，并按程序及时、如实上报，督促房屋产权人及时消除安全隐患。

3. 各种突发事件和灾害抢险救助的生力军

在各种突发的大事件和灾害中，在维护业主生命财产第一现场，物业人的作用和贡献不可替代。2018年1月以来，河南、湖北、安徽、江苏、湖南、上海等地，纷纷迎来大暴雪。各地物业服务企业迅速启动应急预案，投入抗击风雪的第一线，日夜除雪执勤，行业的整体表现得到业主和公众的肯定。1月24日，南京市普降暴雪，降雪量在13.9～21.7毫米。物业服务企业严格落实24小时值班制度，保障小区出入口有完整通道与干道相连，为居民们的出行安全保驾护航；加强重点部位防寒保暖工作，加强水电气等设施设备的低温防冻保障措施；及时清理树木上的大体量积雪防止垮塌，对公共走道、地面采取有效的防滑措施；主动加强与社区、街道等政府部门的沟通，尽力为群众提供方便和帮助，确保物业管理应急预案和安全措施落到实处，在抗击暴雪中发挥了重要作用。住房和城乡建设部安全生产管理委员会在部署 2018 年安全生产重点工作中，特别指出应充分发挥物业管理在防御灾害性天气中的积极作用，建立完善应急预案并定期开展应急演练，提高物业服务企业有效应对突发气象灾害的能力。

区 域 篇

Regions

B.12
2017年北京存量房市场分析
及2018年展望

靳瑞欣[*]

摘　要： 2017 年是楼市调控最严厉的一年，在广度、深度、执行力度
等方面都创新高。在"房住不炒"的大背景下，在限购、限
贷、限价、限售的"四限政策"影响下，业主报价指数下
调，客户或受限或观望，由此导致 2017 年北京二手住宅成交
13.6 万套，相比 2016 年的 27 万套下降近 50%，这一成交量
也是 2015 年来最低值。成交价格方面，在政策高压下，业主
报价看跌，成交价格下降，但房价基数仍很高，高房价外溢
大量需求，进而带动环京扩张发展。2018 年在"房住不炒"
大基调下，北京楼市仍会呈低迷发展。在北京一核两翼新规
划驱动发展下，环京仍会有热点区域出现。

---

* 靳瑞欣，中原集团北京顾问中心经理。

关键词： "四限"政策 存量房市场 环京热点区域

一 宏观背景——调控政策、土地收紧齐发力

（一）2017楼市调控力度空前，市场进入"四限"时代

2017年楼市调控在2016年逐步收紧的基础上持续升级扩容，全年各部委、各地方政府出台政策的广度、深度、执行力都可谓史无前例。从政策出台的市场背景来看，一方面中央此前提出的去库存重任得到有效化解，2017年末全国商品住宅待售面积已经回落至2013年末水平，较2016年初的峰值时期降幅达到32.5%；另一方面热点城市房价经历了2016年的一波疾速上涨之后，市场风险日益聚集，控制房价过快上涨已成当务之急。

范围广：从政策出台的范围来看，各级政府纷纷出台政策，不仅覆盖了当下所有的市场热点城市，而且从省级到省会、地级市、县级市，市场调控深度空前强大。调控的主要内容则是围绕"四限"政策展开，包括限购、限贷、限价、限售，尤其是限售成为今年调控的一大新举措，市场交易进入全面限制时代。具体来看，大约50个城市（不包括县级市）加入了对个人住宅交易限售的行列，以华北、华东地区限售城市最为集中。限售年限分2年、3年、5年不等，其中以限售2年最为主流。限售最主要的功能是直接打击了市场的投机需求，使得短期炒卖行为得以控制。

力度大：2017年政策环境不仅调控手段升级，且执行力度从严从紧。10月发改委、住建部联合发布《关于开展商品房销售价格行为联合检查的通知》，对房地产开发企业在售楼盘和房地产中介机构门店商品房销售价格行为进行检查，且将选择部分省（区、市）开展交叉检查。据不完全统计，交叉检查的城市主要包括了北京、南京、苏州、杭州、嘉兴、合肥、济南、青岛、郑州、长沙、广州、佛山、海口、三亚、西安。这几乎是全国首次开展的跨地域检查，以减少干扰包庇行为，显示出中央对加强房地产市场监管的态度和决心。

（二）2017年土地成交额创新高，各类收紧政策稳定预期

2017 年一二线城市土地成交金额不断刷新纪录，1~12 月北京成交金额 2798 亿元，杭州 2244 亿元，南京 1691 亿元，重庆突破 1300 亿元，在土地成交金额不断高涨的背后是一二线城市土地调控的各类收紧政策，从租购并举、"限房价，竞自持"配建自住型商品房或养老设施面积，再到招标挂牌复合式出让、拍卖 + 综合评标，甚至超过最高限价等待摇号等，各地政府都希望通过一系列严控土地上市措施，起到稳定市场预期的作用。

1. 北京："租购并举"、"限房价，竞自持"

根据 2017 年 4 月出台的《北京市 2017~2021 年及 2017 年度住宅用地供应计划》，今后五年，北京将供应住宅用地 6000 公顷，建设 150 万套住房，包括产权类住房 100 万套、租赁住房 50 万套。其中今年计划供应 1200 公顷，安排建设 30 万套住房，包括产权类住房 20 万套、租赁住房 10 万套。租购并举成为北京市土地供应的主要方向，供地将向租赁市场进一步倾斜。

租购并举有效缓解了用地紧张的城市"无地可用"的压力，解决了住房的刚需。但是需要配套租赁政策支持，以防产生纠纷，导致租房的权益难以得到保障。

2017 年前 8 月成交的 44 宗住宅用地中，除 1 宗棚户区改造一次性招标项目外，剩余 43 宗均附有"限房价，竞自持"或配建自住型商品房等条件。所谓自持限价，即在规定了地块商品房销售价格上限的同时，当竞买报价达到土地合理上限价格时，则不再接受更高报价，转为现场竞报企业自持商品住房面积比例。限价自持对开发运营实力的要求进一步提高，随着房地产企业在自持比例竞争上开始谨慎，土地市场正在逐渐回归理性。

"限房价，竞自持"配建自住型商品房或养老设施面积的方式既能够抑制房价过高，又能让政府获得较好的土地出让收益。房企在长期持有过程中，通货膨胀、货币贬值或超过资金成本。从多家企业敢于拼抢不可销售的土地看，传统开发模式或将终结，地产行业进入服务业时代，一线和二线城市也从过去的增量开发、增量市场逐步变成存量市场。

2. 上海："招标挂牌复合式出让"

2017 年 4 月 11 日，上海市规划和国土资源管理局发布《上海市国有建设用地使用权出让补充公告》（沪补告字〔2017〕第2号），对临港芦潮港社区C0204地块、临港芦潮港社区E0602地块、奉贤区奉城镇57-05区域地块出让活动的相关内容进行调整。调整后，上述3幅出让地块出让方式调整为招标挂牌复合式出让，并不再接受新的申请。这即为"上海拿地游戏规则的改变"。

目前，上海竞地方式主要以书面竞价、电子辅助竞价、举牌竞价为主。2016年8月25日，上海市土地交易市场正式推出电子辅助竞价系统，也就是说开发商可以在现场竞价活动中通过电子报价设备进行报价，一改此前传统的举牌竞价方式。按照上海土地市场公告显示，并不是每一幅地块都需要使用电子报价设备。公告称：阅读地块出让须知中"挂牌程序"条款的"现场竞价"部分来确定地块在现场竞价环节是否需要使用电子辅助竞价系统。另外，上海还推行购地资金来源审核，目前上海所有商品住宅用地均在资金监管范围之内。根据国家有关规定，银行贷款、信托资金、资本市场融资、资管计划配资、保险资金等不得用于缴付土地竞买保证金、定金及后续土地出让价款。

招标挂牌复合式出让使成交价格受到控制。这种拍卖方式的好处在于控制参与人数，现场竞拍者举牌次数多容易冲动举牌，价格容易走高。而综合打分会使开发商带来更优秀的建设方案，有利于地块价值发挥。翻阅电子辅助竞价系统操作流程可以看到，电子竞价设备的界面上对于加价幅度、溢价率都有显示，这被认为可以在一定程度上提示房企不要盲目报价。由于电子竞价采取了输入方式，比口头报价在时间上要延长，而部分房企也可能由于操作不熟练等原因报价不成功，如此都会延缓报价速度，从而使得竞拍价格没那么高。另外，竞买人的自有资金政策会使得开发商拿地时更加谨慎小心，避免开发商炒地价。

3. 重庆："拍卖+综合评标"

2017年4月重庆市规定，1家竞买人，挂牌成交，2家或2家以上，进入拍卖+综合评标；溢价达到或超过50%，要现房销售；溢价达到100%，且还有2家或以上出价的，进行综合评标，分高的拿地。

8月9日，重庆市国土资源和房屋管理局发布土地出让公告，供应3宗商住类土地的国有建设用地使用权，将在8月29日公示到期。从竞买须知了解到，3宗地均要求在项目开发建设过程中，受让人不得与参与该宗地竞买人及

其关联企业之间进行土地转让或股权转让，同时规定：竞买人有2家及以上（含2家），采用拍卖＋竞自持租赁房屋比例方式，这是继"拍卖＋综合评标"后重庆土地市场再出新政策。

拍卖＋综合评标政策一方面使重庆房地产市场得到进一步规范，可有效避免项目烂尾；另一方面购房者可以安心购房，即买即住，免去期房等待入住时间。

4. 南京：超过最高限价"待摇号"到"竞争保障性住房建筑面积"

2016年南京出台811新政，企业拿地难度增加，一方面否决了"熔断"机制，改为加价摇号，保障了土地能够成功出让；另一方面，当网上竞价达到一定比例时，调整所建商品住房预售条件，势必会加大开发商资金回笼压力，延长项目开发周期，增加项目成本，对未来市场供应量也会产生一定影响，开发商拿地需要更加精打细算。

2016年9月20日，南京土拍熔断机制升级为"超过最高限价即等待摇号"。首批7宗宅地进入"待摇号"环节。而2017年6月2日的土拍公告显示，规则已经修改。南京市国土局提出，当土拍竞价达到最高限价时，仍有竞买人要求继续竞买的，停止竞价，改为在本地块内竞争保障性住房建筑面积，每次报建面积200平方米，报建面积最多者为竞得人，所建保障性住房无偿移交政府，相应房屋建设成本不计入房价准许成本。

超过最高限价等待摇号这种竞价方式使开发商拿地需拼运气，哪怕抬到最高限价，都无法确保自己能够拿到土地。而那些缺乏实力的开发商，为抬高对方的拿地成本，或者试一下运气，努力将地价抬到最高。摇号模式只会助长开发商疯狂抢地，令土地拍卖市场更加疯狂。更关键的是，摇号模式还存在暗箱操作和开发商串联竞拍的可能性，导致土地出让小圈子化，让极少数开发商从中获益。同时摇号的方式不能保证由最合适的企业获得土地。

二 北京市场特征——政策高压下，量价齐降

（一）2017年二手住宅成交量同2016年下降近一半

2017年，北京二手住宅成交量大约在13.6万套，相比2016年的27万

套下降近50%，这一成交量也是自2015年来的最低值。分析原因，一是北京土地的极度稀缺化，开发商疯抢，土地成交额创新高，地王引致北京新房豪宅化且郊区化发展，而二手房以其地段优势、可选性多等特点，已逐渐成为消费者改善性购房的首选；二是政策高压，限购、限贷政策抑制大部分改善购房的步伐，北京3月份开始认房又认贷，并且二套房首付比例上升至迄今为止最高的60%、80%，最长贷款年限缩短到25年，这些调控措施严重降低了市场热度；三是政策环境的收紧及"房住不炒"等观点给市场传递一种信号，未来房屋涨幅不会过高、涨速不会过快。这些都成为2017年二手住宅交易低迷的原因。

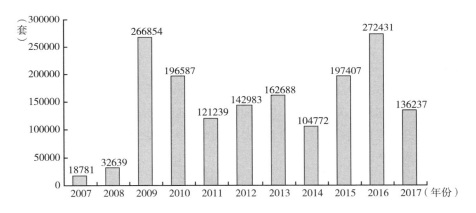

图1　2007～2017年北京二手住宅成交套数

资料来源：北京中原市场研究部。

（二）政策高压，业主报价看跌，成交价格下降

2017年，楼市调控政策不断扩容、不断深入，"房住不炒"的理念已深入人心，未来房价涨幅放缓已成共识，据北京中原二手住宅报价指数统计显示：北京超七成业主看跌，从成交均价来看，北京已连续7个月价格环比下跌，个别业主急用钱的，会降价10%～15%进行快速销售。

（三）房价绝对值高企，外来人口仍是租赁主力军

2017年北京二手住宅市场在政策调控的高压下，量价虽然都有所下降，

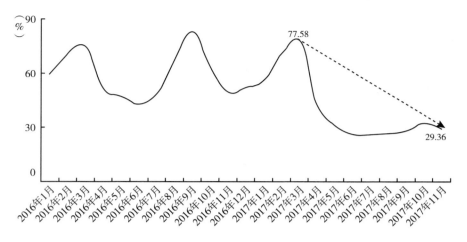

图2　2016～2017年北京二手住宅报价指数走势

资料来源：北京中原市场研究部。

但房价绝对值依然很高，远超出北京外来人口的购买承受力，因此，对于这部分人群来说，租房仍是大趋势。2017年北京启动新的功能定位，与之不相符的产业外迁，带动人口外迁，但北京外来人口的大额基底，仍是推动租赁市场快速发展的生力军。

另外，2017年北京出台《关于加快发展和规范管理本市住房租赁市场的通知》，其中，对出租住房符合条件做出明确规定，比如，不得改变房屋内部布局分割出租，厨房、卫生间、阳台和储藏室等不宜居住的空间不得出租用于居住等，因此，市场上可以看到很多打隔断的房屋进行拆除隔断工作，这也使得租赁人群变相增加了。从租金变化来看，2017年租金整体上涨，涨幅在5%左右。租赁市场一般合同期为一年，租金上涨集中在两个节点，一是6月大学生毕业季，租赁人群增多；二是合同到期后，业主普遍会适度进行价格调整，月度租金上调200～400元不等。

（四）北京高房价外溢需求带动环京大扩张

2017年房地产交易热度最高的莫过于环京市场了，封盘、涨价、开盘热销、千人抢房、限购等热词不断，环京区域的房价疯涨，主要是受京津冀协同发展、冬奥会、通州行政副中心、二机场、雄安新区以及北京高房价推动人口外溢等利好影响，购房人群呈现多元化发展趋势，但环京各区域由于发展基底不同，驱动不同，吸引客户人群不同，未来发展潜力也有所差别。

1. 环京发展基底

北部崇礼、怀来，生态条件好，北京北部，上风上水，迅速发展成为休闲度假区；东部燕郊、大厂、香河紧邻通州城市副中心，承接首都城市服务职能，距离北京商务圈最近，发展成为副中心外溢社区；南部廊坊、固安、永清、涿州区域作为承接北京部分产业外溢区，在第二机场建设和京津冀协同发展机遇下，已逐渐发展成为北京的卫星城，产业发展先行，是北京人口外溢的重点区。京南、京东板块走的是城市化路线，靠人流、产业的导入分担城市经济发展职能，形成分中心，而京北则是城市生态职能，形成生态服务区。

2. 环京客群特征

（1）北部怀来区域，当前客户90%来自北京市区，其中，海淀、朝阳、昌平客户比重较大，另外延庆也有部分客户，怀来当地客户较少。客户置业目的以度假、投资、自住为主。怀来区域分为两大板块，官厅湖板块以强势自然资源吸引众多度假客户，度假氛围浓厚；八达岭板块以距北京近及交通优势，片区内以投资、自住客户为主，度假客户为辅。（2）东部燕郊、大厂、香河区域，客户主要来源于东部朝阳商圈内的工作人士，占比达到90%以上，其他区域客户量少。客户转移到燕郊、大厂、香河等区域，主要是受到通州副中心推动及通州限购的影响。燕郊发展相对较快，目前区域内已基本无新房上市，已进入二手房初级阶段，房价在环京区域排在首位。受价格传递效应影响，东部大厂、香河区域房价上涨迅速，大有补涨向燕郊看齐之势。（3）南部固安、永清、涿州区域，客户主要来源于南城的大兴、丰台等区域，占比达到90%以上，北京北部地区也有少部分客户。房屋选择以普通住宅为主，价格低是主要吸引力，也是北京高房价下购房需求的无奈外溢。另外，也有小部分客户购买别墅，作为改善二居所，总价低，提前住别墅。

3. 环京购房潜力预判

在这一波利好推动下，环京市场热度被点燃，房价实现比上年年初翻番。北京土地稀缺、房价高企、严格限购等会成为推手，环京区域下一阶段仍会有一波上涨行情。但环京区域由于区位要素、资源优势、配套因素、与北京互动关系等不同，房地产市场发展潜力、持续爆发性也不同。因此，对于有意在环京区域购房，希望在这一波行情中通过购房抵御通货膨胀的消费者来说，要做

好两方面准备，一是合理规划自有资金，在不降低生活水平下，在环京投资购房；二是需求要与区域气质相匹配。对于追求短线投资者来说，建议选择燕郊区域，总价高，但变现相对较快，目前已有二手房市场。对于中长期投资者来说，可选固安、永清、涿州、高碑店等区域，至少投资 3～5 年以上，目前上述区域仍处于新房快速发展阶段，二手房尚处萌芽状态，房屋变现相对较慢。对于北京周边度假、养老需求来说，建议选择北部怀来区域，区域生态环境优，空气质量高，景区多，游玩项目多，适宜休闲养生。

三　2018年北京市场展望

（一）"房住不炒"大基调下，北京楼市仍会低迷发展

2016 年底的中央经济工作会议首次提出，"房子是用来住的，不是用来炒的"，2017 年房地产相关部门陆续出台限制楼市发展政策，从导向上看，未来房地产涨幅将趋缓，从实际发展来看，2017 年，北京二手住宅量降价滞。在2018 年两会上，再次重提"房住不炒"，在调控政策不放松的前提下，再次释放楼市放缓信号，预计 2018 年北京二手房成交量同 2017 年相比不会出现大幅上涨，仍然低迷发展。

（二）北京一核两翼新规划，环京仍会有热点区域出现

2017 年 4 月 1 日北京提出雄安新区建设，它在北京和河北起到双重互动作用，一方面雄安新区将与城市副中心共同形成北京新的"两翼"；另一方面雄安新区将以 2022 年北京冬奥会为契机推进建设张北地区，形成河北新的"两翼"。随着雄安新区的开发推进，再叠加北京新的城市定位下的产业、人口、配套等资源向环京区域疏解，2017 年，环京已经形成一些热点区域，如环京北部怀来，东部香河、大厂，南部固安、永清、廊坊、涿州等。进入2018 年，随着雄安新区的发展以及北京一核两翼规划的推进，再借力冬奥会举办的契机，环京区域的张北和雄安新区方圆五十公里区域，或将仍有一波行情。

2017年广州市房地产市场分析
与2018年展望

廖俊平　徐　斌　伦嘉升*

摘　要：　2017年，习近平总书记在党的十九大报告中再次指出"坚持房子是用来住的、不是用来炒的定位，加快建立多主体供给、多渠道保障、租购并举的住房制度，让全体人民住有所居"。这将是未来长时期内我国住房政策的根本性指导思想。住房制度改革和长效机制建设，以供给侧结构性改革为主线，体现为2017年围绕供需双侧的限购、限贷及限售政策，叠加一系列监控措施，同时加快供地方式的转变，严防高价地扰乱市场预期，楼价的增幅逐步稳定。2017年，政府在加大调控力度的同时，大力发展住房租赁市场，对房地产行业进行强有力的整顿，在此背景下，广州房地产行业迎来了平稳发展期。展望2018年，政府调控措施、供求双方预期、经济与产业发展，以及轨道交通建设，将是影响广州房地产市场的主要因素。分类调控思想将逐步贯彻到房地产调控中，住房租赁市场将得到进一步发展，信贷面或将继续收紧，房地产市场的主基调仍然是平稳健康发展。

关键词：　广州　房地产市场　房住不炒　长效机制　租购并举

＊　廖俊平，中山大学岭南学院房地产咨询研究中心主任，教授；徐斌，中山大学南方学院商学院讲师；伦嘉升，广州市广房中协房地产发展研究中心研究员。

一 2017年广州市房地产市场分析

（一）政策分析

2016年末，中央经济工作会议提出要坚持"房子是用来住的，不是用来炒的"定位，建立房地产市场稳健发展的长效机制，确定了2017年和今后长时期内房地产市场发展的基调。2017年1月23日，广东省政府发布培育和发展住宅租赁市场的实施意见，提出支持住宅租赁市场发展的具体措施；3月，在多地限购政策持续升级的背景下，广州政策整体趋紧，通过适度从紧的限购政策达到规范房地产市场、抑制房地产投机的目的。

2017年，广州以供给侧结构性改革为主线，限购、限贷及限售政策二度加码，同时加快供地方式的转变，租购不同需求端相辅相成，住房制度改革和长效机制建设全面展开。一方面，以"330新政"为标志的强有力调控政策充分展现了广州市政府对调控房地产市场的决心，另一方面，7月正式发布的《广州市人民政府办公厅关于印发广州市加快发展住房租赁市场工作方案的通知》，赋予符合条件的承租人子女就近入学等公共服务权益，保障租购同权，加快构建租购并举的住房体系，推动住房租赁市场快速发展。

1. 限购限贷政策：广州加码，多地升级

（1）广州调控二度加码

2017年3月17日，广州市政府发布楼市新政，明确限购标准，限制住宅转售时间，提高首付比例。在此情形下，市场表现出两个特点：一是一批犹豫不决的自住客加紧入市，导致新政发布后的两天签约集中，成交量猛增；二是部分在市中心欠缺购房资格或首付的买家纷纷将置业目标转移到增城、从化。3月30日，调控政策升级，广州市政府加强对住房限购限贷、商服类房地产项目的管理，进一步对增城、从化实行较为严格的限购政策。

3月出台的新政一方面对住宅转售时间、限购标准均做出了严格的限制，一定程度上起到抑制投机行为、稳定房地产市场的作用，另一方面，加强商服类房地产项目管理有利于商服类房地产物业回归商业办公属性。新政出台后，无论是一手还是二手市场，成交量均应声回落，成交价格则基本保持稳定态势。

（2）多地陆续出台楼市新政

3月，北京、上海、深圳等一线城市持续发布楼市新政，收紧限购限贷，厦门、南京、杭州、郑州、苏州、合肥、佛山、南昌和成都等30多个热点二三线城市亦纷纷发布新政，全国范围内掀起一波楼市调控浪潮。

回顾全国各地陆续发布的楼市新政，不难发现：各地具体内容虽有不同，但大体上包括限购、限贷和限售三方面：限购即明确限购标准，设置购房门槛；限贷即提高首付比例，实施差别化信贷政策；限售则只有少数城市设立限售时间，如北京、广州等一线城市以及福州、珠海、南京、成都、郑州等热点二三线城市。

2. 公积金政策：提高首付比例，实施差别化公积金政策

2017年3月20日晚，广州市住房公积金管理中心发布调整公积金贷款政策的通知，针对不同购房群体实施差别化公积金贷款政策，包括对于此前有住房或者有未结清住房贷款记录的公积金购房者提高其贷款利率，对于那些名下无房但有已结清贷款记录的改善型买家而言，首付比例由原来的三成提高至四成，加大其购房首付压力，这对稳定购房需求、促进广州市房地产市场平稳健康发展具有积极意义。

为贯彻楼市新政，3月31日，广州市住房公积金管理中心再次出台新政，明确规定：广州市户籍职工连续足额缴存1年以上（含），非广州市户籍职工连续足额缴存2年以上（含），方可申请个人住房公积金贷款。

3. 住房租赁新政：广州先试先行，坚定发展住房租赁市场

2017年1月23日，广东省政府发布《广东省人民政府办公厅关于加快培育和发展住房租赁市场的实施意见》（以下简称《意见》），鼓励住房租赁市场发展，明确支持住房租赁消费，并出台了一系列优惠政策，其中包括允许商业用房改建为租赁住房、允许土地用途调整为居住用地、支持开发商利用已建成住房或新建住房开展租赁业务等。《意见》不仅有助于盘活商用房存量、推动房地产开发商发展长租公寓业务，而且对增加保障类住房供应也具有一定的推动作用。

2017年7月17日，广州市人民政府正式发布《广州市人民政府办公厅关于印发广州市加快发展住房租赁市场工作方案的通知》，赋予符合条件的承租

人子女就近入学等公共服务权益，保障租购同权，加快构建租购并举的住房体系，推动住房租赁市场快速发展。紧接着，住房城乡建设部会同八部门联合印发《关于在人口净流入的大中城市加快发展住房租赁市场的通知》，选取广州、深圳等 12 个城市作为首批开展住房租赁试点的城市，要求搭建政府住房租赁交易服务平台、多渠道增加新建租赁住房供应、鼓励开发性金融等银行业金融机构加大对租赁住房项目的信贷支持力度等。大力发展租赁市场，是重构房地产供给结构的重要尝试，和以往以抑制需求为着力点的楼市调控思维有明显不同。

2017 年 8 月，国土部与住建部联合发布《利用集体建设用地建设租赁住房试点方案》，确立北京、上海、广州等 13 个城市采取集体土地入市、"零溢价率"和"自持面积比例"竞拍，以及划拨等多种方式增加租赁用地面积，降低建设成本。

10 月举行的党的十九大工作报告明确指出："坚持房子是用来住的、不是用来炒的定位，加快建立多主体供给、多渠道保障、租购并举的住房制度，让全体人民住有所居。"进一步确立了完善住房租赁制度的工作重点。

4. 行业政策：加强多部门联合，整治行业乱象

为确保房源信息的真实性和及时性，2017 年 7 月 18 日，广州市人民政府发布《广州市住房和城乡建设委员会关于进一步规范房源信息发布的通知》，其中明确提到：一旦出现委托房屋成交、当事人取消委托或委托期限届满等情形，应当自合同签订或委托人取消委托之日起 2 个工作日内，将信息从门店、网站等各类发布渠道撤除。8 月 2 日，广州市住建委、广州市发改委、广州市教育局等 10 部门联合发布《关于严格落实房地产调控部署全面加强市场管理的通知》，从商品价格、土地供应、住房租赁、信贷等方面对市场予以规范。8 月 14 日，为整治公证执业乱象，司法部印发《关于公证执业"五不准"的通知》，规定不准办理涉及不动产的全项委托公证，要求公证机构、公证员办理涉及不动产处分的委托公证，应当按照"重大事项一次一委托"的原则，告知当事人委托抵押、解押、出售、代收房款等的法律意义和法律后果，不得办理一次性授权全部重要事项的委托公证，不得在公证书中设定委托不可撤销、受托人代为收取售房款等内容。

9 月 20 日，为规范消费贷流向，中国人民银行广州分行、中国银监会广

东监管局联合发布红头文件《关于加强个人消费贷款管理防范信贷资金违规流入房地产市场的通知》（以下简称《通知》），要求个人综合消费贷最高额度不准超过100万元，最长贷款期限不得超过10年，《通知》对消费贷流向也做出了较为明确的规定。

11月6日，住房城乡建设部会同人民银行、银监会联合部署规范购房融资行为，加强房地产领域反洗钱工作。

纵观本轮行业政策，主要表现出如下两个特点：一是多部门联合发布政策，规范房地产行业；二是较为重视规避房地产金融风险，具体表现为严查消费贷及加强反洗钱监管等。

（二）地区经济发展分析

2017年，广州市地区生产总值突破2万亿元大关，达21503.15亿元，同比增长7.0%，增速继续放缓，但仍略高于全国平均水平（见图1）。本年度广州第三产业增加值对经济贡献率进一步提升2.3个百分点至79.3%，服务业对经济支撑作用进一步增强，经济发展的内生动力仍然强劲。另外，广州市经济发展确实面临压力：一是地区生产总值增长幅度已连续第四年放缓；二是经济总量被深圳赶超。

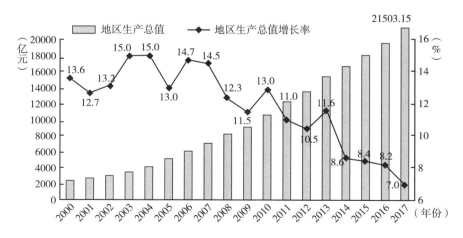

图1　2000～2017年广州市地区生产总值及增长率

资料来源：广州市统计局。

2017 年，广州全市房地产开发投资额 2702.89 亿元，同比增长 6.4%，增速有所放缓，与 2016 年相比下跌 12.5 个百分点，占全市固定资产投资的 45.7%，同比增加 1.2 个百分点，房地产开发投资在固定资产投资中的地位日益凸显（见图 2）。

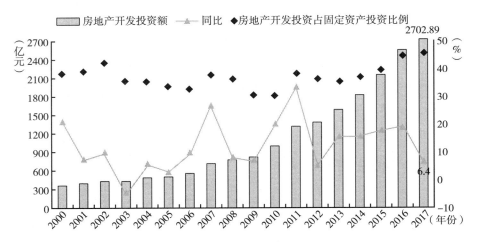

图 2　2000～2017 年广州市房地产开发投资额及占比

资料来源：广州市统计局。

（三）土地市场分析

1. 土地计划供应情况

2017 年，广州市建设用地计划供应 260 宗，共计 2050 万平方米，较 2016 年分别增加了 20 宗和 337.95 万平方米，同比增长率分别为 8.30% 和 19.74%。

其中，工业用地计划供应宗数超过商办商服用地，计划供应 80 宗，合计 709.59 万平方米，面积同比大涨 36.15%；商办商服用地计划供应 72 宗，共计 414.90 万平方米，面积同比下跌约 8%；商品住宅紧随其后，计划供地 58 宗，合计 493.31 万平方米，面积同比涨幅近五成，说明地方政府欲通过增加商品住宅供应稳定房地产市场；保障性住房计划供地面积略有增加，计划供地共 11 宗，面积合计 158.85 万平方米，面积环比微跌 3.33%（见图 3）。

2. 土地出让实际成交情况

从各月成交情况来看，2017 年初土地出让市场成交冷清，住宅和商服用地成交面积基本在 5 万平方米以下。3～4 月，外来务工人员返穗，住宅和工

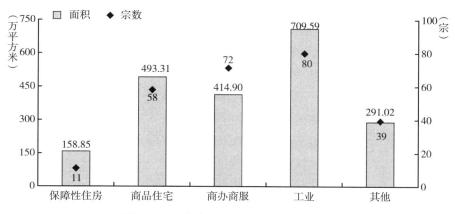

图3　2017年广州市建设用地供应计划

资料来源：广州市国土资源和规划委员会。

业用地成交逐渐走高。5~8月，土地成交继续陷入一片惨淡。直到9月，工业用地成交呈爆发性增长，全月成交接近250万平方米，住宅和商服用地则无人问津。10~11月，住宅用地成交再次走高，11月成交面积一度接近90万平方米，创年内高位，分析原因主要有：一是年终将至，政府部门为完成全年土地计划，加之为实现去库存目标，加快供地步伐；二是受到黄埔区及增城区的部分大面积土地成交的拉升。

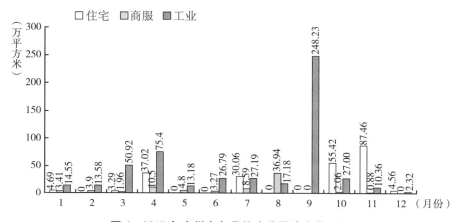

图4　2017年广州市各月份建设用地交易面积

资料来源：广州市国土资源和规划委员会。

从各行政区建设用地情况分析，住宅方面，番禺区居首位，共成交 3 宗地块，国际科技创新城地块更是成交 26.46 万平方米；南沙区位列第二，共 6 宗地块成交，黄阁镇依旧是区域亮点，约占区域总体成交的三分之一；增城区紧随其后，但仅 11 月成交新塘镇地铁 13 号线官湖车辆段及上盖地块 1 宗；花都区年末共成交 3 宗，均为凤凰路地块，共 28.20 万平方米；新黄埔区（含原黄埔和萝岗区）成交亦可，其中开发区 YH－K2－4 地块成交近 17 万平方米。

商服用地方面，新黄埔名列前茅，共 8 宗地块成交，其中面积最大的知识城 ZSCN－D3－2 地块成交近 20 万平方米；花都区仅成交中轴线融资地块 1 宗；越秀区、荔湾区、白云区、增城区、从化区没有商服地块成交记录。

工业用地成交方面，新黄埔、番禺和花都区较为集中，基本在 100 万平方米以上（见图 5）。

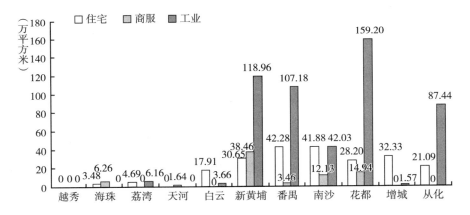

图 5　2017 年广州市各行政区建设用地交易面积

资料来源：广州市国土资源和规划委员会。

（四）商品住宅市场分析

1. 新建商品住宅

（1）建设情况分析

2017 年广州市房屋施工面积为 10658 万平方米，同比增长 5.9%，其中住宅施工面积 6399 万平方米，同比增长 4.8%；房屋竣工面积为 1321 万平方米，同比涨幅9.9%，其中住宅竣工面积为832万平方米，同比小幅上升1.7个百分点。

表1 2008~2017年广州市房地产施工与竣工面积情况

年份	2008	2009	2010	2011	2012	2013	2014	2015	2016	2017
房屋施工面积(万平方米)	5500	5506	6464	7704	7846	8939	9370	9346	10062	10658
同比增长(%)	6.1	-0.7	16.4	19.2	2	13.9	14.8	-0.3	7.7	5.9
住宅施工面积(万平方米)	3660	3420	3984	4848	4918	5474	5770	5760	6106	6399
同比增长(%)	1.8	-7.3	15.4	21.7	1.7	11.3	15.6	-0.2	6	4.8
房屋竣工面积(万平方米)	944	961	1095	1263	1291	1141	1919	1511	1202	1321
同比增长(%)	7	-9.1	1.5	15.4	-0.1	-11.6	68.2	-21.3	-20.5	9.9
住宅竣工面积(万平方米)	674	716	775	832	801	710	1221	981	818	832
同比增长(%)	-3.9	-5.2	-2.4	7.4	-5.1	-11.4	7.2	-19.6	-16.6	1.7

资料来源：广州市统计局。

房屋施工面积保持平稳增长，显示出房地产开发商对市场依然乐观。

（2）交易情况分析

2017年全年，广州市新建商品住宅成交接近9万套，同比跌幅高达三成，预售和签约面积分别为816.25万平方米和981.79万平方米，同比分别下跌17.74%和30.66%，市场吸纳率为120.28%，同比下跌22.46个百分点，市场有所降温（见图6）。

图6 2017年广州市新建商品住宅预售及签约面积

资料来源：广州市住房和城乡建设委员会。

按月度看，2017年2月，受春节假期影响，全市新建商品住宅市场较为冷清，签约面积环比跌幅逾四成；3月签约面积比2月显著增加；4月，"330新政"的实施导致网签集中，签约面积创全年最高纪录；5月，调控效应始现，成交面积跌至约80万平方米，环比大跌41%，同比亦下跌37%；6～8月，市场持续走低，单月成交在60万平方米左右；9月，在多家银行上调房贷利率的政策背景下，成交触底，成交量同比下跌61%，为全年之最；10月，开发商加推新盘，促使成交量环比回升26%，但同比下跌59%；12月，受年底业绩冲刺、资金周转压力等因素影响，开发商加快开盘、推货节奏，再加上调控效应的逐渐"消化"，市场出现"翘尾"行情，环比上涨42%，接近100万平方米（见图7）。

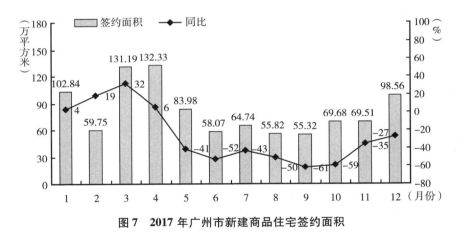

图7　2017年广州市新建商品住宅签约面积

资料来源：广州市住房和城乡建设委员会。

从成交均价看，2017年全市新建商品住宅签约均价位于16000元/平方米左右，与2016年基本持平，呈现平稳态势。2月，春节期间，市场平静，开发商让利降价，成交均价环比下跌2.87%至16404元/平方米；3月，在春节成交低迷过后，为消化库存、回笼资金，房企继续让利，成交均价环比小幅下跌1.07%至16228元/平方米；5月，新政背景下开发商不敢贸然涨价，致使均价出现小幅回落；6月，受郊区盘成交量下降影响，新建商品住宅均价环比上涨5.27%，达到17047元/平方米，为年内小高峰；9月和10月，为促进"金九银十"传统旺季销售，开发商纷纷打折促销，带动均价回落至 16000 元/平方米左右；受外围区域成交占比进一步增大、回迁房和员工房低价网签影响，11 月均价逼近 15000 元/平方米；12 月，受中心城区高价盘网签增多影响，签约均价回升至 17177 元/平方米，为全年最高值（见图 8）。

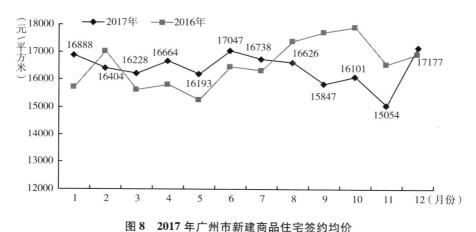

图 8　2017 年广州市新建商品住宅签约均价

资料来源：广州市住房和城乡建设委员会。

（3）房地产开发业绩分析

2017 年，尽管商品房成交增速有所放缓，但房地产开发企业销售业绩再创新高，多家房企业绩过百亿元。

分区域看，在国家强调控背景下，尽管一二线城市成交规模有所萎缩，但不少房企抓住了三四线城市房地产市场放量增长的契机，促进其销售业绩的提升，给自身提供更多的发展空间。

从房地产开发企业发展来看，全国排名前三的碧桂园、万科、恒大销售业绩均超过 5000 亿元。大规模房企凭借自身在产品、品牌等方面的优势，不断适应市场变化，努力提升其业绩，中小型房企通过把握市场机遇来实现业绩提升。并且，房企间的竞争同样满足"强者愈强，弱者愈弱"的"马太效应"，大房企依靠其聚集效应不断集中优势资源，从而缺乏资源优势的中小房企的生存压力进一步加剧。

2017 年，尽管我国信贷政策较为严格，政策趋紧，房企融资压力加大，但通过发行海外债等方式筹资，房企的资金压力得到一定程度的缓解。

2. 存量住宅

（1）交易情况分析

2017年，广州市存量住宅签约宗数突破13万套，签约面积为1168.01万平方米，同比微涨1.27%，全年存量住宅成交呈波浪形变动趋势。

1月，二手住宅市场暖春开局，成交面积较2016年12月上涨28%，同比增长更是创出了81%的全年最高纪录，原因主要是部分买家担心春节后房价继续上涨导致其购房成本上升，春节前加快入市节奏；2月，尽管受春节假期影响全月成交环比下跌47%，但市场交投仍相对活跃，同比涨幅达18%；3月，受春节积压需求集中释放及学位房进入交投旺季带动影响，当月成交环比上涨51%，同比涨幅更是高达75%；4~5月，网签集中助推成交达年内高位；6月，"330新政"效应逐渐发酵，市场交投开始回调；8月，多家银行上调房贷利率，叠加新政效应持续发酵，促使成交同比、环比双双下跌；9月，尽管迎来传统"金九银十"销售旺季，但二手住宅市场成交未见好转，成交环比下跌18%，同比跌幅更是高达31%；10月，市场继续下探，成交创全年新低，环比跌幅与9月基本持平，同比跌幅更是扩大至36%，为全年之最；11月，随着市场对新政影响的逐渐"消化"，成交量开始出现回升，但同比跌幅仍高达32%。可见随着调控力度的加大，存量住宅市场逐渐回归理性，保持平稳发展趋势（见图9）。

图9　2017年广州市存量住宅签约面积

资料来源：广州市住房和城乡建设委员会。

从均价看，2017年，广州存量住宅成交均价高于2016年水平，并保持波动上扬态势。2月，随着春节的到来，淡季效应明显，市场需求的减少提升了买家议价空间，均价下跌至15583元/平方米的全年最低位；4~5月，学位房需求旺盛，带动房价上涨；6月，新政提高入市门槛，卖家提价动力不足，房价出现轻微回调；7~10月，二手住宅均价一路坚挺，部分业主心态稳定，9月，均价突破18000元/平方米，10月，更是达到全年最高的18880元/平方米；12月，房价继续保持上涨态势，以19178元/平方米的全年最高位收官。

图10 2017年广州市存量住宅签约均价

资料来源：广州市住房和城乡建设委员会。

（2）房地产中介企业

为促进房地产中介企业规范经营，针对虚假房源、委托公证等问题，政府主管部门采取一系列整治措施，取得一定成效。首先，针对虚假房源问题，政府在8月中旬发文规范中介房源发布，从放盘到房源广告公开等各环节确保房源信息真实、有效，同时进一步完善房地产网络信息发布平台管理制度。其次，针对委托公证问题，提出"五不准"，规范公证执业行为，确保公证公信力。

此外，曾风靡一时的互联网中介在2017年呈现颓势，爱屋吉屋等新兴互联网中介企业步履维艰，同时传统房地产中介企业也在积极探索各种转型方式。

（五）商业物业及写字楼市场分析

1. 商业物业

2017 年，新建商业物业成交总体走势差异明显，具体表现为第一、第四季度总体上高于第二、第三季度，但全年成交面积同比有约 14% 的跌幅，分析原因主要有以下几个方面：一是政策面较为严格，"330 新政"限制新建商业物业的转售对象和用途，对以居住为主的公寓项目销售带来较大冲击；二是电商的快速发展，给线下实体店经营带来极大挑战。根据广州市统计局数据，2017 年前 11 个月限额以上网上商店零售额增速达 19%，远高于全市社会消费品零售额增速；三是融资成本的上升也给投资者开店带来一定压力。纵观全年，年初受到春节影响商业市场表现较为冷清，尤其是 2 月新建商业物业成交面积一度环比下跌 14% 至 7.2 万平方米；3~4 月，受签约集中影响，成交一度逼近每月 9 万平方米；5~8 月，受新政约束，新建商业市场一度低迷，成交面积每月 4 万平方米左右；9~12 月，新建商业物业销售逐渐回暖，至 12 月成交已突破 11 万平方米，达全年峰值（见图 11）。

另外，尽管广州 2017 年存量商业物业成交面积显著低于新建商业物业，但全年同比涨幅达 41.72%，主要是因为"330 新政"对新政实施后取得不动产证的商业物业在转售对象方面做出了限制，但并未涉及新政实施前取得不动产证的商业物业，这就使得部分原先欲购买新建商业物业的投资客转战二手商业物业，以规避政策在转售对象方面的限制。

存量商业物业均价较新建商业物业稳定。1~5 月，新建商业物业均价逐月小幅下跌，至 5 月已趋近 25000 元/平方米；6~7 月，均价逐步回升，7 月更是达全年高位 28373 元/平方米，但 8 月均价出现断崖式下跌，跌破 20000 元/平方米，主要是低价位物业成交占比增加的结构性因素所致；9 月，均价恢复到 25000 元/平方米以上水平；10~11 月，均价再次出现逐月下跌情况，但 12 月又回升至接近 28000 元/平方米，为 2017 年次高位。

2. 写字楼

2017 年，广州市新建写字楼签约面积同比萎缩 23.65% 至 155.66 万平方米，市场需求相对疲软，1~4 月市场成交整体向好，成交量基本高于 20 万平方米，但 5~12 月市场整体低迷，成交量基本在 4 万~13 万平方米。相反，存

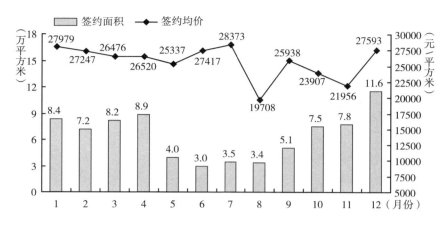

图11　2017年广州市新建商业物业签约面积及签约均价

资料来源：广州市住房和城乡建设委员会。

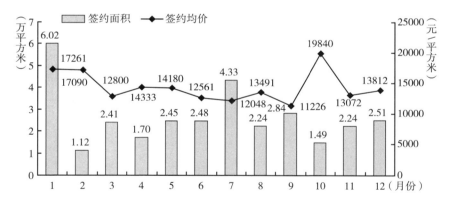

图12　2017年广州市存量商业物业签约面积及签约均价

资料来源：广州市住房和城乡建设委员会。

量写字楼物业整体向好，全年签约面积增长近三成至41.01万平方米，其中自1月达全年高位8.76万平方米后，随后各月成交面积基本在2万至4万平方米之间，市场表现平稳。

相对存量写字楼而言，新建写字楼均价波动较大。2月，受春节效应影响，成交均价跌落至18686元/平方米的低位；3~4月，随着成交量增加，成

交均价也涨至 21000～23000 元/平方米；5 月，均价继续走高至 25272 元/平方
米；7 月达全年最高位，接近 28000 元/平方米；但 8 月均价环比下滑 40% 至
16535 元/平方米，落入全年谷底（见图 13、图 14）。

与新建写字楼均价波动较大相比，存量写字楼均价平稳上扬。

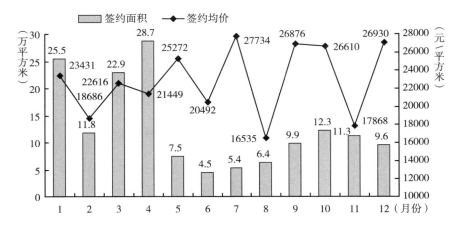

图 13　2017 年广州市新建写字楼签约面积及签约均价

资料来源：广州市住房和城乡建设委员会。

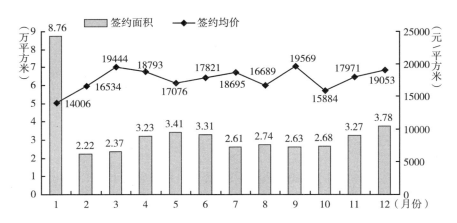

图 14　2017 年广州市存量写字楼签约面积及签约均价

资料来源：广州市住房和城乡建设委员会。

二　2018年广州市房地产市场预测

（一）政策将以分类调控为着力点，重点发展住房租赁市场

2017年末，中央经济工作会议指明房地产调控方向，明确将完善促进房地产市场平稳健康发展的长效机制，实行差别化调控政策，既要满足首套刚需置业者的需求，又要支持改善型需求，严厉遏制住房投机行为。与此同时，为建立多主体供应、多渠道保障、租购并举的住房制度，政府将加大力度发展住房租赁市场尤其是长期租赁市场，保障租赁各方合法权利，支持专业化、机构化的租赁企业发展。

可以预见，2018年，广州市房地产市场将继续保持平稳健康发展。一方面，因城施策、分类调控的方针将得到贯彻，同时，政策走向可能会根据市场变化灵活调整。另一方面，通过一系列政策措施的颁布，2018年广州住房租赁市场或将获得长足发展，满足更多群体的住房需求。

（二）信贷面或继续收紧，金融去杠杆仍是主要目标

2017年，以稳健中性的货币政策为导向，多家银行上浮房贷利率，信贷面趋紧，对抑制房地产投机行为、促进房地产市场稳定发展发挥了一定的作用。展望2018年，稳健中性的货币政策或将持续，房贷利率仍可能上浮，对房地产金融监管仍会加强，规范房地产金融市场运营的政策法规或将更多出台。

（三）房地产税制调整或将继续推进

按照"立法先行、充分授权、分步推进"的原则，政府将推进房地产税制调整，同时，对工商业和个人房地产按照评估值征收房地产税，适当降低建设、交易环节税费，减少房地产开发商、置业者税费负担，逐步建立完善的房地产税制度。

（四）中心需求外溢，外围区域或将蓬勃加速发展

2017年，随着外围区域交通网络、基础配套设施等逐渐成熟，再加上价

格相对低洼、房源供应充足等优势日益凸显，中心城区原有的购房需求将更多外溢到外围区域，外围区域发展或将提速。途经从化区的地铁 14 号线一期及增城区的地铁 21 号线有望在 2018 年通车，教育、医疗等相关配套仍会进一步完善，2018 年外围区域的房地产市场将加速蓬勃发展。

（五）商品住宅市场保持平稳运行

2017 年，随着楼市调控政策持续出台和信贷收紧，商品住宅市场成交低位企稳。可以预见，随着分类调控政策的实施及信贷的进一步收紧，2018 年广州市商品住宅市场或将迎来新一轮调整，成交量价仍将继续保持平稳趋势。此外，在土地供应日益紧张的背景下，广州将加速进入二手房时代。

B.14
2017年重庆房地产市场分析
及2018年展望

陈德强　杨宇雯　傅鑫　陈欢*

摘　要： 本文回顾了重庆市 2017 年房地产市场的运行状况，详细分析了影响重庆市 2017 年房地产市场运行的主要因素，结合重庆市房地产市场的宏观及微观环境，预测 2018 年重庆市房地产发展态势。

关键词： 重庆　房地产市场　土地储备制度　房地产投资

一　2017年重庆房地产市场运行状况

2017 年，外来资金的流入及市场需求端的改变给重庆市房地产市场带来诸多新变化。为引导住宅市场有序健康发展，重庆市 2017 年陆续出台了一系列政策进行调控，以调高投资门槛，促进住宅回归居住属性。受房价过快上涨影响，重庆主城区推地节奏仍然较快并以住宅用地为主，以缩小供求缺口稳定市场。2017 年，中央明确住宅的居住属性并加速建立长效机制，重庆市地方政府实施精细化调控，为抑制投资热的持续发酵，2017 年重庆政策告别"无限"时代，开启多主体供给模式，从供给需求两端同时发力，下半年不管是

---

* 陈德强，博士，副教授，重庆大学建设管理与房地产学院研究生导师，城市发展与建筑技术集成实验室主任，主要致力于房地产经营与管理、财务管理、投资理财等方面的研究；杨宇雯，重庆大学建设管理与房地产学院硕士研究生，研究方向为建筑与土木工程；傅鑫，重庆大学建设管理与房地产学院硕士研究生，研究方向为建筑与土木工程；陈欢，重庆大学建设管理与房地产学院硕士研究生，研究方向为技术经济及管理。

房价还是土拍市场均得到有效管控。从价格方面来看，2017年房价起点较高，且市场需求逐渐回归理性，价格的大幅波动不太可能发生，或将在较长一段时间内保持平稳运行势态。从成交量来看，2016年、2017年成交量均保持高位，但市场需求毕竟有限，2018年或将有所下滑。整体来看，重庆目前需求逐渐回归理性，但价格预期仍较强烈，故2018年重庆房地产政策仍将以稳为基调，不会轻易松动，但若市场无明显波动，亦不会持续加码。

（一）重庆市固定资产投资和房地产投资分析

2017年，重庆市固定资产投资增速同比增长9.5%，略低于《2017年政府工作报告》中"固定资产投资增长10%"的预期目标。2016年，重庆市固定资产投资同比增速为12.1%，增速有所放缓。年内固定资产投资增长较稳定，上半年实现固定资产投资6922.79亿元，同比增长12.3%，完成全年固定资产投资的39.69%，下半年固定资产投资额大于上半年，但全年同比增速较上半年回落2.8个百分点，全年固定资产投资总额为17440.57亿元（见表1），总量增加，投资力度有所加大，增速放缓，投资结构优化，经济平稳运行。

表1　2017年重庆市固定资产投资、房地产投资情况

2017年	固定资产投资（亿元）	同比（%）	房地产投资（亿元）	同比（%）	房地产投资占固定资产投资的比例（%）
1～2月	1345.23	11.6	392.87	−1.8	29.2
1～3月	2709.43	11.8	740.66	−0.8	27.3
1～4月	3940.52	12.0	1015.95	0.4	25.8
1～5月	5383.52	12.2	1333.59	0.9	24.8
1～6月	6922.79	12.3	1789.24	3.8	25.8
1～7月	8347.74	12.1	2085.12	4.6	25.0
1～8月	10092.17	10.2	2427.33	6.4	24.1
1～9月	11934.73	10.1	2880.42	7.5	24.1
1～10月	13684.37	10.0	3193.17	7.7	23.3
1～11月	15714.45	10.0	3575.30	7.9	22.8
1～12月	17440.57	9.5	3982.08	6.8	22.8

资料来源：重庆市统计信息网，数据小数位数或有调整。

相比于固定资产投资增速下滑，2017年重庆市房地产投资增速依然坚挺，同比增速呈现不断上升的趋势，但其增速仍小于固定资产投资增速，且其占比不断减少，从年初的29.2%跌落至年末的22.8%，可见市场对房地产的投资愈发谨慎。2017年重庆市房地产开发总投资额为3982.08亿元，较2016年增加254.13亿元，同比增长6.8%，同比增速比2016年增加7.5个百分点。年内第一季度为负增长，同比下降0.8%，第二、第三季度增速走强，前三季度同比增速较第一季度增加8.3个百分点，全年同比增速较前三季度回落0.7个百分点（见表1）。由2017年重庆固定资产投资、房地产投资情况可知，投资增速正由过去的高速增长转向中高速增长，市场表现出健康发展态势。

（二）重庆市房地产供应市场分析

1. 土地成交量上升，6月出现全年最高峰

2017年，重庆市主城区共完成236宗（包括住宅用地、商业用地和商住两用地）土地交易，成交面积达到1940.07万平方米，成交金额为1255.23亿元，相较于2015年上涨了77.87%，是近4年来所达成的最高当年土地成交额。2014～2016年，重庆市土地成交量持续下跌，并于2016年下跌到最低值——667.39万平方米。而在2017年，重庆市土地市场迅速回暖，土地成交量大幅提升，同比增加190.7%。

纵观2017年重庆市土地市场交易情况，1月土地成交面积为149.97万平方米，是2016年1月的3.3倍，但在之后的四个月成交情况呈现出先小幅下降后小幅上升的波动态势，直到6月，重庆市土地市场急速升温，出现成交宗数和成交面积双增幅，是全年土地成交最高峰。当月，本地房企和外来房企开始发力，成交面积达到393.42万平方米，占全年总成交面积中的31%，环比增长235%；单月土地成交金额达到363.04亿元，环比上涨510%，是全年成交总额的28.9%。在6月份土地成交达到高峰后，虽然年末又有小高潮出现，但重庆市土地成交面积总体上在7～11月逐步减小，第四季度土地溢价率呈现下行趋势，土地交易市场逐步回归理性。比较2016年和2017年土地市场，土地市场供应量明显增加，市场总体比较活跃。

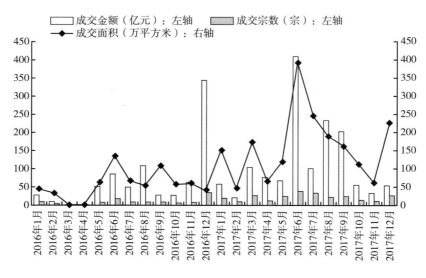

图例：
□ 成交金额（亿元）：左轴　▨ 成交宗数（宗）：左轴
◆ 成交面积（万平方米）：右轴

图1　2016～2017年重庆市土地成交情况

资料来源：CREIS中指数据，fdc. fang. com。

2. 施工面积持续出现负增长

重庆市商品房施工面积增速继2010年高幅增长和2013年小幅提升后，呈现逐年下降趋势。2014年增幅跌落10.24个百分点，2015年以及2016年又分别跌落了7.78个百分点和6.86个百分点。自2016年商品房施工面积首次出现负增长后，2017年较2016年减少了5.12%，商品房施工面积仅有25961万平方米。

近10年内重庆市住宅施工面积同商品房屋施工面积增长趋势基本保持相同。2015年全市住宅施工面积总量首次出现负增长，2016年增长率达到-7.5%，2017仍保持负增长状态，但情况有所好转。另外，自2011年以来，住宅施工面积占商品房屋施工总面积的比例呈逐年降低的趋势，市场产品结构持续调整（见表2）。

从当年数据看，2017年，重庆市商品房屋施工面积及住宅施工面积累计月同比增速虽然依旧保持负增长状态（见表3），但减速较2016年有所好转。其中商品房屋施工面积比2016年全年减少5.1%，同比增速增加0.5个百分点，住宅施工面积较2016年下降6.6%，同比增速上涨0.9个百分点。

表2　重庆市历年商品房屋及住宅施工面积情况

年份	商品房屋施工面积		住宅施工面积		房屋施工面积中住宅所占比例（％）
	数量（万平方米）	增长率（％）	数量（万平方米）	增长率（％）	
2008	11639	10.02	9166	12.07	78.75
2009	13052	12.14	10338	12.79	79.21
2010	17138	31.30	13745	33.00	80.20
2011	20397	19.02	15924	15.90	78.07
2012	22009	7.90	16998	6.74	77.23
2013	26252	19.28	19249	13.24	73.32
2014	28624	9.04	20294	5.43	70.90
2015	28986	1.26	19390	−2.42	66.90
2016	27363	−5.60	17933	−7.50	65.54
2017	25961	−5.12	16748	−6.60	64.51

资料来源：重庆市统计信息网，数据小数位数或有调整。

表3　重庆市2017年商品房屋及住宅施工面积情况

月份	商品房屋施工面积		住宅施工面积		房屋施工面积中住宅所占比例（％）
	数量（万平方米）	增长率（％）	数量（万平方米）	增长率（％）	
1~2月	21563.16	−6.6	13977.43	−8.7	64.8
1~3月	21860.66	−6.6	14154.17	−8.8	64.7
1~4月	22164.13	−7.3	14341.29	−9.4	64.7
1~5月	22489.23	−7.8	14524.02	−9.8	64.6
1~6月	23127.92	−7.3	14894.71	−9.3	64.4
1~7月	23566.98	−6.9	15172.15	−9.0	64.4
1~8月	24289.43	−5.1	15664.93	−7.1	64.5
1~9月	24857.81	−4.8	16029.70	−6.6	64.5
1~10月	25199.13	−5.1	16232.16	−6.6	64.4
1~11月	25772.72	−4.3	16569.01	−6.0	64.3
1~12月	25960.99	−5.1	16747.92	−6.6	64.5

资料来源：重庆市统计信息网，数据小数位数或有调整。

3. 竣工面积小幅增长，新开工面积同步增加

2017年，重庆市商品房竣工面积为5055.73万平方米，增速为14.3%，

较 2016 年小幅上升。年内房屋竣工面积的增幅变动较大，全年除 1～3 月、1～4 月、1～11 月和 1～12 月外，其余累计月同比增长率均为负值，其中 1～7 月和 1～8 月累计同比增速持平，达全年累计月增速最低值，为 -18.3%。2017 年重庆市住宅竣工面积为 3316.37 万平方米，同比增长 7.5%。年内住房竣工面积的增长率变化趋势基本与商品房屋竣工面积一致，在 1～3 月和 1～11 月同比增速出现涨幅高峰（见表 4）。

表 4　重庆市 2017 年商品房屋及住宅竣工面积情况

月份	商品房屋竣工面积		住宅竣工面积		房屋竣工面积中住宅所占比例（%）
	数量（万平方米）	增长率（%）	数量（万平方米）	增长率（%）	
1～2 月	515.58	-12.7	361.84	-12.7	70.2
1～3 月	926.02	10.2	661.58	10.8	71.4
1～4 月	1120.37	3.6	789.47	5.6	70.5
1～5 月	1369.80	-1.9	951.43	-5.3	69.5
1～6 月	1921.11	-10.6	1364.30	-6.7	70.2
1～7 月	2111.45	-18.3	1481.07	-15.0	64.6
1～8 月	2297.97	-18.3	1600.30	-16.5	69.1
1～9 月	2576.09	-17.5	1755.66	-17.8	71.9
1～10 月	2895.88	-14.4	1924.66	-16.3	68.0
1～11 月	4190.46	15.0	2760.80	9.8	67.5
1～12 月	5055.73	14.3	3316.37	7.5	65.6

资料来源：重庆市统计信息网，数据小数位数或有调整。

2017 年初重庆市商品房屋新开工面积同比增速激增至 20.4%，1～3 月开始快速下跌，1～5 月下跌至年内最低点 -10.6%，随后则处于波动上升的状态，全年房屋新开工面积为 5680.04 万平方米，同比增长 16.5%。其中，住宅新开工面积同比增速的变化趋势类似于房屋新开工面积，1～2 月最高为 33.5%，1～5 月最低为 -4.1%，年末恢复至 25.4%（见表 5）。另外，房屋新开工面积中住宅所占比例从 2016 年末的 61.51% 增加至 66.2%。结合 2017 年施工面积减少，竣工面积与新开工面积上涨以及销售面积的变化来看，交易量回归常态，市场走势受政策影响较大，重庆楼市进入新常态，房地产市场将平稳健康发展。

表5　重庆市2017年房屋及住宅新开工面积情况

月份	商品房屋新开工面积		住宅新开工面积		房屋新开工面积中住宅所占比例（%）
	数量（万平方米）	增长率（%）	数量（万平方米）	增长率（%）	
1~2月	579.67	20.4	420.40	33.5	72.5
1~3月	975.26	7.7	682.45	16.7	70.0
1~4月	1335.00	-4.1	907.67	1.3	68.0
1~5月	1687.62	-10.6	1116.38	-4.1	66.2
1~6月	2448.04	-0.1	1616.18	7.8	66.0
1~7月	2887.98	4.5	1889.26	9.4	65.4
1~8月	3581.80	16.9	2356.10	24.4	65.8
1~9月	4150.17	16.6	2768.29	25.4	66.7
1~10月	4507.78	13.1	2984.13	21.6	66.2
1~11月	5168.77	18.4	3401.84	27.6	65.8
1~12月	5680.04	16.5	3759.63	25.4	66.2

资料来源：重庆市统计信息网，数据小数位数或有调整。

4. 全国房企资金供应小幅缩紧

从全国房地产市场来看，自2016年开始，全国房地产开发资金增速不断下滑，当年资金到位增速维持在15%左右，而2017年的资金到位增速曲线则呈现下滑的趋势。2017年全国房地产到位资金156053亿元，同比上升了8.2%。从资金占比来看，国内贷款占到25242亿元，外资占到168亿元，分别增长了17.3%和19.8%；并且企业自筹资金为50872亿元，其他资金79770亿元，都有明显的增长。在其他资金中，房地产定金及预收款48694亿元、个人按揭贷款23906亿元，其中个人按揭贷款同比下降2.0%。[①]

从2017年资金来源占比变化趋势看，国内贷款占比16.18%，同比增加8.4%；利用外资占比0.11%，同比增加10%；自筹资金占比32.6%，同比下降6.1%；其他资金占比51.12%，同比增加0.4%。其他资金占比最多，逐渐成为房地产开发投资的主要资金来源，在其他资金中，个人按揭贷款、定金和预收款合计占比超91%，而这三项均和销售直接相关，由此可见房地产的销

---

① 中华人民共和国国家统计局2017年度数据披露。

售为房地产开发投资带来了将近一半的资金来源。但随着金融政策收紧，房企自身"造血能力"显得愈发重要。预计在销售增速下滑以及银行按揭贷款额度不足的情况下，房企到位资金增速仍将继续下滑。

（三）重庆市房地产需求市场分析

1. 商品房销售面积小幅增加

2008～2017年，重庆市商品房销售面积仅在2008年和2012年出现负增长，同比增速分别为-19.3%和-0.2%。2008年受次贷危机影响，全球经济衰退，房地产市场交易低迷；2009年在"四万亿计划"刺激下，全国房地产市场强势复苏，量价齐涨；2010～2013年为房地产调控阶段，其间，重庆市开始征收房产税，政策持续收紧，同时加大保障房建设，市场交易热度开始降温；从近几年的重庆市房地产市场来看，重庆市商品房销售面积稳步增长，尽管在2016年出现同比增速小高峰，但2017年又恢复到正常的状态（见表6）。这一变化既有2016年去库存和稳增长政策刺激的因素，也存在2017年政策环境收紧、房地产市场回归理性的影响。另外，近5年住宅销售面积所占比例在不断缩小，跌幅收窄，市场份额逐步稳定。

表6　重庆市2008～2017年商品房屋及住宅销售面积情况

年份	商品房销售面积		住宅销售面积		住宅销售面积所占比例（%）
	数量（万平方米）	增长率（%）	数量（万平方米）	增长率（%）	
2008	2872	-19.3	2670	-19.3	93.0
2009	4003	39.4	3771	41.2	94.2
2010	4314	7.8	3986	5.7	92.4
2011	4534	5.1	4063	1.9	89.6
2012	4522	-0.2	4105	1.0	90.8
2013	4818	6.6	4359	6.2	90.5
2014	5100	5.9	4424	1.5	86.7
2015	5381	5.5	4478	1.2	83.2
2016	6257	16.3	5105	14.0	81.6
2017	6711	7.3	5453	6.8	81.3

资料来源：重庆市统计信息网，数据小数位数或有调整。

2017 年，重庆市商品房全年销售面积达到 6711 万平方米，同比增长了
7.3%，虽然增速相较于 2016 年的销售量有所下降，但总体基本趋于稳定。
2017 年初，重庆房地产市场交易火爆，商品房销售面积同比增速激增至
41.4%（见图 2），相较于 2016 年初的 19.8% 增加 21.6 个百分点，但随着
2017 年 1 月预售从严，三无人员征收房产税等政策开始实施，3 月份的商品房
屋销售面积得到有效抑制，同比增速全年总体处于下跌状态，1~9 月和 1~10
跌幅较宽，房地产市场金九银十不再。住宅板块，重庆市 2017 年总体销售面
积为 5453 万平方米，同比上涨 6.8%，年内住宅销售面积同比增幅走势与商
品房销售面积基本相似。

2016 年，商品房销售面积同比增速曲线起伏不大，整体较稳定，但受部
分城市调控政策的影响，下半年的同比增速有所降低（见图 2），2017 年商品
房销售面积在 1~2 月有明显高峰，但四季度的累计增速低于 2016 年的同期水
平。结合 2017 年重庆市商品房竣工面积来看，年竣工面积低于销售面积，一
定程度上反映出房地产市场正步入新常态。

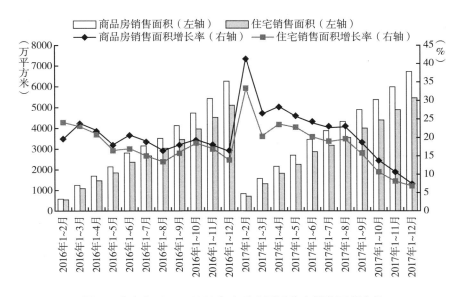

图 2 重庆市 2016~2017 年商品房屋及住宅销售面积走势

资料来源：重庆市统计信息网，数据小数位数或有调整。

2. 商品房销售额大幅增长，住宅销售额同步增长

2008～2016 年，重庆市商品房及住宅销售额的增速基本与销售面积保持一致，这也从侧面反映出了重庆市房地产价格在很长一段时间内保持稳定；但 2017 年的销售额增长速度远大于销售面积：2017 年重庆市全年商品房销售额达到 4557.85 亿元，同比增长了 32.8%，是当年销售面积同比增速的 4 倍多，数据直观显示了重庆市房价在 2017 年快速拉高的趋势。

其中，住宅销售额所占比例与 2016 年相比增加了 2.2 个百分点，该比例自 2009 年达到顶峰后呈现逐步回落趋势，2015 年到达近 10 年最低点，仅占 76.0%，近 2 年开始逐步回升，提升至 79.0%，住房需求强劲（见表 7）。

表 7　重庆市 2008～2017 年商品房屋及住宅销售额情况

年份	商品房销售额		住宅销售额		住宅销售额所占比例(%)
	数量（亿元）	增长率（%）	数量（亿元）	增长率（%）	
2008 年	800.00	-17.3	704.82	-17.73	88.1
2009 年	1337.76	67.2	1240.57	76.01	92.7
2010 年	1846.94	38.1	1610.64	29.83	87.2
2011 年	2146.09	16.2	1825.41	13.33	85.1
2012 年	2297.35	7.1	1972.42	8.05	85.9
2013 年	2682.76	16.8	2283.57	15.78	85.1
2014 年	2814.99	4.9	2253.28	-1.33	80.1
2015 年	2952.21	4.9	2244.43	-0.39	76.0
2016 年	3432.00	16.3	2635.64	17.4	76.8
2017 年	4557.85	32.8	3601.56	36.6	79.0

资料来源：重庆市统计信息网，数据小数位数或有调整。

2017 年，重庆商品房屋及住宅销售额走势类似于销售面积，1～2 月商品房销售额同比增速达全年最高峰，为 65.7%，3 月市场快速降温后，1～3 月同比增速较 1～2 月回落 21.2 个百分点，第二、第三季度同比增速较稳定；第四季度受 9 月下旬主城区限售政策影响，同比增速大幅下跌，跌幅收窄，最终全年累计同比增速为 36.6%。相较于 2016 年，2017 年受市场和调控政策影响，重庆市商品房销售额波动较大（见图 3）。

综合 2017 年重庆市商品房销售面积与销售额情况，商品房销售面积的月

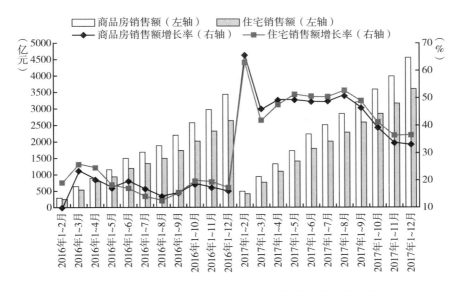

图3 重庆市 2016~2017 年商品房屋及住宅销售额走势

资料来源：重庆市统计信息网，数据小数位数或有调整。

累计增幅均小于商品房销售额月累计增幅，年内两者的增幅差除1~3月为18.7%外，其余月份均大于20%，年末两者的增幅差距增至25.5%，而2016年两者增幅差为0，这表明2017年商品房的平均销售价格呈现持续上涨的趋

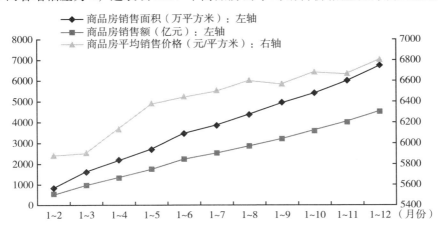

图4 重庆市 2017 年商品房销售面积与销售额对比分析

资料来源：重庆市统计信息网，数据小数位数或有调整。

势，年初为5879.68元/平方米，年末为6791.61元/平方米，延续了2016年房价上升的态势，完成从"以价换量"到"价量齐升"的转变。

二 2017年重庆市房地产市场影响因素分析

（一）宏观政策调整不断，房地产市场迎来最严厉调控

2017年是楼市政策调控年，在中央"房子是用来住的，不是用来炒的"指导思想下，地产调控愈演愈烈，全国各地出台楼市相关政策和规定的次数和力度都超过了以往。地方调控政策差异化明显，尤其是一二线热点城市，政策不断收紧且范围不断扩大，截至年底，限售城市已扩大到50个，全面迎来"五限时代"。2017年作为全面深化改革向纵深推进的关键一年，实现了从传统的需求端抑制向供给侧增加进行转变，限购、限贷、限售叠加土地拍卖收紧，供应结构优化，市场成交低位运行，调控效果逐步显现。房地产的长期发展趋势正由此前的"无序炒房"，变为"房住不炒"。同时，随着租购并举、租售同权、共有产权、限售等政策的渐次落地，符合国情、层次分明、适应市场规律的房地产平稳健康发展长效机制轮廓已经逐渐显现。

具体来看，2017年3月，政府工作报告中明确提出要"坚持住房的居住属性，加强房地产的分类调控"，奠定市场基调。为使房地产市场健康稳定发展，建立长效机制，地方政府在金融、土地以及立法等各个方面加强了对投机投资性购房的限制。1月举行的中国人民银行工作会议强调要因城施策，继续落实好差别化住房信贷政策，加强房地产金融宏观审慎管理；3月，央行为防止金融市场和资产价格泡沫化，分别上调逆回购和MLF操作利率10个基点。住房信贷方面，9月，各地房地产企业金融端持续收紧，各地政府重点检查"房抵贷"等资金违规流入，严防信贷资金违规流入房地产市场，在金融去杠杆从严的背景下，房地产信贷增长的势头一再回落。另外，支持热点城市调整房贷利率，重庆、合肥、苏州等多地银行上调房贷利率，其中重庆市全面取消利率优惠，预示着各大热点城市迎来"零折扣时代"。在土地供应方面，一线城市土地供应面积持续放量，成交量及出让金随之上涨，但受调控影响均价及溢价率同比有所下滑；二线城市坚持"分类调控、因城施策"，土地供应和成

交面积与 2016 年基本持平，均价同比涨幅较 2016 年明显收窄，溢价率各季度均同比下降，土地市场总体趋稳；三四线城市内部热度分化，部分城市靠近经济发达城市群核心，承接外溢需求，拉动整体土地供求升温。保障房建设方面，棚改范围再次扩大，2017 年我国棚改目标为 600 万套，实际完成 609 万套，略超额完成。2017 年，住房租赁亦有新的进展，随着住房租赁改革试点的开展，多种新型供应模式加大进入力度，尤其是长租公寓和金融创新领域，多种多样的租房模式正悄然改变住房租赁供给侧格局。

（二）重庆市良好的土地储备制度

为适应不断变化的市场需求，重庆国有土地储备机构一直遵循"超前储备、细水长流"的原则，自 2002 年重庆建立"土地整治储备中心"实施土地储备政策以来，重庆在城市规划区范围内共储备了约 40 万亩土地，并严格按照政策合理地供应土地，有效降低了由于土地供应短缺而导致房价大幅上涨的可能。与此同时，重庆市独有的地票制度盘活了农村建设用地存量，既严守"十八亿亩耕地红线"又增加了国有建设用地指标。另外，重庆从城市发展规划入手，按平均每万人一平方公里控制城市开发规模，按人均 30～40 平方米控制住房开发总量，并按房地产投资占年度固定资产投资 25% 左右的比例进行流量调控，从而确保房地产供需基本平衡。

2017 年 7 月，重庆市国土房管局在《重庆市主城区住宅用地供应中期规划及三年滚动计划》中表示，为保障重庆市主城区的用地需求，将在 2017～2021 年向市场供应总计 9.5 万亩的住宅建设用地。同时，国土资源部将重庆市主城区列为国有建设用地使用权二级市场试点地区。此举一方面有利于健全土地市场稳定地价，降低土地成本，使开发企业更好地获取土地储备，推进供给侧结构性改革；另一方面，能充分发挥城镇土地使用税在节约集体用地中的作用，从严征收土地闲置费，使部分资金压力较大的企业进一步承压，同时促使企业间土地并购等相关行为进一步提速，行业集中度再次提升。

（三）重庆市人口分布特征

根据重庆市 2017 年统计年鉴披露，截至 2016 年末，重庆市常住人口为

3048.33 万人，与 2015 年相比增加 31.98 万人，其中城镇人口为 1908.45 万人，增加 70.04 万人，农村人口为 1139.88 万人，减少 38.3 万人，城市人口不断增加，农村人口逐步流向城市，但自 2010 年起，重庆市常住人口一直少于户籍人口，处于人口流出状态。从 2008 年至今，人口总量（含城镇人口和农村人口）仅上涨 6.27%，每年人口增速小于 1.5%，同时，重庆的人口结构中，农村人口占比较大，2008 年农村人口占比达到 50%，至 2015 年占比才降至 37%，这部分人口的购房需求较弱，对楼市的影响也非常微弱。另外，人口抚养比能反映出人口年龄结构与房地产市场之间的关系，2016 年重庆市总抚养比为 41.02%，其中少年抚养比为 23.35%，高出 2016 年全国少年抚养比 0.45 个百分点；老年抚养比为 17.67%，高出全国平均水平 2.67 个百分点。这表明劳动年龄人口比例和购房适龄人口正在逐步下降，房地产刚需大幅减少。但随着重庆经济的高速发展，人们经济生活水平的不断提高，改善型需求逐渐增加；加之"二孩政策"的放开，加速了改善型需求的释放，据统计，重庆二胎占比达 48%，远高于成都等城市，换房需求大量滋生，所以，重庆市购房的主力仍是本地客户。虽然 2017 年初迎来外地投资客炒房小高峰，但重庆市政府发布 311 号令后，"三无"人员购房受到限制，外地客户占比回落，重庆市场热度快速降温。

（四）融入国家战略，产业结构调整取得新进展

重庆作为直辖市，是西部大开发的重要战略支点，集国家发展战略于一身；同时，其地理位置又处在"一带一路"与长江经济带的连接点上，对两大经济区域有双重聚散作用，近年来经济一直保持着高速发展。2015 年，重庆市创造 GDP 总量为 15720 亿元，GDP 增速位于全国首列，为 11.0%，比全国增速高 4.1 个百分点。2016 年和 2017 年 GDP 增幅分别为 10.7% 和 9.3%，分别比全国高 4 个百分点和 2.4 个百分点。在全国经济面临下行压力的背景下，重庆经济发展依然领先全国，发展势头依旧强劲。

同时，重庆市产业结构得到不断优化，从 2013 年的 8.2∶45.6∶46.2 调整为 2017 年的 6.9∶44.1∶49。产业升级在聚集大量人口的同时，亦吸引了庞大的高收入就业人口，为重庆市的房地产市场带来推动力。重庆市在一区两群的城市规划布局下，以"两地"为战略目标，以"四个扎实"为战略路径，形

成汽车、电子信息等千亿元级产业集群，保证第二产业优质发展，同时第三产业占比不断提升，其中尤以金融产业增速最快，在第三产业中占比也最高。值得一提的是，2017年12月和2018年1月，腾讯和阿里巴巴分别与重庆携手发力智能产业，为重庆未来新兴产业的发展带来诸多利好。随着高端产业链的发展，城市化水平加快，城市吸引力加强，人口数量和质量得以提高并催生房地产市场需求空间。

（五）优化资源配置，新型城镇化效果显著

如今我国仍然处于城镇化深入发展的关键时期，1月份，重庆政府工作报告中也明确指出要坚持推进新型城镇化建设。自2014年重庆市被列入国家新型城镇化综合试点地区以来，经过3年的建设发展，2016年重庆市常住人口城镇化率为62.60%，比2014年提高1.66个百分点。但相比于其他直辖市还有一定差距，城镇化的发展空间还很大。

2017年，重庆市城镇化进程不断推进。在城市规划方面，成渝城市群将成为新型城镇化发展"新常态"，推动大中小城市和小城镇协调发展，为区域经济增长提供动力支点。另外，重庆城市群基于"一圈两翼"定位，按照"大联通、小分布"原则，实行"多中心、组团式"策略，建立由1座超级大城市、4座特大城市、13座大城市、7座中等城市、若干座小城市组成的城镇体系，促进城市间基础设施互联互通和产业、功能互补。重庆市一直在完善综合交通网络，高速公路、铁路、机场和港口通道为城镇群提升辐射带动能力提供了坚实的基础，而城市道路、地铁轨道及公交站的建设，确保城市平均车速达到30公里每小时，高峰时段不低于15公里每小时，保证了城市的运行效率，对助推城镇化有极大的帮助。在人口聚集方面，农村人口不断流向城镇，对于外来人口，重庆同样提供便利，提升获得感。2010年以来，重庆率先向城市外来人口开放公租房，允许本市和外地户籍人员在同一低门槛条件下申请公租房。同时全市精心布局公租房建设，规划21个大型聚居社区，其中15个已建成入住且全部位于轨道交通站点周边。2017年，重庆市进一步降低对外地人落户的门槛，吸引人才助力重庆经济社会的快速发展，加快城镇化进程。为加快户籍制度改革，重庆继续推行城乡统一户口登记制度，全面实施居住证制度，推动非户籍人口在城市落户。

（六）"五年棚改计划"顺利完成，公租房项目管理提档升级

重庆市属于"山城"，由于其特殊的地形地貌，呈现组团化发展的城市布局，导致大量棚户区零散地分布在城市内。为了推进新型城镇化进程，改善人民居住条件，棚户区改造一直是这几年重庆市政府的工作重点。2013～2017年的5年时间内，重庆市政府累计共完成1816万平方米的棚户区改造项目，远超之前1233.59万平方米的计划任务量。2018～2020年，重庆计划改造城镇棚户区约1400万平方米，涉及人口数量达到12万余户。

在公租房方面，15个已入住公租房小区分布在九龙坡区、南岸区、北碚区、沙坪坝区和两江新区内，截至2017年，累计保障住房困难群众42.7万户，惠及群众110余万人。2017年，重庆市共举行了四次摇号，配租5.1万套。为加强公租房小区的社区治理和公共服务，打造"共建共治共享"的社区治理格局，重庆从2014年底起启动了对公租房社区治理重点工作实施项目管理，并于2017年明确了家文化建设、就业创业、帮扶救助、平安建设等社区治理项目。公租房社区治理项目管理经过3年的有序推进，公租房社区治理体系日渐完善，居民群众获得感、幸福感和安全感不断提升。

棚改加上公租房，相当于形成了一个"二元经济"，保障了中低端需求，这在一定程度上锁定了房地产市场量价波动的影响范围，减少了房子作为普通投资品的交易空间，提高了重庆市房地产市场软着陆的概率。

三　2018年重庆市房地产市场发展形势展望

（一）重庆政府或将延续2017年的调控政策不松懈，保障楼市健康发展

2010年，中国经济增速为10.6%，此后一路下行，2011年为9.5%，2012～2014年中国经济增速为7%～8%。2015年、2016年经济增速分别只有6.9%、6.7%。2017年经济增速为6.9%，实现了8年来首次经济加快，但我国仍然处在结构调整和经济发展方式的转型期。另外，在广义货币方面，2017年M2余额增速呈现20年以来的首次个位数增长，这表明2018年将维持低货币投放

增速的态势，"去杠杆"仍可能是未来几年金融政策的主题。

2012～2016年四季度，重庆市楼市处于小幅上升的过程，而且一直没有限贷限购。但2016年四季度以来，受外省市购房人群数增加的影响，重庆主城房地产市场一度十分活跃，呈现量价齐升的态势。2017年初政府开启并加强对"三无"人员征收房产税后，投机投资客得到遏制；2月，重庆严厉打击"首付贷""假按揭"，去杠杆力度升级；5月，重庆市主城区暂停非首套房住房公积金贷款申请受理工作，并将首套房认定标准定为"既认房又认贷"；紧接着9月发布限售令，规定重庆市主城区新购新建商品住房和二手住房须取得《不动产权证》满两年后才能上市交易；同年10月，重庆市多家商业银行上调二套房首付比例。此番调控"保刚需，抑投机"信号明显加强。

在"从高速度向高质量转变"的新战略下，2018年应是降低对房地产依赖、落实房子新定位的关键年份。12月召开的中央经济会议屡次强调，要保持调控政策的连续性、稳定性，保持调控目标不动摇、力度不放松。预计2018年，政府还将坚持"冒头即打""打补丁"和"补漏洞"的调控策略，控制投资投机需求和非理性购房，稳定市场预期，为实现中央经济工作会议提出的2018年要完善房地产"长效机制"的目标创造窗口期，2018年全国房地产市场将进入调整期。对于发展较为健康的重庆房地产市场而言，调控政策相对宽松，随着前期高地价楼盘推出市场，房价或将出现温和上涨走势。从资金角度来看，为严防资金违规进入房地产以及降低财务杠杆，2018年楼市可能仍将以金融政策为主题。综上，在调控政策和金融政策"双紧缩"的框架下，2018年全国楼市量价回调将在情理之中，商品房开发投资增速将依旧维持小幅回落或平稳态势。

（二）供给侧改革继续深化，成效明显

2017年是供侧改革的深化之年，改革成效明显，重庆房地产市场去化速度加快，去化周期缩短。重庆市坚持推进供给侧改革，大力发展实体经济，防范金融风险，注重供给与需求的良性互动和城乡协调发展。预计2018年，重庆市将继续深化供给侧结构性改革，打好调控组合拳，做到精准化调控。

供给侧在房地产行业主要体现在调整土地结构、产品结构、金融改革三个方面。在土地供应方面，2017年3月，重庆市公共资源交易网发布《重庆市

国土房管局关于 2017 年度住房用地供应计划的公告》，计划供应商品住房用地 36000 亩、保障性住房用地 2000 亩。对比 2016 年，2017 年用地计划增加 1520 亩，商品住房用地增加 1720 亩，保障性住房用地减少 200 亩。在产品结构方面，2017 年重庆市继续落实新的三年棚改计划，计划在 2018～2020 年改造棚租房 1400 万平方米，公租房建设也在同步进行中，重庆市计划在 2018～2020 年，继续推进公租房建设，在主城区内提供 6 万套公租房，保障低端需求。2016 年下半年开始，新推土地容积率降幅明显，改善型需求开始逐渐释放，中指数据显示，2017 年重庆中高面积段和高面积段占比达 47.78%，占比持续上升，逐渐与中低面积段持平。在金融方面，2017 年重庆市收紧金融端口，严厉打击"首付贷""假按揭"等行为，同时加快推进房地产市场金融去杠杆，审批周期延长，首付上调房贷利率，折扣利率近乎绝迹，挤出房地产泡沫。

（三）租赁政策利好不断，开启全新"租赁时代"

"购租并举"作为深化改革我国住房制度的主要方向之一，能促进长效机制的形成，也被认为是我国自 1998 年住房市场化改革后的"第二次房改"。2017 年，两会在"购租并举"的基础上进一步提出"租购并举"的住房制度，体现出国家对发展住房租赁市场的决心。

2017 年下半年，住房租赁市场得到政府政策持续支持。7 月，广州、深圳、南京等 12 个城市被选为首批住房租赁试点城市；8 月，《利用集体建设用地建设租赁住房试点方案》发布，确定北京、上海等 13 座城市为集体建设用地建设租赁住房试点，优惠的土地政策加速开启"租房时代"。5 月，住建部起草《住房租赁和销售管理条例》，住房租赁市场管理条例出台，在承租人居住权利保障等方面做出了详细的规定，加强了对承租人权益的保障，同时兼顾出租人权益，鼓励发展机构出租。7 月，广州发布《广州市加快发展住房租赁市场工作方案》，首次明确了"租购同权"的概念，房产与户籍等行政属性逐步剥离，真正回归到住宅居住的属性。在高房价现状和供给刚性的制约下，发展租赁市场能解决"夹心层"住房问题，降低购房需求和减少住房支出，完善我国住房体系。

重庆市虽未被列入住房租赁试点城市中，但重庆租赁市场的建设步伐从未减慢。2017 年，"拍卖 + 竞自持租赁"成为重庆市土拍新方式，11 月，重庆市国土房管局联手建设银行融资千亿元共建"住房租赁监管和交易平台",实现以智能化为引领的"互联网＋住房租赁"模式,加快推动重庆住房租赁市场发展。与一线城市相比,目前重庆的自持租赁长租市场虽仍处于发育期,但未来前景十分广阔。总体来看,政策利好在供给端持续发力,预计2018年,重庆市将进一步推动租赁市场发展,完善相关配套政策,充分保障刚需,满足多样化的居住需求。

(四)写字楼供应高峰持续,政策推进商业地产去库存

2017年重庆市甲级写字楼供应量大大超过吸纳量,新增供应保持高位增长,空置率持续攀升,市场一直处于供大于求的局面。戴德梁行数据显示,由于2016年部分项目推迟至2017年入市,2017年,重庆市甲级写字楼新增供应量高达44.9万平方米,仅次于2015年的63.51万平方米。年内,重庆经济基本面保持良好态势,产业结构不断优化调整,支撑市场需求逐步转暖,年度吸纳量创历史新高,达24.7万平方米;在需求回暖态势和新增供应回落的双重作用下,市场存量从2016年11月的432万平方米下降至2017年12月的185.1万平方米;空置率降低至44.8%,与2016年末持平。在重庆市开放型经济快速发展、营商环境不断改善、招商力度加大的背景下,市场需求在与供应洪峰的博弈中略胜一筹。2016年市场表现良好,虽然甲级写字楼租赁市场成交活跃,但高空置率、存量巨大的局面短期内仍然难以得到扭转,市场竞争压力较大导致继续采用"以价换量"的策略从而拉低市场租金,租金一直面临较严峻的下行压力,难以提振。

从区域表现来看,江北区为写字楼整体品质最高区域,亦是2017年新增供应最多区域,空置率不断升高令租金面临较大压力,第四季度为每月每平方米92元,环比下降2.5%;渝北区去化良好,但在整体市场较严峻的情况下,业主对于提升租金保持较谨慎态度,从而使第四季度租金与上季度基本持平,为每月每平方米93.6元;渝中区由于年内没有新增供应,空置率较上年小幅下降,但面临着需求外溢的压力,业主采取以价换量的策略,租金亦出现下调走势,第四季度租金下滑至每月每平方米83.4元。虽然依托于重庆市"6＋1"支柱产业作为重庆经济的重要根基以及新的经济增长点,这些行业对办公面积需求的持续旺盛,为写字楼市场发展提供了坚实基础,但是目前多个已建

成项目尚在蓄客阶段，短期内潜在供应量较大，市场仍面临去化压力。预计2018年，甲级写字楼办公租赁需求将持续回暖，但面对较大新增供应和大量现有空置面积，市场供需矛盾依然严峻，空置率高位调整，以价换量仍是租赁主要策略，租金上涨的可能性不大；业主方或应采取提升非经济手段的租赁策略、多元化物业配套服务等手段来吸引企业入驻实现去化。

2017年，对于重庆商业地产而言，去库存仍然是重中之重。2015～2017年数据显示，基于庞大的商业库存，重庆商用土地供应量呈下降趋势，要从源头上缓解高库存；2016年8月发布的《重庆市现代商贸服务业发展"十三五"规划》明确，今后将推进优化市级核心商圈、完善区县核心商圈层级体系，增加3个百亿元级商圈，至"十三五"末，形成15个百亿元级商圈，加快发展体验式、服务性消费，推进智慧商圈发展，以此扩大商业地产需求，推进去库存进度；另外，受电商冲击、商业地产过剩、招商困难等因素影响，传统商业地产的发展速度趋缓。商业地产商纷纷提出创新和转型，业态组合、智能支付、社区型互动店铺、场景式消费等创新理念出现。

在2017年4月公布的《关于促进全市商业商务房地产市场平稳健康发展的意见》政府文件中，重庆市政府提出以商业地产为房地产去库存的重心。通过控制商业地产土地供应、支持商业地产转型、支持开发商自营商业地产、扩大商业地产市场需求等途径，稳健推进商业地产去库存，力求在2020年前将重庆市商业地产去化周期控制在合理范围内，并明确表示将主城区的商业地产库存去化周期控制在12个月以内。在政策的调控下，预计2018年，重庆市商业地产的库存规模将进一步减少，租金或保持平稳或稍有下调，各大房企也会加快商业地产的转型，智慧创新型商业将成为一个新的发展方向。

（五）城市绿化率显著提升，智能产业蓬勃发展

2018年重庆市人民政府工作报告中提到要在未来5年内将全市森林覆盖率提高到55%左右，城市建成区绿化率达到45%以上，比2015年城市建成区的绿化率提高17个百分点。保护好重庆的好山好水、建设好江城山城，让市民生活环境愈加美好，使良好的生态环境成为重庆市招商引资的一大优势已成为重庆市人民政府未来5年的重要工作内容。重庆市政府已将实施生态优先绿色发展行动列入"八项行动计划"中，将坚决打好污染防治攻坚战作为"三

大攻坚战"之一，这就意味着房地产开发商以后在重庆市进行楼盘开发时会降低楼盘的建筑密度，强化楼盘开发的精品意识，建设更多的绿化设施，实现建筑与环境的和谐统一。

以大数据智能化为引领的创新驱动发展战略行动计划作为"八项行动计划"的第一项计划足以体现重庆市智能产业未来的发展前景。一方面，立足于重庆市汽车、电子信息等千亿元级产业集群，使之与互联网、大数据、人工智能等深度融合，推动智能网联汽车等技术创新行业的发展，运用智能化来改造升级传统制造业，促进传统制造业的转型，提升重庆市经济发展的质量与速度；另一方面，智能化产业的发展推动智慧商圈、智慧商场的建设，促进消费升级和实体商业的转型，产生的消费新模式将倒逼商业地产运营模式发生转变。同时，重庆市利用处在"一带一路"和长江经济带联结点上的地理优势，依托中欧班列（重庆）和"渝黔桂新"铁海联运提高"重庆智造"出口比重，引进一批在全球具有影响力的创新型企业，建设一批功能完备的创新平台和产业化基地，在提升城市创新能力和国际化水平的同时推动重庆市工业地产的发展。

B.15
2017年深圳市房地产市场解析与2018年展望

宋博通　古祺　程勇　杨玉竹　曾琴　黄秀梅　赖如意　胡荣平*

摘　要： 2017年，深圳房地产开发投资再创新高。住宅方面，继续受"深八条"影响，新房统计均价总体平稳，二手房均价有所上升；两者成交量均创近年新低，二手房年末升势明显；优质学区的房价较普通学区上涨更快。其他物业方面，新建商业用房空置现象改善，写字楼新房供需两旺，典型区域租金涨幅较大。临深片区方面，新房成交因限购政策大幅缩水。土地供应成交创新低，纯居住用地仅一宗且为租赁用地。展望2018年，深圳经济基本面将为房地产发展提供有力支撑。住宅方面，房价或面临一定上行压力，区位分化加大；二手房成交受政策影响短期反响明显，长期将回归常态。其他物业方面，商务公寓将延续投资热度；优质写字楼相继入市，供需有望延续两旺格局。"棚户区改造"政策有望出台，公共住房用地紧张问题有望得到缓解。深圳对长租房源需求较大，企业参与方式将更加丰富。深汕特别合作区开始由深圳全面管理，将有效弥补深圳土地稀缺的短板，"飞地"效应将逐步显现。

---

* 宋博通，建筑学科博士后，深圳大学基建部主任，深圳大学房地产研究中心常务副主任，副教授。主要研究领域为住房政策、城市经济与房地产市场；古祺，深圳市前海中证城市管理发展有限公司高级研究员；程勇、杨玉竹、曾琴、黄秀梅、赖如意、胡荣平，深圳大学土木工程学院硕士研究生。

关键词： 房地产市场　土地市场　长租公寓　临深片区
深汕特别合作区

一　2017年房地产市场总览

（一）房地产开发投资额再创新高、增速放缓，占固定资产比重小幅回调

从固定资产投资额看（见图1），十余年来呈逐渐增长态势，2017年同比增长26.22%，投资额达5147.32亿元，再创新高。

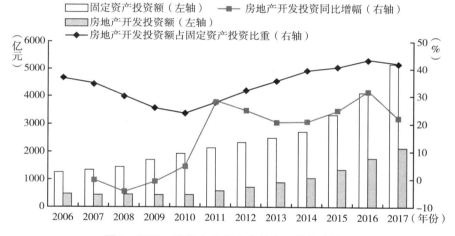

图1　2006～2017年深圳市房地产开发投资情况

资料来源：广东省统计局。

从房地产开发投资额看（见图1），2006～2009年逐年微幅下跌，2010年起止跌回升；2011～2016年均以年20%以上的同比增幅稳步上升；2017年同比增长21.60%，比上年回落10.37个百分点，完成投资2135.86亿元。

从房地产开发投资额占固定资产投资比重看（见图1），2006～2010年，占比持续小幅下降，2010年为23.58%；2011年起连年攀升，2016年占比达43.07%；2017年小幅回跌至41.49%，房地产开发投资有效拉动了关联产业发展。

（二）新房统计均价企稳，各区涨跌不一；二手房均价总体上升，南山、福田价格领涨

1. 一线城市中深圳新房价格指数全年微跌，二手房价格指数以平稳为主岁末微升

从2017年各月新房价格指数走势看（见图2），京、沪、深指数趋于平稳。京、深累计跌幅分别为0.22%和2.50%；沪、穗累计涨幅分别为0.28%和4.81%。

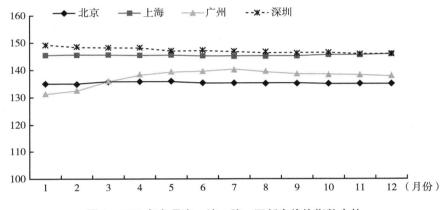

图2　2017年各月京、沪、穗、深新房价格指数走势

注：定基以2015年价格为100。

资料来源：国家统计局。

从2017年各月二手房价格指数走势看（见图3），北京全年领先；沪、深两地走势接近，全年平稳；穗全年持续走高，岁末微跌。沪、穗、深累计涨幅分别为0.72%、7.90%、1.69%；北京累计跌幅2.22%。

2. 五年来新房统计均价首现"原地踏步"，全年涨幅甚微；二手房均价"倒挂"再现，涨势依旧涨幅缩小

从深圳历年商品住宅均价看（见图4），2006～2007年，新房、二手房价格均小幅上升；2008年受金融危机影响，新房、二手房价格转升为降；2009年起，政府出台"鼓励合理住房消费"的救市政策，市场逐步回暖；2010年继续保持增势；2011年，在房地产调控政策影响下，新房价格稍有回落，而二手房价格依然保持增长势头，开始出现新房和二手房价格倒挂现象；2012年起，市场逐渐适应政策调控的节奏，新房、二手房价格持续走高，倒挂差额

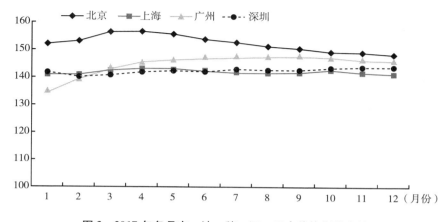

图3 2017年各月京、沪、穗、深二手房价格指数走势

注：定基以2015年价格为100。
资料来源：国家统计局。

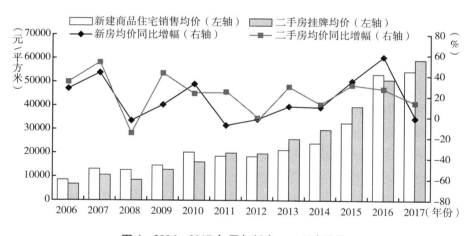

图4 2006～2017年历年新房、二手房均价

资料来源：深圳市规划和国土资源委员会、深圳市房地产信息网。

逐年递增；直到2016年持续5年的倒挂现象被打破。

2017年，深圳新房统计均价5年来首现"原地踏步"，全年涨幅甚微；二手房均价增长态势依旧，在2016年被新房超过后，2017年再超新房，但全年涨幅缩小。新房、二手房均价分别为54445元/平方米和59585元/平方米，涨幅分别为1.85%和15.41%。

3. 各月新房统计均价总体平稳，二手房均价总体上升岁末趋稳，住宅租金前期微升后期回调

从 2017 年各月新建商品住宅统计均价看（见图 5），自 2016 年 10 月"深八条"出台以来，已 15 个月持续平稳。2017 年全年成交均价为 54445 元/平方米，同比上涨 1.85%。

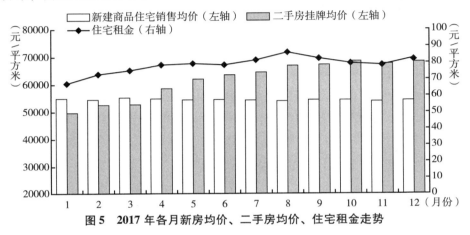

图 5　2017 年各月新房均价、二手房均价、住宅租金走势

资料来源：深圳市规划和国土资源委员会、深圳市房地产信息网。

从各月二手房挂牌均价看（见图 5），整体趋势平稳，略有小幅上升，10 月达全年峰值至 68945 元/平方米，岁末小幅回落。新房、二手房价相比，时隔一年左右，价格倒挂现象 4 月份开始再现，价差逐渐拉大。全年二手房均价为 59585 元/平方米，同比上涨 15.41%。

从各月住宅租金看（见图 5），不同于 2016 年全年下滑，2017 年租金呈现持续上升进而微调的走势。1~8 月住宅租金持续微升，8 月达峰值至 86 元/平方米；9~11 月转升为降，岁末翘尾，租金为 82 元/平方米。全年住宅租金均价为 74 元/平方米，同比下跌 3.90%。

4. 全年新房均价各区①有涨有跌涨幅收紧，南山"破10"重回最高、龙岗下降仍居最低

从近 3 年各区新房价格走势看（见图 6），2016 年各区涨幅明显，全市

---

① 为方便与历史数据对比，各区指以往的罗湖、福田、南山、盐田、龙岗（指原龙岗区，含坪山新区和大鹏新区）、宝安（指原宝安区，含龙华区和光明新区）六区。

平均涨幅高达62.48%。2017年全年均价中,除龙岗下降外,其余各区均不同程度上涨,但同比涨幅收紧。其中,南山"破10"最高,达101467元/平方米,同比上涨23.46%;福田、罗湖、盐田、宝安均价分别为87377元/平方米、75047元/平方米、55230元/平方米、50016元/平方米,同比分别上涨4.90%、16.66%、23.82%、5.18%;龙岗均价36694元/平方米,同比下降7.24%。

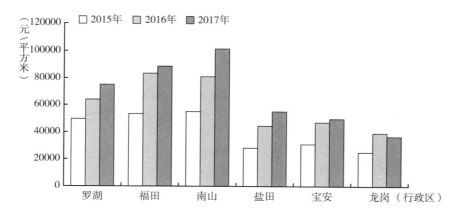

图6 2015～2017年各区新建商品住宅均价走势

资料来源:深圳市规划和国土资源委员会、深圳市房地产信息网。

5. 各区新房月度均价下行程度不一,关内①关外②差距明显

从2017年各区新建商品住宅月度均价走势看(见图7),各区下行程度不一,关内外分化明显。南山高位波动,福田总体下行,罗湖有所下滑,宝安保持稳定,龙岗低位平稳,盐田下半年连续6个月零成交。

6. 全年二手房均价各区仍呈涨势涨幅收紧,关内涨幅普遍高于关外

从2015～2017年各区二手住宅挂牌均价走势看(见图8),六区均价连续两年全线上涨,涨幅不一。2017年,面对严厉的政策调控,整体涨幅较2016年有所收紧,但关内房价依然坚挺。2017年二手住宅挂牌均价,盐田

---

① 关内包括南山、福田、罗湖、盐田四区。
② 关外包括龙岗(指原龙岗区,含坪山新区和大鹏新区)、宝安(指原宝安区,含龙华区和光明新区)两区。

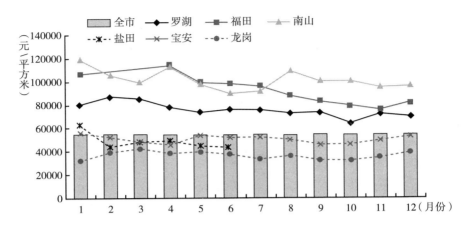

图7　2017年各区新建商品住宅月度均价走势

资料来源：深圳市规划和国土资源委员会、深圳市房地产信息网。

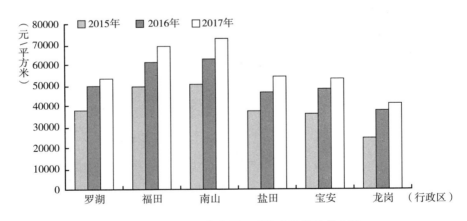

图8　2015～2017年各区二手住宅挂牌均价走势

资料来源：深圳市规划和国土资源委员会、深圳市房地产信息网。

以16.91%的涨幅领涨全市，达54492元/平方米；南山同比上涨16.26%至72967元/平方米，为六区最高；福田同比上涨13.29%至69376元/平方米；宝安同比上涨9.79%至52901元/平方米；龙岗同比上涨9.62%至40967元/平方米；罗湖同比上涨6.11%至53184元/平方米，关内涨幅普遍高于关外。

7. 各区二手房月度均价总体上行，南山、福田高位领涨处于第一集团，罗湖、宝安、盐田走势接近形成第二集团，龙岗低位徘徊独处第三集团

从2017年深圳各区二手住宅挂牌均价月度走势看（见图9），南山、福田高位领涨处于第一集团，前三季度涨势明显，第四季度趋稳，均价分别为72967元/平方米、69376元/平方米。罗湖和宝安价格走势接近、趋势平稳，均价分别为53184元/平方米、52901元/平方米；盐田二手房价格小幅震荡上行，均价为54492元/平方米，罗湖、宝安和盐田价格接近形成第二集团。龙岗价格低位趋稳，均价为40967元/平方米，成为第三集团。

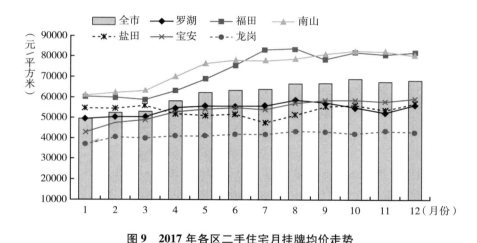

图9 2017年各区二手住宅月挂牌均价走势

资料来源：深圳市规划和国土资源委员会、深圳市房地产信息网。

（三）新建住宅成交量创12年新低，全年降幅关内扩大、关外收窄

1. 全年新建住宅供、销面积连续两年大幅下降，创12年来新低

从历年新建商品住宅供给来看（见图10），由于土地供给减少，2006～2007年新建商品住宅批售面积逐年递减；2008年受美国金融危机影响，政府出台多项救市政策，批售面积同比上涨13.14%；2009年新建商品房供应骤降，同比下降29.18%；2010～2011年，受调控政策影响，新建商品房供应收紧；2012～2015年，市场需求旺盛，开发商积极推盘入市，批售面积逐年增长；受2016年"3·25"和"10·4"两轮调控政策影响，2016～2017年新建

商品住宅批售面积两连降，分别为 399.50 万平方米和 278.56 万平方米，同比分别下降 40.80% 和 30.27%，2017 年批售面积创 12 年新低。

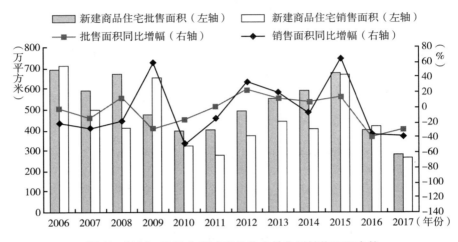

图 10 2006～2017 年新建商品住宅批售及销售面积走势

资料来源：深圳市规划和国土资源委员会、深圳市房地产信息网。

从历年新建商品住宅需求来看（见图 10），2006～2008 年交易呈下行趋势，受 2008 年金融危机影响，自住和投资需求止于观望，销售量急剧萎缩；2009 年刚需得到释放，新房供不应求，缺口 177.31 万平方米，供求比为 1:1.38；2010～2014 年受调控政策影响，新房销售逐步回升；2015 年市场成交活跃，新房销售面积同比上涨 65.21%，冲至 665.89 万平方米，为近年峰值；2016 年受"3·25"和"10·4"两轮政策影响，加之房贷利率不断提高，导致 2016～2017 年新房成交量分别下跌至 417.93 万平方米和 259.30 万平方米，同比分别下降 37.24% 和 37.96%，2017 年成交量创 12 年新低。

2. 各月新房成交年初探底岁末回升，改善性需求有所增长

从 2017 年新建商品住房成交面积看（见图 11），2～3 月，楼市受政策调控影响，同时正逢春节，成交面积明显下滑；4～6 月成交面积逐步回升，6 月达到全年峰值，为 29.23 万平方米；6 月成交量上涨，释放部分刚性需求，但是在限购限贷多重围剿下，7 月、8 月成交量再次步入谷底，市场观望氛围较重；9 月止跌回升，成交量环比增幅 35.70%；进入第四度度后，成交面积稳中有跌，岁末翘尾，12 月成交量创全年新高，为 32.97 万平方米，环比上涨 30.04%。

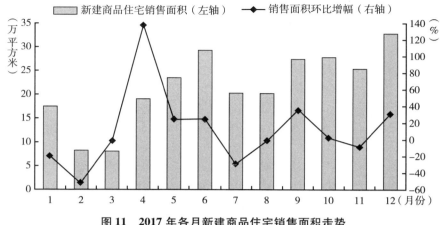

图11　2017年各月新建商品住宅销售面积走势

资料来源：深圳市规划和国土资源委员会、深圳市房地产信息网。

从2016年、2017年深圳新建商品住宅面积成交结构看（见表1），受"90/70"供给结构和总价高企的影响，90平方米以下中小户型为成交主体。相比2016年户型成交结构，2017年90平方米以下和144平方米以上户型分别减少1.8个百分点、1.9个百分点，而90～144平方米户型增长3.7个百分点，改善性需求有所增长。

表1　2016年、2017年深圳新建商品住宅面积成交结构对比

单位：%

户型	2016年	2017年
<90平方米	70.40	68.60
90～144平方米	17.80	21.50
>144平方米	11.80	9.90

资料来源：深圳市规划和国土资源委员会、深圳市房地产信息网。

3. 近3年新房成交量趋于减少，2017年降幅关内扩大、关外收窄

从2015～2017年各区新建商品住宅成交量走势看（见图12），近3年新房成交量总体趋于减少。从2016年同比看，除南山上涨外，其余五区皆下降，全市下跌37.17%。从2017年同比看，仅福田上涨但成交量稀少，其余五区皆下降，全市下跌37.96%。其中，罗湖、南山和盐田下跌最甚，均超过60%，高于上年，宝安、龙岗分别下跌33.66%、29.81%，少于上年。与上年相比，

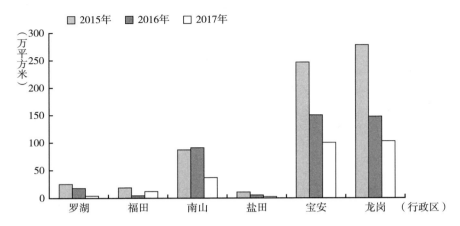

图12　2015～2017年各区新建商品住宅成交量走势

资料来源：深圳市规划和国土资源委员会、深圳市房地产信息网。

2017年降幅关内扩大、关外收窄。

从成交占比看，2017年宝安、龙岗、关内四区占比分别为39%、40%、21%，关外是绝对主力，关内四区仅占1/5。

4.各月新房成交量关外高位波动，关内相对平稳

从各区新建商品住宅月度成交量看（见图13），宝安、龙岗成交波动剧烈，其余4区成交相对平稳。

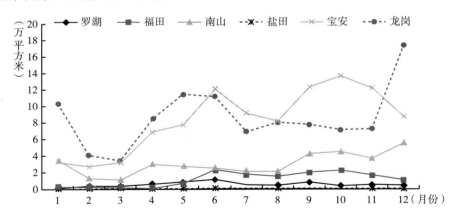

图13　2017年各区新建商品住宅月度成交量走势

资料来源：深圳市规划和国土资源委员会、深圳市房地产信息网。

（四）全年二手房成交量创3年来新低，关内外成交基本相当、年末升势明显

1. 受调控政策影响二手房成交面积连续两年跳水，仍是新房的2.4倍

从历年二手商品住宅成交量看（见图14），2008年受金融危机影响，成交量骤降，仅为435.85万平方米；2009年受利好政策推动，市场迅速回暖，成交量达近12年最高，为1395.83万平方米；2010～2012年受"国五条"及限购政策影响，成交量连降3年；2011～2014年在低位徘徊；2015年，众多利好政策出台，二手房市场回暖，成交量迅速回弹，同比涨幅达104.58%；2016年受"3·25"和"10·4"两轮政策影响，2016～2017年成交量连续下跌，2017年成交仅632.12万平方米，同比下降33.10%，创3年来新低，但二手房成交面积仍达新房2.4倍。

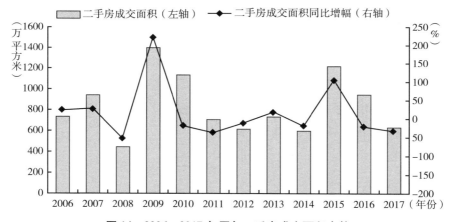

图14　2006～2017年历年二手房成交面积走势

资料来源：深圳市规划和国土资源委员会、深圳市房地产信息网。

2. 各月二手房成交量年初下行后重归平稳，第四季度初跌后涨

从2017年各月二手房成交量看（见图15），受到2016年10月新政及2017年春节影响，2017年1月、2月市场成交平淡，分别为38.86万平方米、24.21万平方米；随着政策消化，成交量逐步回升并趋稳，4～9月成交面积均稳定在55万～60万平方米；第四季度初虽有回落，但整体上行，岁末创全年新高，为68.20万平方米。

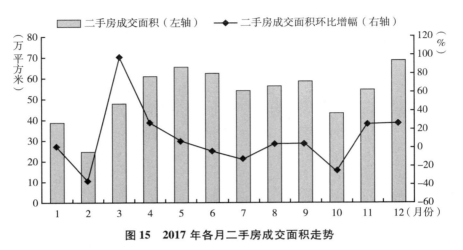

图15 2017年各月二手房成交面积走势

资料来源：深圳市规划和国土资源委员会、深圳市房地产信息网。

3. 近3年各区二手房成交量逐年下跌，2017年关外降幅明显、关内关外成交量基本相当

从2015~2017年各区二手房成交量走势看（见图16），全市连续两年全线下跌。2016年全市同比下跌22.52%，2017年同比跌幅更甚，达33.10%，罗湖、福田、南山、盐田、宝安、龙岗跌幅分别为：37.29%、25.66%、27.00%、44.21%、34.17%、37.34%。

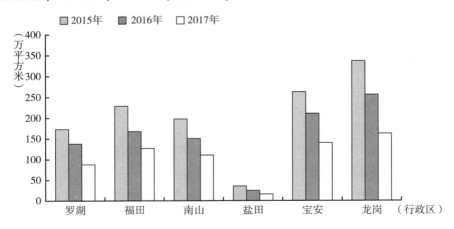

图16 2015~2017年各区二手房成交量走势

资料来源：深圳市规划和国土资源委员会、深圳市房地产信息网。

从 2015 ~ 2017 年各区二手房成交量占比看（见图16），关内、关外成交量基本相当。2015 年宝安和龙岗占比分别为 21%、27%，关内四区合计占比 52%；2016 年宝安和龙岗占比分别为 22% 和 27%，关内四区占比 51%；2017 年宝安和龙岗占比分别 22% 和 25%，关内四区占比 53%。

4. 六区二手房成交量波动趋势雷同，年初触底反弹、年中波动微降、年末升势明显

从各区二手房成交量看（见图17），2017 年 2 月受春节影响六区成交量降至最低；之后逐渐回暖，但整体呈波动之势；受"双节"长假影响，10 月份六区成交量下行，跌幅不一；"十一"之后升势明显。

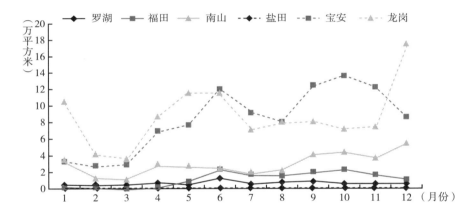

图17　2017年各区二手房月度成交量走势

资料来源：深圳市规划和国土资源委员会、深圳市房地产信息网。

（五）优质学区的房价较普通学区涨幅较大，在新楼盘和学校稀缺区域涨幅差更大

从 2017 年各区不同品质学区房价涨幅来看（见图18），除罗湖外，其他五区优质学区①房价涨幅均超过一般学区②。

① 选取各区排名前 3 的小学学区为优质学区。
② 选取各区排名前 8 以外的小学学区为一般学区。

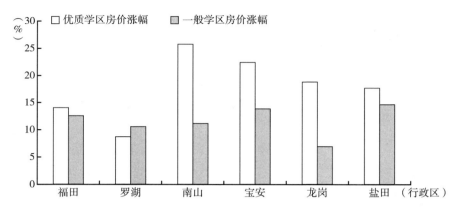

图18 2017年各区不同品质学区房价涨幅

资料来源：链家网。

在分析房价涨幅差时，选取相邻的不同学区同质楼盘进行对标分析，以降低非学区因素对涨幅差的影响。调查结果按降序排列，涨幅差分别为：南山14.66%、龙岗9.49%、宝安8.61%、盐田3.16%、福田1.67%、罗湖－1.87%。可见，在龙岗、南山、宝安大规模新建并且学校配套较稀缺的区域，涨幅差较大；在罗湖、福田、盐田较成熟并且学校配套较充分的区域，涨幅差较小。

（六）新建商业用房成交面积小幅上涨，二手商业用房成交均价各区表现不一

1. 近年新建商业用房供求回暖，空置现象改善

从历年新建商业用房批售面积看（见图19），受国内外宏观经济影响，自2008年起持续处于低位。2012年起逐渐回暖，近3年批售面积显著增加。

从历年新建商业用房销售面积看（见图19），2008～2012年在低位徘徊，2013～2017年高位波动。从历年新建商业用房面积吸纳率看，2008～2011年涨跌明显，2012年大幅回落后缓慢上行，随着住房限购政策的持续，2015年和2017年吸纳率达到近年高点，分别为63.93%、61.94%，空置现象得到改善。

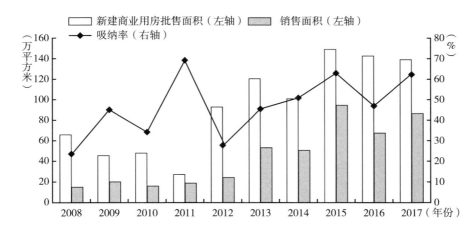

图19 2008～2017年历年新建商业用房市场批售、销售面积走势

资料来源：深圳市规划和国土资源委员会、深圳市房地产信息网。

2. 全年二手商业用房成交面积下跌，各区成交均价南山最高、龙岗最低

从二手商业用房成交面积看，2017年全市为44.18万平方米，同比下降18.86%。其中，龙岗、福田排名前二，分别为11.54万平方米、11.23万平方米，分别占比26.1%、25.4%（见图20、图21）。

从二手商业用房成交均价看（见图21），中心城区处于高位，南山、福田

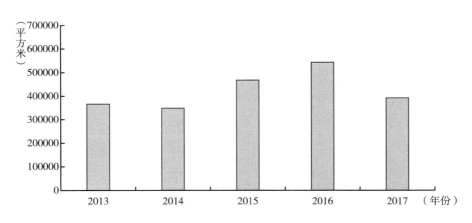

图20 2013～2017年二手商业用房成交面积走势

资料来源：深圳中原研究中心。

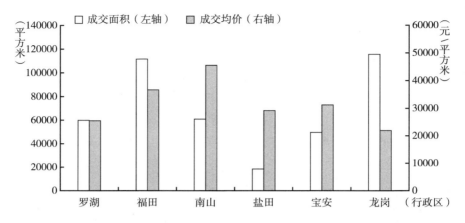

图21 2017年各区二手商业用房成交情况

资料来源：深圳市房地产评估发展中心。

排名前二，分别为45667元/平方米、36875元/平方米；龙岗居末，为21870元/平方米。

3. 优质购物中心新增供应量集中明显，租金微幅上涨

从租金方面看（见图22），全年租金同比上涨2.90%，为939元/平方米·月，其中罗湖区租金最高，为1667元/平方米·月，宝安区最低，为570元/平方米·月。

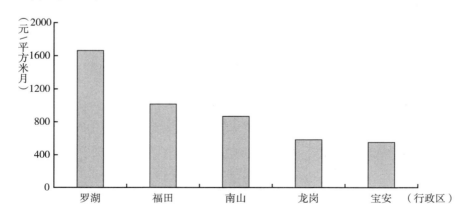

图22 2017年各区优质购物中心租金情况

资料来源：戴德梁行研究部。

（七）新建写字楼供给创新高，二手写字楼成交面积持续下滑，典型区域写字楼租金普遍上涨

1. 全年新建写字楼供给创新高，销售面积、吸纳率止跌回升

从历年新建写字楼批售面积看（见图23），2008～2009年大幅增加；2010年受经济形势影响骤降至15.70万平方米；从2011年开始逐年增加；2017年达12年来最高，98.19万平方米，同比增长58.81%。

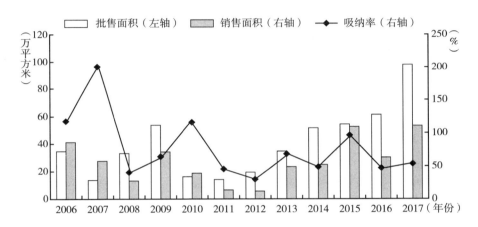

图23 2006～2017历年新建写字楼市场比较

资料来源：深圳市规划和国土资源委员会、深圳市房地产信息网、深圳中原研究中心。

从历年新建写字楼成交面积看（见图23），2006～2012年受经济形势影响大幅波动；2013～2017年成交面积稳中有升，2017年达到创新高的52.87万平方米，同比上涨73.34%。从各行政区看，南山、宝安和龙岗成为新建写字楼成交的主要区域，分别占比23%、24%和41%；得益于科技园对高科技企业的优惠政策和总部基地优势，南山科技园和后海片区正成为企业争相进驻的热门区域，商务氛围日益浓厚。

从吸纳率看（见图23），2006～2012年波动较大，2013～2017年波动趋于平稳，2017年为53.84%，同比上升4.51个百分点。

2. 近两年二手写字楼成交面积持续下滑，福田、罗湖为成交主力

从二手写字楼成交面积看（见图24），2013～2014年稳中有升，年均

13.06 万平方米；2015 年激增至 23.54 万平方米；2016 年、2017 年连续下滑，2017 年全市成交面积为 12.3 万平方米，同比大幅度下滑 33.37%。

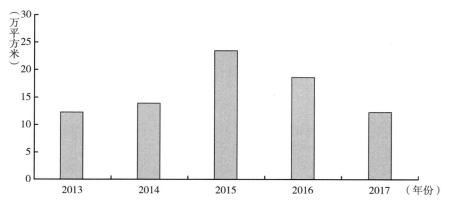

图 24 2013～2017 年二手写字楼成交面积走势

资料来源：深圳中原研究中心。

从各行政区二手写字楼成交面积看（见图 25），传统商务强区福田和罗湖仍是需求旺盛区域，分别占比 42%、23%；南山、宝安和龙岗因上半年新入

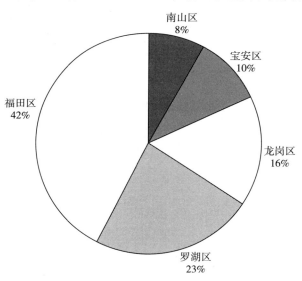

图 25 2017 年各行政区二手写字楼成交面积占比

资料来源：深圳中原研究中心。

市办公物业较多，以消化新增的办公物业为主，三区二手写字楼成交占比分别为8%、10%、16%。

3. 典型区域写字楼租金同比上涨涨幅不一，福田中心区租金位列最高

从2017年典型区域写字楼租金看（见图26），罗湖蔡屋围因写字楼大部分较为陈旧，租金为198元/平方米，同比上涨4.76%；福田中心区整体入住率较高，部分价格稍有上调，租金达272元/平方米，同比上涨9.68%；福田中心西区租金为208元/平方米，全年涨幅最大，达14.92%；南山后海片区得益于近年入市的多栋优质写字楼，商务氛围逐渐浓厚，租金持续走高，为190元/平方米，同比上涨7.89%；南山科技园因政府补贴等优惠政策，租金较低，为150元/平方米，同比小幅增长2%。出于成本控制和业态聚集现象，一些高科技企业从福田往南山搬迁，南山后海和科技园片区写字楼已成为高科技企业的首选。

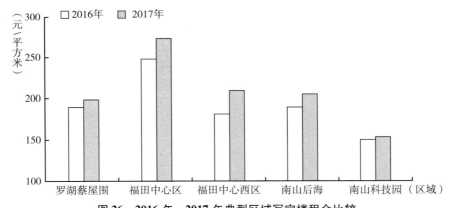

图26 2016年、2017年典型区域写字楼租金比较

资料来源：深圳中原研究中心。

（八）临深片区①新房均价普遍高于各市均价，限购影响导致成交量大幅缩水

2017年，莞、惠、中临深三市中，临深片区新房均价普遍高于各市新房均价，临深效果显著。其中东莞、中山实行限购政策，成交量皆大幅缩水，价

---

① 临深片区指东莞市凤岗、塘厦、黄江、清溪片区，惠州市大亚湾、惠阳片区，中山市火炬、南朗、港口、东区、石歧片区。

格涨跌不一；惠州未有限购政策，临深片区成交量有涨有跌，均价小幅上涨。

2017 年东莞新建商品房市场受调控政策影响明显，虽在 2017 年初受到"粤港澳大湾区""产权无条件续期"及东莞重大交通利好消息刺激，3 月楼市回暖明显，但全年商品住宅成交仍旧遇冷。东莞"限购令"的颁布，致使购房者中深圳客锐减，临深片区商品住宅成交套数大幅缩水，同比下降51.15%，全年均价表现平稳，较2016 年涨跌幅度微小。其中，凤岗、塘厦成交均价分别为23126 元/平方米、23088 元/平方米，同比小幅上涨 13.97%、3.25%；黄江、清溪成交均价分别为 18797 元/平方米、16114 元/平方米，同比小幅下降7.13%、1.78%（见图27）。

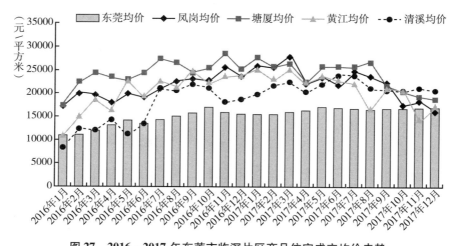

图 27　2016～2017 年东莞市临深片区商品住宅成交均价走势

资料来源：中指数据库、东莞市房产管理局。

2017 年惠州市作为珠三角唯一不限购城市，供应面积与供应套数双双攀升，但受限售政策以及政府价格管控措施影响，住宅市场并未过热。从惠州临深片区成交面积看，大亚湾区同比下降16.58%，成交面积为310.80 万平方米，仍是全市成交面积最高的行政区，惠阳区同比上涨32.92%，成交面积为253.79 万平方米；从成交均价看（见图28），大亚湾全年成交均价同比上涨14%，为12871 元/平方米，惠阳区全年成交均价同比上涨25%，为13501 元/平方米。随着深圳"东进战略"的不断推进和深惠一体化的步伐加快，大亚湾和惠阳楼市长期向好。

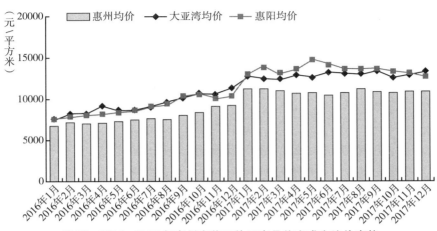

图28　2016~2017年惠州市临深片区商品住宅成交均价走势

资料来源：惠州市房管局、中指数据库。

对中山市2017年临深片区而言，由于深圳客大幅缩减，2017年商品住宅成交面积明显回落，同比下降70.85%；全年均价震荡上行，火炬、石歧、港口、东区、南朗同比涨幅较大，分别为73.36%、60.58%、59.02%、76.98%、29.89%，成交均价分别为15268元/平方米、14250元/平方米、12894元/平方米、15607元/平方米、11132元/平方米（见图29）。

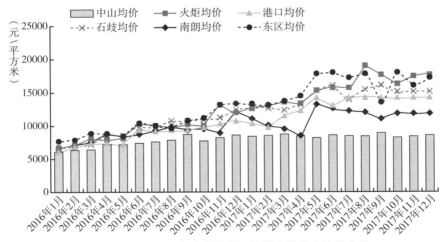

图29　2016~2017年中山市临深片区商品住宅均价走势

资料来源：世联数据平台、合富数据平台。

（九）政府推出"只租不售"用地，企业纷纷投身长租公寓市场

1. 长租市场参与主体多元，首创长租社区新模式

2017 年被业界称为"住房租赁元年"，除有效的政策外，深业、万科、佳兆业、龙湖等一批房地产巨头，纷纷涉足该领域。其中深业集团就宣布深业中城将不再销售，转为长租公寓，共计 420 套住宅产品。

同时，2017 年 11 月建设银行深圳分行与华润、碧桂园、万科等房地产公司，以及比亚迪、方大集团等 11 家企事业单位在深圳举行住房租赁战略合作签约暨人才安居合资公司揭牌仪式，正式宣布进军深圳长租市场，推出 5481 套长租房源。其中，星河控股与建设银行创新推出"CCB 建融家园·星河荣御"项目，成为首个整体长租社区项目。

2. 租赁金融创新产品问世，加速长租市场发展

随着"租售并举"的大力推行，越来越多的房企选择土地自持模式，自持用地会导致前期投入大而资金回笼周期长，给房企带来资金压力，而资产证券化或可解决这一问题。2017 年，众多住房租赁资产证券化产品问世，以"中联前海开源－保利地产租赁住房一号资产支持专项计划"为例，产品的成功落地，为租赁住房资产证券化和住房租赁市场投资退出开辟了道路。预计以后将会有更多租赁项目加入资产证券化行列中。

2017 年 11 月，建设银行深圳分行与 11 家房企签约住房租赁战略合作协议后，首创推出个人住房租赁贷款产品——"按居贷"。租客可向深圳建行申请"按居贷"支付长租租金，贷款时间最长 10 年，单户最高额度 100 万元，利率低于购房贷款。"按居贷"产品的推出可有效缓解租客的资金压力，有利于租赁需求释放。

3. 政府推出"只租不售"用地，企业盘活存量住房资源

2017 年 11 月，深圳市推出首宗"只租不售"自持居住用地，建筑面积约 9 万平方米，含商业、住宅和其他配套设施。

企业积极盘活存量房源建设长租公寓，2017 年，深业集团承租改造并运营的水围柠盟青年人才公寓问世、佳兆业集团举办佳兆业创享空间品牌发布会、深圳市万村发展有限公司主办"新围仔村城中村改造展览"。截至 2017 年底，万科在新围仔村已基本完成 2 栋楼的改造，水围柠盟青年人才公寓也尚

在建设中，未来深圳市长租公寓市场规模将会不断扩大，更多存量住房资源会被盘活。

（十）深汕特别合作区调整为深圳全面主导，企业闻风抢滩进入

2017年11月前，深汕特别合作区采取由深圳市主导经济管理和建设、由汕尾市负责征地拆迁和社会事务的管理模式。2017年11月开始，深汕特别合作区正式划入深圳市，成为深圳第十一个区。这一转变将有利于形成"深圳总部＋深汕基地"的产业模式，可大大减轻深圳用地难以为继的压力。

从土地供应看，深汕特别合作区土地开发建设火热。截至2017年12月31日，深汕特别合作区已经出让或者即将出让的土地一共69宗，其中大部分都是工业用地和经营性用地，居住用地仅6宗。

2017年，合作区不再举办专门的投资环境推介会，但仍有大量企业密集奔赴合作区考察，寻求合作空间。

二 2017年土地市场概览

（一）全年土地供应和成交量创新低，商服用地增加、居住工业用地减少

从历年土地供应总面积看（见图30），2008年和2010年供应面积较大，分别为397.94万平方米和611.40万平方米；2012～2015年土地供应量总体平稳，平均年供应172万平方米；2016年土地供应量攀升，供应面积为300.11万平方米；2017年新增土地供应量创新低，供应面积为109.31万平方米，同比下降63.58%。

从土地面积成交率[①]看（见图30），2011～2015年，年均成交率为94.71%；2016年下跌至74.09%。因2016年12月出让的大量土地，跨年于2017年成交，导致2017年成交率提高至101.55%。2017年深圳土地成交量跌落谷底，为111万平方米，同比下降50.08%。从土地供应宗数看，2012～

---

① 土地面积成交率＝成交土地总面积/出让土地总面积＊100%。

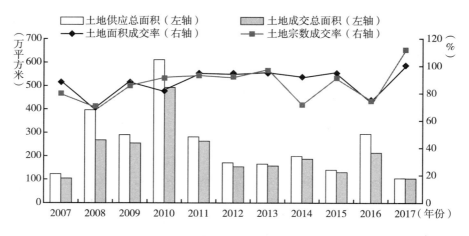

图 30　2007～2017 年深圳市土地总出让、成交情况

资料来源：深圳市规划和国土资源委员会、深圳市房地产信息网。

2016 年土地供应宗数总体保持平稳，年均供应 65 宗。2017 年全年土地供应、成交宗数均大幅下降，其中供应 38 宗，成交 43 宗。

从土地供应类型占比看，因土地资源紧缺且谋求产业发展后劲的意愿强烈，深圳的供地正在大幅偏向商服和工业用地。2017 年，商服、工业用地占比分别为 65.73%、29.03%，与 2016 年 42.63%、40.77% 相比，商服用地占比明显增加，居住用地供应同比降低 78.23%，占比仅 5.24%。从区域上看，2017 年龙岗土地成交面积为 56.6 万平方米，为全市最多，其次为南山 23.5 万平方米。

（二）历年居住用地供销总体呈下滑趋势，全年纯居住用地出让面积同比下降78.23%

从历年居住用地①出让面积看（见图 31），2008 年达高位后逐年下降，2009～2014 年供应日益匮乏；2015～2016 年略有回升；2017 年回落至低谷为 5.73 万平方米。全年仅 2 幅居住用地出让：2017 年 10 月，大鹏新区出让 1 幅商住综合用地，政府规定其居住部分自持不可出售，该地被深圳市大鹏新区投资控股有限公司以 7.46 亿元底价获得；2017 年 11 月，龙华红山片区采用

――――――――――

①　居住用地包括纯居住用地、商住综合用地。

"单限双竞"挂牌出让1宗二类居住用地，全年纯居住用地出让仅此一例，该地供应面积为2.004万平方米，是深圳首宗70年自持租赁用地，由深圳市人才安居集团有限公司以10.1亿元竞得，代建人才住房面积37860平方米。此次用地出让拉开了深圳住房租赁方式拍挂出让居住用地的序幕，后续将有更多只租不售的地块推出。

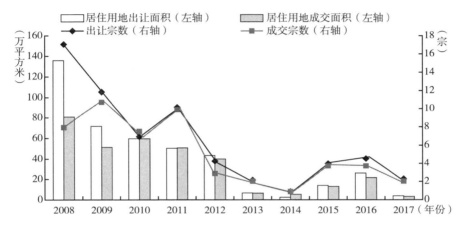

图31　2008～2017年深圳市居住用地出让面积走势

资料来源：深圳市规划和国土资源委员会、深圳市房地产信息网。

（三）全年商服用地供应面积同比大减、成交面积同比稍减，面积成交率大幅度上升

从商服用地①供应面积看（见图32），2009～2013年商服用地供应量持续低位波动，年均供应13.36万平方米；2014年急速激增，同比增长458.54%至135.92万平方米；2015年大幅回落至22.97万平方米；2016年再大幅增至127.94万平方米，同比上涨456.99%；2017年下降至71.85万平方米，同比下降43.84%。

从商服用地成交面积看（见图32），2009～2013年总体处于低位徘徊阶段；2014年突破133.82万平方米高位；2015年回落至22.97万平方米；2016

① 商服用地包括商业用地、商服用地、商服+文化用地和工业+商服用地。

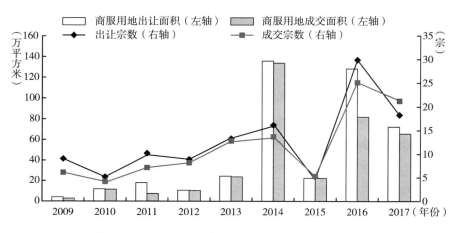

图32　2009~2017年商服用地出让、成交面积走势

资料来源：深圳市规划和国土资源委员会、深圳市房地产信息网。

年攀升至82.07万平方米；2017年同比下降19.81%，成交65.81万平方米，面积成交率为91.59%。

（四）全年工业用地成交面积大缩水，成交宗数继续下行

从历年工业用地成交面积看（见图33），2013年成交79.72万平方米；

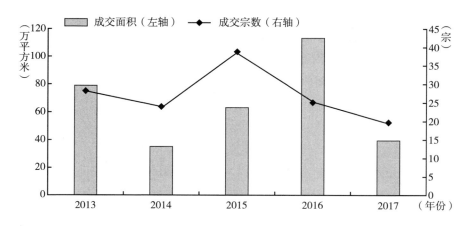

图33　2013~2017年深圳工业用地成交面积和宗数走势

资料来源：深圳市规划和国土资源委员会、深圳市房地产信息网。

2014～2016年逐年攀升，2016年达到峰值114.18万平方米；2017年回落至39.47万平方米。从工业用地成交宗数看，2014～2016年呈倒V型，其中2015年成交宗数达到峰值39宗；2017年成交20宗。从工业用地供应区域看，主要集中在光明新区和南山区留仙洞总部基地，并且大部分为新型产业用地。

三　2018年房地产市场展望

（一）深圳GDP"超穗赶港"，房地产发展后市可期

从一线城市经济发展看（见图34），按可比价格计算，2017年北上广深GDP增长率分别为6.7%、6.9%、7%、8.8%，深圳增速领先。2017年穗、深、港GDP分别为2.15万、2.24万、2.30万亿元①，深圳在内地城市位居第三，与香港基本持平。若延续当前GDP增速，深圳有望进一步赶超香港。

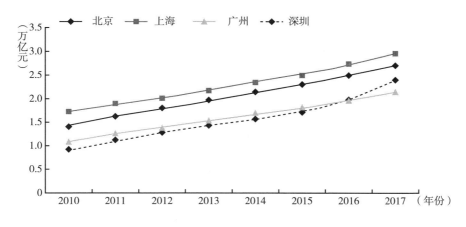

图34　2010～2017年一线城市GDP数据

资料来源：国家统计局。

深圳近年来产业结构虚实结合持续优化，第二、第三产业比例2016年为39.5∶60.5，2017年为41.5∶58.4，第二产业比重首次出现"逆袭"，不降反

---

① 按照2017年人民币兑港币平均汇率1.1552折算。

升，形成先进制造业、现代服务业和优势传统产业协调发展格局；预期2018年实体经济与虚拟经济进一步相互促进，积攒发展后劲。深圳重视创新驱动的带动作用，2017年全社会研发投入超过900亿元，占GDP比重4.13%，仅次于北京，居全国第二位。

深圳经济基本面以创新强、结构优、速度稳、质量高的发展特征，为房地产市场进一步发展提供了有力支撑。

（二）住宅价格总体延续上年走势，区位分化加大

预计2018年深圳楼市继续延续调控主基调，在此背景下，全市新房均价的统计数据在一定时期内仍将趋稳。但新房价格的区位分化将愈加明显，由于关内土地储备稀缺，社会资源、区位条件等多方利好，新房价格将难有下行；而关外土地供给相对充分，新盘较多，新房仍将维持价格相对稳定、占据全市成交主力的格局。

2018年开年，全市二手住房价格总体延续上年平稳上升态势，优良区位价格看涨，关内外成交相当。2018年3月28日深圳"三价合一"管理机制实施，即真实成交价、银行贷款评估价和政府部门网签价统一为一个价格，打击了"阴阳合同"和高杠杆购房，但同时也增加了二手房交易成本。受此影响，二手房量价短期将有一段调整期，但随着交易双方对机制的适应，二手房量价后续将再归平稳。

（三）商务公寓延续投资热度，整售方式愈受青睐

具有不限购、不限贷特点的商务公寓，随着住房市场调控的持续，一直受投资者青睐，2016年投资以个体为主，2017年大宗交易频现，整售增加，投资方多为企业集团、机构和政府。如龙华"红山6979"一期公寓471套被某机构收购，"招商中环"414套公寓被罗湖区政府和深圳市人才安居集团收购。2017年，商务公寓供应面积134万平方米，成交98万平方米，均达历史最高，同比分别上涨11.84%、58.24%。

在未来住房调控政策持续及租售并举政策号召的背景下，商务公寓因其购买成本低于住宅，户型适宜出租；同时，人才房、保障房房源存量缺口较大，未来商务公寓仍将是个体、企业和政府投资热点，整售现象也将继续出现。

（四）写字楼供需延续两旺格局，优质物业相继批量入市

深圳写字楼供需两旺格局有望在2018年持续，从需求端看，在深圳整体活跃的创业气氛带动下，高端联合办公品牌逐渐加大进驻步伐，成为需求亮点。2017年深圳有40家公司上市，超过北、上、广的27、38、19家，其中金融和科技类公司占比55%，同比增长33.33%。深圳经济向好，对写字楼的需求将进一步增加。

从供应端看，未来三年新增供应将以南山的后海、前海为主。后海将有大批优质写字楼相继建成入市，其中包括华润、联想等综合体项目，形成总部经济高地。在前海，随着卓越前海壹号、前海自贸大厦、前海嘉里中心等项目相继入市，产业集聚效应凸显，前海片区将蓄势待发。

（五）"棚户区改造"政策呼之欲出，公共住房用地紧张问题将有所缓解

2017年，深圳出台《关于加快推进棚户区改造工作若干措施（征求意见稿）》，棚改项目以公共利益为目的，采取政府主导，以人才住房专营机构为主，其他企业可以参与的模式，改造方式以拆旧建新为主，搬迁安置住房以外的住宅部分全部用作人才住房和保障性住房，且政府可根据公共利益对棚改"钉子户"依法实施强制措施。深圳共有241个城中村、1009个老破小区，随着棚改推进，深圳公共住房用地紧张的难题将得到缓解，有效增加公共住房供给。

（六）近期临深片区深圳外溢需求受调控抑制，未来大湾区建设将为外溢需求创造良好条件

2017年，临深三市中，除惠州市外，中山市、东莞市相继出台限购政策，致使诸多深圳客回归本地。从近期看，临深片区住宅市场依旧会延续从紧基调，深圳外溢需求仍会受到抑制。

2017年，国家将粤港澳大湾区规划上升为国家战略，深、莞、惠、中四市成为湾区内核心区域；加之业已推动的深圳6号线、14号线、16号线、深中通道等交通建设，"半小时生活圈"雏形已现。可以预见，伴随深圳市产业

均衡布局及湾区经济发展，深、莞、惠、中四市将逐步对接融合。深圳市外溢需求将会扩大，临深片区房产置业需求也会愈发旺盛。

（七）长租房源需求大，企业参与热情高

"十三五"期间，除人才住房和保障性住房外，政府要求国有住房租赁企业应通过不同方式收储不低于 10 万套房源；同时，通过收购、租赁、改建等方式收储不低于 100 万套（间）村民自建房或村集体自有物业。

企业积极参与提供长租房源，深业集团 420 套住宅产品由售转租；星河控股与中国建设银行深圳市分行创新推出长租社区项目；深圳人才安居集团以10.1 亿元总价竞得深圳首宗"只租不售"宅地。可以预见，未来势必会有更多房企、中介、金融机构等进军长租市场，房源增量空前，加之政策利好，长租公寓市场将迎来快速发展。

（八）深汕特别合作区受益于政策利好，"飞地"效应将凸显

深圳特别合作区由深圳全面管理，将有效弥补深圳土地稀缺的短板，合作区将开启大开发大建设新阶段。受益于政策及规划利好，深圳资金、技术与汕尾丰富的劳动力资源形成互补，为深圳挣脱空间制约、带动粤东经济发展做出贡献。可以预见，深汕特别合作区"飞地"经济模式将凸显，未来经济发展值得期待。

国 际 篇

International Experiences

B.16
韩国活用空置房的公共租赁房供给政策

白城浚（Baek，SungJoon）　　朴寅星（Park，InSung）*

摘　要：　2017 年 5 月上台的文在寅政府为解决民众的居住问题，推动
了未来五年内建设及供给85 万户"公共租赁房"为主要政策
目标的规划，同时决定采用城市更新和空置房活用的方案进
行开发和建设。以前的新城开发模式很难保障住宅用地，彻
底的城市再开发模式由于房地产经济的萧条、经济的可行性
下降和市民认知水准的提高以及居民的集体抗议等因素推动
困难。在此状况下，韩国政府依据2017 年2 月制定的"关于
空置房和小规模住宅整顿的特例法"，推动与空置房活用方案
和城市更新项目有关联的"公共租赁房"供给扩大政策。本
文整理了韩国的空置房现状和活用政策方案，同时介绍了与
城市更新项目有关联的"公共租赁房"供给扩大政策，希望

---

* 白城浚，韩国汉城大学不动产研究生院院长、教授；朴寅星，韩国汉城大学不动产研究生院
韩中不动产咨询专业主任教授（曾就职于浙江大学公共管理学院土地管理系、城市管理系）。

能够为中国的公共租赁房政策提供参考。

关键词：　韩国　空置房　城市更新　公共租赁房

一　韩国的居住问题和住宅政策的课题

（一）韩国民众的居住问题

韩国统计厅公布的统计数据显示，2003～2015年全租（傳貰）① 价格和公寓价格的上涨率远远高于收入和消费者物价。与消费者物价上涨率相比，全租价格与公寓价格分别上升了2.4倍和1.8倍；与收入相比也分别上升了1.6倍和1.2倍。

持续的住宅价格上涨增加了准备购房者的负担，同时全租价格的暴涨相对加快了全租的月租（月貰）② 化，住房费用的负担直接导致了高月租居住家庭的增加。另外，伴随着住宅价格和全租、月租价格的直线上升，收入阶层普遍感受到住房费用的负担压力。已购房家庭因购买时的房贷，租房家庭因全租（傳貰）、月租价格的上升感受到住宅费用的负担和压力。依据韩国国土交通部实施的"2016年住宅实况调查"来看，73.4%的低收入群体感受到偿还贷款或者缴纳月租的负担，无负担及压力的受访者只有13.1%；中高收入群体中分别有65.6%和55.6%的受访者对偿还贷款等住房费用方面有负担，没有负担的受访家庭只有10%。

2016年租房家庭中收入与房租负担率超过30%的所谓"住宅费用负担过重家庭"约占全部租房家庭数的27.1%。按地区分布来看，首尔市的比重达

---

① 全租（傳貰）是韩国特有的一种房屋租赁制度，租房者一次性向房东缴纳租房合同中规定的押金后，在房屋租住期间不再支付每月的房租，租住到期后房东把押金全额退还给租房者。

② 月租（月貰）是类似于中国的月租形式的房屋租赁制度，租房者缴纳一定的押金后，每月按照合同规定的时间按时缴纳一定的房租，合约到期后房东退还租房者的押金。其主要特征就是押金和月租的分配金额可以调整，押金越高，月租就越低；押金越低，月租就越高。

到 39.7%，首都圈地区（首尔市、京畿道、仁川市）也达到 32.4%；按年龄层分布来看，20 岁以下的青年家庭和 60 多岁的老年家庭所占比例最高。住宅费用负担比重超过半数的 70 岁以上的老年家庭和 20 岁以下的青年家庭共同组成了住宅贫困群体。

从政府政策受惠与否的层面来看，居住在全租、月租住宅中的家庭（获得政府的政策支援）的租金负担几乎是居住在长期租赁住宅家庭中的两倍。从年龄层来看，青年家庭和老年家庭负担的租金相当于长期租赁住宅家庭的三倍。

（二）韩国住宅政策的课题

最近韩国政府对住宅政策重视的主要原因之一就是人口的老龄化，导致老年家庭的增加和家庭小型化，导致大家族的分化，晚婚甚至不婚青年以及婚后丁克家庭的持续增加等趋势对住宅市场产生了什么样的影响？住宅数量不足的问题基本上就是因为住宅的供给不能满足需求，有人认为只要扩大住宅建设和供应量就能解决此问题，然而如上所述的住宅问题的实际层面与社会状况相关联，情况复杂。特别是随着青年阶层和老年阶层居住条件的恶化，他们作为居住困难的核心阶层，成为住宅政策的核心课题。并且 1~2 人家庭的增加，形成了住宅面积小型化的趋势。由于家庭户数的增加，住宅数量不足（尽管住宅供应量持续地增加）和居住困难问题依然存在。

2017 年 5 月上台的文在寅政府为了帮助无房民众解决居住稳定的问题，推出的政策核心内容就是提供每年 17 万户，5 年共 85 万户的"公共租赁房"，其中 65 万户是长期租赁住宅。所谓的"公共租赁房"就是具有公共性的租赁住宅，除了各级政府供给的租赁房以外，也包括得到政府资金或者住宅用地等支援的民营建筑企业建设、供给的长期租赁住宅。然而未来 5 年要完成比前任政府时期建设更多长期租赁住宅的目标，需要克服的困难非常多，甚至解决方案的制定也不容小觑。

到目前为止，采用大规模新建住宅的建设、供应的新城开发模式，以及老城区内的彻底再开发模式因房地产经济的萧条、经济的可行性下降很难保障住宅用地；同时社会民主化的推动和市民认知水准的提高以及居民的集体抗议等因素成为住宅项目推动越来越难的原因。最近韩国政府的城市开发和整顿模式

从"彻底再开发"转变为"城市更新"的动机就是因为这些因素的发生。

另外,韩国政府为应对低出生率和人口老龄化所带来的乡村和城市内空置房增加的问题,2017年2月制定了"关于空置房和小规模住宅整顿的特例法"(简称"特例法"),为搞活空置房的活用方案和小规模住宅整顿奠定了制度性基础。继而2017年5月文在寅政府上台后,为了城市更新和照顾居住弱势阶层,选定把扩大公共租赁房供给作为国家重点课题,正在积极探索此行动战略的城市更新项目和空置房活用方案。

下文将在此问题认识的框架内介绍与韩国政府的空置房活用方案和城市更新项目有关联的公共租赁房供给扩大政策。

二 空置房的类型和实况

(一)空置房的定义

2017年"特例法"对此前各地方自治团体制定的与空置房有关的歧义内容进行了重新定义,规定为"市长、郡守①等对居住或使用与否进行确认之日算起一年以上完全没有居住或使用的住宅"。

此前"建筑法"等相关法令和地方自治团体条例对空置房的定义中对无人居住或不使用的期限表述都各不相同。举例来说,光州广域市条例等对此期限没有特别规定,首尔特别市条例规定为六个月,"建筑法"等设定为一年以上,全罗北道益山市条例为两年以上。

韩国统计厅每五年进行的人口、住宅总调查中,对空置房定义为"作为调查期间无人居住的住宅是指因买卖、租赁、搬家,未出售、未入住,修理中,暂时未使用等因素导致无人居住的单独住宅、公寓、单元楼、多户住宅、商用建筑内的住宅"。此统计数据作为广义的概念能够掌握空置房的总量。

另外"特例法"中关于市长、郡守等对空置房的确认日期标准规定为通过居民登录电子数据,国税、地税、水电费等资料或者信息,确认的无人居住或使用日期为起始日期。现在的"特例法"里的空置房界定为住宅,考虑到

---

① 相当于中国的县长级别。

空置房的活用需求，今后将会包括长期闲置的门面、仓库等建筑物。

"特例法"中与空置房相关的住宅是指单独住宅、共同住宅和居住用写字楼，但不包括与此不相关的住宅，得到项目规划许可或者建筑许可自建的未满五年的未出售住宅，公共租赁房，别墅等临时居住或者使用为目的的住宅，未得到使用许可的住宅。

"特例法"中与空置房相关的定义适用于全部城市和农渔村地区，因此与空置房有关的实况调查范围也包括全部城市和农渔村地区。然而通过实际调查把确认地区空置房作为对象的空置房整顿项目不适用于依照"农渔村整顿法"正在推动整顿项目的农渔村地区。

（二）空置房现状

2015 年，韩国全国的住宅普及率（家庭户数/住宅户数）为 102.3%，因此产生空置房可以说是正常的现象。依据韩国统计厅发布的 2016 年人口住宅总调查，韩国全国的空置房数量达到 112 万户，大约占全部住宅总数的 6.7%，与上年（106.9 万户）相比，增加了大约 5 万户。从住宅类型看，公寓空置房最多，达到 58 万户，占空置房总户数的 51.8%；单独住宅空置房有 27.8 万户，占空置房总户数的 24.8%。从空置房的地区分布和占有率看，空置房数量最多的地方是京畿道，有 16.8 万户（占有率 4.4%）；紧随其后的是庆尚北道和全罗南道各有 10.8 万户（占有率 10.7%）和 10.2 万户（占有率 13.5%），而从空置房占有率看，全罗南道的空置房占有率是全国最高。

表 1　广域市、道份空房情况（2016 年）

地区	住房数（户）	空房数（户）	占有率（%）	与 2015 年相比增加	
				增加数量（户）	增加率（%）
首尔特别市	2830857	94668	3.3	15619	19.8
釜山广域市	1174034	85333	7.3	-1293	-1.5
大邱广域市	761054	36932	4.9	7322	24.7
仁川广域市	958072	52941	5.5	5539	11.7
光州广域市	494547	29127	5.9	2422	9.1
大田广域市	474193	26238	5.5	-181	-0.7

地区	住房数（户）	空房数（户）	占有率（%）	与2015年相比增加	
				增加数量（户）	增加率（%）
蔚山广域市	361273	20965	5.8	-458	-2.1
世宗行政特别市	86607	10115	11.7	-6343	-38.5
京畿道	3814834	167830	4.4	22937	15.8
江原道	575967	55709	9.7	-3551	-6.0
忠清北道	568567	56014	9.9	1130	2.1
忠清南道	776746	80152	10.3	6433	8.7
全罗北道	692563	73696	10.6	-173	-0.2
全罗南道	755054	10257	13.5	-1076	-1.0
庆尚北道	1009941	107862	10.7	-252	-0.2
庆尚南道	1151057	98899	8.6	219	0.2
济州道	206874	21469	10.4	2994	16.2
全　国	16692230	1120207	6.7	51288	4.8

　　韩国的空置房是因城市化进程导致大量农民离开农村进入城市后，在农村地区率先出现的，最近不仅是地方中小城市，还包括首尔市在内的首都圈地区也凸显此社会问题。近年来由于房地产经济萧条的影响，推动城市再开发项目变得越来越困难，破旧住宅集中的地区因管理不便而出现了大面积被废弃的空置房，引发治安、坍塌、垃圾、公共卫生等各种问题，甚至对周边地区的居住环境造成了恶劣的影响。

　　空置房数量增加严重的地方自治团体制定了空置房条例，中央政府也为整顿空置房出台了相关的法令来解决此问题。2016年韩国全国的空置房增加率只有4.8%，但是从各地区来看，大邱市的空置房增加率最高，达到24.7%；接着是首尔市（19.8%）和济州道（16.2%）。从各地区增加的空置房类型来看，大邱市的空置房中公寓占77.2%，首尔市的多户住宅占62.6%，济州道的单独住宅占50.4%。

　　全国空置房中30.1%（33.7万户）是30年以上的破旧住宅。从这些30年以上的破旧住宅占各地区空置房的比例来看，依次为全罗南道49.0%（5万户），庆尚北道45.1%（4.9万户），全罗北道42.3%（3.1万户），庆尚南道42.2%（4.2万户）。

（三）空置房密集地区的实况

空置房密集地区成为贫民窟的住宅，大多道路狭窄不易靠近，车辆进入困难，同时空置房的恶性循环不断加剧。此现象加速了地区经济的衰退，产生了巨大的社会费用。为掌握空置房密集地区的空置房现状和与空置房有关的居民认知，公共机构进行了实际调查，调查结果的主要内容如下。

实况调查的场所设定为空置房密集的大邱市东区一带。2007 年，此地区指定为再整顿推动区域，随着再整顿推动项目的推迟、中断，2016 年解除了对此地区的再整顿推动区域的指定。目前此区域正在进行道路扩建工程以及与此道路相连接的城市型生活住宅建设等。然而区域内侧的胡同里有 100 多个居住环境恶劣的空置房。

以空置房密集区域的 100 个空置房为对象，通过浏览建筑物分类账、土地分类账等资料，调查了空置房的建筑规模、用途、破旧度、安全状况以及空置房的周边道路、建筑物、大众交通等现状。调查结果是住宅用地面积达到 100 ~ 150 平方米的空置房最多，而且空置房远离主干道上的公交站点以及大众交通不易到达，使人们产生了对空置房支架和顶棚等因毁损严重引起坍塌等安全事故的担忧。

公共机构以空置房周边居住的 20 名居民为对象，当面询问了与空置房的产生原因、空置房的影响、空置房的活用方向等有关的内容。面谈结果是大部分的空置房搁置了一年以上，产生原因是住宅的破旧导致可居住性下降或者死亡等，空置房的影响是居住环境的恶劣和地区社会经济的衰退，空置房的活用方案是空置房整顿后重新利用改为住宅。

（四）关于空置房问题的韩国政府应对政策

空置房问题最先在农村地区比较突出。2000 年修订"农渔村整顿法"的时候，将拆迁和整顿搁置的空置房纳入了相关的依据法规。后来各地方自治团体为应对空置房问题开始制定一些条例。在地方自治团体中，2008 年 11 月，庆尚北道蔚珍郡最先制定公布了"空置房整顿支援条例"，接着首尔市的芦原区（2011 年 10 月）和冠岳区（2014 年 2 月）等也跟进，截至 2017 年 9 月共有 59 个地方自治团体（市、郡、区）制定了相关的支援条例，但是各地区的

状况和条例制定的目的各有不同。

在广域市、道层级①的自治团体中，2013 年 10 月，釜山广域市最先制定了空置房整顿支援条例，接着庆尚北道、首尔特别市、大邱广域市、光州广域市、全罗北道等地区也相继制定了与空置房有关的条例。釜山市对空置房的整顿规定了支援范围，通过构建空置房信息管理系统，把空置房作为地区的空间资产，为活用地区、搞活项目奠定了基础。

2016 年，中央政府通过"建筑法"的修订，新设了与空置房的整顿和程序有关的条款，确定了空置房存在公益上的危害或者对市容及居住环境有明显干扰的情况下，明令要求房屋持有人实施拆迁等必要措施。2017 年 2 月，为了系统整顿空置房，国家制定了"关于空置房和小规模住宅整顿的特例法"。本法的制定为空置房整顿规划的确立、空置房的实际调查、空置房整顿项目执行方法、空置房的拆迁、空置房信息系统的构建等提供了制度上的依据。

另外，"特例法"纳入了现行的"城市和居住环境整顿法"中的街道住宅项目和小型重建项目，新设了减少程序的自主住宅整顿项目，同时，新设支援规则来搞活租赁住宅建设特例，支援租赁管理业务，指定整顿支援机构等项目。

三 活用空置房住所的更新和公共租赁房的供给

（一）保障住宅用地层面的问题

如上所述，为完成文在寅政府的 85 万户公共租赁房供给目标，预估所需的住宅用地面积达到 66 平方千米，其中 65 万户长期公共租赁房所需的住宅用地就有 50 平方千米。2013 年以后，韩国的新城开发项目全面中断，卢武铉政府之后所指定的住宅区持续减少，因此把 85 万户的公共租赁房所需要的用地转化为新住宅用地的开发模式是非常困难的。

之前的政府也意识到保障新住宅用地的局限性，卢武铉政府执政以后，活用现有城市库存住宅的比重持续扩大。这也就是说现有库存住宅所在地的地方

---

① 相当于中国的省一级行政单位。

自治团体正在加大购买库存住宅后重新租赁的住宅供给模式。从以前各政府执政时期购买租赁住宅占长期公共租赁房总供给量的比重趋势来看，卢武铉政府时期是 10.2%，李明博政府时期有 32.0%，朴槿惠政府时期甚至达到 43.1%。在这个过程中凸显的问题就是保障住宅用地的困难性。因此，文在寅政府也正在活用现有城市建成区内的库存住宅，来摸索公共租赁房供给方案。为此，本届政府正在推动现有城市建成区内库存住宅的买入和扩大城市更新新政相关联的公共租赁房供给。

（二）空置房的活用和租赁住宅的供给

当住宅的供给率超过 100% 的时候，当然会产生空置房的现象。产生此现象的原因有很多，城市地区的主要原因是老城区的凋敝和整顿项目的推迟等，农村地区的主要原因是老龄化和人口的减少。长期搁置的空置房引发安全事故或犯罪的担忧以及市容或居住环境等各种社会问题。除了会产生负面影响之外，空置房作为区域社会的闲置资产也具有潜在的价值。特别是拥有基础设施和流动人口的城市区域内空置房拥有更大的开发潜力。城市里为扩增不足的停车场和便利设施以及租赁住宅的供给，在新住宅用地很难取得的状况下，空置房的潜力开始受到关注。然而因空置房是持有者的私人财产，为活用空置房，必然要求公共机构的介入。这也就是 2017 年"特例法"出台的背景。

"特例法"中包括的"空置房整顿项目"是指空置房的改造或拆迁，以及有效的管理或活用的项目，有以下四种整顿方法。第一，空置房的内部空间用隔板隔开或者更换壁纸、天花板材料、地板材料等施工的方法；第二，在不拆除空置房的前提下，翻盖、扩建、大修缮或者变更用途的方法；第三，拆除空置房的方法；第四，拆除空置房后，新建住宅等建筑物或基础设施和公共使用设施等的方法。

空置房整顿项目可以由市长、郡守或者空置房的持有者来执行以及由土地住宅公司等建筑业者、注册企业者、房地产投资公司、社会企业等共同来执行。"特例法"里面明确记载了社会企业、合作社、非营利法人和公益法人可以作为空置房整顿项目的执行者，为上述民间团体参与项目提供了制度性的依据。

依照"特例法"，空置房整顿项目仅仅规定为以个别空置房为对象的改造或者拆迁以及有效的管理或活用的项目。对空置房密集地区来说，整顿项目是有局限性的，存在道路狭窄不易靠近以及车辆难以驶入等开发不便的特点。因此，必须要推动空置房和道路等基础设施以及破旧住宅等相关联的小规模住宅整顿。但是，从现实来看，空置房持有者单独来推动此项目有很多困难，所以公共机构有必要担当表率作用。

"特例法"通过空置房整顿项目或小规模住宅整顿项目，正在引导城市内的租赁住宅供给。空置房和小规模住宅整顿项目在执行中，如果租赁住宅面积达到建筑物总面积的 20% 以上，允许建设到建筑物法定容积率的上限。而且空置房和小规模住宅整顿项目执行者改造完自主住宅后，如果提供室内面积85 平方米以下，首次租金低于周边市价，年上涨率低于 5% 的租赁住宅，房主可以得到公共机构的租赁管理业务支援。

四　城市更新项目和公共租赁房供给政策

所谓"城市更新"就是摆脱以前大规模的拆迁、再开发、再建设模式，保存区域内现有社区，同时部分或者渐进小规模地来改善居住环境，推动衰落街区的环境和区域经济一起被搞活的城市开发模式。文在寅政府推动的城市更新项目模式与之前政府的最大不同就是强力推动城市更新项目与创造青年就业岗位相连接，因此此政策也被称作"城市更新新政"。这也就是说城市更新项目的主要对象就是社区，是对城市内大多数民众居住的单独、多户住宅密集的低层住所，通过推动新政项目，来实现连接居住福利以及创造包括青年和老年人在内的区域居民就业岗位的战略。

城市更新新政项目的模式主要有地铁站附近区域的整顿型、共有财产的活用型、革新空间的创造型、低层住所的整顿型、社会和谐的农渔村型等。其中"低层住所的整顿型"模式就是活用低层住所的库存住宅，提供公共租赁房方案。

2013 年，"关于城市更新搞活和支援的特别法"制定的目的，是为恢复城市经济、社会、文化的活力，强化公共机构的搞活和支援作用。简而言之就是扩增城市的自生性成长基础，提高城市的竞争力以及恢复区域共同体。然而谋求改善破旧住宅和提高居住品质的相关内容却没有被提及。以城市更新样板区域为中心的推动内容来看，为了城市的活力和共同体的搞活，尽管完成了以项目为主的支援，但是却没有涉及与住宅改造和整顿等有关的内容。

反之，2017年的"特例法"中为搞活城市地区低层住所的空置房和小规模住宅整顿，包括了项目程序便利化和公共支援的内容。这相当于提供了能够保障城市更新项目里公共租赁房的制度性依据。具体来说就是通过城市更新，提供了改善生活环境和扩增租赁住宅的制度性基础，采用空置房整顿或者自主住宅整顿项目、路边住宅整顿项目，利用小规模重建项目的形式，使更新低层住所和扩增租赁住宅的建设、供给成为可能。

项目执行模式由土地等持有者组建居民协议会或合作社来推动，同时保障了土地住宅公司等国有企业或者建筑业者、信托业者等机构作为共同执行者能够参与进来。为了项目的可行性和减少居民的负担以及快速地推动项目，通过符合项目执行主体条件的各种模式来推动项目成为可能。

五　公共租赁房供给扩大方案

（一）项目模式的多样化

通过城市更新项目，能够勾勒出各种公共租赁房的项目模式。尽管土地等持有者能够单独地来推动项目，但是与公共机构或者民营业者共同推动，更有利于保障公共租赁房项目的顺利开展。公共租赁房的类型主要包括公共主导型、民官合作型、民间主导型和民民合作型。

1. 公共主导型

公共机构收购土地等持有者的住宅，推动翻盖或者新建小规模住宅整顿项目，把全部住宅作为公共租赁房供给的模式。公共机构可以依靠自主经营或者通过房地产投资信托基金（REITs：Real Estate Investment Trusts）的模式来运作。为了民众的居住环境，优质的公共租赁房供给是需求区域的项目推动方式，适用于小规模自主住宅整顿项目的公共租赁房供给模式。

2. 民官合作型

可行性稍微低的地区通过公共机构和土地等持有者共同执行来改善居住环

境，保障部分公共租赁房的模式。公共机构为土地等持有者提供支援，通过合资来推动翻盖或新建小规模住宅整顿项目，保障部分商品房为公共租赁房。此模式可以同时兼顾居民的住宅改善和公共租赁住宅的保障。

当居民协议会或者合作社提出申请，公共机构能够作为共同项目的执行者参与进来，项目快速推进和施工品质得到保证，提高了资金筹措、信用保障、收购剩余商品房等项目的可信性。此模式适用于自主住宅整顿项目或者临街住宅整顿项目、小规模重建项目等全部项目。

3. 民间主导型

民间建筑企业或者租赁业者等以准公共租赁项目为目的，从土地等持有者手中买入住宅，推动翻盖或者新建小规模住宅整顿项目，把全部或部分的住宅作为准公共租赁房供给的模式。采用房地产投资信托基金型也是可行的。

此模式适用于小规模自主住宅整顿项目的准公共租赁房供给模式。为了支援打算提供公共租赁房的租赁业者，必须要强化对策以及扩大现有的准公共租赁房支援的资金和税收条件。

4. 民民合作型

具有一定项目可行性的地区通过民间建筑企业等和土地等持有者共同执行的模式，推动翻盖或者新建小规模住宅整顿项目，除了成员出售的住宅以外，部分作为准公共租赁房供给的模式。准公共租赁房通过与租赁业者事前签约，以预购的形式来供给或者共同执行的建筑业者同时开展出售项目，把未售房转化为准公共租赁房来供给。

当居民协议会或者合作社提出申请，民间建筑业者等作为共同项目的执行者参与进来，能够快速推动项目和保障施工品质，筹措资金和卖掉剩余的未售房等。此模式适用于民间提案型街区自主住宅整顿项目或者街道住宅整顿项目等小型重建项目。

为搞活公共租赁房供给，政府支援是必要的前提。由于居民独自推动项目非常困难，必须要引导或鼓励公共或民间建设公司，租赁业者等作为共同执行者参与进来。

从项目规模和特性上来看，民间建筑公司的中小企业比大型企业更适合参与此项目。为此，考虑到业者和项目的特殊性，必须要规划资金和贷款担保的支援方案，并且为扩大准公共租赁业者的参与，要与资金和税收等挂钩。为了扩大项目的搞活和公共租赁房供给，依照项目模式，必须要有各种支援方案。

（二）空置房密集区域的住所更新项目和租赁住宅的供给

正如前面所述的关于大邱市空置房密集地区调查结果一样，空置房密集区域迫切要求对空置房进行改造或整顿，但是从现实角度来看，空置房持有者独自对道路等狭窄不易接近以及车辆很难驶入的空置房进行改造、整顿是非常困难的。因此，空置房密集区域要从以个人为主的空置房整顿思维中脱离出来，使空置房与道路等基础设施和破旧住宅等相关联，寻求面积区块的空置房整顿。

1. 项目模式的开发

"空置房密集区域"是指市长、郡守等判定因道路等基础设施明显不足从而引发安全事故或产生犯罪的担忧，才紧急实行的空置房整顿项目所指定、公布的区域。空置房密集区域里公共机构实行的主要空置房整顿项目模式有两种。一种模式是项目执行者征收空置房密集区域的全部或者部分，建成住宅等后，优先供给土地等持有者或提供地皮给土地等持有者以及其他人的供给模式。另一种模式是项目执行者得到空置房密集区域的全部或部分许可，依照项目执行规划，建设住宅和配套设施、福利设施的供给模式。

空置房密集区域执行这样的空置房整顿项目，在没有相关项目执行区域的土地等持有者或租客同意的情况下，可以直接由市长、郡守或土地住宅公司等作为项目执行者来实施。而且，为了项目的顺畅，在相关项目执行区域内以项目执行者指定、公布的次日为基准，可以限制建筑物的建设等行为。

得到空置房密集区域全部或部分许可的项目，依照执行规划建设住宅和配套设施、福利设施供给模式的空置房整顿项目适用于模拟方法的实际调查场地。而且除了原住民住宅外，扩大供给租赁住宅户数增加的公共支援租赁住宅建设、供给项目模式和面向空置房狭窄道路的宽度，通过连接空置房和破旧住宅的空置房整顿项目，也在尝试单间型城市生活住宅的建设、供给方案。

2. 制度改善的方向

为执行空置房密集区域的空置房整顿项目，有必要修订 2017 年的"特例法"来制定制度性依据。依照"特例法"，空置房整顿项目只是以单独空置房

为对象进行的整顿。因此，通过"特例法"的修正，对空置房密集区域执行的空置房整顿项目，有必要完善与市长、郡守或者土地住宅公司等新设与空置房和道路等基础设施和破旧住宅等相关联的面积区块的空置房整顿项目，执行公共项目顺畅的空置房征用，项目执行区域内的行为限制等有关的规定。

空置房的活用是单独、多户住宅等密集的低层住所更新项目的有效推动手段，由于民众大多居住在低层住所，从提高民众的居住福利层面来看，也能获得积极的成效。老城区内很难保障新的可用土地，空置房可以有效地为各种需求者提供租赁住宅，扩增区域内不足的公园和停车场等便利设施。

在长期闲置的空置房密集区域，公共机构率先推动活用空置房的住宅和城市更新项目，其成果通过制度改善等进一步扩散到民间。特别是为了发掘活用空置房的各种项目模式和引导空置房持有者和社会企业等各种民间团体的参与，通过空置房的实际调查和信息系统的构建，持续完善空置房信息的公开、活用住宅城市基金的项目费补助和融资、税收的减免等各种支援政策。

B.17
美国房子是用来住的还是用来炒的

——对"晾衣绳禁令"的考察及其对中国的启示

陈 北*

摘 要： 笔者通过对美国"晾衣绳禁令"（CLOTHESLINE BANS）的考察，发现成因复杂的禁令是可以用房地产金融的视角加以解析的，并得出美国的住房制度从源头就赋予了美国房子可以用来炒作的金融属性，为了防微杜渐，避免在住房市场化过程中金融杠杆的肆意衍生，在中国坚持房子是用来住的、不是用来炒的定位下，笔者建议在房地产标准化和对居民群体的尊重中力寻稳定且动态的平衡。

关键词： 晾衣绳禁令 住房梦 按揭 融资链 道德风险

在以往的研究中，笔者主要从理论视角——宏观经济视角（利率汇率理论）、金融理论视角（房贷金融产品、保险按揭工具）、政策运行视角（货币政策、财政政策、监管政策）、社会价值观视角（美国梦、道德风险）等领域对美国房地产进行比较全面的研究。本文的研究同以往有别，笔者拟从田野调查的视角来考察当今美国的房地产运行状况，以期反映鲜活状态中的美国房地产现状，从而为中国房地产的发展提供更加有益的参考和借鉴。从 2018 年开始，笔者开始在美国从事博士后研究工作，因此在该期间有机会把研究视角聚焦在美国人住房生活需求的日常领域，本文研究的对象是人们认为似乎最不起眼的问题——民居里的晾衣绳。

---

* 陈北，金融学博士，美国德克萨斯大学金融学博士后。

　　走在美国的大街小巷，笔者发现一个有趣的现象，在大大小小的居民区里，几乎见不到有人在自家的凉台或者庭院中晾晒衣物，即便是在风和日丽、晴空万里的艳阳天里，也很少发现有洗涤好的衣物被晾晒在户外。难道美国人天天穿新衣服从来不洗衣服么？这显然是谬论，再富裕的美国人也不可能这样生活；难道是美国人认识不到在日光下晾晒衣物就可以干衣的道理么？这当然更是天方夜谭。那为什么在超市中可以看到琳琅满目的晾衣器材，然而人们却很难在居民住宅区里见到它们，即便是一根小小的晾衣绳？

　　原因是这一根小小的"晾衣绳"曾经在美国的房地产领域掀起过一场全美国范围的轩然大波，而且波及至今，甚至可以让很多美国人谈"绳"色变。

　　对大多数中国人来说，有谁会想到，美国业主是不可以在自家的凉台或者庭院，利用阳光晾晒属于自家的衣物。如果业主不听有关部门或者相关人士的劝告，轻则被罚以重金①，重则被诉诸法院，更有甚者因此而丢掉了性命。在中国人眼中，这种事情发生在所谓崇尚各种自由甚至是持枪自由的美国人民的生活中，简直是不可思议。然而，此非危言耸听而是真真切切的美国房地产领域中的现实问题——这是美国家喻户晓的"晾衣绳禁令"在作祟。

　　所谓"晾衣绳禁令"，并非是说美国各州的法律中有明文的法律法规禁止居民使用晾衣绳晾晒衣物，而是以近乎公序良俗的社会风俗的形式反映在美国住房协会合同的附加条款或者小区物业的附加文件之中，甚至在绝大多数情况下是以口头"霸王"约定的形式"潜规则"告知业主——也就是说业主所在州住房协会或者当地住房小区物业是不允许业主在公共视野可以覆盖到的居住范围内的任何位置，未经允许擅自晾晒属于自家的衣物，即便是业主在自家的阳台或者庭院亦被禁止，甚至不允许悬挂晾衣绳，即便上面没有悬挂衣物。

　　在阳光下晾晒衣物本是既安全便利又可以节省烘干机电力能源，还具备环保理念的干衣方式，来自美国一个叫晾晒自由的机构调查显示，美国家庭每年用于支付衣物烘干机产生的电费累计高达 50 亿美元。换言之，如果通过户外晾晒的方式就可以节省这样一笔巨额支出。那为什么这一传统而且近乎完美的

---

　　① 罚金通常为 1000 ~ 2000 美元不等，根据情况有所不同。

晾晒习惯，在美国却被房地产业以祭出"晾衣绳禁令"的形式严加抵制，致使美国有超过五千万住户至今被禁止在户外晾晒衣物呢？如果我们以每个住户包含两口人保守统计，至少也有一个亿以上的美国居民受到该禁令的约束，受众数量如此之大，但人们一方面难以在美国各州的法律法条中搜寻到其身影，然而另一方面它又以极强的约束力作为现实的存在，那么"晾衣绳禁令"到底是什么，为什么它会如此令人匪夷所思地出现在全美国的房地产领域中呢？

为清晰地说明这根特别的"晾衣绳"，笔者从美国住房协会禁止使用的晾衣绳和次贷危机中的"融资链"两条线索加以解析。

一　住宅户外禁止悬挂的晾衣绳

美国有 50 个州，各州在立法和执法上都有很大的独立性和自由度，无论历史还是当今，除了发行美元之外，有些州在立法独立性上的差异表现几乎可以用"国中之国"来描述。然而有趣的是，"晾衣绳禁令"却以不成文的形式普遍存在于美国各州法律的判例中。该禁令在美国如此普及，其程度可谓家喻户晓。我们知道衣食住行是人们的基本生活需求，禁止自由使用晾衣绳晾晒衣物这一在中国人看来是逆天的法规，却在自称自由国度的美国公然存在，简直是匪夷所思。更让人不解的是，与此同时，人们在美国的大小超市中，却可以轻易见到琳琅满目、种类繁多、甚至用途各异的晾衣绳，这不禁让人在疑惑不解的同时，开始诧异于"晾衣绳禁令"的法律效力了。但是带着这些疑问，当笔者在美国各地的住宅小区中考察时，会奇怪地发现几乎没有人在户外使用晾衣绳晾晒衣物，即使在风和日丽的艳阳天里也是如此。那么超市里的晾衣绳去哪里了呢，不见有人使用的商品怎么会琳琅满目地出现在美国的大小超市中呢？当你带着这个疑问有机会开始观察美国居民家庭内部的布置时，你会惊奇地发现晾衣绳会经常出现在美国人民的居室之内，包括同民居紧密连接的私人车库之中。也只有在这一刻，笔者才会明白"晾衣绳禁令"在美国的效力——原来禁令所禁止使用的晾衣绳特指的是住宅小区内及其周边环境中，民居户外区域（包括阳台露台部分）所使用的晾衣绳。说得直白一些就是不许在户外晾晒洗好的衣服。

在晾晒衣物的问题上，究竟是谁有如此之大的权力并且有充分的理由，能够让甚至可以自由持枪的美国人民受制于对阳光的使用呢？答案是美国各州的住房协会以及所辖的数不胜数的住宅小区以及居民社区的物业管理机构。当人们在自家的露台或者庭院中采用传统的晾衣绳进行衣物晾晒时，住房协会对业主是如何处理的呢？当上述事件发生后，通常情况下，各州各市、县的住房协会会有巡查员对所辖居民住宅小区进行不定期的巡查，根据笔者了解，真正执行巡查的人员通常是小区物业公司的员工。当巡查员发现有衣物在户外被晾晒时，通常通知物业公司责成其员工在事发住户家的门缝中或者邮箱中留下一份告知书，内容大致如下，从中可以让人了解晾晒禁令所给出的官方理由。

——亲爱的住户，在最近的物业检查中（接到我社区居民反映），我们注意到您放置在户外的个人物品不符合社区的规章和所在城市的要求。如果物品属于您本人所以，请您及时移除。具体物品是：晾衣绳——禁止在户外悬挂衣物。露台、阳台以及通风走廊这些都是您公寓住宅的延伸部分，需要保持清洁，不能作为储物空间。禁止在该区域悬挂游泳衣裤、毛巾、衣物、拖把等杂物，包括禁止悬挂窗帘和遮阳帘。管理部门有权力决定哪些物品符合要求，同时有权力要求移除不符合规定的杂物。严禁在阳台、露台和通风走廊使用烧烤架、火盆或者吸烟。当使用烤架、火盆或者吸烟时，要在建筑物 10 英尺以外用火并要求您使用用火警示标识。倾倒灰烬时要谨慎小心。如果您需要进一步帮助，请联系我们的办公电话 *** — ***。

落款是：社区管委会，某某物业经理签字。

从上述文字中不难看出禁止晾晒衣物的主要理由是为了避免火灾隐患，其次是为了保持社区的清洁。表面看来晾晒禁令似乎言之凿凿，理直气壮。然而仔细分析，告知书中禁止晾晒的理由却显得十分牵强。首先，晾晒衣物多为潮湿的衣物，本身就是阻燃物，而晾晒的地点是自家的露台、阳台和通风走廊，尽管衣物晾晒风干后易燃，但是禁令中已经明文规定建筑物 10 英尺内不得有明火，这一点已经阻止了晾晒衣物引发火险的可能性。然而有关部门为什么还要阻止晾晒衣物呢。如果说木质结构的房屋①容易引发火灾，那么美国民居内大量使用的电器设备（有许多电器设备处于 24 小时插电运行的状态，例如冰箱、中央空调、浴室热水器、无线路由器、洗衣机和烘干机、电视机、音响、不间断照明等）被放置在木质结构的房屋内，火险隐患显然更大。为什么管理部门单独拿晾晒衣物作为引发火险的理由呢。其次的理由便是"影响社区清洁"，然而，这样的理由也很勉强，原因是晾晒的衣物是出现在自家的阳台、露台、走廊，在强调保护私有财产和注重隐私保护的美国社会，为什么还要对私人空间的事务（晾晒衣物）加以干涉呢？笔者从物业管理部门得到的解释是：晾晒衣物的行为会给周围的邻居带来各种风险。当笔者进一步追问是哪些风险是，物业对笔者缄口不言，取而代之的是物业管理人员反复强调：晾晒禁令是众所周知的，如果不听劝告，执意晾晒，就会受到金钱处罚甚至招致起诉。

二 "美国梦"与"住房梦"之间的连线——住房按揭融资链条

带着种种疑问，笔者查阅文献后发现，"晾衣绳禁令"在联邦政府及其各州并没有以成文法的形式存在，但是全美国以及同美国毗连的加拿大各别省份都在以不成文的形式普遍执行着禁止晾晒衣物的禁令。其最初的成因比较复杂，其中可以牵扯出个人权益、私人财产、社会阶层、美学和环保方面的众多问题，但是仅从房地产金融的角度考察，笔者认为可以梳理出一条比较清晰的线索。

众所周知，当今美国社会的阶级构成呈现"橄榄"式的分布形状，"橄榄"的两端是富人阶级和低收入阶层。而中间人数最多的部分是中产阶级。在以往的研究中，笔者曾经对美国人民心往神驰的"美国梦"进行过解析，并得出一个结论，即美式"住房梦"是"美国梦"的重要组成部分，并且是

---

① 美国的民居同中国不同，除了少数城市例如芝加哥以外，绝大多数城市的民居是由木材作为房屋主体结构，而不是钢筋混凝土，即便是五层楼高的公寓也往往是以木头作为房罩的主体结构。从这个意义上讲，美国的民居确实比较容易引发火灾。

以中产阶级为主体的美国人民愿意去追求和奋斗的人生目标之一。美国房地产的市场化道路是从 1862 年《宅地法》颁布时就已经开始了，从那一刻起各种形式的租赁、按揭等金融手段就如影随形般同美国房地产绑在了一起，使得房地产在成为消费品的同时成为投资品。也就是说，从《宅地法》开始，美国的房子就一体两面，同时具备了用来"居住"和用来"炒作"的双重属性。即《宅地法》是美国房产双重属性的法理基础。此后，随着美国资本主义社会经济周期的变迁，在萧条和衰退周期中，由于房价下跌，经济不景气，房产的居住功能就会表现得突出一些；反之，在经济处在复苏和繁荣周期时，住房的金融属性就会活跃起来。人们看到的就是房子在被用来炒作。

在以往的房地产发展报告中，笔者还提到过，美国是没有户籍制的国家，准确地讲是美国没有全国性的显式户籍制度。美国公民的就业是跨州进行的。而就业又同个人收入直接挂钩，收入的多少在美国发达的征信体系中又是同个人信用息息相关。美国公民的住房梦能否实现的理论前提是建立在个人信用度水平的基础之上，良好的信用等级，意味着可以更加便利地从金融机构得到住房按揭，进而可以更早地购买到属于私人的住房，从而尽早实现"住房梦"，最终为实现个人的"美国梦"奠定坚实的物质基础。基于这样一个逻辑，几乎美国全民都有实现住房梦的冲动——不曾拥有住房的美国人想尽早住有所居，哪怕有一套保障房可以租住也不错；租住房屋的美国人想尽早实现居有其屋的设想，买到属于自己的住房；买到房的美国人想尽快还清按揭，以较高的价格卖掉现有住房，尽早改善自己的住房需求；改善住房后的美国人向往的是住上更好的别墅或豪宅……这样的住房需求同政客们对居民选票的渴望交织在一起，使得美国的金融监管在不同的历史时期一再放松。在这个过程中，伴随着金融业道德风险的失控，让美国的房地产越来越彰显出加杠杆的金融属性。也就是人们俗称的"炒房"。于是，让我们再回到"晾衣绳禁令"的问题上来，在笔者看来，美国绝大多数居民把放弃使用晾衣绳在自家户外晾晒衣物的权力，当成了美国人对尽快实现他们"住房梦"的一种让渡与妥协。

当然在"晾衣绳禁令"问题上，还有来自公序良俗、标准化、文化传统、社会阶级、种族歧视等多方面的解读。概括起来大致有这样几种主流的解读。

第一，"晾晒禁令"是出于对人身安全的考虑，除去上文提到的火险隐患之外，还有这样的解释，即晾晒在户外的衣物很容易暴露居民的个人隐私，例如衣物的种类与质地，这些信息很容易被犯罪分子用来分析和判断业主的家庭成员、性别、年龄，甚至家庭经济水平，从而为其盗抢行为提供有力的支持。

第二，户外晾晒衣物客观上造成了小区环境受损，在天气突然出现变化时，到处飞扬或者散落的衣物有可能造成小区物业的管理负担，同时给其他管理带来不必要的麻烦。

第三，晾晒衣物的行为不被认为是低收入者在干衣问题上的权宜之计，就算是高收入者也要晾晒衣物，对高档衣物的晾晒也会成为盗抢事件的诱因，从而引发居民小区的公共安全问题。

第四，还有一种解读是通常情况下，户外晾晒衣物被认为是经济收入较低的社会群体因为负担不起烘干机的电费而不得已为之的现象，这种行为给周边居民的物业价值以及房屋价格都会造成负面影响，甚至直接或间接地影响周边地区的房地产价格。

基于上述理由，笔者从房地产金融属性的角度出发，更倾向于上述最后一项解读。并就此生发开来，谈谈"晾衣绳禁令"所牵连出的房价及其背后利益链条的问题。

首先是业主的收入水平。众所周知人类是喜欢群居的动物，在住房置业问题上表现得尤其如此。在美国人看来，高收入人群的居民区代表着较高的社会教养和个人素质，这不仅是便于物业管理的前提条件，同时也会带来更安全的社区环境。晾晒衣物在多数美国人看来是低收入者的生活方式，户外晾晒的衣物通常会透露这样一些信息——即该居民区的人群素质可能不高、社区安全可能存在隐患、甚至影响到附近学区的生源质量以及周边的医疗卫生状况，因此应当慎重考虑该地区的房子作为置业的选择。这会削弱那些在该地区计划投资的商家和个人的投资意向。

其次，对于小区的居民而言，因为邻居在户外晾晒衣物，从而给周边邻居的房价造成负面影响，那些本打算利用金融杠杆，在房价周期看好时，把现有的住房通过套现来实现"美国梦"的业主们对此尤其敏感。在美国宪法中私有财产是不可侵犯的，在经济周期大幅波动时，因晾衣绳问题造成他人房价资产大幅跳水的情况在美国时有发生，在私人财产遭受侵害，邻里矛盾调解失

效，经过物业反复劝告始终无果的情况下，极端事件的发生就不难想象了①。

最后一点是"晾衣绳禁令"具有利益链的辐射效果——禁令的存在有利于地产商及与其相关的物业公司。这里存在一个利益链条，主要指的是代表地产商利益的房屋协会以及大大小小的社区物业。住宅环境因禁止户外晾晒而得到改善的事实，自然会给小区住宅的卖相加分。地产开发商收益自不用说。物业公司因此也得到向新业主推荐并且代购大宗电器，尤其是洗衣机、烘干机、除湿机的优先权，同时他们也拥有向业主推荐当地电力公司的优先权，在劳动力全美自由流动的前提下，乔迁业主因对新居环境与物业之间存在严重的信息不对称，从而使得物业公司有利用这种不对称在有关的家用电器采购以及向相关电力公司推荐中收取回扣的可能。美国是基督教立国的国家，传统基督教清教徒的生活方式在思想深处仍然对普通美国人发生着潜移默化的影响，表现在日常生活中，普通美国人在居家过日子中倾向避免铺张浪费，表现在衣物洗涤干燥问题上可以时常发现他们也会在"晾衣绳禁令"的约束下，在室内隔着玻璃窗户晾晒衣物。这就可以解释美国大小超市中种类繁多功能各异的晾衣架在室外见不到，可同时产品又十分畅销了。可以说一根晾衣绳牵出来一条美国民居室内干衣的产业链，不少商家因此获利。

由此人们不难看出，从业主经由开发商、物业公司，到家电公司再到电力公司甚至延伸至周边超市，诸多利益主体都有从"晾衣绳禁令"获利的可能。这就可以至少从一个方面解释为什么在中国人看来"晾衣绳禁令"这一如此不可理喻的禁令，不仅可以在美国长期存在而且持反对意见的人居然是少数甚至是弱势群体的了。

三　美国"晾衣绳"与美式融资链

从上述分析中可以看出，美国民居中的晾衣绳确实同美式融资链之间存在一条紧密的逻辑线索，那就是在"美国梦"的引领下，在居民区用晾衣绳晾

---

① 2008 年，美国佛罗里达州 South Lee County 县曾经出现因衣物晾晒纠纷引发的枪击案件。参见 "Dispute over clothesline leaves Verona man dead" Daily Journal BY DANZA JOHNSON Jul 27, 2008。

晒衣物的行为，在美国房地产标准化、社会阶层、文化传统、资本运作等因素的影响下，通过对千万户住宅小区房屋市场价格的影响，可以在特定的情况下，达到影响美国房产价格杠杆的效果。于是，"晾衣绳"同房贷按揭中的融资链紧紧地联系到一起。

然而，尽管"晾衣绳"同"融资链"连接紧密，但是"融资链"把"晾衣绳"拖入美国房地产仍然需要必要的时机和条件，也就是说在美国这样一个多元文化的超级大国，让"晾衣绳禁令"家喻户晓、深入人心，仍然需要一个在适当的时机出现的行之有效的助推之力，笔者考察发现，这一推力就来源于1954年，时任通用电器公司全国电视频道《通用电器剧场》的节目主持人罗纳德·里根——后来的第40任美国总统（1981～1989年）。里根和他太太南希当时站在通用电器公司洗衣机与烘干机前的广告词就是"家庭电气化，生活更美好"。

值得一提的是，20世纪50年代，是战后美国经济稳步复苏的年代，马歇尔计划的成功①，使得高速公路遍及全美，从而把美国实质上变成了"装在车轮上的国家"。劳动力在美国洲际流动变得简单便捷，人民收入水平大幅提高，充足的就业机会加上战后第一波"婴儿潮"的出现，让生活在那个时代的美国人增加了对住房梦的渴望；而恰恰彼时，电视机在全美流行并迅速普及，1954～1955年每天有平均一万人购买电视；加上当时宽松的美国货币信贷政策，以及包括家用电器、家用汽车在内的各大商家推出的优惠性质的租购并举购物方式——如福特汽车当时的"56－56汽车金融计划"，给美国人民提供了通过让渡户外晾晒衣物的便利以换取实现"汽车梦""家电梦""住房梦""美国梦"的最佳切入时机。加上当时未来的美国总统罗纳德·里根在全美最大的家用电器公司通用公司，通过收视率极高的全国电视网向全美人民宣传衣物烘干机的好处。可谓天时、地利、人和促成了当时全美国人民对"晾衣绳禁令"的普遍默许甚至是认可，并且从那一时候起，该"禁令"开始出现在住房买卖合同和房屋租赁合同的附加条款中，或者出现在物业管理的条款中，

---

① 马歇尔计划（The Marshall Plan），官方名称为欧洲复兴计划（European Recovery Program），是二战后美国对战争破坏后的西欧各国进行经济援助、协助重建的计划，对欧洲国家的发展和世界政治格局产生了深远的影响。除了欧洲外，同期类似的经济援助在朝鲜战争后也在亚洲第一岛链与其他第三世界国家实施，受援范围大部分是今日美国的盟邦。

从此该"禁令"通过人们在同房地产商或者物业公司打交道的过程中逐渐家喻户晓，并且在美国"住房梦"的引领下以近乎公序良俗的形式存在并且延续至今。

然而时过境迁，随着2008年美国房地产次贷金融危机的爆发，以及全球气候变化的加剧，越来越多的人看到房地产金融杠杆脆弱性所带来的风险；同时看到，地球大气环境的变化让依靠传统能源发展经济的模式已经陷入僵局。人类在衣、食、住、行问题上利用包括太阳能在内的新能源，将是未来经济发展道路的不二之选。依靠传统能源同时放弃太阳能的"晾衣绳禁令"这一美式风俗面临着移风易俗的挑战。仅从房价角度审视，"晾衣绳禁令"所折射出来的是美国房子天生就有用来炒作的金融属性，如果美国延续固有的房地产发展思路，未来当金融杠杆之间的融资链条的承受能力因道德风险而再次出现断裂时，其脆弱程度可能连一根风中摇曳的晾衣绳都不如。

四 启示

在中国共产党第十九次全国代表大会上，习近平代表十八届中央委员会向大会所做报告中明确提出，在"提高保障和改善民生水平，加强和创新社会治理"的问题上要"坚持房子是用来住的、不是用来炒的定位"。美国"晾衣绳禁令"折射出的是同房产关联的金融工具在运作过程中与美国社会治理的错配——实质上反映出的是资本的任性与傲慢。因此笔者认为"坚持房子是用来住的"就是坚持"以人民为中心"，让居民安居乐业，与此同时坚持房子"不是用来炒的定位"，尤其在中国保障房领域坚持住房金融杠杆化的可控性，在租购并举中削弱金融杠杆的衍生能力，从房地产开发建设的源头着手，从社区规划、基础建设、施工设计，到住房分配、物业配套、社区服务、物流配置等方面统筹考虑，本着"以人民为中心"的理念，杜绝房地产开发、投资与政策设计中的任性与傲慢，在具体问题上从实际出发，结合新社区当地的民俗民风，把保障房标准化的开发工作同尊重当地居民群体利益相结合，在两者之间积极寻找动态的平衡空间。以美国"晾衣绳禁令"为启示，处理好中国社区治理中出现的问题，例如保障房小区内是否需要设计修建公共厕所？是否需要设计居民的健身娱乐设施？小区是否需要停车场，停车位如何在住户间进行合理分配？保障房小区是否允许遛狗，是否允许开设专用的遛狗场地？保障房的配售是否需要强制使用开发商或者物业提供的家用电器甚至家具设备等诸多问题，尽可能在阶层觉醒与对抗的问题上把标准化、业主阶层、居民文化、资本参与等因素综合加以考虑。从而达到"形成有效的社会治理、良好的社会秩序，使人民获得感、幸福感、安全感更加充实、更有保障、更可持续"①，让房子的最终用途是"用来住的、不是用来炒的"。

---

① 参见习近平：《决胜全面建成小康社会夺取新时代中国特色社会主义伟大胜利——在中国共产党第十九次全国代表大会上的报告》。

热　点　篇

Hot Topics

B.18
新时代住房制度面临的
多重约束与改革

赵奉军*

摘　要：　在中国特色社会主义进入新时代的背景下，住房市场面临着
全新的时代环境，主要体现在：住房供求之间的不平衡与不
充分，住房属性的重新定位和新住房观念的提出，宏观经济
环境进入新常态后对住房市场的冲击以及全球经济可能进入
全新局面四个方面。同时，住房制度改革也面临着多重约束，
这些约束条件包括：住房问题的复杂性和有限理性的制约，
利益分化和配套制度改革的滞后等。在全新的时代环境和住
房制度改革的多重约束下，基于住房政策的七个支柱框架并
结合中国的现实，我们进一步从产权结构、住房金融、税收
和补贴、城市土地和土地利用、中央和地方政府的行为五个

---

*　赵奉军，杭州师范大学阿里巴巴商学院副教授，研究方向为房地产经济学。

方面探讨了住房制度改革的方向与策略。

关键词： 新时代 住房制度 多重约束

　　住房问题是全面建设小康社会进程中的重大战略问题。要解决这一重大战略问题，离不开良好的住房制度支撑。从 1998 年开始大力推行的城市住房分配货币化改革，使得我国城市住房制度改革和房地产业发展取得了重大的突破性进展。在接下来的 20 年间，住房市场的成长和房地产业发展速度远超预期，并事实上成为国民经济的支柱产业。住房市场在改善城镇居民居住条件、加速城镇化和刺激消费需求、推动就业和增进国民财富和提高地方政府财政收入等方面发挥了巨大的作用。

　　城市住房问题并没有因住房分配的货币化改革而消弭，反而呈现更加复杂的局面。少数热点城市的房价和地价快速上涨引发了各界对泡沫和住房支付能力的担忧；地方政府对土地财政和房地产业的过度依赖可能引发债务危机；城乡分割的二元土地和住房制度使得大规模的农业转移人口长期游离于城市住房供应体系之外；住房建设、交易和持有环节税制混乱；住房金融体系不健全、政策性住房金融功能不足；住房保障体系不完善；房地产市场的宏观调控不力；等等。凡此种种，不一而足。住房问题可以说一直是整个社会关注的焦点问题。人们逐渐认识到，中国城市住房问题之所以迁延不愈，既受制于住房问题的复杂性和人们的有限理性，更与住房制度体系建设滞后大有关联。住房制度改革和住房制度体系建设，绝不仅仅是一个住房分配货币化和市场化就能承担的。

　　住房问题复杂多变且各种矛盾相互交织。准确识别住房制度改革中的主要矛盾，找准改革的突破点，既需要智慧，也需要时间。针对新时期住房制度改革的谋划，决策层的认识也在不断深化，对问题的研判渐趋于全面，所提出的思路也越来越明确。2015 年 10 月，党的十八届五中全会通过《中共中央关于制定国民经济和社会发展第十三个五年规划的建议》，其中首次提出"深化住房制度改革"。2016 年 12 月的中央经济工作会议上，习近平总书记首次提出了"房子是用来住的，不是用来炒的"，在 2017 年 10 月党的十九大报告中更

是明确提出，中国特色社会主义已进入新时代，当前社会主要矛盾已经转化为人民日益增长的美好生活需要和不平衡不充分的发展之间的矛盾。具体在住房领域，要求加快建立多主体供给、多渠道保障和租购并举的住房制度，实现让全体人民住有所居。在12月召开的中央经济工作会议上，更是提出要"加快住房制度改革和长效机制建设"，这都意味着在多年行政调控房地产市场之后，中国住房制度改革将会进入新阶段，相关制度改革或对中国住房市场产生深远影响。

一 中国住房问题进入新时代

中国特色社会主义进入新时代，在住房领域同样如此。我们认为，当前住房市场面临着全新的内外环境，笔者将其概括为"新矛盾、新定位、新观念、新常态"。主要体现在以下四个方面。

（一）中国住房市场的主要矛盾已发生变化

住房市场的分化和不平衡发展会成为相当一段时间内住房市场的突出特征。在经过多年巨额的住房投资后，根据国家统计局提供的数据，2016年我国城镇人均住房面积已经达到36.6平方米，农村达到45.8平方米。从平均数据来看，居住面积尽管离美国还有明显的差距，但已经超越英国的35.4平方米和法国的35.2平方米。总体上看，我国城镇居民的住房条件已经基本脱离总量不足的困境。在过去几年中，住宅的销售面积还在增加，从2013年的10.5亿平方米增长到2017年的14.47亿平方米，但住房的新开工面积已经开始萎缩，2011年曾经达到过14.7亿平方米，2013年也在14.58亿平方米，2014~2017年分别为12.49亿平方米、10.67亿平方米、11.59亿平方米和12.81亿平方米。新开工面积的萎缩实际上正是我国住房总量供求矛盾已经结束的必然结果。同时，这也意味着长期以来作为支柱产业的房地产业推动中国经济持续增长的使命可能已经宣告结束，经济增长需要另觅新动力。

但是，住房需求与供应的不平衡和不充分的矛盾凸显，主要表现为人们对改善型住房的需求非常旺盛和住房需求的空间分化。根据2010年"六普"的数据，我国城镇住房存量中还有大量的居住设施不齐备（缺室内卫生间、独立厨房）的住房，随着收入的提升，居住品质的提升还有巨大的改善空间，这意味着改善型住房需求和城市更新仍然有巨大的发展空间。需要说明的是，改善型需求的巨大发展空间并不意味着需要同时满足所有阶层的改善型需求，由于住房的耐用品性质，根据住房市场的过滤模型，上一阶层住房改善后其原住房会流入住房市场满足下一阶层的住房需求。同时，当前城市住房市场出现明显的空间分化，普涨时代已经基本结束，但少数明星城市（superstar cities）住房供应紧张，房价难以遏制并外溢到周边城市。这些明星城市要么是住房供给弹性远低于其他城市导致供给不足（刘学良，2014），要么是由于高质量的教育资源而非更高的收入吸引了大量的青壮年劳动力的流入导致住房需求膨胀（高善文，2017）。而随着当前省一级政府大力推动的首位度城市建设和全国层面的国家中心城市建设，这些明星城市的住房供求形势仍然非常紧张，以至于在2014年曾经一度取消的限购在2016年再次成为若干明星城市调控的有力武器，一些城市甚至从限购升级到"限售"。目前看来，住房市场的分化和不平衡发展会成为相当一段时间内住房市场的突出特征。

（二）住房属性的重新定位和新住房观念的提出

住房的居住消费属性和资产投资属性交织在一起难以分离，且由于其能有效抵御通胀因而成为投资者青睐的安全资产。在全球安全资产短缺的背景下，对房地产资产的投资居高不下并成为一种世界性现象。特纳爵士在《债务与魔鬼》中引述霍尔达等人的研究表明，发达经济体的银行业在过去45年发生重大变化，1928~1970年，房地产信贷业务占全部银行信贷业务的比例由30%升到35%，到2007年，这一比例接近60%，剩下的40%的银行信贷业务中也有相当一部分可能是为商业地产融资的（阿代尔·特纳，2016）。住房的投资属性与金融杠杆的结合往往会导致房地产泡沫并威胁到金融稳定（Allen和Gale，2010）。一方面要促进住房消费，另一方面又要限制住房的投资需求膨胀，这一直是个难题。2008年的全球金融危机原因之一就是美国政府希望提高住房自有率从而加大对购房人的金融支持。

就我国的现实而言，可以说是喜忧参半。一方面，我国的住房市场对住房消费和投资的金融杠杆控制得比较严格，偶尔出现的"首付贷"或"消费贷"都被银监会迅速控制。这是符合后金融危机时代所提倡的宏观审慎监管的要求的。另一方面，尤其是在一些明星城市。随着居民收入和财富水平的提高，本

身也要求充足的可供投资的资产，而由于多方面的原因，住房成为我国居民财富和投资的主要工具。据《中国民生发展报告2014》提供的数据，我国家庭财产构成中，房产占74.7%。房价的长期上涨带来的赚钱效应使得住房的投资需求难以遏制，并使得投资住房成为一种弥漫全国的观念。这种观念如果不能得到根本性的改观而任由其发酵，势必会有损住房的居住属性并威胁到金融稳定。2016年12月的中央经济工作会议上，习近平总书记首次提出了"房子是用来住的，不是用来炒的"，在随后的时间里包括在党的十九大报告中再次强调住房的居住属性。如果后续能有切实的措施抑制住房的投资属性，势必会影响到居民的资产配置行为和住房观念。当然，观念包括预期的转变非一朝一夕，但一旦新的观念形成，会大幅降低房地产调控的成本并产生更多可能的结果。我们认为，对住房居住属性的强调和功能的新定位，将成为未来一段很长时间内各级政府的紧箍咒，新的住房投资者也将发现很难从上涨的房价中获得可观的资本增值收益，有利于形成"房住不炒"的新观念。

（三）中国宏观经济环境进入新常态从而冲击住房市场

经过30余年的高速增长，从2012年开始，中国经济增速连续3年稳定在7.5%左右，近2年增速已经不到7%。相对于2001年开始的连续两位数的增速，增长速度下降非常明显。目前，学界以及决策部门已经开始用"新常态"这个术语来描述增长减速后的中国经济。根据艾肯格林等（2012）关于经济减速的观点，如果在前后7年间经济增速从3.5%以上下滑超过两个百分点，即为经济增长减速。他们利用PWT6.3的数据分析结果表明，大约有41个国家出现过增长减速。平均而言，增长率的下滑从5.6%降低到2.1%。减速的时机大约在以2005年不变国际价格计算约为17000美元时。实际上，根据随后的PWT8.0的数据，检测部分高速增长经济体的经济增长和减速纪录，东亚国家和地区（日本、韩国、新加坡、马来西亚、中国香港、中国台湾）的经济减速可能还到不了艾肯格林所说的17000美元。上述6个经济体平均在13000美元就开始减速了，平均下滑3.2个百分点（骆祖春，赵奉军，2014）。

对于中国增长减速的原因，除了受制于资本边际报酬递减规律支配外，结构性减速和人口红利的消退和外部不利因素也有重要影响。尽管中国的增长还有巨大的空间或新动力（高波，2016），但重返高速增长也不大可能，实际上也无此必要（收入达到一定水平后要求更多的非经济权益如环境保护和各种公共产品因而能容忍低增速，同时劳动力的绝对减少导致就业压力相对减轻）。而一旦确认中国宏观经济社会环境进入新常态，这种增长对住房市场的影响和冲击必然是长期的。一旦收入的高速增长不再，房价的高速增长势必成为无源之水。同时，鉴于高增长往往与高通胀并存，在高增长阶段结束后，货币政策的稳健和通胀隐忧的降低也会带来住房投资保值需求的降低。

（四）全球经济进入一个全新时代

在后金融危机时代，全球经济陷入更加复杂的局面。其实，"新常态"（New Normal）原本是由美国太平洋基金管理公司总裁埃里安（Mohamed El-Erian）先生 2009 年提出的一个描述金融危机后发达经济体经济状况的概念。埃里安先生意在解释在后金融危机时期（2008 年至今），西方发达经济体在危机过后陷入长期疲弱、失业率高企的泥沼。国际货币基金组织也认可这个概念，认为新常态可以更贴切地表述全球发展的"新平庸"，其基本表现是弱复苏、慢增长、低就业、高风险。全球经济在可见的未来难以找到新的火车头或增长动力，"大缓和"可能让位于"大停滞"。这一点从当前发达国家或地区的低利率政策中可以很明显地看出趋势（美国当前进入加息周期只不过是为了下次危机时有政策空间，并不能从根本上改变全球低利率的大势）。这种低利率政策在资本自由流动的大趋势下会对我国的利率政策形成压力。中国住房市场的按揭贷款利率因此可能会长期下降，这对稳定中国一线城市的住房市场提出了严峻的挑战。

二 住房制度改革面临多重约束

新时代、新起点、新征程，住房制度也应随着时代环境的变迁有所调整，但良好的住房制度并不是一蹴而就的。当前看来，住房制度改革面临着以下几个方面的约束。

（一）有限理性的制约

从 2012 年开始，大家谈论住房制度的顶层设计开始多了起来，基本上的

共识是住房制度需要顶层设计或长效机制。中国住房制度彻底性的变革始于1998年的国务院发布的《关于进一步深化城镇住房制度改革加快住房建设的通知》（国发23号文），并不能说没有顶层设计。问题是住房问题的复杂性和形势的变动远超出我们的设想。如果承认人们的理性是有限的，那么对当年主导住房制度改革的人们，我们就不可能期待他们高瞻远瞩料事如神。希望改革者能够为房改设定好蓝图然后照此实行没有偏差，这不是一种科学的态度。改革在很大程度上是一个试错的过程。从中国制度改革的根本特征上看，包括住房制度改革在内的中国整体改革进程都带有强烈的增量改革和渐进式改革的特征，也就是俗称的"摸着石头过河"。这种改革方式从学理上是符合奥地利学派主张的关于制度变迁应遵循"零打碎敲式的社会变革"过程。同时，由于中国政府主导型的市场经济特征，制度变迁的路径很大程度上取决于政府的动机与资源，人们因而对政府寄予厚望，但政府并非全知全能，同时，随着市场化改革的深入，政府控制的资源也在逐渐减少，这同样会制约政府的目标和行动。所以，时至今日再次谈论住房制度改革，需要有一个折中的观点。即一方面面临新时代的住房问题，希望以顶层设计或住房制度改革来治理，另一方面要意识到人们理性的有限性，人们对住房问题的认识需要时间和智慧，顶层设计或长效机制之所以久拖不决，在很大程度上与此有关。

（二）住房问题的复杂性也需要深刻认识

很多住房问题的产生都与人们对住房问题的复杂性估计不足大有关联。住房本身的固定性、耐用性、异质性、投资与消费的二元性、动态非均衡性、低流动性和周期性，使得住房本身成为"最复杂的商品"。即使是学界内部，对很多住房政策都有争议，比如直到如今对房地产税的本质都没有形成共识。一些学者认为房地产税是受益税，不影响房价；另一些学者认为房地产税是资本税，会影响到住房供给的数量和房价；住房问题也绝不仅仅是一个经济问题，它牵扯到的领域和对公共治理能力的要求都远超其他。诺贝尔经济学奖获得者刘易斯（1988）在《发展计划：经济政策的本质》中曾经说，"再没有任何一方面的公共政策比住房政策带来的挫折和失望更多了。几乎在每个地方，计划的意图和实际成就之间的差距都大到令人愤慨"。附带说一句，很多人可能对中国的住房调控成效不彰很不满意，但横向比较下，就会发现全世界在解决住房问题上大多是有沉痛教训的。30 年前刘易斯写作时如此。30 年后也没有产生根本性的改观。例如 IMF 的四位经济学家在 2013 年曾经总结了 58 个国家应对房地产繁荣和泡沫的教训，发现鲜有成功的具有普遍意义上的治理经验。一些传统的关于房地产繁荣的治理措施和观念反而会酿成大祸（Crowe Christopher 等，2013）。具体到中国的住房市场，可以说中国住房问题的复杂性更是远超常态，如"有土斯有财"的民族心理、二元土地制度滞后于经济社会发展、收入和财富分配恶化、城市体系极化、地方政府的"以土地谋发展"的增长模式等，这些复杂的社会经济环境使得我国的住房问题更趋复杂。

（三）利益分化导致住房制度变革难以实现帕累托改进

改革初期以"双轨制"为特征的增量式改革导致所有阶层都能从中获益，不考虑相对剥夺感，这种帕累托改进能够推动国家向前发展。随着中国改革的深入，尽管从上到下都有"誓将改革进行到底"的决心，但很多改革难有实质性的进展也是不争的事实。其中的原因，与收入和财富或利益分化直接相关。根据国家统计局提供的数据，从 2012 ~ 2016 年，中国居民收入的基尼系数分别为 0.474、0.473、0.469、0.462、0.465，一直在高位徘徊。而根据李实（2015）的研究，由于样本的偏倚，官方的基尼系数低估了我国的收入不平等程度，而且我国财富分配的不平等程度更要远高于收入。在利益分化的时代，维持利益平衡已属不易。希望以制度改革推动社会经济向前发展，可能正如李克强总理所说的，"触动利益比触动灵魂还要困难"。具体到住房领域，深度参与住房市场的主体如居民、开发商和中介、商业银行、地方政府和中央政府利益已经分化，各阶层包括政府各有诉求。即使是同一阶层内部诉求或目标也不一致。比如在居民阶层内部，租房群体和自有住房群体对房价或房地产税的看法就大不一样。同时，考虑到"以地谋发展"的经济增长模式（刘守英，2014），地方政府很多时候并不愿意落实中央政府的房价稳定要求甚至有可能反其道而行之。所以，住房制度改革受到利益分化的约束。在利益分化的背景下既然不存在皆大欢喜的帕累托改进方案，那就要调和各阶层和各地区的矛盾，寻找最大公约数，争取实现卡尔多改进并补偿利益受损群体。

（四）住房制度改革受到其他领域制度的制约难以做到单兵突进

如前所述，作为"最复杂的商品"，住房嵌入复杂的社会经济网络之中，住房问题也往往是其他社会经济深层次领域矛盾的折射或反映。这意味着住房制度改革必须有其他领域的配套改革辅佐。当然，究竟是谁辅佐谁可以讨论。比如土地和户籍制度的改革就必须与住房制度改革联动。当前的住房制度和住房问题明显受制于二元土地制度，即使不考虑耕地红线对城镇建设用地和居住用地的制约，土地错配问题也很严重并威胁到住房问题的可治理性。例如工业用地和居住用地的错配推高了居住用地的价格；建设用地向中西部倾斜的空间错配可能推高了东部地区的房价和工资（陆铭等，2015）；地方政府在土地市场上的双向垄断导致城郊的农村建设用地却很难直接进入房地产开发市场，村庄建设用地持续扩张使得城镇化并没有实现集约使用土地的目标；农业转移人口居住条件恶劣同时农村住房投资过度和浪费严重。这些住房问题的存在并迁延不愈，需要在土地制度上有实质性的突破才可能有所改观。再比如收入分配问题，收入和财富分化在撕裂社会导致社会难以就某一问题达成共识的同时，它与房价的上涨可能是互为因果（王先柱和赵奉军，2013）。如果没有收入分配制度的改革并取得实质性进展，那住房制度改革能有多大的成效？而收入分配制度的改革又和财税制度改革交织在一起，可见推进住房制度改革是一个系统工程。

三 长效机制与住房制度改革前瞻

住房领域长期存在的问题，如果不在住房制度上有所改革，不仅不利于住房市场的健康发展，而且有害于新型城镇化进程的推进。实际上，2010 年以来，关注住房市场的长效机制建设的讨论方兴未艾（倪鹏飞等，2011；黄海洲等，2014）。笔者认为，当前讨论住房制度改革，绝对不是所谓拨乱反正的"二次房改"。时至今日，再在全社会推行一次触及每个人利益调整的住房制度彻底改革，成本太高，不具有可行性，而且也违背了制度改革具有的路径依赖的特征。我们也不大支持当前以"四限"（限购、限售、限价、限贷）为核心的行政性调控主导政策。这种应急式的调控并非长久之计。党的十八届三中全会既然提出了"让市场发挥资源配置的决定性作用",我们就没有理由在住房制度改革上走回头路。目前的中国住房市场,市场化不足和市场化过度同时存在。而市场化的住房制度体系一般有七个维度,分别是住房的产权结构、住房金融、税收和补贴、城市土地和基础设施的供给、土地利用和分区规则、房地产业的组织、中央和地方政府的行为等。该框架被称为"住房政策的七个支柱"。在此,笔者使用这个基本框架并结合前述分析的若干环境与制约因素以及党的十九大报告精神,对我国住房制度改革的可能方向做一粗浅的探讨。

（一）产权结构

在产权结构方面,住房的分类供应的设想应该坚持,即针对不同收入群体提供不同产权类型的住房。住房制度改革的目标是让全体民众"住有所居"而不是"居者有其屋",那么实现"住有所居"没有必要提供完全产权的住房。一般来说,如果政府对产权结构的政策选择比较中性的时候,住房自有率一般处于55%至65%的范围内。而即使考虑到国人对住房的特殊偏好,中国大陆,包括台湾的住房自有率都太高了①,而根据汇丰银行一项针对9个国家的调查发现,中国千禧一代（1981～1998年出生）的住房自有率高达70%,在9个国家当中排名第一（第二名墨西哥的数据为46%）②。2008年的全球金融危机已经使得很多国家重新审视,从长期来看什么是最优的住房自有率。一个发达的功能良好的租赁市场在促进住房和劳动力的流动性、降低年轻家庭风险等方面,都具有重要的社会经济优势。

2015年以来,中国住房租赁市场逐渐升温。从中央到地方相继出台了鼓励租购并举的政策措施。党的十九大报告中要求建立租售并举的住房制度,住房租赁市场毫无疑问是未来一段很长时间内城市住房制度改革的着力点。2017年7月18日,住建部、发改委等九部委联合印发《关于在人口净流入的大中城市加快发展住房租赁市场的通知》,要求人口净流入的大中

---

① 我国的住房自有率根据不同资料显示,大概在80%至95%之间；台湾地区的住房自有率2010年数据为84%。

② http：//www.guancha.cn/economy/2017_04_06_402369.shtml.

城市发展住房租赁业务，并选取广州、深圳等12个城市开展试点。在笔者看来，中国住房租赁市场的问题是典型的过度市场化的问题而不是租售不同权的问题，现实中的租约几乎不存在任何的政府管制。租售不同权确实存在，但不是住房市场的问题，而是城市政府的支出结构中社会性支出不足导致民生类公共产品短缺导致的。现在一些城市政府提出租售同权当然是一个巨大的观念进步，但权利的产生和实现必须以一定的社会经济条件为基础。没有物质基础，"租售同权"也就成了空谈。所以，租赁市场的制度改革重点并不是增加租赁房的供应，也不是维护租约的稳定性，而是政府在支出结构上的调整。笔者对此非常乐观。原因有两个。一是中国经济进入新常态后，已不可能重返高增长，这意味着在增长和民生的权衡中，由于支出结构的调整导致的增长减速或代价不像以前那么大了。城市政府因而有了调整支出结构的空间。二是中国劳动力的数量从2012年就开始减少。展望未来，即使彻底放开生育，中国劳动力数量仍然会继续减少。这对劳动者的权利来说实在是一个太好不过的消息。对于那些仍然处于横向竞争中的城市政府来说，形势比人强，必需改变支出结构，增加某些公共产品的数量和质量。今日在全国风行的积分落户、积分入学这些本质上歧视流动人口的制度迟早会被抛弃，到那时租售同权就成了一件再自然不过的事情。

（二）住房金融

中国住房金融存在的根本性问题是政策性住房金融缺失。其实，对首套房的支持是不应该随着住房市场周期波动而变动的。但现实是商业银行每次面对资金紧张时，就或提高按揭成本或直接影响按揭的可得性。2010年以来这种迹象已经非常明显，一些购买首套房的居民也往往被迫接受商业银行的更高房贷利率。商业银行无意承担政策性住房金融的重任。党的十八届三中全会提出要"建立住宅政策性金融机构"。因此，有必要建立国家政策性住房金融机构。从中国的现实来看，将目前区域分割的公积金管理机构重组为政策性住房金融机构是最可行的方案。同时，对商业银行有必要大力推进按揭资产证券化改革，解决商业银行短存长贷期限错配的困扰，2007年全球金融危机后，我们在此方面变得缩手缩脚裹足不前，以至于2011年之后商业银行因为流动性问题在住房的按揭上积极性不足，直接影响到居民的合理住房需求无法实现。

另外，由于住房杠杆和金融支持过度往往会诱发房地产泡沫并威胁到金融稳定，根据前述的 IMF 的总结性文献，宏观审慎监管政策被认为能直接作用于住房市场且代价较低。因此，有必要要求银行在住房市场繁荣时增加资本金和贷款损失准备金同时提高二套房和多套房的首付比例，还要控制按揭者的债务收入比率。这些措施能有效降低杠杆比例和泡沫发生的概率，同时增强银行系统在泡沫破灭后的应对实力。

（三）税收和补贴

在税收方面，住房制度改革当前讨论的方案是房贷利息抵税和房地产税。对于前者，笔者认为完全不应该引入中国。从国际经验来看，该税收并不是一种各国普遍施行的税收政策。这个政策可能的效应表现为三点：第一，这个工具会促进业主买大房子；第二，这个工具会促进按揭贷款的需求增加和首付意愿的降低。第三，在上述两个效应的带动下，这个工具有可能会提升房价。目前美国学术界对这个政策也是贬多褒少并倾向于废除该政策。对我国来说，一线城市和明星城市并不存在去库存的紧迫任务，该税收工具的引入甚至还有可能助长这些城市本来就已经高企的房价，而在一些库存严重的二三线城市，采用这个税收工具又可能会产生额外的问题。如按照我国个人所得税的扣除标准，税前收入 4500 元左右，在扣除最低 19% 的三险一金后基本不用缴纳个人所得税。如果这些城市绝大部分人的收入都低于这个标准，那么出台这个税收政策，又怎么能够减轻买房负担呢？即使像天津这样的城市，公积金贷款利息抵扣个税政策已经出台了 10 多年了，但仍然有很多市民不知情或懒得办理，究其原因一是手续复杂，二是所抵扣的个人所得税几乎可以被忽略不计。

对于房地产税，2017 年底由于财政部部长肖捷正式表态房地产税将会按照评估价值征收，这意味着可供讨论的空间非常有限。不过，具体征收方式仍然可以讨论。笔者倾向于新老划断。即对新建住房和现有住房采取不同的税收。新老划断的好处是少争议便于推进，且符合中国增量式改革的特征。至于房地产税新老划断的理论依据，简而言之在于居住用地出让时并没有申明住房

需要交纳房地产税，而现有的工商业用地在出让时每年交纳 1.2% 的房地产税是共同知识，这种不同的税收处理方式已经通过税收资本化在土地出让价格中得到体现①。

至于住房补贴。当前我国城市存在的实物补贴和货币补贴主要是针对低收入城镇户籍人口。从 2017 年开始出现了拍卖自持性的租赁用地，从拍卖情况来看，由于要求自持 70 年只能租赁，大多由当地的国有企业出面竞得，出让价格基本上是底价，远低于同地段商品房地价。我们认为，这其实也是一种补贴。但这种补贴并不是直接针对低收入人群或住房困难群体，由于在这种土地上兴建的租赁房不针对特定人群，租赁价格仍然是市价，消费者并不认为自己获得了政府补贴。建立租售并举的住房制度是否应该以这种政府补贴的方式来推进？我们对此表示怀疑。

（四）城市土地和土地利用

在土地问题上，与住房制度紧密相关的我国土地制度正在改革之中。例如，2017 年 5 月，国土资源部公布了《土地管理法》（修订征求意见稿），在征求意见稿中，多年来遭人诟病的原《土地管理法》第 43 条被完全删除，第 63 条被修改②。新的第 63 条拟被修改为："国家建立城乡统一的建设用地市场。符合土地利用总体规划的集体经营性建设用地，集体土地所有权人可以采取出让、租赁、作价出资或者入股等方式由单位或者个人使用，并签订书面合同。按照前款规定取得的集体经营性建设用地使用权可以转让、出租或者抵押。集体经营性建设用地出让转让的办法，由国务院另行制定。"如果真按此

---

① 我国的工商业用地也是一次性缴纳 40~50 年的土地出让金，同时使用者每年缴纳建筑物价值的 1.2%（须做 10%~30% 的扣除）作为房产税。由于建筑物的价值中包含了土地成本，实际上就土地而言，政府对工商业者收取的是两笔钱，一笔是一次性的土地出让金，第二笔是每年土地价值的 1.2% 作为地产税。政府完全可以对工商业用地采取类似居住用地的出让方式，即不收 1.2% 的地产税，只收土地出让金。可以设想，这种方式下的土地出让金要远高于现实中的工商业者缴纳的土地出让金。反过来，这也意味着当前居住用地的一次性土地出让金中其实已经包含了地产税。

② 原《土地管理法》第 43 条规定，"任何单位和个人进行建设，需要使用土地的，必须依法申请使用国有土地"；第 63 条规定，"农民集体所有的土地的使用权不得出让、转让或者出租用于非农业建设"。

修法，那无疑是一个巨大的历史进步。2018 年初国土资源部部长姜大明关于"国家不再垄断住房供地"的表态，估计源出于此。同时，当前在北京、上海等 13 个城市开展的集体建设用地建设租赁房的试点，对于扩大居住用地供应，向着建设城乡统一的住房和土地市场也迈出了一大步。

我们认为，土地制度改革的方向应该是城乡统一的土地和住房市场。统一的城乡建设用地市场仍然承认地方政府原有的农地征收权。城郊的集体建设用地可以直接由政府征收也可由集体经济组织直接转让使用权。既然同意集体建设用地建设租赁房，那就没有任何站得住脚的理由阻止兴建商品房。而建立在集体建设用地上的商品住房，政府必须保障其与国有土地上的商品房具有同等权利，真正实现同地同权。对于城市近郊农村集体范围内的宅基地，应在确权的基础上，实现农民对宅基地的最终处置权。现阶段也可将宅基地转换为集体建设用地入市或复垦为耕地后置换城市建设用地给予补偿；在城市内部，应调整城市土地用途结构，适当压缩工业用地的比例，增加住宅用地比例，并调整容积率。考虑到中国城镇化和人口流动的方向是人口大都市化而非小城镇化，应同时放松土地开放强度指标控制。全面落实人地挂钩政策，完善城镇建设用地增加规模同吸纳农业转移人口落户数量挂钩机制。

（五）中央和地方政府行为

当前地方政府对土地财政的依赖在短期内可能难以解决，即使征收房地产税也无法解决这个问题。当然，如果按照前述的地方政府不再垄断土地出让，城郊集体建设用地直接入市或许会冲击到地方政府的土地出让行为和收入。我们的建议是，城郊集体建设用地的转让应该建立合理的分享机制，完全归集体经济组织，没有考虑到城市政府在基础设施和公共服务上的巨额投入，那肯定是不合理的。

由于土地出让收入当前完全归地方政府支配，那么保障房的投入由地方政府而不是中央政府来负责也是说得过去的。一种观点认为，对于保障房这种带有收入再分配性质的事务应该由中央财政承担主要责任。但一个重要的国情是，我国的基本养老保障尚没有做到全国统筹，怎么可能在住房保障上率先做到全国统筹呢？当然，现实中为了解决一些财政困难的地区在保障房建设方面

的压力，中央政府设立了城镇保障性安居工程专项资金①。同时，为了提高地方政府吸纳农业转移人口转变为新市民的积极性，中央目前已经出台了财政转移支付同农业转移人口市民化挂钩机制。

对商品房市场，目前实施的"因城施策"和"房价调控目标责任制"将更多的调控责任落在地方政府身上，地方政府采取的做法大多是各种行政性调控甚至直接干预售价，从长效机制和住房制度改革来看这些措施都是应急性的，对价格的直接干预在有些城市出现了新房和二手房价格的倒挂，反而刺激了对新房的需求。相比之下，中央政府直接控制着税收政策、货币和金融政策，间接控制着建设用地数量。中央政府的调控理论上应该更有效，但鉴于我国的房地产繁荣并不是全局性的，而是呈现明显的区域分化特征，因城施策也有其合理性，我们的建议是放弃房价调控目标责任制。中央政府宜加快全局性的土地制度改革，同时在建设用地指标上向人口流入城市倾斜，央行也应要求商业银行在明星城市加强宏观审慎监管。

参考文献

阿代尔·特纳：《债务与魔鬼：货币、信贷和全球金融体系重建》，中信出版社，2016。

Knoll, Katharina, Moritz Schularick, and Thomas Steger, 2017, No Price Like Home: Global House Prices, 1870 – 2012, *American Economic Review*, 107（2）：331 – 53.

Allen、Gale：《理解金融危机》，中国人民大学出版社，2010。

Crowe, Christopher, Dell'Ariccia, Giovanni, Igan, Deniz, Rabanal, Pau, 2013, How to deal with real estate booms：Lessons from country experiences, *Journal of Financial Stability*, 9（3）：300 – 319.

王先柱、赵奉军：《收入差距、挤出效应与高房价》，《经济理论与经济管理》2013年第1期。

刘易斯：《发展计划：经济政策的本质》，北京经济学院出版社，1988。

---

① 比如2017年中央财政城镇保障性安居工程专项资金共计1243亿元，经济发达地区比如广东（不含深圳）拿到2.94亿，上海1.96亿，经济欠发达地区比如贵州安徽和河南、分别拿到99亿、98亿和91亿，位居前三位。

高波:《新常态下中国经济增长的动力和逻辑》,《南京大学学报》2016 年第 3 期。

刘学良:《中国城市的住房供给弹性、影响因素和房价表现》,《财贸经济》2014 年第 4 期。

高善文:《从城镇化到都市化:重点城市房价上涨之谜》,《清华金融评论》2017 年第 1 期。

巴里·艾肯格林等:《快速增长的经济体何时减速》,《比较》2012 年第 59 辑。

骆祖春、赵奉军:《中国式增长的减速与转型》,《江海学刊》2014 年第 4 期。

陆铭、张航和梁文泉:《偏向中西部的土地供应如何推升了东部的工资》,《中国社会科学》2015 年第 5 期。

倪鹏飞等:《深化城镇住房制度综合配套改革的总体构想》,《财贸经济》2012 年第 11 期。

黄海洲、汪超、王慧:《城镇化中住房制度的理论分析与相关政策建议》,《比较》2014 年第 71 辑。

满燕云等编《中国低收入住房:现状及政策设计》,商务印书馆,2011。

李实:《中国收入分配格局的变化与改革》,《北京工商大学学报》2015 年第 4 期。

刘守英:《直面中国土地问题》,中国发展出版社,2014。

B.19
农村"三块地"改革试点进展

黄征学*

摘　要： 深化农村土地制度改革，盘活农村土地资产，是乡村振兴的重要之基，是新型城镇化的重要之举。党和政府高度重视农村土地制度改革。党的十八大以来，我国农村土地制度改革启动了多项试点。其中，土地征收制度改革、农村集体经营性建设用地入市、农村宅基地制度改革备受社会各界关注，被称为"三块地"改革试点。本文将系统梳理"三块地"改革进程，分析改革中存在的问题，进一步提出推进改革的建议。

关键词： 农村集体经营性建设用地入市　宅基地改革　土地征收制度

一　引言

党的十八大以来，国家高度重视农村土地制度改革，并做出了系列部署。特别是党的十八届三中全会提出，要建立城乡统一的建设用地市场，在符合规划和用途管制的前提下，允许农村集体经营性建设用地出让、租赁、入股，实行与国有土地同等入市、同权同价；要缩小征地范围，规范征地程序，完善对被征地农民合理、规范、多元保障机制；要保障农户宅基地用益物权，改革完善农村宅基地制度，通过慎重稳妥的试点，探索农民增加财产性收入渠道。从而开启了农村"三块地"协同改革的序幕。2014年，中共中

＊ 黄征学，国家发改委国土开发与地区经济研究所研究员。

央办公厅和国务院办公厅联合印发《关于农村土地征收、集体经营性建设用地入市、宅基地改革试点工作的意见》对农村"三块地"改革做了具体部署。其核心要义是"三个不":必须确保土地公有制性质不改变、耕地红线不突破、农民利益不受损。2015年2月,全国人大常委会第十三次会议授权通过《关于授权国务院在北京市大兴区等33个试点县(市、区)行政区域暂时调整实施相关法律规定的决定(草案)》,暂停《土地管理法》五个条款,《城市房地产管理法》一个条款。标志着农村"三块地"的改革正式启动。

"三块地"改革是党的十八届三中全会336项改革的亮点,也是社会关注的焦点。按照中央的部署,最初33个试点地区中3个主要开展土地征收制度改革试点,15个开展集体经营性建设用地入市改革试点,15个开展农村宅基地改革试点。根据试点进度要求,2015年各试点地区的重点工作是"建机构,定制度",2016年开始"试制度,试成效",2017年形成"可复制、可推广、利修法"的改革成果。在分类推进"三块地"改革的过程中发现,单兵突进式的改革,容易导致利益不协调。再加上3个市县土地征收制度改革的样本也比较少。2016年9月,国土资源部决定将土地征收制度改革和农村集体经营性建设用地入市扩大到33个试点地区,统筹协调推进"三块地"改革,突出土地制度改革的系统性、整体性、协同性。但由于"三块地"改革的复杂性,以及土地制度改革从制度设计、工作部署、实践操作到效果反馈的周期较长,2017年10月,国土资源部申请延长试点期限1年。2017年10月31日,全国人大常委会同意将国务院在北京市大兴区等33个试点县(市、区)行政区域暂时调整实施有关法律规定期限延长1年。在改革延长期内,不仅要统筹"三块地"改革试点,还要打通"三块地"改革与农村承包土地的经营权、农民住房财产权抵押贷款试点[①]的通道,实现$1+1>2$的效果。目前,"三块地"改革试点取得了阶段性成效,在缓解征地矛盾、盘活存量土地资源、增加农民收益等方面取得了积极进展,部分经验和措施具有可复制、可推广的价值。不

[①] 2015年12月27日,全国人大常委会授权在天津市蓟县等59个试点县(市、区)行政区域,暂时调整实施物权法第184条、担保法第37条关于集体所有的宅基地使用权不得抵押的规定,允许以农民住房财产权(含宅基地使用权)抵押贷款。

过，由于土地制度改革牵涉利益面广，试点内容复杂，进展相对缓慢，离改革目标还有一定差距。这固然有时间紧、任务重的原因，但一些深层次的问题也不容回避。

对此，本文将对我国"三块地"改革的进程进行梳理，在此基础上发掘改革过程中存在的问题，并有针对性地提出进一步发展的对策建议，旨在明确改革方向，找准改革突破口，统筹推进"三块地"改革。

表1　33个改革试点地区的名单

省份	县(市、区)	改革任务
河　北	保定市定州市	初始改革任务:土地征收制度改革 改革任务:2016年9月中央决定各试点地区对三项改革试点统筹推进,将土地征收制度、集体经营性建设用地入市扩展到33个试点县(市区)。2017年11月,国土资源部决定将宅基地改革试点扩展到33个试点县(市区)
内蒙古	呼和浩特市和林格尔县	
山　东	德州市禹城市	
北京市	大兴区	初始改革任务:集体经营性建设用地入市改革 改革任务:2016年9月中央决定各试点地区对三项改革试点统筹推进,将征收制度、集体经营性建设用地入市扩展到33个试点县(市区)。2017年11月,国土资源部决定将宅基地改革试点扩展到33个试点县(市区)
山　西	晋城市泽州县	
辽　宁	鞍山市海城市	
吉　林	长春市九台区	
黑龙江	绥化市安达市	
上　海	松江区	
浙　江	湖州市德清县	
河　南	新乡市长垣县	
广　东	佛山市南海区	
广　西	玉林市北流市	
海　南	文昌市	
重　庆	大足区	
四　川	成都市郫县	
贵　州	遵义市湄潭县	
甘　肃	定西市陇西县	

续表

省份	县（市、区）	改革任务
天　津	蓟县	
江　苏	常州市武进区	
浙　江	金华市义乌市	
安　徽	六安市金寨县	
福　建	泉州市晋江市	
江　西	鹰潭市余江县	
湖　北	襄阳市宜城市	初始改革任务：宅基地制度改革
湖　南	长沙市浏阳市	改革任务：2016 年 9 月中央决定各试点地区对三项改革试点统筹推进，将征收制度、集体经营性建设用地入市扩展到 33 个试点县（市区）。2017 年 11 月，国土资源部决定将宅基地改革试点扩展到 33 个试点县（市区）
四　川	泸州市泸县	
云　南	大理州大理市	
山　西	西安市高陵区	
西　藏	拉萨市曲水县	
青　海	西宁市湟源县	
宁　夏	石嘴山市平罗县	
新　疆	伊犁州伊宁市	

资料来源：笔者收集资料整理。

二　土地征收制度改革试点的实践

土地征收是 2004 年《宪法》修正后的新词汇。它是指国家为了公共利益的需要，对农民的土地通过法定程序征收为国有的行为。土地征收制度在保障工业化、城镇化用地方面发挥了重要作用，但也引发了许多侵害农民利益的问题。国家一直推动土地征收制度改革，特别是 33 个地区的试点，取得了可复制、可推广的经验，但也面临许多问题。

（一）总体进展

改革开放后，特别是 1982 年的《宪法》规定"国家为了公共利益的需要，可以依照法律规定对土地实行征用①"以来，农村集体土地只有通过征用才能转变为国有建设用地。在此过程中，土地征用制度围绕提高补助标准、规范征地程序、合理分配收益等方面，开展了改革。如，1992 年，广东佛山就规定按征地总量的 10%~15% 预留被征地农村的非农建设用地，让农民兴办集体企业或出租，增加收入（黄征学，2013）。浙江嘉兴在 1993 年推出了"以土地换保障"的补偿模式，尝试解决失地农民问题。2001 年，国土资源部启动了上海市青浦区、江苏省南京市和苏州市等 5 省（市）9 市的征地制度改革试点。2010 年，在天津、唐山等 11 个城市开展"征转分离"改革试点。这些都为深化土地征收制度改革奠定了坚实的基础。

党的十八大以来，党和政府出台了一系列文件推进土地征收制度改革。特别是，2013 年党的十八届三中全会《中共中央关于全面深化改革若干重大问题的决定》明确提出"缩小征地范围，规范征地程序，完善对被征地农民合理、规范、多元保障机制"后，土地征收制度改革进入提速快进阶段。本次改革和以前最大的不同点在于要缩小征地范围，主要目的是要解决被征地农民权益得不到有效保障等问题。2014 年 12 月，中办和国办联合印发的《关于农村土地征收、集体经营性建设用地入市、宅基地制度改革试点工作的意见》，标志着土地征收正式进入试点阶段。由于征地制度改革难度大，地方政府的积极性不足，初期仅有河北省定州市、内蒙古和林格尔县（和林县）和山东省禹城市申请试点。这 3 个都是经济欠发达的地区，政府让利空间有限，试点推进不如预期。并且，3 个样本太少，不具有典型意义。截至 2017 年 9 月，河北定州等三个试点地区按新办法实施征地共 63 宗、3.9 万亩。2016 年 9 月，土地征收制度改革拓展到 33 个试点县（市、区）。这次扩容，既涵盖了东中西不同板块的地区，也包含不同发展水平的地区，能为全国土地征收制度改革提供更多参考。

（二）主要成效

土地征收制度改革是农村土地改革中难啃的"硬骨头"。尽管如此，近年

---

① 土地征用和土地征收最大的共同点是两者都是国家强制行为，最大的不同点是所有权是否发生转移。但在长时间内，两者都没有严格区分。

来土地征收制度改革试点还是取得了实质性进展。各试点地区围绕缩小征地范围、规范征地程序、完善合理规范的多元保障机制、建立土地增值收益分配机制等任务，积极开展政策研究和实践探索（赵祯祺，2017）。

1. 缩小征地范围

试点地区积极探索，形成了确定征地范围的几种模式。河北省定州市参照《国有土地房屋征收与补偿条例》列举的公共利益六种类型，结合基层土地管理实践，编制了公益性和非公益性用地界定表，制定了公共利益用地暨土地征收建议目录。山东禹城以用地类型、用地主体、非盈利及规划管制等作为依据，结合社会调查、专家论证、群众听证等多种方式，出台了《禹城市土地征收目录》。内蒙古和林格尔参照《划拨用地目录》和《国有土地上房屋征收与补偿条例》等政策法规文件，采取列举和专家征询意见相结合的方式编制了《土地征收目录（试行）》。同时，试点地区还建立了公共利益认定争议裁决机制和土地征收审查机制，确保只有真正符合公共利益需要才能动用征地权。

2. 规范征地程序

程序公平是最大的公平。试点地区在征前、征中和征后各环节都明确了具体要求，基本建立了征收决策、风险评估、民主协商、纠纷调处、收益分配、后续监管等全流程的制度体系。定州市依据全国人大授权，突破现有相关规定，优化再造征地工作流程，探索了"一个评估、两轮协商、三次公告、四方协议①"的征地新模式。山东禹城制定了《关于进一步规范土地征收程序的意见》，切实保障被征地农民的知情权、参与权、监督权，保障阳光和谐征地。

3. 完善合理规范的多元保障机制

试点地区坚持"生活水平有提高，长远生计有保障"的原则，在合理确定征地补偿标准、保障农民房屋财产权、被征地农民社会保障、就业扶持等方面做了有益探索。如，定州市积极推进补偿标准由"静态"变"动态"、安置

---

① "一个评估"指建立社会稳定风险评估机制；"两轮协商"指与被征地集体协商征收意见，与被征地农民协商补偿安置方案；"三次公告"指发布土地征收预公告、发布征地补偿安置公告、发布征地批准公告；"四方协议"指由国土资源部门代表市政府与乡镇政府、被征地村集体、农户签订土地征收协议和补偿安置协议。

方式由"单选"变"多选"①。山东禹城成立征地补偿资金代管中心，探索征地补偿费的保值增值模式，有效提升了被征地农民获得感（中国政务舆情监测中心，2017）。

4. 建立土地增值收益分配机制

试点地区在收益分配机制方面深入开展探索，调动各参与方的积极性。定州市参照留用地的办法和标准，探索将留用地价值折算为货币分配土地增值收益。禹城市通过征地补偿资金代管存放的方式完善被征地农民多元保障。② 内蒙古和林格尔从"贡献—风险"角度构建了土地增值收益分配模型，中央政府、地方政府、集体、农民分配比例分别为21%、32%、16%、31%。

（三）主要问题

经过多年持续不断的推进，农村土地征收制度改革取得了较大进展。但与集体经营性建设用地入市相比，与改革设定的目标相比，仍有不小的差距。

1. 土地征收的范围仍然较宽

在快速工业化、城镇化过程中，地方政府因征地与被征地农民之间的矛盾经常发生。由于现行法律对公共利益的界定不明确，部分地方政府经常打着公共利益的旗号，随意扩大土地征收范围，侵占被征地农民的合法权益。部分试点地区虽然借鉴《国有土地上房屋征收与补偿条例》和《划拨用地目录》的规定，出台了《土地征收目录》，但在实践中，存在借争议解决机制扩大征收范围的倾向。

2. 征地补偿标准测算方法不合理

国际上对土地征收补偿费的测算，多数以被征地的市场价格作为参考标准，不同的是参照时间点有差异。从试点地区的实践看，尽管测算依据依然以法律规定为主，但再加上留地、社会保障等安置方式，补偿标准其实已超过法律规定的"30倍"上限。

---

① 许光辉、梁小珍：《河北定州：蹚出征地制度改革新路》，http：//www. mlr. gov. cn/xwdt/ jrxw/201706/t20170616_ 1510473. htm。

② 禹城市国土资源局：《禹城市举行征地补偿代管资金竞争性存放签约仪式》2016 年 12 月 13 日。

3. 司法救助体系缺失

尽管部分地区引入了争议裁决机制，但由于地方试点的局限性，尚未建立司法救助体系。司法救助体系缺失不仅为地方政府应用强制力大开方便之门，而且为农民的"漫天要价"提供可乘之机，两者此消彼长。如果地方政府强制征地，农民利益就可能得不到保障；如果地方政府严格按规定征地，"征地难"就会成为现实问题。协调好两者的关系，需要建立完善的司法救助体系。

（四）政策建议

土地征收制度经过多年的改革实践，已积累了大量的经验。征收程序逐渐完善，多元保障机制加快建立，利益分配机制日趋成熟，但面临的问题也不容小觑。针对这些问题，土地征收制度在试点中需要从以下几方面加以完善。

1. 合理界定公益利益的范围

借鉴国内外成熟的经验，结合试点地区的情况，当前可参考《国土资源部划拨用地目录》和《国有土地上房屋征收与补偿条例》界定公共利益用地的范围。待时机成熟后，再对公共利益用地做具体规定。在具体操作过程中，要酌情考虑虽以营利为投资目的，但土地利用产生的效益为社会大多数公众所有的国家示范带动性项目以及政府重点扶持的水利、能源、交通、通信等基础设施项目等用地的取得方式。

2. 有序提高补偿标准

我国目前正处于工业化和城镇化快速发展阶段，补偿标准过高将提高工业化和城镇化的成本，同时也会导致土地和房地产投机；补偿标准过低，将影响失地农民的生活，引发社会矛盾。建议当前以土地区片地价为基础，有序提高征收补偿标准，减少土地征收制度改革前后标准差过大引起的矛盾。第一阶段，要按照中央要求，保证失地农民生活水平不降低；第二阶段，提高失地农民变市民后的生活水准。

3. 不断完善司法救助体系

为真正实现"把权力关进制度的笼子里"的目标，强化对地方行政权力的约束，缓和失地农民和地方政府之间的紧张关系，需要不断完善司法救助体系。第一，成立管辖机构，明确司法救助的程序和内容。第二，积极推行

《行政程序法》制定，提高政府决策的透明度。第三，加快制定《土地征收法》，把各地试点的好做法、好经验用法律形式固定下来。

三　集体经营性建设用地入市试点的实践

集体经营性建设用地指的是具有生产经营性质的集体建设用地。主要是指原乡镇企业用地，特别是乡镇企业破产或者转移后遗留的各种用地。据国土资源部调查，截至 2013 年底，集体经营性建设用地共约 4200 万亩，约占集体建设用地的 13.3%[①]。从分布上看，绝大多数分布在沿海发达地区及大城市郊区，内陆欠发达地区县市规模小。为落实城乡建设用地同地同价同权的要求，推动城乡建设用地市场一体化发展，中央和省级两级政府出台多项相关措施，不断推进农村集体建设用地改革，取得了诸多成效，也面临不少问题。

（一）总体进展

改革开放以来，农村集体经营性建设用地入市经历了从鼓励到严格限制的阶段。特别是 1998 年的《土地管理法》规定"农民集体所有的土地的使用权不得出让、转让或者出租用于非农业建设"后，集体经营性建设用地入市基本停滞。2004 年，国务院 28 号文规定"在符合规划的前提下，村庄、集镇、建制镇中的农民集体所有建设用地使用权可以依法流转"后，广东、重庆、天津、苏州等地都开展了农村集体经营性建设用地入市试点工作。但由于缺乏最高层面法律支持，试点推进的速度并不尽如人意。

党的十八大后，国家相继出台多项重要文件推进农村集体经营性建设用地改革。特别是，2013 年党的十八届三中全会《中共中央关于全面深化改革若干重大问题的决定》提出"在符合规划和用途管制的前提下，允许农村集体经营性建设用地出让、租赁、入股，实行与国有土地同等入市、同权同价"，再次吹响集体经营性建设用地入市的号角。2014 年 12 月，中共中央办公厅和国务院办公厅联合印发的《关于农村土地征收、集体经营性建设用地入市、

① 中华人民共和国国土资源部：《国土资源部关于〈中华人民共和国土地管理法（修正案）（征求意见稿）的说明〉》，2017 年 5 月 23 日。

宅基地制度改革试点工作的意见》，标志着集体经营性建设用地入市正式进入国家推进的试点阶段。这次改革从完善集体经营性建设用地产权制度、赋予农村集体经营性建设用地产权制度权能和建立健全市场交易监管制度三方面提出了试点要求。2015 年 2 月，国务院在全国选定了 15 个县（市、区）开展试点，表明农村集体经营性建设用地改革进入了实践阶段。2016 年 9 月，农村集体经营性建设用地试点的范围扩大到全部 33 个县（市、区）。

（二）主要成效

2015 年在国家层面推动集体经营性建设用地试点以来，试点地区按照"同权同价、流转顺畅、收益共享"的目标，紧紧围绕"五探索"的要求，积极稳妥推进，取得了一定成效。根据国土资源部的统计，截至 2017 年 9 月，全国集体经营性建设用地入市 577 宗，面积 1.03 万亩，价款约 83 亿元。如浙江德清完成入市交易 136 宗，农民和农民集体获得收益 1.55 亿元，惠及农民 9.1 万余人，为探索建立城乡统一的建设用地市场、增加农民收益奠定了基础（赵祯祺，2017）。2017 年 6 月 2 日，江苏雷利电机股份有限公司在深交所上市，成为全国首家在农村集体经营性建设用地上发展募投项目的上市企业。

1. 探索入市主体

试点地区根据自身情况，明确了乡镇、村和村民小组三级入市主体。北京大兴率先在全国探索了镇集体联营公司作为入市主体；上海松江探索了镇、村两级联合社作为入市主体；辽宁海城探索村民委员会或村民小组委托村委会作为入市主体；广东南海探索了集体经济组织作为入市主体。

2. 探索入市途径和范围

根据区位和规划，各地主要探索了就地入市、异地调整入市和整治入市三种不同类型。从试点情况看，三种类型均有涉及，但就地入市数量最多，异地调整入市①居次位，集中整治入市最少。如，广东南海探索了集中整治入市途径；重庆大足结合"地票"探索异地调整入市途径；贵州湄潭探索了"综合

---

① 所谓异地调整入市，指的是"农村零星、分散的集体经营性建设用地，可在确保耕地数量不减少、质量有提高的前提下，由集体经济组织根据土地利用总体规划和土地整治规划，先复垦后异地调整入市。"

类集体建设用地分割登记入市模式"新路径。

3. 探索完善市场交易规则和服务监管制度

试点地区参照国有建设用地交易制度，编制了集体经营性建设用地入市的市场交易规则和服务监管制度，明确了入市的条件、程序、风险防范等内容。如海南文昌专门出台《农村集体经营性建设用地入市交易规则》对交易平台、主管部门、交易方式、违约责任等做了详细规定。泸县对交易平台、交易流程做了具体规定。浙江德清则引入"第三方机构服务"机制。

4. 探索完善集体经营性建设用地使用权权能

试点地区按照"同等入市、同权同价"原则，参照国有建设用地产权权能，赋予集体经营性建设用地出让、作价入股、租赁和转让、出租、抵押等权能。2016 年 10 月银监会决定将《农村集体经营性建设用地使用权抵押贷款管理暂行办法》应用范围扩大到 33 个试点县（市、区）后，各试点地区均开展了抵押贷款业务。按试点地区成交均价 100 万元／亩推算，全国将激活 40 余万亿元的农村存量土地资产。

5. 探索入市土地增值收益分配机制

试点地区都按照国家统一部署，积极开展土地增值收益调节金征收和集体土地增值收益内部分配等方面的探索。有的地方，如上海松江，依据不同土地用途征收土地增值收益调节金；有的地方，如浙江德清，根据不同的规划区和不同的规划用途征收土地增值收益调节金。从试点地区看，土地增值收益调节金征收比例差异较大。如上海松江规定，商服用途的土地使用权出让、租赁要提取成交地价总额的 50% 作为调节金，而暂时不对工业用途的土地使用权交易交纳调剂金作规定。在集体和个人之间的收益分配比例差异较大，但多数都借鉴国有土地出让金收益分配比例，确定在 3∶7。

总体上看，"五探索"的要求在试点中得到贯彻落实，试点工作取得了良好的效果。更重要的是，集体经营性建设用地入市试点积累了宝贵的经验，为我国农村集体经营性建设用地入市奠定了坚实基础。

（三）主要问题

虽然集体经营性建设用地试点取得了一定的成效与经验，但从全国整体来说，农村集体经营性建设用地入市仍然面临诸多问题。概括起来主要有以下几个方面。

1. 入市主体不清

尽管全国农村集体土地所有权确权登记发证工作已完成，但究竟由谁代表集体经营性建设用地入市的主体，目前尚不明确。如，北京大兴和上海松江的镇级政府所属的国有公司都不同程度地参与集体经营性建设用地入市，广东海南和浙江德清等集体经济实力较强的地区集体经济组织是入市的主体，而辽宁海城、吉林九台、河南长垣等经济欠发达地区乡镇政府、村委会或村民小组仍然是入市的主体。在依法治理的大背景下，乡镇政府、村委会或村民小组作为入市主体，将面临较大法律风险。

2. 入市途径比较单一

尽管试点要求探索多渠道的入市途径，但就地入市占比高，异地调整入市占比低，不利于调动远郊区或偏远农村改革的积极性。究其原因，与异地调整入市涉及利益主体多（被调整地块所有权人、落地地块土地所有权人、政府、村集体等等）、各种利益关系协调难[1]、异地调整入市成本高等都有关系。

3. 入市后缺乏有效监管

集体经营性建设用地入市后，基层政府各部门管理权责不清晰，对入市后土地的后续开发经营没有进行有效监管，比如建设中是否违规占用农地，土地用途是否改变以及规划标准是否符合规定等等，这都是入市面临的隐患。

4. 土地增值收益分配不合理

试点地区普遍感到土地增值收益在实践中难以把握，建议变更为"土地收益调节金"。在具体分配过程中，由于区域差异大、情况复杂，国家并没有统一规定调节金的征收方式和比例范围。有些地区在试点过程中，大幅度提高农村集体和个人的收益份额[2]，调动了集体和农民的积极性，但却打击了政府的积极性。此外，从当前分配情况也可以看出，增值收益的分配过程缺乏有效的监督管理（刘婧雯等，2017）。

---

[1] 如浙江德清县政府规定土地入市净收益的50%作为复垦保证金。海南文昌规定以当地征地补偿费用的1.5到2倍之间来确定建新区对拆旧区的复垦补偿金，也可以按入市土地增值收益的一定比例自愿协商确定。

[2] 如，广东南海将90%的土地增值收益留给集体和个人，政府仅收10%的土地增值收益调节基金；上海松江对工业用地则免收土地增值收益调节基金。

（四）政策建议

为保障试点工作顺利推进，不断深化农村集体经营性建设用地改革，针对试点中出现的问题，需要从以下几方面不断加以改善。

1. 尽快明确入市各方主体的法律地位与权利

把农村"三块地"改革纳入农村大的改革背景下，有序推动政经分离，赋予农村集体经济组织入市主体地位。同时，顺应城乡建设用地增减挂钩已超出县域、市域、省域的大趋势，结合就地入市、异地调整入市的试点情况，尽快明确参与各方的法律地位与权力，夯实集体经营性建设入市的制度基础。

2. 规范入市程序

在积极推进农村集体经营性建设用地确权登记颁证的基础上，明确入市方案的决策机构和批准部门、上市交易方式、权属登记等流程，规范工作程序、耕地保护、收益分配、权益保障、风险评估等内容，加强对存量集体经营性建设用地入市的管理。加强市场秩序监管，公开土地入市的相关具体要求及流程等，保证入市各方参与者的知情权，逐步建立城乡统一的建设用地市场。

3. 完善信息披露制度

进一步完善"四议两公开"（村党支部提议、村"两委"商议、党员大会审议、村民代表会议或村民大会作决议；公开征求意见、公开实施结果）制度，保障村集体成员知情、参与、监督等权利，充分尊重集体成员的意愿，尽量减少矛盾。

4. 妥善处理好各种利益分配关系

平衡好各方的利益，不仅有利于顺利推动集体建设经营性建设用地入市，而且有利于缓解社会矛盾、维护社会稳定。坚持"让利于地方"和"让利于民"的原则，加快研究出台全国统一的土地收益分配指导意见，明确国家、农民集体和农民在土地增值收益分配上的比例，将土地收益调节金作为地方政府的财政收入，适当增大农民的分配比例，增强农民的幸福感、获得感和安全感。

四　宅基地改革试点的实践

农村宅基地是农村的农户或个人用作住宅基地而占有、利用本集体所有的土地。作为"三块地"改革试点之一，宅基地改革受到社会广泛关注。农村宅基地制度改革关系农民切身利益。不断完善农村宅基地的权能，加快盘活农村存量资产，对推动乡村振兴具有十分重要的意义。从各地区开展试点的情况看，取得了诸多经验，但也面临许多需要进一步予以解决的问题。

（一）总体进展

自改革开放以来，我国宅基地制度改革一直在积极推进。1986年的《土地管理法》对宅基地用地规模、审批机关做了原则性规定。为减少土地浪费，推进土地集约节约利用，1990年，国务院批转原国家土地管理局《关于加强农村宅基地管理工作请示的通知》认为，"1988年以来，山东省德州地区和全国二百多个县的部分乡、村试行了宅基地有偿使用，取得了明显效果"，据此提出进一步搞好农村宅基地有偿使用试点。但后来在清理农村税费、减轻农民负担过程中，农村宅基地有偿使用被叫停。1998年修订的《土地管理法》首次以法律形式规定"一户一宅"的内容。2008年1月，国务院出台《关于促进节约集约用地的通知》将新增农村宅基地纳入年度计划管理。2008年10月，通过的《中共中央关于推进农村改革发展若干重大问题的决定》，强调"依法保障农户宅基地用益物权"。

党的十八大以来，中央稳步推进农村宅基地制度改革，出台了许多政策措施。党的十八届三中全会再次明确"保障农户宅基地用益物权，改革完善农村宅基地制度"，吹响了宅基地改革的冲锋号。2014年12月，中央办公厅和国务院办公厅联合印发的《关于农村土地征收、集体经营性建设用地入市、宅基地制度改革试点工作的意见》，标志着宅基地改革试点进入快速推进阶段。这份纲领性文件对保障宅基地权益、完善取得方式、自愿有偿退出或转让宅基地提出了具体要求。2015年2月，天津蓟县、四川泸县、云南大理等15个县（市区）被依法授权开展宅基地制度改革试点，标志着试点由制度设计走向实践。2017年，中央一号文进一步明确提出处理好宅基地"所有权、占有权和使用权"的关系。同年11月，为探索不同区域宅基地改革的路径，为接下来的法律修改提供更多样本支撑，中央深改组同意将宅基地改革试点扩展到33个试点县（市、区）。同时强调，除严守"三条底线"（土地公有制性质不改变、耕地红线不突破、农民利益不受损）外，还为宅基地制度改革划出

两条"红线",即不得以买卖宅基地为出发点,不得以退出宅基地使用权作为农民进城落户的条件。2018年中央一号文件首次提出"探索宅基地所有权、资格权、使用权'三权分置'",稳妥推进相关改革,这无疑为宅基地制度改革试点划定好前进方向。

(二)主要成效

相比于其他两种改革,宅基地在全国范围内体量大、影响广泛,目前已在宅基地有偿使用、有偿退出、强化管理和抵押贷款等方面取得了较大成效。截至2017年9月,云南大理等15个改革试点县(市、区)已退出宅基地约7.6万户,退出面积约4000公顷①。

1. 探索有偿使用

根据相关试点县(市、区)的经验,农村宅基地有偿使用主要包括超占宅基地有偿使用、新增宅基地有偿使用、新增宅基地市场配置三种情形,但以第一种情形居多。计费标准多数按超占面积和按宅基地基准地价两种方式。收取方式主要有按年度收取、按时间段收取和一次性收取等三种。收取的费用主要用于宅基地退出补偿、旧村改造、村庄基础设施和公共设施建设、村内公益事业发展等。试点县(市、区)中,浙江义乌的有偿使用具有典型意义。其探索的宅基地有偿调剂和有偿选位,效果显著。截至2017年6月,义乌市农村集体经济组织累计收取有偿选位费已达110亿元,选位费大部分用于更新改造区的基础设施配套和经济困难户建房补助。

2. 探索有偿退出

各试点县(市、区)结合易地移民扶贫搬迁、城乡建设用地增减挂钩项目、农村危旧房改造等平台,整合涉农资金、民间投资和宅基地有偿使用费,将其作为宅基地退出的回购资本,积极开展宅基地自愿有偿退出试点。从各地实践看,大部分试点县(市、区)允许集体内有偿调剂和流转,江苏武进和湖南浏阳还建立了内部流转相应的平台与机制。大多数试点县(市、区)都把农民自主自愿、补偿合理到位作为有偿退出的基本原则。而对于宅基地有偿

---

① 《国土部已决定将宅基地改革试点范围拓展到33个地区》,http://finance.ifeng.com/a/20171126/15819564_0.shtml。

退出的补偿标准，各地差异较大。如，淮南市，每亩补偿 5 万元；宜城市，每平方米补偿 25～50 元；西安市，每亩补偿 22～25 万元。

3. 探索优化审批流程

结合国土资源部下发的《关于进一步加快宅基地和集体建设用地确权登记发证有关问题的通知》，各试点县（市区）都详细规定了宅基地依法取得的审批程序，并将存量农村宅基地审批权限下放到乡镇人民政府。如浙江义乌按照"户申请、村审查、镇（乡）审批"的流程，完善了宅基地审批制度，明确了村（居）、镇街和职能部门职责分工。同时，各地都积极发挥村民事务理事会的作用，强化宅基地审批、有偿使用费管理、收益分配等方面的监管。如，云南大理、安徽金寨和湖南浏阳在试点村成立了宅基地管理村民理事会。

4. 探索抵押贷款

结合国家六部委印发的《农民住房财产权抵押贷款试点暂行办法》，各试点县（市区）都积极开展农民住房财产权抵押试点，探索宅基地财产权益的实现方式和路径。为预防不良贷款的发生，多数试点县（市区）都建立了风险分担机制。如，四川郫都区区政府注入 1 亿元资本金，搭建起政策性农村产权抵押担保融资平台，为农村产权抵质押融资提供信用担保[1]。应该说，农村住房财产权抵押贷款取得积极成果。以浙江义乌为例，截至 2017 年底，义乌本地 24 家金融机构累计发放农民住房抵押贷款 6763 笔，贷款金额 32.23 亿元，贷款余额 30.30 亿元，占全国试点地区总量的 1/3 以上。

（三）主要问题

农村宅基地改革对盘活农村存量土地资产的作用不容小觑，取得的成效也不容忽视，但由于宅基地历史遗留问题太多、利益关系太复杂、管理方式太粗放，其面临的问题也不容回避。

1. 历史遗留问题多

农村宅基地历史遗留问题多、情况复杂、权属界定难。如，有些宅基地使用权证界址不清、宅基地重叠、权属登记有误；有些农村基层组织违反"一

---

[1] 张海明：《成都郫都区试点农村住房抵押贷款 农村房子也值钱了》，http：//scnews. newssc. org/system/20170206/000746750. html。

户一宅"的规定，擅自多分配土地；有的农户未批先建、少批多建；有些违反规划控制标准等等。如不处理到位，确权登记颁证难以推进，流转和抵押都会受到影响。有些试点地区已出台文件处理历史遗留问题。如，义乌市先后出台了《农村宅基地历史遗留问题处理暂行办法》《农村住房历史遗留问题处理细则（试行）》等文件，明确了对"一户一宅"的界定、户控面积标准、违反规划建设等认定条件的细则，分类推进宅基地历史遗留问题的解决，效果明显。实施农村住房历史遗留问题处理的 12 个试点村中，游览亭村 126 户全部缴纳了有偿使用费，100% 完成历史遗留问题处理；曹道、高桥等村缴纳使用费的比例也达到 90% 以上。但如果全面铺开，把握不当，可能会造成负面示范效应，产生不良的社会导向。

2. 有偿使用推进困难

长期以来，宅基地无偿使用都被认为是农村集体经济组织成员的福利。虽然历史上曾有过宅基地有偿使用试点，但最终以减轻农民负担为由取消。开展宅基地改革试点以来，中央文件明确要求探索宅基地有偿使用，不过，因对有偿使用的标准、方式、对象等没有明确的规定，地方对改革的目标取向理解不一，各方面分歧较大。试点地区普遍反映历史遗留问题复杂，有偿使用费收取难度大，农民缴纳土地使用费的意愿不高。此外，作为收取宅基地有偿使用费的主体，村集体缺乏行政执法手段，村民自治约束不强，缺少有效的制约措施。即便有些地方开征了有偿使用费，但标准过低。以义乌游览亭村为例，该村目前宅基地市场价 20000 元/平方米，但在处理历史遗留问题中对农户收取的有偿使用费户均 20000 元。

3. 退出机制不顺畅

从目前各地试点的情况看，宅基地退出主要有两种方式：集体内部流转和集体经济组织回购。前一种方式只限于在集体经济组织内部流转，非集体经济组织内部成员购买宅基地身份受限，受众范围较小，结果造成私下交易、长期租赁等隐性交易行为大量存在。后一种方式受集体经济组织财力影响非常大。特别是中西部的农村，集体经济组织实力不强，形成于税费时期的村级债务尚未化解，基本没有多余的资金用于支持宅基地有偿退出。即便是集体经济比较强的义乌，在开展宅基地退出试点中，政府仍然根据宅基地退出后是复垦，还是在集体组织内部再分配两种情况，分别按 40 万元/亩的"集地券"兜底价回购或每平方米给予 1000 元的补助。国家级贫困县安徽金寨宅基地退出的资金来源，主要是通过交易城乡建设用地增减挂钩的指标，获得来自省政府的财政转移。

4. 管理基础比较薄弱

长期以来，农村住宅建设缺乏统一规划，村民建房随意性较大，违法占地、一户多宅等现象较为普遍，导致农村宅基地面积大、利用效率低、闲置浪费严重。同时，由于历史遗留问题多、时间跨度较大、权属界定困难等原因，导致宅基地确权登记缓慢，土地管理落地困难，管理成本居高不下。尽管村干部代表村集体管理宅基地，但由于缺乏执法手段，在农民违法用地中，往往"睁一只眼闭一只眼"，基层管理严重缺失。

（四）政策建议

农村宅基地改革事关重大。要在及时总结试点经验的基础上，针对出现的问题，采取强有力的措施，确保改革取得更多成果。

1. 妥善处理农村宅基地历史遗留问题

解决历史遗留问题，是释放宅基地权能、促进宅基地流转的基础。针对改革开放以来，农村宅基地政策历经多次变化，建议以重要法律法规实施的时间点为重要节点，划分不同阶段，分情况提出解决历史遗留问题的举措。同时，细分违法类型、违法程度、处理措施、基准地价、有偿使用标准等诸多措施，扎实推进历史遗留问题处理。强化两委负责人的职责，广泛发动群众，最大限度就历史遗留问题处理达成共识，共促改革。进一步发挥村集体经济组织的作用，将有偿使用收益纳入村集体经济组织统一管理，主要用于本集体公益事业、产业发展和基础设施建设，使农民通过改革有更多获得感。

2. 积极推进宅基地有偿使用

推进宅基地有偿使用，是提高农村集体建设用地集约节约利用水平的有效手段。坚持"一户一宅、建新拆旧、法定面积"的原则，结合义乌等地的试点，探索选位、级差排基等有偿使用分配方式。遵循"控增量、活存量"的思路，结合城镇化加快发展的大背景，严格控制新增宅基地审批，鼓励和支持宅基地流转，显化宅基地市场价值。以"一户多宅"的宅基地有偿使用为突破口，捆绑有偿使用和住房财产权抵押贷款两项试点，调动农民参与有偿使用

的积极性。把处理宅基地历史遗留问题与确权登记颁证结合起来，让农民享受各类权能带来的收益，激发农民推进宅基地有偿使用的自觉性。先期低标准起步，并制定灵活多样的费用收取方式，视情况给予一定优惠，提高农民的参与度。

3. 创新宅基地退出机制

以城乡建设用地增减挂钩、耕地占补平衡、土地综合整治、宅基地收储、地票交易等模式为重点，在尊重农民意愿、保障农民权益的前提下，搭建宅基地退出平台，疏通宅基地退出渠道。借鉴国有土地收储制度，探索建立集体建设用地储备中心，对集体建设用地统一收购，编号储备，化零为整，统一打捆整治，盘活零散宅基地。在继续整合各类涉农资金的基础上，通过实施税费减免的政策，积极引入社会资本参与宅基地退出、整理、指标交易等工作，做大宅基地退出的资金池。

4. 夯实农村土地管理基础工作

结合各地开展的"多规合一"试点，加快组织编制覆盖全国的乡村规划，明确农业空间的布局和开发时序，严格控制农村居民点无序发展。借鉴农村集体资产股权固化的经验，结合开展农村宅基地确权登记颁证，鼓励将宅基地固化到户。强化农村基层组织建设，发挥村级集体经济组织和村民代表大会的作用，妥善处理好宅基地历史遗留问题。

五　基本结论

自党的十八大以来，中央深入推进农村"三块地"改革，已取得约 500 项可推广、可复制的政策措施，成效非常显著。然而，在试点中，部分试点县（市区）存在基础工作比较薄弱、三项试点进展不均衡、征地制度和宅基地制度改革进展较慢等问题。在强化问题导向，积极稳妥解决改革中的问题、将改革进行到底的同时，还要注意做好以下几方面的统筹：一是统筹"三块地"改革与农村规划、财税、基层管理等方面的关系，共同推动农村综合改革，形成改革合力；二是统筹农村土地制度改革与城镇国有土地制度的关系，加强城乡土地制度衔接，形成城乡一体的土地市场；三是统筹"三块地"内部以及"三块地"与承包地之间的关系，强化利益机制、转换机制、各种权能等之间的衔接，形成互通的农村土地市场。

参考文献

孔祥智：《农村的"三块地"改革应走市场化之路》，《农村经营管理》2015 年第 8 期，第 39 ~ 39 页。

《中国国土资源报》编辑部：《国土资源部：农村土地制度改革三项试点工作进入到最关键的攻坚阶段》，《国土资源》2017 年第 5 期，第 14 ~ 15 页。

赵磊：《农村集体经营性建设用地入市试点透视——以北京市大兴区为例》，《中国农业资源与区划》2016 年第 1 期，第 131 ~ 135 页。

孔祥智、马庆超：《农村集体经营性建设用地改革：内涵、存在问题与对策建议》，《农村金融研究》2014 年第 9 期。

刘靖雯、赵思蓓、初伟光：《政策分析视角下的农村集体经营性建设用地入市政策实施现状评估及优化研究——以浙江省德清县为例》，《农村经济与科技》2017 年第 2 期，第 197 ~ 198 页。

罗睿、杨伟、唐书秀：《农村集体经营性建设用地入市研究——以贵州省湄潭县为例》，《天津农业科学》2017 年第 3 期，第 65 ~ 68 页。

李浩媛、段文技：《中国农村宅基地制度改革的基底分析与路径选择——基于 15 个试点县（市、区）的分析》，《世界农业》2017 年第 9 期，第 15 ~ 20 页。

贺雪峰：《农村宅基地改革试点的若干问题》，《新建筑》2016 年第 4 期。

刘守英：《最需要突破的就是宅基地制度》，《发展》2013 年第 10 期，第 31 ~ 31 页。

魏后凯、刘同山：《农村宅基地退出的政策演变、模式比较及制度安排》，《东岳论丛》2016 年第 9 期，第 15 ~ 23 页。

陈彬：《农村宅基地制度改革的实践及问题分析——基于浙江省义乌市的实践》，《中国土地》2017 年第 8 期，第 4 ~ 7 页。

叶敏：《"三块地"改革的突破口——关于农村宅基地制度改革初步分析》，《国土资源通讯》2017 年第 12 期，第 28 ~ 31 页。

孔祥智：《农村的"三块地"改革应走市场化之路》，《农村经营管理》2015 年第 8 期，第 39 ~ 39 页。

中国政务舆情监测中心：《"三块地"改革试点看过来》，《领导决策信息》2017 年第 34 期，第 22 ~ 25 页。

侯隽：《全国人大代表蔡继明："三块地"改革关键是处理好农村宅基地的流转》，《中国经济周刊》2017 年第 9 期，第 40 ~ 41 页。

高伟、林远、崔晶：《农村"三块地"改革试点进入"决战期"宅基地制度改革有望率先扩围》，《农村·农业·农民》（B 版）2017 年第 6 期。

赵祯祺：《人大授权：农村土地征收等三项改革试点继续推进》，《中国人大》2017年第21期，第48~48页。

周颖明：《农村土地征收制度改革的建议》，《南方农业》2015年第15期，第166~166页。

刘禹涵：《我国土地征收制度改革的问题与走向》，《河北法学》2017年第4期，第123~133页。

许经勇：《我国农村土地制度改革的演进轨迹》，《湖湘论坛》2017年第2期，第79~83页。

黄征学：《土地征用制度创新的实践及深化改革的建议》，《中国经贸导刊》2013年第25期，第21~23页。

许光辉、梁小珍：《河北定州：蹚出征地制度改革新路》，http：//www. mlr. gov. cn/xwdt/jrxw/201706/t20170616_ 1510473. html。

黄征学：《土地征用存在的问题及其对策思路》，《中国发展观察》2006年第5期，第13~15页。

张海明：《成都郫都区试点农村住房抵押贷款 农村房子也值钱了》，http：//scnews. newssc. org/system/20170206/000746750. html。

董祚继：《如何看待农村宅基地有偿使用改革》，http：//www. laimaidi. com/pid/16514. html。

刁其怀：《宅基地退出：模式、问题及建议》，《农村经济》2015年第12期，第30~33页。

B.20
从收入职能看中国房地产税改革[*]

胥 玲[**]

摘 要： “营改增”改革之后，我国房地产税改革开始提上议事日程，
但是由于多种原因，多年来房地产税改革进展缓慢。其中阻
碍之一就是各界对于房地产税能否为市县一级政府提供稳定
且足额的收入有所质疑。为回答这一问题，本文从房地产税
的收入职能出发，首先分析了房地产税收入职能和调节职能
的相互关系，其次比较了高收入国家和中等收入国家房地产
税的国际实践，最后结合我国税制改革试点的情况，总结得
出结论，即房地产税具有成为地方主体税种的能力；值得注
意的是，在具体制度设计上税收的调节职能和收入职能要兼
顾，不能过度强调调节职能而忽视收入职能，因为房地产税
的收入规模过小会限制其调节职能的发挥。

关键词： 房地产税 税制改革 主体税种

随着我国营业税改征增值税的改革全面推开，健全地方税体系的呼声愈来
愈高，十九大报告明确提出“深化税收制度改革，健全地方税体系”。而对于
地方税体系中最重要的税种——在保有环节开征的房地产税的改革却迟迟未能
推进，各界对于改革以收入为主还是以调节为主的讨论一直存在却未有定论，
最大的拷问之一在于房地产税能否具有成为地方主体税种的能力。本文以国际
税收实践入手，试图回答这一问题。

---

[*] 本文所指房产税改革仅限于房地产保有环节的税制改革。

[**] 胥玲，中国财政科学研究院公共收入政策研究中心，博士、副研究员。

一　房地产税的经济职能

税收是以国家为主体，为实现国家职能，凭借政治权利，按照法定标准无偿取得财政收入的一种特定分配。这种特定分配具有两种职能，一种是无偿取得财政收入，即税收的收入职能。另一种是特定分配对于经济体内各要素的影响，这种影响既可以是客观的、潜在的，也可以是积极的、有目的性的，这两种影响都构成税收的调节职能。税收的收入职能和调节职能很难通过某一个税种很好地发挥，在国家税制中一般通过复合税制来实现，既满足政府提供公共服务的资金需求，也保障社会公平和宏观经济的平稳运行。

房地产保有环节的房地产税也具有税收的两种职能。收入职能方面，房地产税的税基为存量商品房地产，税基庞大，具有较大的筹集财政收入的潜力。而且由于房地产的不可隐匿性、不可流动性和地方政府对于辖区管理的便利性而言，房地产税是天然的地方税种，或可成为地方税的主体税种。调节职能方面，无论是税收本身作为"楔子"对经济决策的客观影响，还是在税收制度中的主观设计，抑或是经济周期运行中，政府部门主动通过财政政策的变动对房地产市场进行调节，都是房地产税调节职能的表现。根据 Denise Di Pasquale 和 William C. Wheaton[①] 在其著作《城市经济学和房地产市场》中构建的四象限模型所分析的，房地产税和房地产价格存在负相关的关系，即在其他条件不变的情况下，增加房地产税收会导致房地产价格下降。不仅理论上，实证研究也肯定了房地产税收对房地产价格的影响。Madsen（2009）[②] 在其实证研究中肯定了税收对房地产价格的影响，其认为，无论是长期还是短期，房地产税都构成影响房地产价格的基础因素之一。

[①]　Denise DiPasquale 和 William C. Wheaton 于 1996 年在其著作《城市经济学和房地产市场》中（Urban Economics and Real Estate Markets）将房地产市场分为资本市场和资产市场，构建了分析房地产价格形成的基本框架。在该框架中，在资本市场，借用李嘉图的资本定价模型，将房地产购买看作是一项长期投资，即房地产价格由未来房地产租金折现计算所得。税收对房地产价格的影响体现在资本市场房地产价格的折现率上，与折现率呈正相关关系。

[②]　Madsen, J. B. , " Taxed and The Fundamental Value of Houses," *Regional Science and Urban Economics*, 39（3）, 2009.

二 房地产税收入职能的国际实践

如前所述，单一税种同时发挥两种经济职能，因此房地产税在制度设计中对收入职能和调节职能会有所倾向、有所选择，做何选择主要取决于各个国家和地区开征房地产税的目的。不同的国家和地区由于其社会制度、资源禀赋和发展阶段的不同，其开征房地产税的目的也不尽相同。归纳起来，主要有三种类型：第一种，开征房地产税的目的是保证地方的财政收入，与国家的土地、住房政策无关，即房地产税主要履行其收入职能。典型的包括加拿大和美国，因为其地广人稀、土地资源丰富，房地产税主要是为了筹集地方提供公共服务所需财政资金；第二种，开征房地产税的目的是通过征收保有税，提高占有资源的成本，从而促进土地等资源的有效利用，即房地产税主要履行其调节职能。典型的包括韩国和中国台湾，因为其人口密度较大、而土地资源短缺，开征不动产税主要是为了合理利用土地资源，预防和限制房地产投机行为；第三种，开征房地产税的目的则兼顾地方财政收入职能和抑制土地投机的目标。典型的如日本，因为其土地资源短缺，而且地方财政支出庞大，开征不动产税既要解决第三级政府的财政资金需求，也希望通过房地产税调节资源利用。虽然在制度设计中各个国家有着不同的倾向和选择，但是在实践中，房地产税的经济职能的发挥受到多种因素的制约。房地产税能否为第三级政府提供充足的财政收入一直是各国，尤其是中低收入国家关注的重点，当然也成为当前我国房地产税改革推进之前必须回答的问题。

1. 在高收入国家，房地产税是第三级政府收入中主要且稳定的收入来源

从高收入国家的实践情况看，房地产税收入虽然占国家税收总收入的比重不高，但是在市县一级地方政府的税收收入中占比较高。选取 OECD 国家中典型代表澳大利亚、加拿大和美国为例。

澳大利亚、加拿大和美国房地产税收入占国家税收总收入的比重偏低，普遍低于所得税的占比。如表 1 和图 1 所示，自 20 世纪 80 年代以来，澳大利亚房产税收入占国家税收总收入的比重稳定在 5% 上下，加拿大房地产税收入占国家税收总收入的比重在 7% ~ 10% 之间，近十多年稳定在 9% ~ 10% 之间，相对来讲，美国的这一比例波动稍大一些（源于美国房地产市场的波动），在

7% ~13% 之间，近年来稳定在 10% 上下。与所得税相比，房地产税收入总体规模大幅度低于所得税占税收总收入的比重。例如，2016 年美国个人所得税占国家税收总收入的比重为 40.20%，大大高于房地产税占比。

表 1 澳大利亚、加拿大和美国房地产税收入占国家税收总收入的比重

单位：%

国家	1982	1985	1990	1995	2000	2005	2010	2015	2016
澳大利亚	4.85	4.66	5.28	4.67	4.23	4.45	5.55	5.85	—
加 拿 大	8.01	8.10	8.27	9.01	7.75	8.69	10.01	9.57	9.66
美 国	9.40	9.70	10.41	9.99	8.78	7.40	12.37	9.61	9.53

资料来源：根据 OECD Revenues Statistics 整理计算。

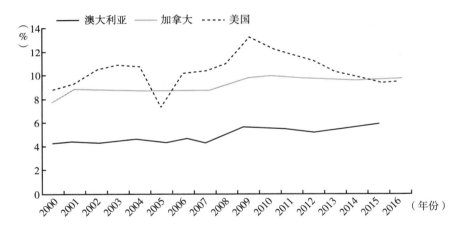

图 1 2000 ~ 2016 年澳大利亚、加拿大和美国房地产税收入
占国家税收总收入的比重

资料来源：根据 OECD Revenues Statistics 整理计算。

虽然房地产税收入占国家税收总收入的比重不高，但是房地产税收入占第三级政府本级税收总收入的比重却比较高。如表 2 和图 2 所示，从 20 世纪 80 年代初至今，澳大利亚地方政府房地产税收入为地方唯一的税收收入，即占地方税收总收入的比重为 100%；加拿大地方政府房地产税收入占其地方本级税收总收入的比重在 78% ~88% 之间波动，近十多年稳定在 85% 左右；美国的这一比例也在 69% ~76% 之间，近十多年也保持在 70% 左右。

　　亚洲国家日本的情况也大体相同，2016 年日本房地产税收入占其国家税收总收入的比重为 10.21%，省级及以下房地产税收入在其税收收入的比重为 22.47%，由于日本固定资产税为市町村税，以日本收入结构推断，房地产税收入占第三级政府税收总收入的比重在 40% 以上。①

表2　澳大利亚、加拿大和美国第三级政府房地产税收入占其税收总收入的比重

单位：%

国家	1982	1985	1990	1995	2000	2005	2010	2015	2016
澳大利亚	100.00	100.00	100.00	100.00	100.00	100.00	100.00	100.00	—
加 拿 大	80.40	79.43	78.83	81.28	86.10	87.38	85.19	84.94	85.09
美 国	75.99	74.17	74.24	72.90	70.62	71.26	73.28	69.83	69.23

资料来源：根据 OECD Revenues Statistics 整理计算。

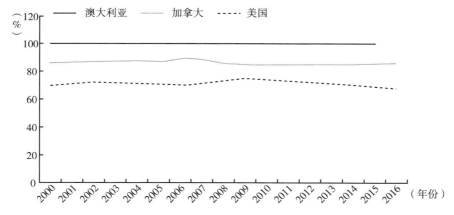

图2　2000～2016 年澳大利亚、加拿大和美国第三级政府
房地产税收入占其税收总收入的比重

资料来源：根据 OECD Revenues Statistics 整理计算。

　　另据 2009 年和 2010 年数据（见表3），在高收入国家，房地产税收入占其国家税收总收入的比重平均为 4.46%，占第三级政府税收收入的比重平

① 日本政府税收收入中都道府县本级政府和市町村本级政府税收收入规模大体相同。根据日本政府统计公告（2016）数据，2013 年，都道府县和市町村本级政府，税收收入分别为 515730 亿日元和 570290 亿日元。固定资产税（其中极少部分税基为其他固定资产，不属于房地产）收入占市町村收入的 42%。

均为 37.65%，虽然内部差异比较大，但是有 46% 的国家房地产税收入占其第三级政府税收收入的比重超过 30%，超过半数国家的比重超过 20%。

表3　高收入国家房地产税收入占第三级政府税收总收入的比重

国家	年份	世行收入划分	房地产税收入占比（%）	
			占税收总收入比重	占地方政府税收总收入比重
澳大利亚	2009	高收入国家	5.59	100.00
奥地利	2010	高收入国家	0.85	15.17
比利时	2010	高收入国家	4.19	54.12
加拿大	2010	高收入国家	11.61	91.05
克罗地亚	2010	高收入国家	0.06	0.47
捷克	2010	高收入国家	1.22	51.19
丹麦	2010	高收入国家	2.93	10.79
爱沙尼亚	2010	高收入国家	1.72	7.87
芬兰	2010	高收入国家	2.19	6.31
法国	2010	高收入国家	9.37	53.44
德国	2010	高收入国家	2.07	15.87
希腊	2009	高收入国家	0.86	31.66
匈牙利	2010	高收入国家	1.33	14.19
冰岛	2010	高收入国家	5.68	20.21
爱尔兰	2010	高收入国家	3.96	100.00
以色列	2010	高收入国家	8.64	95.18
意大利	2010	高收入国家	2.02	9.04
日本	2009	高收入国家	13.47	30.01
韩国	2010	高收入国家	4.08	16.34
卢森堡	2010	高收入国家	0.29	4.55
荷兰	2009	高收入国家	2.83	48.10
新西兰	2010	高收入国家	6.75	89.16
挪威	2010	高收入国家	1.03	4.82
波兰	2010	高收入国家	5.89	28.59
葡萄牙	2010	高收入国家	2.91	38.07
新加坡	2010	高收入国家	6.65	—
斯洛伐克	2010	高收入国家	2.61	50.85
斯洛维尼亚	2010	高收入国家	2.17	11.89
西班牙	2010	高收入国家	4.12	28.84
圣基茨岛和尼维斯	2010	高收入国家	2.73	—

国家	年份	世行收入划分	房地产税收入占比（%）	
			占税收总收入比重	占地方政府税收总收入比重
瑞典	2010	高收入国家	2.32	2.62
瑞士	2010	高收入国家	0.38	1.34
英国	2010	高收入国家	12.06	100.00
美国	2010	高收入国家	16.74	73.03
平均		高收入国家	4.46	37.65

资料来源：OECD Revenues Statistics and Government Finance Statistics（GFS）。

由此可知，在高收入国家房地产税虽然在国家税收总收入中占比不高，但是却是第三级政府税收的稳定来源，而且是比较重要的收入来源。

2. 在中等收入国家，房地产税收入亦可成为第三级政府主要且稳定的收入来源

在中等收入国家，房地产税收入的情况略有不同，房地产税收入占国家税收总收入的比重偏低，且明显低于发达国家，约为其占比的一半，但是房地产税收入占地方政府税收收入的比重与发达国家大致相同，平均占比也高于30%。

据表4中数据显示，2009年和2010年中等收入国家房地产税收入占其国家税收总收入的比重平均为2.12%，同期高收入国家的这一比例为4.46%，差距较大。中等收入国家中，保加利亚房地产税收入占税收总收入的比重最高，为4.70%，最低的多米尼加，仅为0.21%，内部分化比较明显。

但是房地产税收入占地方政府税收总收入的比重与高收入国家的比重大致相同，2009年和2010年中等收入国家房地产税收入占其地方政府税收总收入的比重平均为35.48%，同期高收入国家的这一比重为37.65%，差异并不明显。中等收入国家中，内部差异也比较明显，格鲁吉亚房地产税收入占其地方政府税收总收入的比重最高，达到100.00%，最低的危地马拉仅为3.91%，但是超过40%的国家房地产税收入占地方政府税收总收入的比重超过30%，超过一半国家的比重超过20%。

如果我们将房地产税收入职能定义为第三级政府提供稳定的税收收入，那么综合来看，房地产税无论是在高收入国家还是在中等收入国家都较好地履行了其收入职能，平均占比超过30%的占比大体可以称得上所谓的主体税种了。

表4　中等收入国家房地产税收入占第三级政府税收总收入的比重

国家	年份	世行收入划分	房地产税收入占比（%）	
			占税收总收入比重	占地方政府税收总收入比重
阿根廷	2009	中等偏上收入国家	1.47	96.08
阿塞拜疆	2010	中等偏上收入国家	2.84	4.16
白俄罗斯	2010	中等偏上收入国家	1.58	29.95
巴西	2009	中等偏上收入国家	1.74	65.26
保加利亚	2010	中等偏上收入国家	4.70	40.33
智利	2010	中等偏上收入国家	2.72	6.05
中国	2009	中等偏上收入国家	2.90	24.46
哥伦比亚	2009	中等偏上收入国家	3.06	32.69
哥斯达黎加	2009	中等偏上收入国家	1.49	—
多米尼加	2009	中等偏上收入国家	0.21	—
约旦	2009	中等偏上收入国家	2.67	14.55
哈萨克斯坦	2010	中等偏上收入国家	4.18	12.45
拉脱维亚	2010	中等偏上收入国家	3.82	57.39
墨西哥	2009	中等偏上收入国家	1.32	25.52
秘鲁	2009	中等偏上收入国家	1.22	16.76
俄罗斯	2010	中等偏上收入国家	4.44	12.19
塞尔维亚	2010	中等偏上收入国家	1.70	17.27
突尼斯	2010	中等偏上收入国家	0.49	9.96
土耳其	2010	中等偏上收入国家	1.24	—
阿尔巴尼亚	2010	中等偏下收入国家	0.79	45.11
亚美尼亚	2010	中等偏下收入国家	1.50	70.62
佛得角	2009	中等偏下收入国家	2.32	—
埃及	2010	中等偏下收入国家	0.30	69.68
格鲁吉亚	2010	中等偏下收入国家	3.95	100.00
危地马拉	2009	中等偏下收入国家	1.79	3.91
摩尔多瓦	2010	中等偏下收入国家	0.68	6.77
蒙古	2010	中等偏下收入国家	0.65	54.53
巴拉圭	2010	中等偏下收入国家	1.98	12.83
乌克兰	2010	中等偏下收入国家	3.07	58.48
平均		中等收入国家	2.12	35.48

资料来源：OECD Revenues Statistics and Government Finance Statistics（GFS）。

三　不同国家房地产税收入比较及差异原因分析

房地产税在高收入国家和中等收入国家收入职能履行方面存在一些共性，也有些不同。

不同在于：以在国家税收收入中占比来看，房地产税在高收入国家的地位要高于中等收入国家。如表5所示，房地产税收入占国家税收总收入的比重，高收入国家为4.46%，大大高于中等收入国家2.12%的占比。

相同之处在于：首先，以在第三级政府税收收入中占比来看，房地产税在高收入国家和中等收入国家中的地位大致相同，如表5所示，房地产税收入占第三级政府税收收入的比重，高收入国家为37.65%，低收入国家为35.48%，不相上下；其次，房地产税在不同国家收入规模差异较大，无论在高收入国家还是中等收入国家内部，税收收入规模都有较大差异。

表5　不同收入国家房地产税收入占第三级政府税收总收入的比重比较

单位：%

	高收入国家	中等收入国家
房地产税占国家税收总收入的比重	4.46	2.12
房地产税占第三级政府税收总收入的比重	37.65	35.48
房地产税占第三级政府税收总收入超过20%的国家比例	56.25	52.00
房地产税占第三级政府税收总收入超过30%的国家比例	46.87	44.00

资料来源：根据OECD Revenues Statistics和Government Finance Statistics（GFS）整理计算。

房地产税收入在不同国家之间的差异，究其原因，不外乎缘于影响房地产税收入的众多因素。总结不同国家的房产税改革和征管实践，影响房地产税收入规模的因素包括税基、税率、税收优惠、房地产评估率、税务部门征管能力等。首先是制度因素，如果强调房地产税收入职能，在税制设计上第一个重要原则就是宽税基，尽可能地将所有商品房地产纳入其中，税率则以满足所需税收收入来确定。如果较多的将调节功能体现在税制设计中，其中包括较多的税收优惠政策，复杂的累进税率等等都会影响税收收入。而且实践表明，赋予房地产税的很多调控设计效果并不好，例如有研究表明，很多国家期望通过税率

累进来控制一人拥有多套房地产，事实上多数情况是不成功的，尤其是一人拥有的多套房地产在不同的省份或城市（Bird，1974）。其次是征管因素，由于经济发展水平的不同，高收入国家的征管水平明显高于中等收入国家，包括房地产信息收集、评估体系以及税收征收的力度，甚至居民对税法的遵从度等。很多中低收入国家房地产税的征收率偏低，例如牙买加的房产税征收率仅为40%。征管水平影响的不仅是税收收入，还会影响公平和效率。

四 我国上海和重庆两地房地产税改革试点的评析

自 2011 年 1 月 27 日，上海和重庆两市同时发文开始试点城市个人住房房产税改革：《上海市开展对部分个人住房征收房产税试点的暂行办法》《重庆市关于开展对部分个人住房征收房产税改革试点的暂行办法》，开始在两地试点对个人所有商业住宅开征房地产税。试点至今已有 7 年，对其评价也不绝于耳，但是本文认为，评价一项改革效果，必须对照房地产税试点改革的初衷。2010 年 9 月，财政部和税务总局对房产税改革试点的解释，明确了改革的目标，总结起来包括：首先，调节居民收入和财富分配；其次，有利于健全地方税体系；再次，促进经济结构调整及土地节约集约利用；最后，引导个人合理住房消费。以下对照改革初衷来看改革试点的效果如何。

首先，调节居民收入和财富分配。如前所述，财政通过"抽肥补瘦"来实现调节居民收入和财富分配，两地的试点在制度设计中，都是对高端和投资需求征税，税收收入用于公共租赁房的建设和维护，这种通过征税"抽肥"，通过财政支出"补瘦"的做法，无论税收收入或多或少，具有明显的调节收入分配的政策效果，毋庸置疑。

其次，有利于健全地方税体系。既然作为天然的地方税种的优势与生俱来，那么房产税在两地的试点改革，一经推出就无疑成为健全我国地方税体系的大胆尝试，有着敢为天下先的勇气，因此这一改革初衷无疑也是成功的。

再次，促进经济结构调整及土地节约集约利用。目前由于房地产市场波动比较大，尤其是近两年，伴随城市化进程的发展以及国家各种调控政策的紧密出台，很难看到房产税对于经济结构调整的影响；而对于土地节约集约利用的作用，由于两地政策中均对高端住宅征税，政策意图比较明显，但是由于税率偏低而且税收优惠较多，个人税收负担比较低，对消费者购买住房的偏好影响不大，因此促进土地节约集约利用的影响效果不明显。

最后，引导个人合理住房消费。从两地改革试点的政策设计来看，引导个人合理住房消费的意图比较明显，但是由于税基偏小，税负偏低，对个人住房的自住、投资、投机需求的影响都不大。

总之，本文认为，我国上海和重庆两地的试点虽然调控意图明显，但是效果却不尽如人意，最根本的原因在于税收收入的规模偏小，影响了其调控效果的发挥。虽然没有官方的数据披露，但是从各方透露出来的信息大体可知，上海和重庆针对个人所有商品住宅征收的房地产税收入规模很小，上海略高于重庆。而且过多的优惠政策降低了税负，对经济主体决策的影响也较小。试想对于上海动辄上千万元的住房，以几千元的税收来影响居民家庭的消费和投资决策或者偏好，其效果可想而知。而税收规模偏小既有制度设计的原因，也有税收征管的因素。

基于理论分析和我国的实践，本文认为，房地产税改革的目标，如果仅仅是强调调控职能的发挥而忽略收入职能，改革的效果必然大打折扣。而且强调房地产税的收入职能，并不是否认房地产税的调节职能，相反，房地产税收入规模较高更有益于其调节职能的发挥。在本文的第一部分已经提到，房地产税的调节职能既包括制度的主观设计，也包括客观影响。首先，税收本身就是宏观经济的"自动稳定器"；其次，国家税收收入最终通过民生支出，对中低收入群体的基本生活进行保障；再次，建立健全规范的包括税收在内的影响房地产市场的经济制度，即政府所要求的长效机制，成为房地产市场稳定健康发展的"定海神针"；最后，为市县一级地方政府提供稳定的收入来源，以减少政府由于特殊原因对市场的不恰当的干预，理顺政府和市场、政府和企业、政府和个人的关系，也是房地产税等制度建设对经济的利好影响，也应该包含在调节职能之列。房地产税的收入职能和调节职能是可以兼顾并存的，而且房地产税收入职能是调节职能发挥作用的保障。

五　结论

通过理论分析和国内外房地产税改革和运行的实践，本文认为：

首先，在房地产保有环节开征的房地产税具有为第三级政府提供充足且稳定的收入的地方主体税种的能力，即便是在中等收入国家，如果制度设计合理，征管得力，也是第三级政府主体税种的可选之项；

其次，规范的房地产税即便是在仅仅考虑收入功能的情况下，税收对房地产市场的潜在影响也具有一定的调控功能，包括对收入和财富的调节，对房地产市场的稳定等等；

再次，房地产税的收入职能和调节职能可以兼顾，但是如果仅强调调控而忽略其收入职能，调控效果会大打折扣，因为调控职能的发挥必须以一定的收入规模作为基础。

参考文献

Bird, R. M. , *Taxing Agricultural Land in Developing Countries*, Cambridge MA, Harvard University Press, 1974.

Madsen, J. B. , " Taxed and The Fundamental Value of Houses," *Regional Science and Urban Economics*, 39（3）, 2009.

Norregaard, J. , "Taxing Immovable Property Revenue Potential and Implementation Challenges," *IMF Working Paper*, 2013.

Pasquale, D. D. and Wheaton, W. C. , "Urban Economics and Real Estate Markets," *Prentice Hall*, 1995.

OECD Revenues Statistics 和 Government Finance Statistics（GFS）.

王诚尧：《国家税收》，中国财政经济出版社，2009。

谢伏瞻主编《中国不动产税制设计》，中国发展出版社，2006。

B.21
住房公积金流动性风险
现状、特征与管控路径*

王先柱 吴义东 乔贝**

摘 要： 住房公积金流动性风险已经成为多地共同面临的难题与挑战，监管部门也正在积极探索建立风险预警及防控机制。本文从全国、省级和市级层面综合研判住房公积金流动性风险，其主要呈现流动性不足趋势明显、区域间流动性不均、跳跃弹性较大以及与住房市场密切相关的时间、空间特征。究其原因，公积金流动性风险主要源于资金属地化封闭操作、投融资渠道狭窄、资本充足率和准备金制度缺乏、自身改革影响以及外部因素冲击等。而从住房公积金制度自身发展的内在动力和我国经济社会领域各项改革举措的外在推力来看，公积金制度改革的时机已基本成熟，且动力机制完备，政策环境合宜，因此要借助改革东风，抓住历史机遇，推动其转型发展。为此，需要注重从如下四个方面入手改革和完善住房公积金制度，防控公积金流动性风险，具体包括：构建公积金流动性预警机制，完善风险分级防控体系；突破属地化封闭运营模式，改革公积金管理体制；拓宽公积金投融资渠道，

---

* 基金项目：教育部哲学社会科学研究重大课题攻关项目"建立公开规范的住房公积金制度研究"（14JZD028）；国家自然科学基金项目"应用大数据识别和控制住房公积金扩面风险研究"（91646126）；国家自然科学基金项目"基于多维度大数据的住房抵押贷款风险管理决策支持研究"（91546113）。

** 王先柱，安徽工业大学商学院教授，首批"万人计划"入选者，南京大学经济学博士，清华大学房地产研究所博士后，皖江学者特聘教授，研究方向为房地产经济与金融；吴义东，安徽工业大学金融学硕士研究生，研究方向为房地产经济与金融；乔贝，安徽工业大学经济学本科生。

提升政策性住房金融功能；建立政策性住宅金融机构，助力房地产市场长效机制建设。

关键词： 住房公积金　流动性　风险　管控路径

历经 20 余年的成长，住房公积金制度已经覆盖数亿城镇在职职工，资金归集总额超过 10 万亿元，成为我国政策性住房金融的主要内容，为促进城镇居民住房消费、改善居住质量、推动住房市场发展做出了重大贡献。而在内外因素的共同作用下，近年来，北京、上海、广东、江苏、福建、山东、湖北、安徽、江西等地已经陆续出现公积金资金缺口、流动性不足的症状，部分地市公积金个贷率更是史无前例地超过了 100%。即便从全国层面来看，《全国住房公积金 2016 年年度报告》显示，公积金个人住房贷款率也已达 88.84%。而根据住建部、财政部、中国人民银行发布的《关于住房公积金管理若干具体问题的指导意见》（建金管〔2015〕5 号）规定：各地住房公积金贷款余额原则上不应超过住房公积金缴存余额的 80%，达到或超过 80% 的，要及时调整有关贷款政策。显然，当前我国住房公积金个贷率已经远远突破了 80% 这条红线。由此可见，住房公积金流动性不足的风险已经到了亟待解决的时候。虽是如此，2016 年，黑龙江、陕西、内蒙古、宁夏、甘肃、青海、西藏等地公积金个贷率仍不足 75%，这使得公积金在陷入流动性不足危机的同时，还表现出流动性冷热不均的现象。因此，住房公积金流动性风险值得高度警惕和未雨绸缪，尤其在当前建立住房市场长效机制和实现全体人民住有所居的政策目标指引下，化解公积金流动性风险、补足政策性住房金融短板已成为当务之急。

学术界对于住房公积金流动性风险的关注大多集中在最近两年，而早在 2010 年，就有研究指出住房公积金个贷增速过快，资金严重供不应求，产生流动性紧缺问题，其根本原因在于管理机构的非专业性和公积金属地化管理体制（陈杰，2010），当时也有研究认为在制定公积金缴存比例、贷款利率时，并未充分考虑地区差异和收入差异，也没有与居民住房支付能力、住宅价格建立联动机制（周京奎，2010）。在此之后，有关住房公积金流动性风险的研究逐渐开始丰富。为有效管控公积金流动性不足的风险，学界认为可以设立全国住房公积金管理中心，允许资金异地调度和使用（刘洪玉，2011；高波，2017）。同时，国家住房公积金管理机构应该对流动性不足的城市予以有偿资金支持（路君平等，2013），还可以通过建立中央住房公积金银行对各地区进行流动性统筹（黄燕芬、李怡达，2017）。并且在强制性缴存不变的前提下，可将"低存低贷"政策调整为"平存低贷"甚至"高存低贷"（刘丽巍，2013）。近来更为普遍的观点则是进一步通过住房公积金制度改革凸显政策性金融功能，将其转轨为国家政策性住宅金融机构（徐晓明、葛扬，2015；王开泉，2015；汪利娜，2016；王先柱、吴义东，2017），以及通过资产证券化等方式缓解公积金资金压力（沈正超等，2014；陈淑云、李嘉，2016）。

一 住房公积金流动性现状分析

1. 住房公积金融资规模日益扩大

从近5年住房公积金实缴职工及其增量趋势看，2012年公积金缴存职工数量就已经突破1亿人，且近5年缴存人数保持持续增加势头，2016年公积金实缴职工已达13064.5万人，足见其覆盖人群范围越来越广。就每年净增实缴职工数量而言，总体上保持在500万~1000万人的区间，且在2014年达到峰值，当年公积金净增实缴职工超过1000万人（见图1）。显然，在城镇化进程不断加快，农村转移人口持续涌入城市，住房公积金扩面改革不断推进的背景下，全国住房公积金参缴人数呈现逐年递增的态势。

在住房公积金缴存群体规模日益壮大的基础上，近5年公积金年度缴存额和缴存余额都表现出较为稳定的增长趋势。其中，公积金年度缴存额从2012年的不足1万亿元，到2016年的16562.88亿元，5年之内几乎实现翻一番。公积金缴存余额也表现为节节攀升，从2012年的26805.1亿元上涨到2016年的45627.85亿元，年均增长额近5000亿元。全国住房公积金缴存额增长率虽有放缓迹象，但仍维持在12%之上，且2016年又开始回升（见图2）。这也显示出住房公积金融资规模日益扩大的强大后劲。

从省级层面看，2014~2016年各地区住房公积金实缴单位和实缴职工

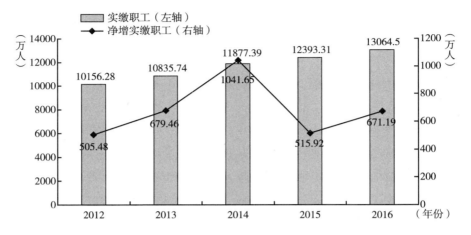

图1　近5年住房公积金实缴职工及净增实缴职工数量

资料来源：《全国住房公积金2016年年度报告》。

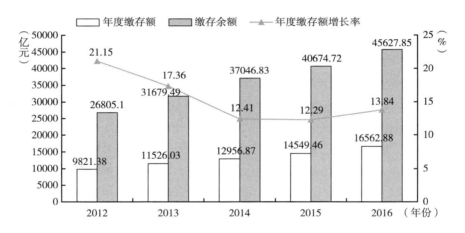

图2　近5年住房公积金年度缴存额及缴存余额

资料来源：《全国住房公积金2016年年度报告》。

数量总体上都呈现不同程度的上升趋势。与此同时，上海、广东、江苏、浙江的住房公积金实缴单位和职工数量显著高于其他地区，实缴单位大多位于20万至30万个之间，实缴职工在800万至1800万人之间，且逐年涨幅十分明显。其次，北京、辽宁、浙江、福建、山东住房公积金实缴单位和职工相对较多，实缴单位在10万至20万个之间，实缴职工在400万至800万人之间，逐年涨幅较为明显。相比较而言，重庆、贵州、青海、宁夏、新疆、西藏等地区住房公积金实缴单位和实缴职工规模较小，而且逐年涨幅不太明显，甚至出现负增长。其余地区住房公积金实缴单位和职工数量分别在 5 万个、200 万人上下波动，逐年涨幅相对偏缓（见图 3）。由此可见，在各地区住房公积金缴存规模日益提升的大趋势下，实缴单位和职工人数存在较大的地区间差异，且东部地区公积金资金盘明显大于中西部地区，这与地区间人口分布、城市化水平等因素密不可分。

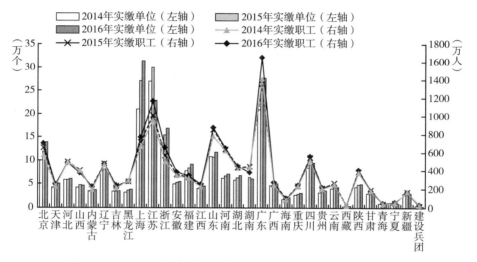

图 3　2014～2016 年各地区住房公积金实缴单位与实缴职工数量

资料来源：《2014～2016 年全国住房公积金年度报告》。

从 2014～2016 年各地区住房公积金缴存额、缴存总额以及缴存余额来看，总体而言，各地公积金缴存额、缴存总额和缴存余额大多出现一定涨幅。具体观察可知，北京、上海、江苏、广东、浙江、山东和广东各年缴存额相对较高，接近 2000 亿元；而西藏、青海、宁夏、云南等地各年缴存额相对偏低。缴存总额各地区之间差异表现得十分明显，其中，北京、辽宁、上海、江苏、浙江、山东和广东各年缴存总额明显较高，缴存总额大致在 4000 亿～12000 亿元之间，且每年涨幅明显；而江西、贵州、西藏、甘肃、青海、宁夏和建设兵团各年缴存总额较低，均在 2000 亿元以下，每年缴存总额浮动不太明显。就缴存余额而言，北京、辽宁、上海、江苏、浙江、山东和广东相对于其他地区较高，大约为2000亿~4000亿元，而江西、贵州、西藏、甘肃、青海、宁夏等地缴存余额均未超过2000亿元（见图4）。这也再次说明各地区住房公积金融资规模日益扩大，同时东、中、西部的层次化差异十分突出。

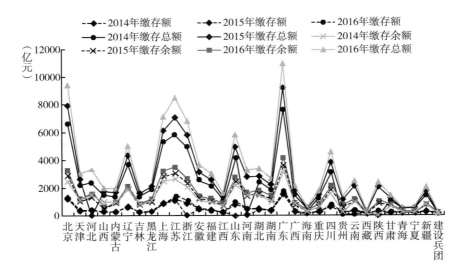

图4　2014~2016年各地区住房公积金缴存额、缴存总额及缴存余额

资料来源：《2014~2016年全国住房公积金年度报告》。

2. 住房公积金使用效率不断提高

近5年来，全国住房公积金年度提取额连年增加，从2012年的4907.98亿元提高到2016年的11626.88亿元，提升幅度达1倍多，且2014~2015年公积金提取额增长程度最大。同样，住房公积金提取总额也快速上升，由2012年的23593.43亿元提高到2016年的60463.59亿元。并且2015年公积金提取总额增幅最为明显，较2014年增长了超过10000亿元。同时，从公积金提取率看，过去5年一直保持在50%以上的较高水平，且2015年和2016年均已突破70%，公积金提取率峰值为2015年的75.52%，相较于2014年提高了近17个百分点（见图5）。显然，近几年来，我国住房市场交易旺盛，增加了城镇居民对于公积金的提取需求。同时，2015年开始实施的楼市去库存政策，使得多地通过降低公积金使用门槛、提高使用上限等方式促进住房消费，再加上公积金自身的提取范围扩展，也必然使得其提取额和提取率出现明显提高。

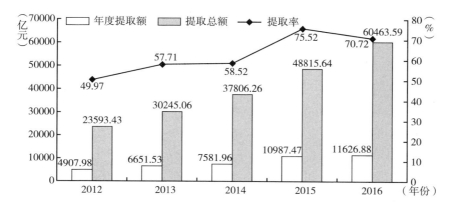

图5　近5年住房公积金年度提取额、提取总额及提取率

资料来源：《全国住房公积金2016年年度报告》。

发放个人住房贷款作为住房公积金的最主要业务，从近5年的数据看，公积金年度个贷额除了2014年稍有回落外，其他年份均呈现上涨态势，尤其2015年和2016年涨幅尤为明显。与此同时，住房公积金贷款余额从2012年的16553.84亿元上升到2016年的40535.23亿元，已经突破4万亿元，2015年和2016年上涨幅度约为8000亿元。再者，公积金个贷率曲线斜率向上，并且2015年跃升至80.80%，2016年更是高达88.84%（见图6），这一现象一方面显示出住房公积金使用效率逐年提高，另一方面也表明住房公积金总体上已经

图6　近5年住房公积金年度发放额、贷款余额及个贷率

资料来源：《全国住房公积金2016年年度报告》。

出现流动性不足的危机。若不及时采取有效管控措施，住房公积金很有可能出现收不抵支、资金池萎缩的风险。

从省级层面看，2014～2016年各地区住房公积金个贷全年发放额、累计发放额及贷款余额总体上均具有上升趋势，其中，北京、上海、江苏、浙江、山东、广东、辽宁等省份近5年个贷发放额、累计发放额和贷款余额较其他地区均显得较高，且公积金贷款累计发放额及贷款余额涨幅更加明显。与此同时，上海、江苏2016年公积金贷款累计发放额已经超过6000亿元，北京、广东也已超过5000亿元。相比较而言，山西、吉林、江西、甘肃、青海、宁夏、西藏住房公积金贷款额不高，且波动幅度较为温和（见图7），这与其体量规模和住房市场具有较强关联性。因此，由区域对比可知，住房公积金使用效率正在逐年提高，但也存在较为明显的区域异质性。

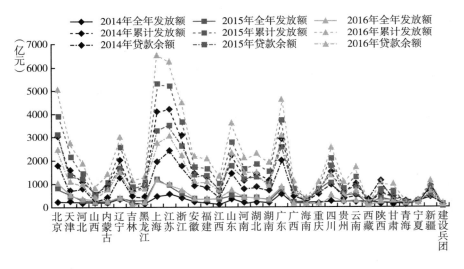

图7 2014～2016年各地区住房公积金个贷全年发放额、累计发放额及贷款余额

资料来源：《2014～2016年全国住房公积金年度报告》。

3. 住房公积金存量水平逐渐下跌

住房公积金收支状况影响其存量水平，而存量水平进一步关系到公积金流动性程度。显然，无论是公积金年度缴存额、提取额还是贷款额，总体上均呈现出逐年增长的态势。但相比较而言，住房公积金年度缴存额增长速度较为平稳，而提取额和贷款发放额的波动幅度相对较大（见图8），所以公积金的存量水平更多受支取端的影响，且随着个贷规模的提升，公积金存量水平被不断压缩。

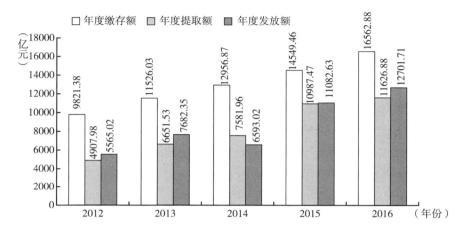

图8　近5年全国住房公积金年度缴存额、提取额及个贷发放额

资料来源：《全国住房公积金2016年年度报告》。

再者，从近5年住房公积金缴存余额、提取总额及个贷余额的走势来看，公积金缴存余额的增长速度明显不及提取总额和个贷余额增速，且在2014年，提取总额已经反超缴存余额。截至2016年，公积金提取总额已达60463.59亿元，而缴存总额为45627.85亿元，公积金个贷余额也正在逐渐向缴存余额步步逼近，到2016年个贷发放额已达40535.23亿元（见图9）。由此可见，住房公积金存量水平正在不断快速下跌，流动性不足的危机不容小觑，若不及时通过政策调整等有效措施扭转这种趋势，住房公积金将在可预见的未来出现全国层面的"赤字"，这将对该制度的可持续发展带来严峻挑战。

从市级层面看，2016年一线城市北京、上海、广州等地住房公积金支取各项指标均显著高于其他城市。多数大中城市公积金个贷余额已经接近或者超过缴存余额，这与全国层面数据反映出的结论相一致，即住房公积金存量水平已经处于较低水平。即便在中西部城市，虽然公积金各项支取指标低于东部城市，但收支差距也明显缩小，尤其表现在个贷余额与缴存余额的已经处于临界状态，所以公积金资金池存量规模收缩值得高度警惕（见图10）。

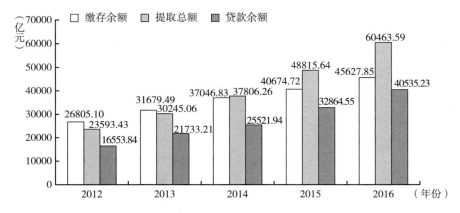

图9　近5年全国住房公积金缴存余额、提取总额及个贷余额

资料来源：《全国住房公积金2016年年度报告》。

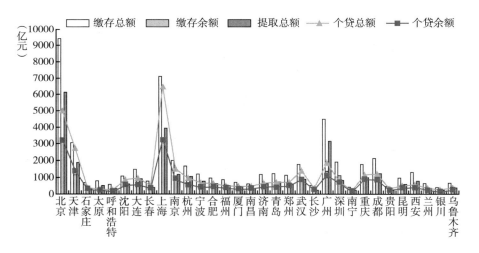

图10　2016年主要大中城市住房公积金缴存、提取、贷款情况

资料来源：《2016年各市住房公积金年度报告》。

二　住房公积金流动性风险特征

1. 住房公积金流动性不足趋势明显

由各地区住房公积金存贷比（即贷款余额/缴存余额）的取值和趋势

可知，近 3 年全国公积金存贷比连年攀升，2014～2016 年存贷比分别为 68.89%、80.80% 和 88.84%，存贷比的提高意味着住房公积金流动性不足已成趋势。从省份数据来看，各地公积金个贷率也呈现明显上升态势，且分布区间大多位于 60%～100% 之间。北京、天津、上海、江苏、浙江、福建、安徽、江西、重庆、贵州等地公积金存贷比大多高于全国均值，2015 年天津最先突破 100%，随后上海、江苏、浙江、安徽、福建、江西、贵州也均跨越了 100%。而山西、黑龙江、青海、西藏等地存贷比相对较低。从整体上看，东部地区存贷比相对高于中西部地区（见图 11）。总之，住房公积金存贷比高位运行且持续上涨已经明显暴露出其流动性不足的趋势。

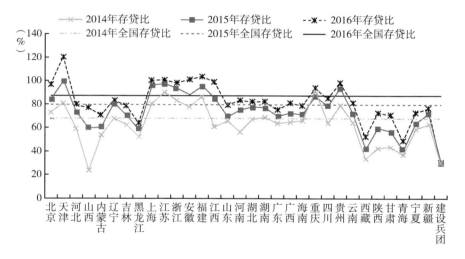

图 11　2014～2016 年全国及各地区住房公积金存贷比

资料来源：《2014～2016 年全国住房公积金年度报告》。

从 2014～2016 年主要大中城市住房公积金个贷率来看，近年来总体上各个城市个贷率呈现上浮趋势，而且大多数城市公积金个贷率处在 80%～100% 之间，个贷率超过 100% 的城市也不在少数，如：北京、沈阳、上海、南京、厦门、福州等，且天津、合肥 2016 年公积金个贷率已经突破 120%（见图12）。因此，住房公积金流动性不足的风险正在成为普遍现象，并且程度在不断加深。

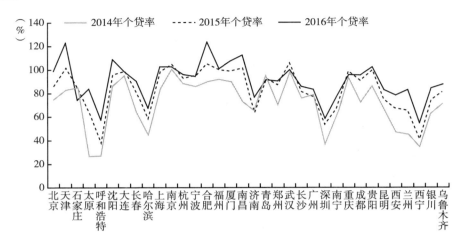

图12 2014~2016年主要大中城市住房公积金个贷率

资料来源:《2014~2016年各市住房公积金年度报告》。

2. 住房公积金区域间流动性不均

从2014~2016年各省住房公积金存贷差（缴存余额 - 贷款余额）来看，总体上各地区存贷差出现了不同程度的下降，再次验证了住房公积金流动性风险日益凸显的事实。除此之外，北京、天津、上海、江苏、浙江、福建、安徽等地公积金存贷差下降幅度尤为明显，且显示为负值，表明上述地方公积金已经出现收支倒挂现象，尤为严重的天津市，其公积金存贷差已经接近 - 300 亿元。其次，山东、广东公积金存贷差目前相对较高，均处于500亿元以上。而重庆、贵州、宁夏和建设兵团住房公积金存贷差均保持在100亿元之内，且3年来变化幅度不大（见图13）。这说明了各地住房公积金不仅存在流动性不足的风险，同时也存在流动性不均的问题。

与此同时，2014~2016年主要大中城市住房公积金存贷差也表现出较为类似的规律，即各个样本城市公积金存贷差存在显著差异，2014年南京最早出现了公积金负存贷差，随后，2015年天津、合肥、福州、武汉公积金存贷差也由正转负。2016年，公积金存贷差为负值的城市包括天津、沈阳、上海、南京、合肥、厦门、南昌和贵阳等。除此之外，仍有很多城市住房公积金存贷差目前尚为正值。因此，住房公积金不仅存在流动性不足的风险，同时这种风险分布情况具有地区差异性，即区域间流动性不均（见图14）。

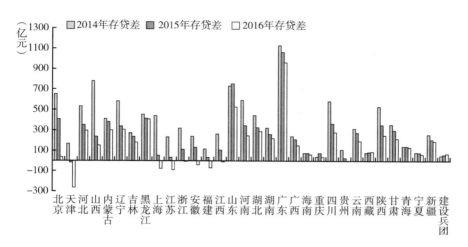

图13　2014~2016年各地区住房公积金存贷差

资料来源：《2014~2016年全国住房公积金年度报告》，数据经计算得出。

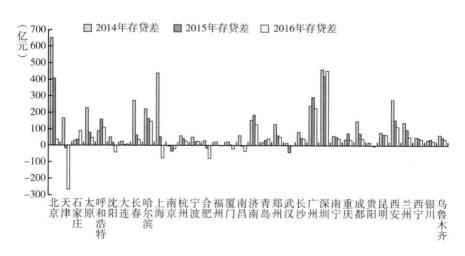

图14　2014~2016年主要大中城市住房公积金存贷差

资料来源：《2014~2016年各市住房公积金年度报告》，数据经计算得出。

3. 住房公积金流动性跳跃弹性较大

通过对2014~2016年主要大中城市住房公积金缴存额、个贷额同比增长率分析，可以发现各省公积金缴存额同比增长率变化较为缓和，而各地区公积金个贷额同比增长率波动明显。且相比较而言，2014 年各地公积金个贷额同比增长率波动缓和，而 2015 年公积金个贷额同比增长波动幅度相对最大，且大多位于 45% ~ 100% 的浮动区间，北京、上海、厦门、济南、深圳、成都、呼和浩特、贵阳等省份个贷额同比增长率更是突破 100%。可 2016 年公积金个贷额同比增长率有所回落，尤其东部地区城市增长率降幅较为明显。这可能源于各地开始注意到公积金流动性不足的风险，所采取的相应措施产生了一定的政策效应。总之，住房公积金缴存额同比增长率保持相对稳定，而个贷额同比增长率振幅较大，因此公积金的流动性主要取决于支取端，且跳跃弹性较大（见图 15）。

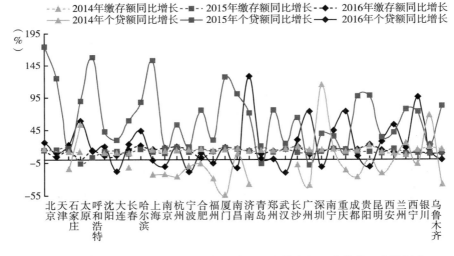

图 15　2014 ~ 2016 年主要大中城市住房公积金缴存额、个贷额同比增长率

资料来源：《2014 ~ 2016 年各市住房公积金年度报告》。

　　同样，2014 ~ 2016 年我国主要大中城市住房公积金个贷率同比增长率也呈现出明显浮动态势，从整体上看，除个别城市外，大部分城市 2016 年个贷率同比增长率都低于 2015 年。2016 年，大连、南京、青岛和武汉均出现了个贷率同比负增长，即个贷率增速有所下跌，但天津、太原、呼和浩特和合肥均保持较高的个贷率同比增长率，且超过了 20%（见图 16）。这从侧面说明相关地市住房公积金政策调整有利于个贷率增速变缓甚至下跌，暂时性缓解了住房公积金流动性不足加剧的风险。这也再次验证了图 15 中的结论，即住房公积金流动性不足风险主要体现在个贷层面，个贷率自身变化幅度相对很大，更能显著影响公积金流动性走向。

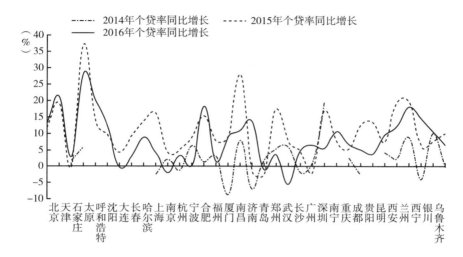

图 16　2014～2016 年主要大中城市住房公积金个贷率同比增长率

资料来源：《2014～2016 年各市住房公积金年度报告》。

4. 住房公积金流动性对住房市场波动高度敏感

从 2016 年各地区住宅商品房价格同比增长率及住房公积金个贷率的相互走势看，虽然二者走势起伏较大，都具有较为显著区域差异性，但大体上二者间存在较为明显的反向关系，即住宅价格同比增长速度越快，住房公积金个贷率则相对走低。这种现象表明公积金市场需求度与住房市场波动和住房市场景气程度存在明显关联，尤其对房价波动程度高度敏感（见图 17）。

市级层面住宅商品房价格同比增长及住房公积金个贷率也同样具有显著负向相关性，一般而言，住宅价格同比增速越高，对应的住房公积金个贷率则相对偏低（见图 18），这从市级层面验证了住房公积金贷款需求量与住房价格波动之间存在相互关联，原因可能在于房价上升抑制了住房消费，进而也使得住房公积金贷款额相应降低。

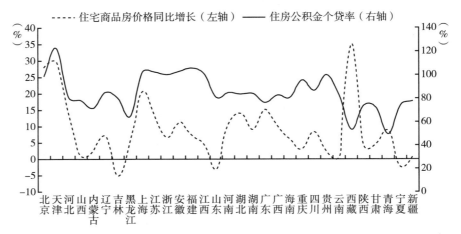

图17　2016年各地区住宅商品房价格同比增长及住房公积金个贷率

资料来源：《全国住房公积金2016年年度报告》。

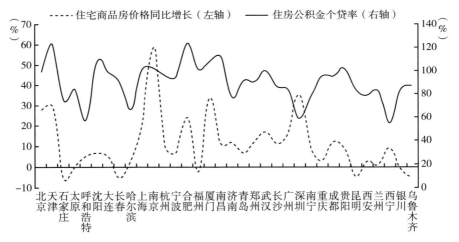

图18　2016年主要大中城市住宅商品房价格同比增长及住房公积金个贷率

资料来源：国家统计局网站、《2016年各市住房公积金年度报告》。

三　住房公积金流动性风险主要成因

1. 住房公积金属地化封闭经营

当前，我国住房公积金资金管理以城市为单位，实行属地化封闭经营。这是公积金区别于其他商业性金融的一大特征，分散化运营模式虽有利于强化各市的决策自主性，但也因此衍生出诸多不适及制度问题。由于各个城市经济发展程度、城市化水平、住房市场状况、人口数量以及政策设计等各方面存在显著差异，导致住房公积金在缴存、提取、发放个人贷款等方面均有明显不同，因而公积金流动性水平也各不相同。这种差异不仅体现在不同省份之间，也体现在同一省份的不同城市之间，造成了公积金流动性不足与流动性不均共存的局面。东部地区以及经济发展水平较高的一、二线城市住房公积金个贷率相对偏高，有些地方甚至已经突破100%，公积金收支倒挂、入不敷出；而在中西部地区以及经济欠发达的三四线城市，住房公积金个贷率相对偏低，部分地市甚至仅在60%左右，公积金结余较多，沉淀资金量巨大。而以城市为单位的属地化运行模式切断了公积金的区域流动和调剂通道，加剧了公积金流动性不足和流动性不均的风险。

2. 住房公积金管理中心非营利性

我国《住房公积金管理条例》（以下简称《条例》）明确规定，"住房公积金管理中心是直属城市人民政府的不以营利为目的的独立的事业单位"，这一定位无疑在很大程度上限制了住房公积金政策性金融功能的发挥，资金的保值增值渠道十分狭窄。虽然《住房公积金管理条例（修订送审稿）》已经对公积金投融资方式进行了扩充，但现行的管理框架仍未将修订内容真正落地实施。公积金管理中心机械性地开展资金归集、存储等业务，数以万亿计的住房公积金失去了金融活性，这显然难以持续性满足庞大的资金提取、贷款等支出性需求。因此，当前管理中心的非营利性在一定程度上使得住房公积金片面追求政策功能，而忽视了金融功能的发挥，不利于公积金流动性的提升。

3. 缺乏资本充足率和准备金制度

按照巴塞尔协议的要求，商业银行资本充足率应达到8%，同时央行对商业银行实行法定存款准备金制度，且允许商业银行缴存超额准备金。除此，商业银行还可通过再贷款和再贴现业务补充资金需求，同业拆借也可让商业银行进行头寸调整。而与商业银行不同的是，当前住房公积金管理中心没有自有资本，且尚未建立完善的准备金制度，这使得当城市住房公积金流动性不足时，没有任何后续资金用以周济，也没有其他外来资金进行补充，即缺乏了最后一道流动性风控屏障，最终将导致公积金流动性不足的问题加剧。虽然《条例》

第二十九条规定了住房公积金的增值收益应当存入住房公积金管理中心，在受委托银行开立的住房公积金增值收益专户，用于建立住房公积金贷款风险准备金、住房公积金管理中心的管理费用和建设城市廉租住房的补充资金，但并未对各市公积金管理中心风险准备金提取比例、额度等进行具体要求。总之，资本充足率和准备金制度的缺乏，使得管理中心在面临公积金流动性不足和失衡时难以做出应急反应。

4. 住房公积金制度改革的影响

近年来各地住房公积金制度改革频率明显加快，比如扩大制度覆盖面、公积金缴存实行"限高保低"、扩大资金使用范围等。虽然各类改革措施成效显著，且有利于保障制度公平、提高运营效率，但诸如上述种种改革必然会影响公积金缴存和使用额度。同时，制度改革可能并未充分兼顾长短期政策搭配以及不同区域之间差异化政策设计。其一，对于扩大公积金覆盖面而言，虽然短期内看似有利于筹集更多资金，有助于缓解短期资金流动性不足的问题，但扩面对象通常属于"新市民"群体，以个体工商户、农民工等为代表，公积金扩面的同时也会带来资金长期需求的提升，可能会给资金流动性带来更大压力。其二，"限高保低"的政策要求本质上为了提高制度公平性，但以往国有企业和事业单位等缴存主体的较高缴存比例被迅速下压，无疑也加重了公积金流动性不足的程度。其三，扩大公积金使用范围能够提高资金运作效率，但同时也在短期内增加了公积金支取金额，更是加剧了公积金流动性不足的风险。

5. 外部市场环境的冲击

除了住房公积金制度本身的政策设计外，外部市场环境也对公积金流动性产生了不可忽视的冲击作用，这大致体现在房价上涨、楼市去库存、人口老龄化以及商业银行房贷空间压缩等方面。首先，近年来我国住房市场表现出过热迹象，具体表征为地王频现、房价飙升、交易旺盛等，住房市场的持续火热刺激了居民对公积金低息贷款需求的增加，导致公积金个贷率持续攀升。其次，自2015年楼市去库存政策实施以来，多地通过放开公积金贷款等方式促进住房消费，这显然增加了短期内公积金的贷款负担。同时，当前我国人口老龄化程度不断加深，退休后的城镇职工可以通过销户的方式全额提取公积金账户余额，这使公积金提取额一直呈现逐年上涨的态势。此外，自2014年以来，银监会一直强调要严格控制房地产贷款风险，以及中央银行多次降息的做法使得银行对住房贷款加强了限制，这同样也增加了公积金贷款的市场需求。

四 住房公积金流动性风险应对措施梳理

沈正超等（2014）所做的《住房公积金流动性风险管理研究报告》中提出，可从备付金率、现金流量等角度综合分析住房公积金流动性状况，并制定了相关评估标准（如表1所示）。同时，国内部分省市公积金管理中心已尝试着通过各种措施应对公积金流动性不足和过剩的问题（如表2所示）。

表1 住房公积金流动性状态评估标准

监测指标及标准		流动性评估
静态评估	动态评估	
连续 3 个月 个贷率≤80% 备付金率≥10%	（储备资产加权值＋即期资金的流入）/预计未来一个月政策性资金需求≥6	过剩
连续 3 个月 80%＜个贷率≤90% 5%≤备付金率＜10%	3≤（储备资产加权值＋即期资金的流入）/预计未来一个月政策性资金需求＜6	正常
连续 3 个月 90%＜个贷率≤95% 2%≤备付金率＜5%	1≤（储备资产加权值＋即期资金的流入）/预计未来一个月政策性资金需求＜3	偏紧
连续 3 个月 个贷率＞95% 备付金率＜2%	（储备资产加权值＋即期资金的流入）/预计未来一个月政策性资金需求＜1	不足

表2 部分省市解决住房公积金流动性问题措施

资金状况	应对措施		省市举例（公积金管理中心）
流动性不足	调整政策	限制提取	广州
		贷款轮候	烟台、浙江等多数城市
		紧缩贷款政策	南京、盐城、天津等
	"公转商"		北京、无锡、盐城、常州、湖州、安徽省直机关
	借用房改资金		上海
	资金调剂		内蒙古自治区、绍兴、杭州、温州、济宁
流动性过剩	"商转公"		温州
	放宽提取条件		北京
	提高贷款额度		南京、温州

据前文研究结论，当前我国住房公积金流动性问题主要体现在资金存量减少和增量不足方面，为积极应对公积金流动性不足的风险，不少城市已开始采取各种应对措施，如限制公积金提取额度、实行贷款轮候制、紧缩贷款政策、公积金贷款转商业贷款、借用房改资金等。若将 2016 ～ 2018 年初部分省市住房公积金流动性管理办法进行梳理，可以看出各地住房公积金管理中心正通过各项政策调整，从不同的角度化解公积金流动性危机，例如启动贷款预警机制、保留备付资金，开展住房公积金异地贷款业务，实行"提取、贷款二选一"政策，以个人住房贷款率为指标设立三个预警等级等（如表 3 所示）。

表 3　近期部分省市住房公积金流动性管理办法

发布省市	发布日期	文件名称	政策调整主要内容
云浮	2018 年 2 月 11 日	《云浮市住房公积金贷款业务二级预警通告》	为防范和控制住房公积金资金流动性风险,在住房公积金贷款业务二级预警期间,需办理个人住房抵押贷款的职工,应结合实际,合理选择商业性住房贷款或住房公积金贷款。
宿州	2018 年 1 月 12 日	《宿州市住房公积金资金流动性风险预警机制暂行办法》	根据住房公积金资金供求状况,构建符合供求状况的预警系统和矛盾防范化解机制,实现住房公积金资金运行有序、规范、合理。
广东省	2017 年 11 月 22 日	《广东省住房公积金资金流动性风险预警和管理的指导意见》	建立住房公积金资金流动性风险预警和管理制度,根据资金运行情况,参照国家有关规定,将住房公积金个人住房贷款率85%设为预警临界点,按照预警等级由低到高,分为三个预警等级。
资阳	2017 年 10 月 16 日	《关于调整住房公积金使用相关政策的通知》	为解决住房公积金资金使用率过高的问题,有效防范住房公积金流动性风险:1. 调整最高贷款额;2. 实行存贷挂钩机制;3. 实行差别化贷款政策;4. 实行"提取、贷款二选一"政策。
三明	2017 年 7 月 7 日	《关于部分调整住房公积金贷款政策的通知》	为保持住房公积金资金流动性,防范住房公积金运行风险,暂停办理"商业贷款转公积金贷款"业务,待全市住房公积金个贷使用率低于95%时,按相关规定恢复办理。
荆州	2017 年 6 月 28 日	《关于调整住房公积金使用政策的通知》	为进一步防范住房公积金流动性风险,停止执行缴存职工购买、建造、大修自住住房又取又贷政策等。

续表

发布省市	发布日期	文件名称	政策调整主要内容
福州	2017年6月23日	《关于加强福州住房公积金资金流动性管理的通知》	1. 停止向购买第三套（及以上）住房的职工家庭发放住房公积金贷款；继续停止向第三次（含）使用住房公积金贷款和尚未结清住房公积金贷款的职工家庭发放住房公积金贷款。2. 除五城区外，在福州七县(市)范围内购房的职工家庭，首次申请使用住房公积金贷款购房的，首付款比例不低于30%；第二次申请使用住房公积金贷款购房的，首付款比例不低于40%。
东莞	2017年5月12日	《关于个人住房公积金贷款执行相应流动性调节系数的通知》	2017年6月起将住房公积金流动性调节系数调整为1.4。
新余	2017年4月21日	《关于调整我市住房公积金使用政策的通知》	为有效防控住房公积金流动性风险，加强资金流动性管理，保障住房公积金可持续运行：1. 调整购房提取政策；2. 调整偿还贷款提取政策；3. 暂停办理商业住房贷款转住房公积金贷款业务。
许昌	2017年4月20日	《关于加强公积金流动性风险防控规范使用政策的通知》	规范购房提取、偿还自住房商业贷款提取以及提取使用范围；实施贷款额度动态调控，加强楼盘风险防控，并且加强信用风险防控。
滁州	2017年4月14日	《关于暂停受理商转公业务的通知》	为切实防控流动性风险，决定自2017年4月17日起，暂停受理商业贷款转住房公积金个人住房贷款业务，恢复事宜另行通知。
池州	2017年3月17日	《池州市住房公积金流动性风险防控方案》	将住房公积金个贷率降至90%以下的合理区间，保持住房公积金运行的安全性、连续性和可持续性
安徽省	2017年3月14日	《安徽省住房公积金资金流动性风险预警机制实施办法》	根据资金运行情况，预警级别由低到高分为一、二、三等级；当预警级别达到最高，必要情况下可通过实行住房公积金贷款轮候发放政策，控制住房公积金资金流出速度。
九江	2016年12月20日	《关于调整和规范住房公积金使用政策的通知》	从住房公积金互助性、公平性、可持续性考虑，仅对个别政策进行适度调整，扭转每月住房公积金资金负增长，使住房公积金在化解房地产库存中持续发挥应有作用。此外，切实防范公积金资金流动性风险，确保住房公积金良性运行。
湖北省	2016年11月28日	《关于进一步规范住房公积金使用有关问题的通知》	进一步用好用足公积金，积极发挥住房公积金对解决住房民生和房地产去库存的支持作用，同时高度重视住房公积金流动性缺口，防范融资运营风险。

续表

发布省市	发布日期	文件名称	政策调整主要内容
莆田	2016年8月5日	《关于部分调整住房公积金政策的通知》	为有效缓解住房公积金资金流动性紧张的压力,更好地支持广大中低收入家庭职工的购房需求,将在全市范围内开展住房公积金公转商贴息贷款业务,当住房公积金个贷使用率低于85%时,适时开展住房公积金异地贷款业务。
宁波	2016年6月20日	《关于取消住房公积金"提取还贷"余额留存的通知》	为了缓解住房公积金资金的流动性风险,从2016年6月1日起,一年一取和按月提取偿还公积金贷款,均取消留存贷款额度5%的余额的政策。原来在账户内留存的金额将根据还贷金额和缴存金额的核算,由公积金业务系统自动计算逐渐转入提取人账户。
扬州	2016年5月25日	《关于调整我市住房公积金部分使用政策的通知》	为防范住房公积金资金流动性风险,拟从2016年6月1日起调整部分住房公积金使用政策:1.适当收紧提取范围;2.适当下调还款能力系数,将住房公积金贷款还款能力系数由目前的0.4下调为0.3;3.适当限制贷款对象和贷款次数。
扬州	2016年3月15日	《关于加强住房公积金资金流动性风险控制的意见》	1.及时启动贷款预警机制;2.保留必要的备付资金;3.认真做好"公转商"贴息贷款业务;4.统筹使用资金。
丽江	2016年3月1日	《关于切实加强流动性风险管理的规定》	1.住房公积金贷存比指标即个贷率,其合理区间为不低于75%且不高于85%;2.按照我市住房公积金贷存比高于85%时,应当适度紧缩贷款规模,有效防控流动性风险的原则,启动"熔断机制",对于购买、建造第三套及以上住房的,不再提供住房公积金贷款。

五　住房公积金流动性风险管控路径

（一）借助改革东风，抓住历史机遇，推动住房公积金制度转型发展

各地住房公积金制度改革虽是动作频频，但总显得举棋不定、治标不治本。若不以壮士断腕的勇气、不下绣花功夫，就难以从根本上解决住房公积金流动性风险等问题，也难以推动住房公积金制度转型发展，坐失改

革良机。从制度内因来看，当前我国住房公积金制度已经面临诸多发展问题，饱受各界质疑和诟病，流动性风险也只是其一。如果不及时进行政策调整，根除政策设计弊端，不仅不利于住房公积金制度的长远发展，不利于保障广大城镇职工的合法权益，也不利于住房市场的平稳健康发展。十八届三中全会就已经提出要建立公开、规范的住房公积金制度，改进公积金提取、使用、监管机制，且2018年两会有提案也明确提出利用公积金加快建立政策性住宅金融机构，因此需要围绕顶层设计要求，积极推进住房公积金制度改革。

与此同时，当前我国经济社会领域的改革正在不断展开，尤其对于住房市场的发展，中央已经指明了改革方向。党的十九大报告明确指出坚持房子是用来住的、不是用来炒的定位，加快建立多主体供给、多渠道保障、租购并举的住房制度，让全体人民住有所居。由此可见，住房市场的基本定位、发展模式和最终目标都已经十分清晰。并且，2018中央经济工作会议提出要完善促进房地产市场平稳健康发展的长效机制，显然，作为政策性住房金融的主要内容，改革和完善住房公积金制度必不可少。再者，当前我国机构改革不断深化，这是新时代政府职能转型优化之需，也是推进国家治理体系和治理能力现代化的必然要求，更是围绕推动高质量发展、建设现代化经济体系的有力之举。而且机构改革是社保制度整合的先导，包括住房公积金制度在内的现行社会保障管理架构格局中，普遍存在多部门"多头管理"、各自为政的现象，因此必须要通过制度整合提高制度的有效性、公平性和可持续性，通过机构整合简减机构，厘清管理职责，降低管理成本，提高管理效率。

综上可知，无论是住房公积金制度自身发展的内在动力，还是我国经济社会领域各项改革举措的外在推力，住房公积金制度改革的时机已基本成熟，且动力机制完备，政策环境合宜。因此要借助改革东风，抓住历史机遇，推动住房公积金制度转型发展。

（二）住房公积金流动性风险管控具体实施路径

1. 构建公积金流动性预警机制，完善风险分级防控体系

住房公积金流动性不足的风险已成普遍现象和普遍趋势，因此在当前制

度改革方案最终尚未形成之前，各地应尽快构建住房公积金流动性预警机制，根据预警级别有针对性地采取相应防控措施。具体而言，公积金流动性风险分级防控体系分为对风险等级的划分和对管理层级的划分。第一，对于风险等级的划分而言，各个地市一般可以构建三个预警等级，若将一、二、三级定义为流动性风险不断加深，则启动一级预警时，各地应制定资金筹措方案及存贷政策调整预案，进行前瞻性准备；启动二级预警时，各地应通过兑付存单、债券等，实现资金回笼，同时加大组合贷、公转商力度等缓解公积金贷款压力；启动三级预警时，各地可通过公积金贷款轮候发放政策等，控制资金流出速度。第二，对于管理层级划分而言，可建立市级、省级以及国家级三级预警联动机制，实行市级对省级负责、省级对国家级负责，同时可以通过由上至下进行反向监督，确保地方积极有效应对住房公积金流动性风险。

2. 突破属地化封闭运营模式，改革公积金管理体制

当前住房公积金实行以市为单位，资金封闭运营的模式，即原则上各市在《条例》框架下对住房公积金享有各自管辖权，且不进行跨市流通，这显然引发和加剧了公积金运行的低效率及流动性的不均。因此，需要突破公积金属地化封闭运营模式，大致可以分为三步进行改革。第一，设立省级和国家级两级住房公积金异地调度平台，且以省级调度优先，国家级调度托底。即当市级层面出现流动性不足风险时，可先向省级调度平台申请有偿拆借，省级平台通过统筹各市公积金流动性状况进行调剂余缺，实现资金跨市流动。而当省级层面出现流动性不足风险时，可向国家级调度平台申请有偿融资，国家级平台通过统筹各省公积金流动性状况进行调度资金，实现资金跨省流动。显然，设立两级调度平台不仅可以有效缓解各地公积金流动性风险，还可以减少交易成本，提高资金调度的安全性和透明性。第二，在构建公积金省级调剂平台基础上，逐渐将公积金管理层级重心上移到省级层面，实现公积金的省级统管，更加便于资金的跨市流动。第三，在构建公积金国家级调剂平台基础上，进一步设立全国住房公积金管理中心，更便捷地统筹资金异地调度，增加抗风险能力。各地中心可进行资金短期头寸拆借和中长期有偿融资，并且住房公积金沉淀资金投资可以更专业化、多元化，有益于提高公积金利用效率和保值增值能力。

3. 拓宽公积金投融资渠道，提升政策性住房金融功能

《条例》（修订送审稿）第三十条已经就拓宽公积金投融资渠道进行了明显补充，在以前投资国债的基础上，公积金融资方面增加了可申请发行个贷支持证券或通过贴息等方式，投资方面增加了可购买大额存单、地方政府债券、政策性金融债、个贷支持证券等高信用等级固定收益类产品。这说明政策制定者已经意识到需要拓宽住房公积金投融资渠道，因此，需要通过金融运作的方式增强公积金的保值增值能力，进而缓解其流动性不足的问题。总的来说，可以用"集、管、控、用"四个层面加以概括，以此提升公积金政策性住房金融功能。第一，在公积金归集层面，以传统的强制缴存作基础，探索"强制＋自愿"的新归集模式，尤其对于农民工等群体。同时，以公积金资金流作担保，通过证券化方式扩大融资规模，保障资金流动性安全。第二，在公积金管理层面，可通过构建全国住房公积金管理中心进行统筹管理，实现资金的跨区域流通和高效利用。第三，在公积金使用层面，不仅要满足正常支取贷款等需求，还可通过投资高信用等级固定收益类产品提高资金营利性。第四，在公积金风控层面，引入商业银行流动性风险管控措施，建立资本充足率和准备金制度，守住公积金流动性的安全阀门。

4. 建立政策性住宅金融机构，助力房地产市场长效机制建设

2013 年，中共十八届三中全会在《中共中央关于全面深化改革若干重大问题的决定》中就已明确提出"研究建立城市基础设施、住宅政策性金融机构"的观点。由此可见，建立住宅政策性金融机构已经成为中央层面的坚定意志和明确目标。作为政策性住房金融的主要形式，住房公积金理应最有条件转型为住宅政策性金融机构，当然，这一转型并非一蹴而就，而是分为两个阶段，包括资源整合和市场化运作两大主体工程。第一，加强住房公积金资源整合，这要求改革公积金管理体系，建立省级和国家级统筹中心，构建统一的决策机制、管理机构、政策规范、资金核算、信息系统，打破分割运营，弱化地域、城乡差异，整合全国资源、提高配置效率，增强住房公积金流动性。第二，坚持住房公积金普惠性和互助性，参与市场化运作，完善全口径计缴和专业化运营，逐步形成公积金与商业金融统筹协调、高效运作的体系，加快建立与住房市场发展相适应的中长期金融支持机制，确保政策性住宅金融机构有资金、有项目、风险低、易调控，以此助力房地产市场平稳、健康发展的长效机制建设。

参考文献

陈杰:《住房公积金的流动性危机》,《中国房地产》2010 年第 2 期。

周京奎:《我国公共住房消费融资现状、问题及模式选择》,《城市问题》2010 年第 7 期。

刘洪玉:《推进与完善住房公积金制度研究》,科学出版社,2011。

高波:《我国城市住房制度改革研究——变迁、绩效与创新》,经济科学出版社,2017。

路君平等:《我国住房公积金制度的发展现状与对策研究》,《中国社会科学院研究生院学报》2013 年第 1 期。

黄燕芬、李怡达:《关于我国住房公积金制度改革顶层设计的探讨》,《国家行政学院学报》2017 年第 2 期。

刘丽巍:《我国住房公积金制度的现实挑战和发展方向》,《宏观经济研究》2013 年第 11 期。

徐晓明、葛扬:《我国住房公积金制度改革路径研究——基于建立国家住宅政策性金融机构的视角》,《福建论坛》(人文社会科学版)2015 年第 4 期。

王开泉:《住房公积金制度的他国镜鉴:透视住房合作银行》,《改革》2015 年第 6 期。

汪利娜:《政策性住宅金融:国际经验与中国借鉴——兼论中国住房公积金改革方案》,《国际经济评论》2016 年第 2 期。

王先柱、吴义东:《住房公积金"互助"还是"攫取"?——基于中国调查数据的实证研究》,《上海经济研究》2017 年第 6 期。

沈正超等:《住房公积金流动性风险管理研究报告》,2014。

陈淑云、李嘉:《资产证券化能否解决住房公积金流动性不足》,《中国房地产》2016 年第 30 期。

Abstract

Annual Report on the Development of China's Real Estate Report No. 15 (2018) carries on the objective, fair, scientific and neutral purposes and principles, traces the latest information of China's real estate market and analyzes deeply its hot issues, actively makes countermeasures and strategies and forecasts the developing trends in 2018. There are 8 parts in the book, which are the general reports, reports on land, reports on finance and business, reports on market, reports on management, reports on the regional markets, reports on the international markets and reports on hot issues. The general report analyzes overall the developing trend of the real estate industry and the real estate market, while the rest reports respectively make deep analysis of the secondary real estate market, regional markets and hot issues.

The report at 19th CPC National Congress clearly stated: "We must not forget that housing is for living in, not for speculation. With this in mind, we will move faster to put in place a housing system that ensures supply through multiple sources, provides housing support through multiple channels, and encourages both housing purchase and renting. This will make us better placed to meet the housing needs of all of our people. " It refined and accurately summarized the basic orientation key tasks, development direction, and ultimate goal of China's housing system construction. In 2017, the central government implemented the vision of "housing is for living in not for speculation" and conducted a series of policies to adjust and control on the overheated real estate market. Judging from the data performance, the performance of the real estate market in 2017 has been stable with a slight decline. The growth rates of major indicators have mostly been lower than in 2016, and market regulation has achieved initial results.

The growth rate of investment in real estate in 2017 was basically as same as the rate in 2016, showing a steady development trend. Although both the sales area and amount of commercial housing hit a record high, the total of investment in real estate has not risen sharply in parallel. This is because that the upgrade of the real estate

policies makes developers less willing to start new construction. At the same time, the heat of the land market has not diminished, and growth continues to expand. The year-on-year growth in the land acquisition area has been steadily increasing since it turned positive from negative in early 2017. The declining of the new housing construction area reflects the lack of motivation for real estate developers. It shows that the price limit policy has a great impact on residential development. The developer lengthens the construction period and delays the completion of the project. Moreover, the cumulative year-on-year growth rate of completed housing areas fell from 15.8% at the beginning of the year to -4.4%. The commercial housing sales area hit a record high, but the growth rate dropped significantly. The growth of real estate price dropped significantly compared to that in 2016, and the macro adjustments on real estate have achieved remarkable results. On the whole, China's real estate market in 2017 has the following striking characteristic: As the real estate market is strongly regulated, the long-term control mechanism for real estate needs to be established; due to the obvious effects of the de-stocking of houses, the vacant houses in the outflow areas must be vigilant; as land prices continue to rise sharply, the risk of housing price rising driven by rising costs is increasing; because of the negative growth of personal mortgage loans, the pressure for the development of financing costs for development companies has increased; due to the unbalanced sales prices of housing leases, the development direction of the housing rental market must be clear.

Looking forward to 2018, the housing market regulation will be based on "stability", which creates a stable market environment for the housing system reform and long-term real estate mechanism. Property tightening building market regulation and destocking policies will remain parallel. On the one hand. Although the real estate market in the first-and second-tier hot cities has obviously cooled down, the market in short supply has not clearly changed. There is still a certain upward pressure on housing prices, and it is necessary to maintain the same level of regulation and control of existing policies. It can't be excluded that some hot cities may issue stricter control policies. On the other hand. More hotlines of the market in the third-and fourth-tier cities continued to increase. Housing prices and land prices rose rapidly and the market was fully "activated". The previous stimulus policies need to be faded or even turned into tightening control to maintain the steady and healthy development of the real estate market.

On the whole, China's real estate market will enter the current low point in 2018, and the overall real estate market will show a downward trend. On the supply side, first-tier and hot second-tier cities are expected to further increase their supply of land in order to ease the inventory crisis. However, it is difficult to relax the price limit policy, and the supply of hot cities will continue to be tight. On the demand side, in order to control house prices, there is less possibility of "relaxation" in real estate regulation policies. Coupled with the tightening of bank credit, the cost of purchases will also increase significantly. Therefore, the size of transactions will be limited to some extent. Affected by the regulatory policies and currency environment, the commercial housing sales area will be adjusted back. Sales contraction and financing channels blocked put much financial pressure on real estate companies. This has affected the companies' willingness of new housing construction in some degree, and the growth rate of new housing construction areas will remain low. Due to the "unreliance" of the market regulation policy in 2018 and the unfavorable factors on the demand side, as well as the tightening of corporate financing, residents' deleveraging and development loans, these will all have a negative impact on the growth rate of housing investment. The total of investment in 2018 may remain low. In the first half of 2018, it will continue the downward trend in 2017. While in the second half of the year, the growth rate of housing investment will be a slight rebound. But it will be difficult to achieve outstanding performance throughout the next year. At the same time, due to the fall in housing sales, the housing prices may fall steadily throughout the year.

Judging from the classification of cities, as the real estate tightening control policy is not relaxed, first-tier cities and hot second-tier cities will will be the first to fall to the lowest point, while the third-and fourth-tier cities will lag significantly behind the first-tier cities. Relatively loose policies, demand spillovers and other factors will continue to support the market in third- and fourth-tier cities. However, as the policy of destocking gradually shifts from stimulus policy to tightening control, it is not expected that market adjustment will occur in the third- and fourth-tier cities until the second half of 2018. The sales area in the first-tier cities will remain stable. In the first half of the year, the price index will continue to decline, entering a negative range, and may slow down in the second half of the year. The sales area of second-

tier cities may have a more significant decline, and the price index will continue to decline throughout the year. After the third- and fourth-tier cities have basically finished destocking, they will also face downward market pressure following the second-tier cities, and the price index will show a larger drop.

Contents

I   General Report

II   Land

    Abstract: In 2017, the growth of all land uses in China's Major Urban Land Prices continued to rise. The growth rate of commercial land price witnessed a temperate enhance, while there was a big leap of the residential land price increased correspondingly, which had reached the second-highest position in the history. For the industrial land, the growth rate of land price had a smooth change. From a quarter-to-quarter perspective, the pace of commercial land price growth rate fell first, and rose then, which was to the contrary for the residential. The growth rate of

residential land price in hot cities and regions has slowed obviously. Industrial land prices experienced a slow rise quarter-on-quarter.

The supply of construction land in major cities increased compared to a year earlier and the growth rate has turned to positive. The supply of residential land has increased dramatically and the decline in commercial land supply has continued to widen.

In 2017, the trend of land market andthe change of land prices basically accorded with the macro situation, the development of real economy, the money and credit policy direction, and the classification-control direction of the real estate market.

Looking ahead to 2018, affected directly by the promotion of "new growth drivers", the change of land price will rise modestly.

In 2018, the land market and the land prices for various purposes are basically in line with the macro-background support, the development of the real economy, the direction of monetary and credit policies, and the direction of the market regulation of real estate. The task of risk prevention in the first and second tier cities is still arduous, and the change of Housing Land Price in the third and fourth tier cities needs to be closely tracked and paid attention to.

In the context of revitalizing the real economy strategy, it is required to reform land supply system to suit for new industry, which will help to improve the industrial land price mechanism and reach the smooth operation of industrial land market.

Keywords: Land Price Monitoring; Land Market; Land Supply; Risk Prevention

B. 3　Analysis of the Land Market in Nanjing in 2017 and Its Forecast in 2018　　　　　　　　　　*Li Yongle* / 079

Abstract: The land market of Nanjing in 2017 can be divided into two stages. The competition of land market is adequate in the first half of the year, while the land market becomes stable in the second half of the year. The research finding shows that market heat is different among different regions of Nanjing. Owing to the effect of Macro policy adjustment, the price of most lands, which were sold in December,

2017, were not reached to the highest. On the whole, although the price of commercial land is higher than that of 2016, but the average price of the land in Nanjing is reduced in 2017. We think that the land market in Nanjing in 2018 will be much more rational.

Keywords: Nanjing; Land Market; Forecast

III Finance

B. 4 Analysis on Housing Credit in 2017 and Prospect for 2018

Lin Dong / 089

Abstract: The real estate market volume continued to rise and reached a new record in 2017. In this context, the mortgage loan achieved a rapid growth, but the increment declined briefly, and meanwhile the interest rate rose significantly. Looking forward to 2018, according to the fundamental policy "housing is for living in not for speculation", some local governments may tighten the housing credit policies, and the increment of mortgage will continue to slow down, with the interest rates rising.

Keywords: Housing Credit; Status Quo; Prospect

B. 5 Analysis of the Situation of Real Estate Investment and Financing in 2017 and the Trend of 2018

Huang Xuping, Huang Jingjing / 096

Abstract: On the basis of the related data, this article analyses the status of the real estate investment and finance and makes a judgment about the trend of the real estate investment and finance in 2018. In 2017, real estate investment growth risees. Housing investment amount was also increase, the internal structure has been complex, investment on the commercial estate and on business occupancy have been decreased significantly, the land investment showed the characteristics "increase the amount meanwhile increase on the prices". Moreover, Real estate financing scale

has grown steadily. Internal structure of finance continues to consolidate, financing channels such as REITS and foreign bond continue to expand, the proportion of direct financing increased. Looking ahead 2018, the real estate market has changed rapidly, real estate investment would be in the downstream channel and decline smoothly, the policy on financing will be tightly tight and focus on preventing risks.

Keywords: Real Estate; Investment and Finance; Financing Structure

Ⅳ　Market

B. 6　Housing Market in 2017 and Prospect in 2018

Liu Lin, Ren Rongrong / 112

Abstract: The housing market declined from the high of the cycle in 2017. The prosperity of housing construction continued the rising trend of last year. The growth rate of residential investment was greater. The floor space of housing sold reached a new highest level in history while its growth rate fell obviously. The growth rate of housing price was lower than last year. The land price still rose quarter on quarter, and the growth rate was larger than that in last year. The housing market demonstrated an obvious regional division, while the market in the first-tier cities had been in the declining cycle, the market in the second-tier cities was turning to the declining cycle and the market in the third-tier cities still kept rising. We estimate that the amount of housing sold in 2018 would reduce, the growth rate of residential investment would decline, and the housing price would be stable with a slight decline.

Keywords: Housing Market; Commodity Housing; New House

B. 7　2017 China Commercial Real Estate Market Analysis and 2018 Market Forecast

Yang Zexuan, Peng Hui / 128

Abstract: Along with the transformation of the national economy and the real estate market regulation policy factors, the commercial real estate development speed continued to slow. Therefore, the enterprise accelerate strategic adjustment, online and offline try to the new retail, asset securitization active unprecedentedly events such as became the theme of 2017. With the advent of the era of new retail, retail market will play an increasingly important role, but can't change following the innovation of traditional retailers, will continue to lag behind. The demand subject in the office building market will further switch to innovation and service, further in the first-tier cities demand remains generally active cases, second-tier cities will appear faster growth in demand, finance, science and technology, professional services as the main demand. The hotel market is generally stable, "asset light" shift continues, science and technology investment improve hotel profitability. With the rise of the market of long-rent apartments, the unprecedented activity of asset securitization has injected new vitality into the commercial real estate market.

Keywords: Commercial Real Estate; The Retail Business; Office Building; The Hotel; Asset Securitization

B. 8 Housing Price Monitoring of Key Cities in China in 2017 and Prospects for 2018 *Zou Linhua* / 153

Abstract: through the review of the housing market in the key cities in 2017, it is found that the housing prices in first-tier cities such as Beijing and Shanghai are steadily decreasing because of the regulation policy. The housing prices in the hotspot second-tier cities tend to be stable. Based on the analysis of the internal and external environment and policy trend, we find that current periodic housing price recovery is coming to an end, but the gap between supply and demand of long-term housing markets is still there. Presumably the 2018 first-tier cities such as Beijing and Shanghai continues downward trend, the increase speed of house prices in the hotspot second, third and fourth tier cities is falling. The report puts forward the following suggestions: to maintain the continuity and stability of the regulation and control policy; to strengthen the monitoring of the housing price in the third and fourth tier cities; to reform and improve the pre-sale housing system; to reduce the proportion

房地产蓝皮书

of the monetized resettlement in shantytown renovation; to further improve the relative systems of the rent markets; to do well in pilot projects of building rental housing by collective lands.

Keywords: Urban Housing Price; Big Data; Regulation Policy; Housing Price Cycles

V　Management

B. 9　Current Situation of China's Real Estate Appraisal Industry in 2017 and Trend Analysis in 2018

Wang Huan, Cheng Minmin / 171

Abstract: In the face of new challenges and opportunities, the property appraisal method has been in force for more than a year. The real estate appraisal industry is constantly innovating in the steady development. The industry supervision is brewing the change, and the development of the industry is going to enter a new stage. In 2017, the income of real estate appraisal and evaluation institutions kept steady growth, and emerging valuation businesses continued to emerge. In 2018, land valuers were put on the agenda of real estate appraisers. The mode of industry supervision is facing innovation, the standard system of real estate valuation regulations is further improved, and the practice risk of valuation institutions and valuers is further increased.

Keywords: Real Estate Valuation; Evaluation Business; Valuer

B. 10　Analysis on the Situations in 2017 and Trend in 2018 of China Real Estate Intermediary Industry

Zhao Qingxiang, Cheng Minmin / 181

Abstract: under thebackground of increasing transactions of housing stock and regulating the real estate market, real estate agency industry is in the period of the

388

changing external environment. Special rectification of the industry had been executed several times in 2017. Concerning the industry of real estate agency, the improving service standard and regulation, as well as more stringent supervising and self-discipline management, which may cause great changes of the industry structure taken placed in 2018.

Keywords: Real Estate Agency; Housing Lease; Housing Consumption

B. 11 Development Status and Trend of Property Management

Industry in 2017 *Liu Yinkun* / 189

Abstract: 2017is an important year for transformation and upgrading of property management industry to modern service industry. The government's reduction of government and decentralization has further activated the market. The demand for high quality development has promoted the overall service level of the industry. The people's yearning for a better life has promoted the consumption demand of the residents. The wide application of Internet technology has created a new business model, and the continuous attention of capital has newly defined the value of property management. It can be said that the development of property management industry has ushered in the best era, and has entered the golden ten years of high-speed and healthy development.

Keywords: Property Management; Operating Cost; Quality Consumption

Ⅵ Regions

B. 12 Analysis of the Stock Market in Beijing in 2017

and Its Outlook in 2018 *Jin Ruixin* / 200

Abstract: The year 2017 is the most severe year in the regulation of the property market, which has been innovating from breadth, depth and implementation. Under the background of "housing without frying", under the

influence of limit purchase, limit loan, limit price and limited sale "four limit policy", the owner price index is down, customers or restricted or watching, resulting in 136 thousand sets of second-hand housing transactions in Beijing in 2017, which is nearly 50% compared to the 270 thousand sets in 2016. This volume is also this round in 2015. Minimum value. In terms of transaction prices, under the high pressure of policy, the price of the owner fell and the transaction price fell, but the base of the house prices was still high, and the high price of the house was overflowing with a large amount of demand, which led to the expansion of the ring capital. In 2018 the "real live fry" big tune, Beijing property market will continue to show slow development. Under the new planning driven development of Beijing's two core projects, there will still be hot spots in Beijing.

Keywords: "Four limit" Policy Stock; Stock Housing; Hotspots Around Beijing

B. 13 Guangzhou Real Estate Market: Review of 2017 and Prospect to 2018 *Liao Junping, Xu Bin and Lun Jiasheng* / 209

Abstract: In 2017, President Xi Jinping pointed out the fundamental guiding ideology of China's housing policy for a long period of time on the 19th People's Congress. He said that the value of housing is reflected in the provision of shelter for the people and not for the property speculator, the Government should speed up the establishment of a housing system with multiple types of suppliers, multiple channels for housing support, and encouragement for both renting and purchase, so that more people will soon have a place to call home.

Reforming the housing system and establishing a long-term policy mechanism should continue regard supply-side structural reform as our main task. In 2017, these works include that restrict both sides of supply and demand by policy (on house buying, housing loan and housing exchange), use a series of monitoring procedures, transform the way of land supply faster, prevent the high costs land disrupt the market order and expectations, and ensure the property price increases will be steady. Our government was increased strength control and rapidly development the housing rental market to consolidate the real estate market. Base on this background, Guangzhou real estate industry is steady development.

Lookahead in 2018, the main factors affecting the real estate market in Guangzhou are government regulation, the different expect from supplier and demander, development on economic and industry, and the last one, transit construction. Category-based regulation over the real estate market will promote the further development of leasing market. The mortgage may will continue be limited. The main tone of Guangzhou real estate market will still be sound and stable.

Keywords: Guangzhou; The Real Estate Market; "Housing is for Living, Not for Speculation"; A long-term Policy Mechanism; Renting and Purchasing

B. 14　The Situation of Chongqing Real Estate Market in 2017 And the Tendency of 2018

Cheng Deqiang, Yang Yuwen, Fu Xin and Chen Huan / 227

Abstract: The thesis mainly reviewed the situation of Chongqing real estate market in 2017, and analyzed the main factors affecting the Chongqing real estate market in 2017. Besides, the thesis forecasted the trends of the Chongqing real estate market in 2018 according to the macro and micro environmental conditions.

Keywords: Chongqing Real Estate Market; Land Reserve System; Real Estate Investment

B. 15　The Current Situation of Shenzhen Real Estate Market in 2017 and Prospect of 2018

Song Botong, Gu Qi, Cheng Yong, Yang Yuzhu,
Zeng Qin, Huang Xiumei, Lai Ruyi and Hu Rongping / 248

Abstract: In 2017, Shenzhen's investment in real estate development reached a new height. As to residential market, the "eight measures to stabilize house prices"

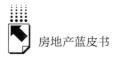

still affected the housing market. The price of new housing was generally stable while second-hand housing rose slightly. New housing and second-hand housing transaction volume both hit new lows in recent years, second-hand housing transaction volume rose significantly at the end of the year. Housing prices in high quality school districts rise faster than average school districts. As to other properties, the vacancy of commercial housings has been improved. As to office building, the supply and demand of new housing was booming in 2016. The rents in typical areas have increased significantly. As to the areas around Shenzhen, new housing transaction volume declined drastically because of the restriction of purchase policy. Both the supply and transaction volume of land were low. It supplied only one pure residential land in 2016, which is leased land.

Looking forwardto 2018, Shenzhen's economic fundamentals will provide strong support for real estate development. As to residential market, there may be some pressure on rising housing prices, and the regional differences have increased. The short-term response to second-hand housing transaction volume affected by policies is obvious, and it will return to normal in the long-term. As to other properties, the investment heat of commercial apartments will not be reduced. A large number of high-quality office buildings will enter the market, and the supply and demand of the office building will remain on an upward trend. The "shantytown transformation" policy is expected to enact, and it will ease the shortage of public housing land in Shenzhen. There will be a large demand for long-term rental housing in Shenzhen, and the participation mode of enterprises will be more abundant. The Shenzhen-Shantou Special Cooperation Zone has to be fully managed by Shenzhen and will effectively compensate for the shortcomings of Shenzhen's scarcity of land. The "enclave" effect will gradually emerge.

Keywords: The Real Estate Market; The Land Market; Long-term Rental Apartment; The Areas Adjacent to Shenzhen; Shenzhen-Shantou Special Cooperation Zone

VII International Experiences

Abstract: In May 2017, in order to solve the problem of people's residence, the government promoted the construction and supply of 850 thousand "public rental housing" for the main policy goals in the next five years, and decided to adopt urban renewal and vacant housing schemes for development and construction. The former new town development model is difficult to guarantee the residential land. The thorough urban redevelopment model has become the cause of the housing project because of the depression of the real estate economy, the decline of the economic feasibility, the improvement of the citizens' cognitive level and the collective protest of the residents. In this case, the Korean government, in accordance with the "special case law" on empty housing and small housing rectification in February 2017, promotes the supply and expansion policy of "public rental housing" associated with vacant housing projects and urban renewal projects. In this paper, the present situation of the vacant house in Korea and the policy of living policy are arranged. At the same time, the policy of "public rental housing", which is related to the urban renewal project, is introduced, and it is hoped that it can provide reference for the public rental housing policy in China.

Keywords: The Republic of Korea; Housing Problem and Policy Vacant Housing; Urban Renewal; Public Rental Housing

Abstract: Through the investigation of the "CLOTHESLINE BANS" of the

房地产蓝皮书

United States, the author found that the ban on complex causes can be analyzed from the perspective of real estate finance. At the same time, it is concluded that the housing system of the United States has given the financial attributes that American houses can use to speculate from the source. In order to prevent suspicion and to avoid the arbitrary derivation of financial leverage in the process of housing marketization, in China's insistence that houses are used to live, rather than being used for speculation, the author suggests seeking a stable balance in real estate standardization and respect for residents.

Keywords: Clothesline Ban; Housing Dream; Mortgage; Financing Chain; Moral Hazard

Ⅷ Hot Topics

B. 18   The Multiple Constraints Faced by the Housing System
in the New Era and The Reform of Housing System.

Zhao Fenjun / 304

Abstract: Under the background ofthe new era of socialism with Chinese characteristics, the housing market faces a new era of times, mainly reflected in the imbalance and inadequate of housing supply and demand, the repositioning of the housing property and the concept of new housing, the impact of the macroeconomic environment on the housing market and the global economy after the entry of the new normal. It is possible to enter four aspects, such as a new situation. At the same time, the housing system reform also faces multiple constraints. These constraints include the complexity of the housing problem and the limited rationality, the benefit differentiation and the lagging of the reform of the supporting system. Under the multiple constraints of the new era environment and the reform of the housing system, based on the seven pillar framework of housing policy and the reality of China, we further discuss the housing system reform from five aspects: property right structure, housing finance, tax and subsidy, urban land and land use, central and local government behavior. The direction and strategy.

Keywords: New Era; Housing System; Multiple Constraints

B. 19　Progress of Rural Land Reform Pilot　　　*Huang Zhengxue* / 320

Abstract: Deepening the reform of rural land system and revitalizing the rural land assets is the important basis for Rural Revitalization and an important move for new urbanization. The party and government attach great importance to the reform of the rural land system. Since the eighteen, China's rural land system has launched many reforms. Among them, the land expropriation system reform called "three plots" reform, the market entry of collective business construction land and the reform of homestead system are attracting market attention. This paper will systematically sort out the reform process of "three plots", analyze the problems existing in the reform, and put forward policy proposals for deepening reform.

Keywords: Rural Collective Business Construction Land is Entering the Market; Homestead Reform; Land Expropriation Reform

B. 20　Research on Property Tax Reform in China:

　　　To be Major Taxation or Not?　　　*Xu Ling* / 341

Abstract: After reform of replacing the business tax with VAT property tax reform is put on the agenda while moving very slowly. the biggest obstacle is whether property tax after reform could become the major taxation for municipal and county governments. To answer this question this paper starts from analyzing the revenue function and regulation function of property tax and the relationship between them in theory. After theoretical analysis the author compares the performance of economic function of property tax in high-income countries and middle-income countries also including pilot reform in Shanghai and Chongqing in China. lastly this paper concludes that property tax could become the major taxation for municipal and county governments provided good system designing. Especially we should not pay more attention to regulation function but ignore revenue function because small revenue will restrict the performance of regulation function.

Keywords: Property Tax; Tax Reform; Major Taxation

B. 21　Research on the Current Situation, Characteristics and Management Paths of the Liquidity Risk for Housing Provident Fund

Wang Xianzhu, Wu Yidong and Qiao Bei / 353

Abstract: Housing provident fund liquidity risk has become a common problem and challenge. Regulatory authorities are also actively exploring the establishment of risk early warning, prevention and control mechanism. From the national, provincial and municipal levels, this paper comprehensively studies the liquidity risk of housing provident fund, as for characteristics of time and space, which contains increasingly prominent in mobility, uneven in regional liquidity, larger in resilience, and closely related to the housing market. The reasons are that the liquidity risk of the fund mainly stems from the closed operation of the metal industry, the narrow investment and financing channels, the lack of capital adequacy ratio and reserve system, the impact of its own reform and external factors. The external thrust on housing provident fund system of their own development intrinsic power, China's economic and social reform initiatives in the field of view of the provident fund system has been basically mature, the timing of the reform, and the dynamic mechanism of perfect policy environment are right, so with the aid of the reform and seize the historical opportunities, to promote its transformation and development. So, we need to focus on reform and improve the housing provident fund system from four aspects as follows to prevent and control the liquidity risk, including constructing of early warning mechanism of liquidity risk, improving the classification system for the prevention and control of risk; breaking through the localization of closed operation mode, reforming fund management system; broadening the fund financing channels, improving the policy of housing finance function; establishing housing finance institutions, helping to construct the long-term mechanism of real estate market.

Keywords: Housing Provident Fund; Liquidity; Risk; Management Paths

❖ 皮书起源 ❖

"皮书"起源于十七、十八世纪的英国,主要指官方或社会组织正式发表的重要文件或报告,多以"白皮书"命名。在中国,"皮书"这一概念被社会广泛接受,并被成功运作、发展成为一种全新的出版形态,则源于中国社会科学院社会科学文献出版社。

❖ 皮书定义 ❖

皮书是对中国与世界发展状况和热点问题进行年度监测,以专业的角度、专家的视野和实证研究方法,针对某一领域或区域现状与发展态势展开分析和预测,具备原创性、实证性、专业性、连续性、前沿性、时效性等特点的公开出版物,由一系列权威研究报告组成。

❖ 皮书作者 ❖

皮书系列的作者以中国社会科学院、著名高校、地方社会科学院的研究人员为主,多为国内一流研究机构的权威专家学者,他们的看法和观点代表了学界对中国与世界的现实和未来最高水平的解读与分析。

❖ 皮书荣誉 ❖

皮书系列已成为社会科学文献出版社的著名图书品牌和中国社会科学院的知名学术品牌。2016 年,皮书系列正式列入"十三五"国家重点出版规划项目;2013~2018 年,重点皮书列入中国社会科学院承担的国家哲学社会科学创新工程项目;2018 年,59 种院外皮书使用"中国社会科学院创新工程学术出版项目"标识。

权威报告·一手数据·特色资源

皮书数据库
ANNUAL REPORT(YEARBOOK) DATABASE

当代中国经济与社会发展高端智库平台

所获荣誉

- 2016年，入选"'十三五'国家重点电子出版物出版规划骨干工程"
- 2015年，荣获"搜索中国正能量 点赞2015""创新中国科技创新奖"
- 2013年，荣获"中国出版政府奖·网络出版物奖"提名奖
- 连续多年荣获中国数字出版博览会"数字出版·优秀品牌"奖

成为会员

　　通过网址www.pishu.com.cn访问皮书数据库网站或下载皮书数据库APP，进行手机号码验证或邮箱验证即可成为皮书数据库会员。

会员福利

- 使用手机号码首次注册的会员，账号自动充值100元体验金，可直接购买和查看数据库内容（仅限PC端）。
- 已注册用户购书后可免费获赠100元皮书数据库充值卡。刮开充值卡涂层获取充值密码，登录并进入"会员中心"—"在线充值"—"充值卡充值"，充值成功后即可购买和查看数据库内容（仅限PC端）。
- 会员福利最终解释权归社会科学文献出版社所有。

社会科学文献出版社 皮书系列
SOCIAL SCIENCES ACADEMIC PRESS (CHINA)

卡号：862394973488
密码：

数据库服务热线：400-008-6695
数据库服务QQ：2475522410
数据库服务邮箱：database@ssap.cn
图书销售热线：010-59367070/7028
图书服务QQ：1265056568
图书服务邮箱：duzhe@ssap.cn

基本子库
SUB DATABASE

中国社会发展数据库（下设 12 个子库）

全面整合国内外中国社会发展研究成果，汇聚独家统计数据、深度分析报告，涉及社会、人口、政治、教育、法律等 12 个领域，为了解中国社会发展动态、跟踪社会核心热点、分析社会发展趋势提供一站式资源搜索和数据分析与挖掘服务。

中国经济发展数据库（下设 12 个子库）

基于"皮书系列"中涉及中国经济发展的研究资料构建，内容涵盖宏观经济、农业经济、工业经济、产业经济等 12 个重点经济领域，为实时掌控经济运行态势、把握经济发展规律、洞察经济形势、进行经济决策提供参考和依据。

中国行业发展数据库（下设 17 个子库）

以中国国民经济行业分类为依据，覆盖金融业、旅游、医疗卫生、交通运输、能源矿产等 100 多个行业，跟踪分析国民经济相关行业市场运行状况和政策导向，汇集行业发展前沿资讯，为投资、从业及各种经济决策提供理论基础和实践指导。

中国区域发展数据库（下设 6 个子库）

对中国特定区域内的经济、社会、文化等领域现状与发展情况进行深度分析和预测，研究层级至县及县以下行政区，涉及地区、区域经济体、城市、农村等不同维度。为地方经济社会宏观态势研究、发展经验研究、案例分析提供数据服务。

中国文化传媒数据库（下设 18 个子库）

汇聚文化传媒领域专家观点、热点资讯，梳理国内外中国文化发展相关学术研究成果、一手统计数据，涵盖文化产业、新闻传播、电影娱乐、文学艺术、群众文化等 18 个重点研究领域。为文化传媒研究提供相关数据、研究报告和综合分析服务。

世界经济与国际关系数据库（下设 6 个子库）

立足"皮书系列"世界经济、国际关系相关学术资源，整合世界经济、国际政治、世界文化与科技、全球性问题、国际组织与国际法、区域研究 6 大领域研究成果，为世界经济与国际关系研究提供全方位数据分析，为决策和形势研判提供参考。

法律声明

"皮书系列"（含蓝皮书、绿皮书、黄皮书）之品牌由社会科学文献出版社最早使用并持续至今，现已被中国图书市场所熟知。"皮书系列"的相关商标已在中华人民共和国国家工商行政管理总局商标局注册，如 LOGO（🖐）、皮书、Pishu、经济蓝皮书、社会蓝皮书等。"皮书系列"图书的注册商标专用权及封面设计、版式设计的著作权均为社会科学文献出版社所有。未经社会科学文献出版社书面授权许可，任何使用与"皮书系列"图书注册商标、封面设计、版式设计相同或者近似的文字、图形或其组合的行为均系侵权行为。

经作者授权，本书的专有出版权及信息网络传播权等为社会科学文献出版社享有。未经社会科学文献出版社书面授权许可，任何就本书内容的复制、发行或以数字形式进行网络传播的行为均系侵权行为。

社会科学文献出版社将通过法律途径追究上述侵权行为的法律责任，维护自身合法权益。

欢迎社会各界人士对侵犯社会科学文献出版社上述权利的侵权行为进行举报。电话：010-59367121，电子邮箱：fawubu@ssap.cn。

社会科学文献出版社